02

종교문화비평총서

신화

신화담론

신화 만들기

02 종교문화비평총서

신화

신화담론

신화 만들기

한국종교문화연구소 기획
임현수 엮음

도서
출판 모시는사람들

한국사회에 신화라는 말이 유통되기 시작한 것은 그리 오래된 일이 아니다. 서양어 '미토스(mythos)'의 번역어인 신화는 19세기 말과 20세기 초에 걸쳐 한국사회에 처음으로 소개된 것으로 알려져 있다. 100여 년이 넘는 세월 동안 신화는 다양한 상황에서 여러 의미로 사용되었다. 대부분의 개념어들이 그렇듯이 신화를 정의하는 일은 녹록하지 않다. 신화 개념이 내포하고 있는 의미의 폭이 그만큼 넓기 때문이다. 심지어 신화의 의미는 누가 그것을 사용하는가에 따라 달라진다고 해도 과언은 아닐 듯싶다.

한국사회에 신화라는 말이 처음 도입되었을 때 주로 관심을 보인 사람은 지식인들이었다. 신화가 첫발을 내디딘 곳은 학문의 장이었다. 근대 초기 한국사회가 보여준 신화에 대한 관심은 신화학을 통해서 발산되었다. 신화 담론의 생산 기지가 학계를 중심으로 형성된 것이다. 예를 들어 우리에게 익숙한 단군신화와 관련된 무성한 논의들이 신화학을 매개로 산출되었다. 이와 같은 상황은 그 후로도 지속되었다. 엄밀히 말해 오늘날에도 대부분의 신화담론은 학자들의 입을 통해서 형성되고 있다고 해도 큰 오류는 없을 것이다.

하지만 여기에 작은 변화가 일고 있다는 점도 첨가하지 않으면 안 될 것 같다. 신화의 대중화라고 부를 수도 있을 현상이 새 천년의 시작을 전후로 등장했기 때문이다. 이 현상은 그리스 신화에 대한 대중들의 폭발적 관심으로 촉발되었다. 그리스 신화가 출판계의 베스트셀러가 되는가 하면 만화와 애니메이션의 소재로 활용되기도 하였다. 시간이 지남에 따라서 세계 여러 지역의 신화가 동시다발적으로 소개되었다. 신화에 대한 관심은 때마침 성장 발판을 마련하고 있던 문화콘텐츠 산업과 맞물려 더욱 증폭되었다. 이와 같은 분위기에 편승하여 각종 언론매체도 신화 붐이라 불러도 좋을 당시의 상황을 소개하느라 여념이 없었다. 많은 신화 전문가나 문화비평가들이 한국사회 신화 붐이 지닌 문화적 의미를 해명하는 데 동원되었다.

신화가 대중들에게 일종의 문화적 소비재로 각광을 받은 것은 지금까지 전례가 없었던 현상이었다. 지난 10여 년 동안 한국사회가 경험한 신화 붐은 아직까지 그 여파가 지속되고 있다. 앞으로 이와 같은 경험이 어떤 신화 담론을 낳을지 좀 더 시간을 두고 지켜볼 일이다. 그럼에도 이러한 신화 열풍이 학계에 일정한 영향을 끼쳤다고 하는 사실만큼은 분명하게 지적할 수 있다. 학계 내부에서 신화학에 대한 관심이 높아진 것은 물론이고, 신화 관련 학술서가 예전에 비하여 비약적으로 증가하였다. 그동안 주목받지 못했던 지역의 다양한 신화들이 연구의 대상으로 떠올랐으며, 신화를 바라보는 관점이 다변화되었다. 해외에서 이루어진 신화학 성과를 그 어느 때보다도 적극적으로 검토하고자 하는 분위기가 돋보였다.

약간의 비약이 허용된다면 지난 10여 년의 신화 열풍은 한국의 신화학이 한 단계 더 도약할 수 있는 계기였다고 말할 수 있지 않을까. 하지만 이러한 판단이 전혀 터무니없는 것은 아니라는 근거도 있다. 그 증거로 신화학에서 종전까지 볼 수 없었던 새로운 흐름이 포착된다는 점을 들 수 있다. 그것은 다름이 아니라 신화학 자체가 성찰의 대상이 되기 시작했다는 사실이다. 일반적으로 특정 신화가 지닌 의미론적 분석을 중심으로 전개되었던 신화학의 경향성과 비교할 때 이러한 흐름이 지닌 변별성은 매우 뚜렷하다. 가던 길 멈추고 지금까지 걸어온 궤적을 되돌아보는 일은 학문의 세계에서도 유효한 작업이다. 물론 이러한 작업이 단순히 신화학의 역사를 재구성하는 것은 아닐까 미리 짐작할 필요는 없다.

이 책은 2000년 이후 전개된 신화학의 흐름 가운데 새로운 경향성을 드러내주고 있다고 여겨도 좋을 만한 논문들을 가려 뽑았다. 이 책이 제시하고자 하는 새로운 경향성이 2000년 이후의 다양한 흐름들을 그저 낡은 것으로 취급하는 태도와 전혀 무관하다고 하는 점은 말할 필요도 없다. 2000년 이후 신화학이 이룩한 성취는 분명 그 이전 시기와 비교할 때 질적인 차별성을 지닌다. 이 책은 이러한 성과들 가운데 특정한 시각에 의하여 걸러진 몇몇 논문을 중심으로 구성되었을 따름이다.

이 책은 크게 세 부분으로 이루어졌다.

첫 번째 부분은 기존의 신화담론을 분석한 연구 성과들로 구성되었다. 근대 초기 한국사회에 신화 개념이 처음 도입되어 신화담론을 형성해 나간 과정과 배경을 분석한 두 편의 글과 중국 신화학의 지평을 비판적으로 고찰한 한 편의 글을 실었다.

두 번째 부분은 신화와 신화학의 관계를 새로운 각도에서 조명해 주는 논문들로 구성되었다. 이 부분에서 다루어지는 주제는 대체로 다음과 같은 것이다. 신화와 신화학의 경계는 무엇인가. 신화학이 생산한 신화담론을 신화라고 볼 수는 없을까. 신화학은 신화 만들기의 강력한 동인이 아닐까. 여기서는 이와 같은 주제에 근접한 세 편의 글을 실었다. 이 세 편의 글들은 각각 한국, 중국, 서양의 사례를 중심으로 분석을 진행하였다.

세 번째 부분은 신화와 역사의 관계를 성찰한 다섯 편의 글들로 채워졌다. 이 다섯 편의 글들은 모두 신화와 역사의 이분법을 자명한 것으로 받아들이는 태도에 의문을 제기한다. 이 글들이 신화와 역사의 이분법을 무효화시키는 방법은 각기 다르다. 어떤 글에서는 신화와 역사의 접점이 찾아지기도 하고, 또 어떤 글에서는 양자의 관계가 지닌 역사적 상대성이 토로

되기도 한다. 한국과 중국, 일본을 중심으로 사례별 연구가 이루어졌다.

　이 책은 3부로 이루어진 본문에 앞서 서언을 배치하였다. 서언은 이 책의 의도와 주제를 집약적으로 표현한 글이다. 서언이 이 책을 선택한 독자들에게 훌륭한 길잡이 역할을 해줄 것으로 기대한다.

　한국종교문화연구소에서 이 책을 간행하기로 결정한 데는 2011년 7월에 개최하였던 심포지엄의 힘이 컸다. 당시 심포지엄의 주제는 '한국사회 신화담론의 어제와 오늘'이었다. 최근의 신화 열풍을 계기로 그동안 한국사회에서 전개되었던 신화담론을 전반적으로 재조명하자는 의도에서 개최된 심포지엄이었다. 심포지엄이 끝난 후 여기서 발표되었던 논문들을 묶어 책으로 발행하자는 의견이 모아졌다. 하지만 책으로 엮기에는 논문의 편수가 절대적으로 부족하였던 것이 사실이다. 다행히 발표 지면은 다르지만 이 책의 의도에 부합하는 논문들이 있었기 때문에 소기의 성과를 이룰 수 있었다. 이 책에 소중한 글을 게재할 수 있도록 허락해 주신 필자들께 감사의 말씀을 전한다.

　이 책이 나오기까지는 여러 사람들의 수고를 거쳤다. 무엇보다도 원고 수합부터 책의 발행까지 궂은 일을 도맡아 주신 실무진께 감사의 말씀을 드린다. 아마도 한국종교문화연구소 김진경 간사와 도서출판 모시는사람들의 소경희 편집장 이외에도 감사의 말씀을 올려야 할 분들은 무수히 많을 것이다. 일일이 거명하지 못함을 안타깝게 생각한다.

2013년 10월
엮은이 임현수

차례

머리말 ———— 5

서언: 신화담론이라는 신화 | 정진홍 ———— 13

제1부 | 신화담론의 형성과 전개

한국 신화담론의 등장 | 장석만 ———— 23

 1. 개천절과 단군신화 ———— 23

 2. 외부자의 시선 ———— 25

 3. 내부자의 시선 ———— 33

 4. 마무리 ———— 40

1920~30년대 한국 사회 '신화' 개념의 형성과 전개 | 하정현 ———— 43

 1. 머리말 ———— 43

 2. 신화 개념의 탄생: myth, 神話, 신화 ———— 45

 3. 한국 '신화' 개념의 형성 ———— 48

 4. 1920~30년대 일간지의 신화 용례 ———— 60

 5. 맺음말 ———— 67

2000년 이후 한국의 중국 신화학 | 임현수 ———— 69

 1. 들어가는 말 ———— 69

 2. 중국의 신화 연구에 대한 비판적 인식 ———— 71

 3. 새로운 중국 신화학을 위한 대안 ———— 80

 4. 에필로그: 제3의 신화학의 한계와 보완을 위한 제언 ———— 91

제2부 | 신화학과 신화 만들기

신화와 전통 | 구형찬 —— 101

　1. 머리말 —— 101

　2. 신화와 전통의 역학조사 —— 102

　3. 메타표상과 문화적 표상으로서의 신화와 전통 —— 104

　4. 자명성의 수사학과 무속의 문화적 지위 —— 109

　5. 현재적 사건으로서의 기억: 신화와 전통의 구성 —— 118

　6. 맺음말: 신화적 전통과 전통의 신화 —— 124

신화를 생산하는 신화학자 | 홍윤희 —— 129

　1. 들어가며 —— 129

　2. 위안커(袁珂)의 『산해경』 연구 —— 132

　3. 위안커 이후 중국의 『산해경』 연구 —— 151

　4. 나오며 —— 157

신화의 변형과 재창조 | 최화선 —— 159

　1. 머리말 —— 159

　2. 오이디푸스 신화의 이본(異本)들 —— 163

　3. 소포클레스의 『오이디푸스 왕』 —— 168

　4. 프로이트의 오이디푸스 —— 173

　5. 파졸리니의 〈오이디푸스 왕〉(Edipo Re) —— 177

　6. 맺음말 —— 183

제3부 | 신화와 역사

신이(神異), 신화 그리고 역사 | 하정현 —— 187

1. 머리말 —— 187

2. 13세기 고려 불교와 『삼국유사』 —— 190

3. 『삼국유사』에 나타난 신이 개념의 특징 —— 194

4. 『삼국유사』에 나타난 신이-신화-역사 —— 207

5. 맺음말 —— 212

민족 기원신화와 신화적 지형학 | 이창익 —— 215

1. 사원을 상실한 신화 —— 215

2. 이야기 공간의 차이: 신화 지형의 파편화 —— 217

3. 신통기의 유무에 따른 차이 —— 221

4. 한국 신화의 파편성 —— 224

5. 일본 신화의 신통기 —— 227

6. 한국 신화의 탈문자화 —— 229

7. 문자화, 탈문자화, 재문자화 —— 232

8. 결론과 남은 문제들 —— 234

중국 전통 시기 『산해경』의 비교학적 맥락과 위상 | 임현수 —— 237

1. 문제의식 —— 227

2. 『산해경』에 대한 전통 지식인들의 관심 —— 240

3. 사부(四部) 분류 체계 내의 『산해경』의 위상 —— 250

4. 결론 —— 260

일본의 신화와 역사 | 박규태 —— 263

  1. 들어가는 말 : 신화·역사·아이덴티티 —— 263

  2. 『고사기』·『일본서기』에서의 신화와 역사 —— 265

  3. 중세 신국사관에서의 신화와 역사 —— 269

  4. 근세 유학과 국학에서의 신화와 역사 —— 273

  5. 근대 천황제하에서의 신화와 역사 —— 276

  6. '일본인론' 에서의 신화와 역사 —— 279

  7. 나오는 말 —— 281

스사노오 신화 해석의 문제 | 박규태 —— 285

  1. 들어가는 말 : 조선신궁 제신 논쟁과 스사노오＝단군설 —— 285

  2. 스사노오 신화의 원경 —— 286

  3. 스사노오 신화 해석의 다양성 —— 289

  4. 스사노오와 한반도의 연관성 —— 299

  5. 스사노오 신화의 사실적 근거 : 해류–고분–신사 —— 313

  6. 나오는 말 : 신화·역사·기억 —— 317

주석 —— 321

참고문헌 —— 360

찾아보기 —— 375

발표지면 —— 382

| 서언 |

신화담론이라는 신화

정진홍

I.

어느 책에서 다음과 같은 글을 읽은 적이 있습니다.

무지가 있는 한 의례가 필요하다.[1]

좀 언짢았습니다. 스스로 자기는 남과 다르다는, 그것도 잘났다는 의식 (意識)에 푹 빠져 있지 않다면 거의 불가능한 발언으로 들렸습니다. 철철 넘치는 무지가 한눈에 보이는, '유식(有識)'한 자리에 있는 사람이 아니라면 감히 그러한 발언을 할 수 없을 것이기 때문입니다. 그러면서도 그 발언이 담고 있는 일단의 진실이 부정할 수 없는 것이라는 '그늘' 때문에 그 발언의 무게가 버거우면서도 그런 만큼의 승인이 불가피했습니다. 그렇잖습니까? 우리는 가끔 속수무책이라는 절망감 속에서 두 손을 모으고 고개를 숙이거나 고개를 들어 하늘을 우러르니까요. 그리고 그 속수무책이란 철저한 무지가 낳은 자신의 실상을 묘사한 것이니까요.

그런데 다음 순간 이 선언의 역(逆)도 사실일까 하는 의문이 들었습니다.

무지가 없는 한 의례는 불필요하다.

그런데 이것은 분명히 비현실적인 발언입니다. 삶을 정직하게 직면했다면 거의 불가능한 발언이라고 생각됩니다. 무지가 없는 삶은 현실이지도 않거니와 유식함이 의례를 수반하지 못할 거라는 주장을 펴는 '기계론적인 당위론'도 마찬가지로 비현실적이라고 느껴졌기 때문입니다.

그러자 다행히 앞의 정언(定言)의 무게가 갑자기 가벼워지기 시작했습니다. 그러한 발언은 무척 경박하다고 느껴지기조차 했습니다. 무지가 의례를 요청한 것이 아니라 삶이 의례를 초래한 것이고, 지와 무지는 다만 그 삶에 담긴 서술적 상황일 뿐이라고 판단되었기 때문입니다. 더 직접적으로 말한다면 의례를 설명하기 위해 무지를 그 서술 준거로 등장시켰다고 하는 사실이 매우 '무지한 태도', 아니면 매우 '부적합한 태도'라는 생각이 든 것입니다. 그런데 이것이 특별한 경우는 아닌 것 같습니다. 우리는 때로, 아니 흔히, 그렇게 내가 준거로 설정한 어떤 것으로 사물을 판단하면서 그 준거 설정 자체의 적합성 여부를 살펴보기보다 그 준거의 설정 자체를 재확인하는 것만으로도 그 사물을 인식할 준비를 충분히 갖추었거나, 그렇게 이루어진 인식은 온전한 것이라고 흡족해하는 '버릇'이 있는 것은 아닌가 하는 생각이 들기 때문입니다. 그러므로 무지를 준거로 한 사물 판단이 그것 자체로 잘못된 것이라고 반박할 바탕은 그리 든든하지 못합니다. 그것도 상당한 준거일 수 있는 것이니까요. 문제는 그 준거의 지속성과 그에 집착한 인식의 전승이지요. 아무래도 그것은 조금 불안합니다. 무릇 물음은 정황적인 것이기 때문입니다. 아무리 궁극적인 것을 묻는 물음이라 할지라도 결국 그 물음 자리는 지금 여기일 테니까요. 그런데 그 정황은 불가피하게 준거의 교체를, 또는 기존 준거의 성찰을 피할 수 없도록 합니다. 그렇다는 것을 간과하면 바로 그것이 문제이지요.

II.

그런데 때로 저는 우리의 신화담론도 이러한 태도(stance)로 이루어져 왔고 또 이루어지는 것은 아닌가 생각하곤 합니다. 앞의 경우를 모방하여 부연한다면 다음과 같습니다.

무지가 있는 한 신화는 필요하다. 그러므로 무지가 없는 한 신화는 불필요하다고 해야 마땅하다. 하지만 그것은 조금 비현실적이다. 따라서 약간의 변주(變奏)를 기할 필요가 있다. 그렇다고 해서 기조(基調)를 바꿀 필요는 없다.

저는 아득한 때부터 오늘에 이르기까지의 신화에 관한 담론을 위와 같은 내용으로 다듬어도 그리 큰 무리가 일지 않으리라고 생각하고 싶습니다. 비록 앞의 부연 단락의 전반부의 서술을 직접적으로 또는 문자적으로 지탱하려는 태도도 있고, 에우헤메리즘이라든지 알레고리라든지 비신화화라든지 재신화화라든지 신화 짓기라든지 하는 다양한 신화담론을 서로 구분하여 기술할 수 없는 것은 아니라 할지라도 결국 그 모든 신화담론은 앞의 정리된 담론을 축으로 한 변용이거나 변주와 다르지 않아 그 정리된 담론의 범주를 벗어난 것은 없다고 단언해도 괜찮을 거라고 생각하고 싶은 것입니다.[2]

이러한 제 생각이 지나친 일반화의 오류에 가깝다고 딱해하실 분들이 없지 않을 것이라고 생각됩니다. 그래서 아예 예상되는 반론에 대한 반론을 저 스스로 준비해야 마땅하지 않은가 하는 생각도 했습니다. 그런데 어떤 반론이 제게 가해진다 하더라도 그 반론에 대한 재반론의 논거는 아직까지는 다음과 같습니다. 신화담론은 역사담론과 함께 출현한 것이라는 제 주장이 그것입니다. 신화는 역사와 더불어 탄생한 것, 역사가 우리 의식에서 등장하지 않았으면 신화도 등장할 까닭이 없는 것이라는 제 판단이 그 논거인 것입니다.[3] 물론 이러한 방어가 성공적이라는 보장은 아무 데도 없습니다. 그것이 저를 때로는 불안하게 합니다.

그러나 좀 더 부연한다면 저는 '역사'조차 '신화'와 대칭되는 어떤 실재라기보다 마찬가지로 앞의 신화담론의 범주에서 비롯한 신화담론의 변주라고 이해하고자 합니다. 이것은 분명히 저 자신의 불안을 스스로 지양하려는 저돌적인 사유 실험일 수 있습니다. 그뿐만 아니라 저와 의견이 다른 분들에게는 일고의 가치도 없는 어처구니없는 주장으로 비칠 것이 분명합니다. 그러나 저는 제 주장이 기존의 의견들을 혼란스럽게 할 수 있다면 참 좋겠다는 생각을 합니다. 해답에 이르러 닫힌 물음을 되여는 것이 지적 탐구의 진정한 모습인데 그것을 가능하게 하는 행위라고 생각하기 때문입니다. 무엇보다도 오늘의 '역사담론'은 제게 고전적인 '신화담론'을 그대로 복사한 듯한 느낌을 주고 있으니까요.

이를테면 이러합니다. 역사의 종국은 사실의 기술에 있지 않고 사실의 의미를 긷는 데 있습니다. 그런데 그렇게 길어 올린 의미는 사실에 되안기지 않습니다. 의미는 사실의 '용량'을 늘 초과하기 때문입니다. 그래서 실은 '의미'는 사실의 잉여입니다. '부풀려진 사실'이며, 그래서 그것은 '이야기'입니다. 이야기는 우리가 알다시피 부풀려진 사실입니다. 그리고 우리는 사실을 즉해서 살지 않습니다. 부풀려진 사실의 이야기 더미 속에서 그 이야기를 통해 소통하며 더불어 살아갑니다. 그리고, 마침내 제가 말씀 드리고 싶은 것은, 그렇게 부풀려진 이야기가, 곧 사실에서 비롯했지만 사실에 되담길 수 없는, 나아가 사실을 가려 버린 이야기가 신화라고 이해하고 싶다는 말입니다.

'사실'은 스스로 발언하지 않습니다. '그것에 관한 이야기'가 비로소 사실을 발언합니다. 그렇다면 신화와 역사는 단절되지 않습니다. 신화는 사실이 가려져 있어 처음부터 다만 이야기라고 일컬어진 데 비해 역사는 사실에서 비롯한 사실 이야기라는 자의식 속에서 사실을 덮지 않은 채, 또는 가리지 못한 채 발언하는 이야기일 뿐, 이야기임에는, 부풀려진 사실임에는 다르지 않기 때문입니다. 다시 말하면 결과적으로 '역사'라는 개념으로 정리된 사실 귀속적인 인식의 논리가 선택적으로 강조되면서 그에 상반하는 것임즉한 것으로 '신화'라는 범주의 이야기가 개념화된 것일 터인데, 그렇다면 역사 서술이 자신을 확장하는 해석의 발언은 불가피하게 이야기이고, 그것은 신화를 일컫기 위한 이야기와 범주론적으로 다르지 않다고 보고 싶은 것입니다.[4]

흥미로운 것은 왜 사실 귀속적인 인식의 논리가 선택적으로 강조되면서 이전의 그렇지 않았던 이야기와 다른 이야기를 낳을 수밖에 없었는가 하는 것이고, 그렇게 지어진 이야기가 왜 이제까지의 이야기를 특정한 범주 안에 묶어 두고, 그것을 배제하고, 정죄하고, 그것을 애써 평가절하하든가, 아니면 갑작스러운 터득의 자료인 양 하면서 자기 정체성을 다듬어야만 했는가 하는 것입니다.[5]

III.

브루스 링컨(Bruce Lincoln)은 매우 흥미로운 사례를 전해 줍니다.

> 1894년 한 해 동안 산살바도르에는 단 한 방울의 비도 내리지 않았다. 이
> 위기를 직면한 마을 의회는 다음과 같은 약속을 결의했다. 앞으로 여드레
> 안에 비가 오지 않으면 누구도 미사에 참예하거나 기도를 하지 않겠다.
> 그다음 여드레 안에도 비가 오지 않으면 모든 교회를 불살라 버리고 기도
> 서와 묵주도 다 찢고 깨뜨려 버리겠다. 그다음 여드레 안에도 여전히 비
> 가 오지 않는다면 모든 신부와 수녀들의 목을 잘라 버리겠다. 그리고 다
> 음과 같은 내용을 결의에 첨가했다. '이러한 온갖 못된 짓을 허락하는 것
> 은 지고한 창조자로 하여금 그가 누구를 다뤄야 할 것인가를 알도록 하기
> 위한 것이다.'

이에 이어 링컨은 다음과 같이 말합니다.

> 여기에서 우리는 비가 오지 않는 것으로 실증이 된 우주적 무질서를 교정
> 하기 위한 수단으로 규범적(normative)인 도덕 및 의례의 질서가 상징적으
> 로 해체되는 엄숙한 순간을 목도한다.[6]

이어지는 그의 서술에 짙은 이견이 부글거리지만[7] 우선 여기에서 그의
서술에 잠정적인 공감을 표하고 싶습니다. 의례의 해체 또한 의례임을 주
장하기 때문입니다. 의례뿐이겠습니까? 저는 신화담론도, 그것이 어떤 것
이든, 언제 어디서 이루어지는 것이든, 근원적으로 '규범적인 신화'의 해
체작업과 다르지 않다고 생각합니다. 다시 말하면 신화담론은 그것이 어떤

것이든 이미 신화 음송과 다르지 않습니다. 신화를 일컫지 않으면 신화담론이 사실상 불가능하기 때문입니다.

그리고 그것은 지극한 절망을 인지한 경우에 이루어지는 일입니다. 그래서 저는 그것을 엄숙한 또는 '신성한(solmn) 순간'이라고 말한 링컨의 발언에 공감합니다. 그렇다면 신화와 신화담론의 연쇄는 어쩔 수 없습니다. 모습을 달리하는 것 같으면서도 조금도 변용하지 않는, 어느 지점에서 띠의 중심을 따라 이동하면 출발점과 반대편에 이르지만 더 계속 나아가면 두 바퀴를 돌아 다시 처음으로 돌아오는, 그러면서 그 길이가 배로 늘어나는 뫼비우스의 띠처럼 신화와 신화담론과 그 담론에 대한 담론은 모두 신화일 수밖에 없습니다. '단일한 경계(경계가 하나밖에 없는 이차원 도형이라는 의미에서)'를 지니기 때문입니다.

문제는 신화담론을 제기하는 계기입니다. 우리는 아무 때나 역사를 이야기하지 않습니다. 아무 때나 이야기를 들으러 모이지 않습니다. 절박한 어떤 계기가 전제되지 않는다면 이야기는 그것이 어떤 것이든 전달되지 않습니다. 이야기는 있는데 그것이 발언되고 그것을 경청할 계기가 없으면 이야기는 현존하지 않습니다.

저는 오늘 우리 모임과 관련하여 두 가지 사실이 자못 흥미롭게 궁금합니다. 하나는 몇 번째 비가 오지 않는 여드레를 견딘 자의식이 드러날까 하는 기대이고, 또 다른 하나는 그것이 어떤 언어로 어떤 논리로 무엇을 표적으로 하여 어떤 대상을 향해 발언될 것인가 하는 것입니다. 그 계기와 언어의 성격이 우리가 펴는 신화담론의 속성을 결정하리라고 짐작되기 때문입니다. 그런데 그 속성이 어떻게 현상화하든 여전히 무지와 지의 틀 안에서 신화담론이 펼쳐지리라는 예단을 과연 넘어설 수 있을지 그것이 제 진정한 궁금증이고 기대입니다. 문제는 정도(程度)인 것 같습니다. 몇 번째 여드레를 전제하는가 하는 것, 그리고 역사의 편에, 아니면 신화의 편에 얼마만큼 가까이 있는가 하는 것이 결국은 우리 신화담론의 색깔을 칠하게 될 것 같습니다. 그렇다면 그럴수록 우리 신화담론은 신화적이지 않아야 합니다. 그러나 그럴 수 있을지 자신이 없습니다.[8] 제 경우, 지금이 '이야기'를 듣고 싶은 때이기도 합니다. 지금 여기에서 저는, 누구나 언제 어디서나 당대를 그렇게 여겼듯이, 이야기가 내리기를 고대하며 하늘을 바라는 목이 아픈 모습으로 있다는 자의식에 침잠해 있습니다. 그러면서 많은 사람이 그럴 거라는 짐작도 마구 합니다. 한국종교문화연구소가 그 갈증을 예감했으리라는 짐작은 오늘을 무척 행복한 계기로 받아들이게 하기도 합니다.

그런데 이러한 기대가 아직 어린 낭만성을 드러내는 모습이라든지, 그래서 '학문적인 것'이 아니라고 한다면, 저는 서둘러 제 발언을 거두어들이겠습니다. 하지만 발언은 그렇게 되거두지만 기대는 여전히 남아 있을 것 같아 저 자신의 움츠림의 효용이 제게 현실적일 수 있을지는 잘 모르겠습니다. 말씀을 드리다 보니 어느 틈에 저도 모르게 지와 무지를 준거로 한 논의의 맥락에 단단히 이어진 제 발언을 발견하게 됩니다. 그런데 어쩔 수 없는 것 같습니다. 저는 분명히 신화를 언급하고 있기 때문입니다.

1부

신화담론의
형성과
전개

한국 신화담론의 등장

장석만

1. 개천절과 단군신화

10월 3일은 개천절이다. 이날은 국경일로서 모든 관공서가 쉬는 공휴일이다. 그 밖에 다른 국경일로는 3·1절, 제헌절, 광복절이 있다. 헌법이 공식적으로 선포된 날을 기념하는 제헌절을 제외하면 3·1절과 광복절은 일제에 대한 저항 및 일제로부터의 해방과 관련된다. 개천절이 처음 제정된 것도 일제에 대한 저항과 관계가 있다. 단군 숭배가 교단의 핵심적 위치를 차지하며, 일제의 탄압에 맞서 만주에서 무장 투쟁을 주도한 대종교(大倧敎)에서 처음으로 개천절을 정했기 때문이다.

나철(羅喆)은 1909년에 단군교라는 이름으로 교단 창립을 선포하고 음력 10월 3일을 개천절이라 하여, 매년 경축 행사를 거행하였다. 대종교라는 명칭은 단군교라는 이름이 일제의 탄압을 초래할 수 있다고 여겨지자, 1910년에 바꿔 만든 것이다. 하지만 단군 신앙이 자신들의 통치에 걸림돌이 된다고 본 일제의 노골적인 탄압을 피해 갈 수는 없었다. 탄압이 심해지자 대종교는 교단 본부를 만주 지역으로 옮기고 교세를 확장하는 한편, 항일 독립운동에 적극적으로 가담하였다. 일제에 대한 무력 항쟁과 대종교의 밀접한 연관성을 고려할 때, 일제하 중국 상해에 있던 임시정부가 대종교와 합동으로 개천절을 경축했다는 것이 전혀 이상하게 보이지 않는다. 그리고 해방 후, 대한민국 정부가 수립되자마자 개천절을 국경일로 삼은 것도 마찬가지다.

첫 번째 개천절은 1949년 양력 10월 3일에 치러졌는데, 그동안 음력으로 지내던 것을 양력으로 바꾼 것이다. 음력이든 양력이든 10월 3일은 환인의 아들 환웅이 '하늘을 열고' 신단수 아래로 내려온 날이라고 간주되었다. 물론 지금도 대종교의 제천의식은 여전히 음력으로 치러진다. 대종교에서 단군 신앙이 부각된 것은 1894년 갑오경장 이후, 중국 연호의 폐지, 1897년 황제 즉위식과 대한제국의 선포 등 자주독립의 고조된 분위기 속에서 만들어진 것이었다. 1895년에서 1905년 사이에 간행된 각종 교과서는 한결같이 단군이 한민족의 시조라는 점을 강조하였다. 비록 1905년 이후 통감부의 탄압으로 단군을 중심으로 한 공개적인 민족 사상 고취는 상당히 위축되었지만, 민족운동에서 단군 신앙의 중요성은 계속해서 주장되었다. 일제하 조선총독부가 '한민족의 시조로서의 단군'이라는 담론의 확산에 대해 민감하게 반응하여 이를 차단하려 한 것도 단군담론이 민족독립 운동의 사상적 기반을 마련해 주었기 때문이다.

일본 학자들은 한일합방 이전에도 단군 이야기가 지닌 '위험성'을 인지하여, 역사적인 근거가 없다거나 고려 말에 조작된 이야기라고 주장하였다. 이런 점은 1920년대에 더욱 가열되어 일본의 학자들은 단군 이야기가 전혀 신빙성이 없다는 점을 애써 강조하였다. 이에 대항하여 신채호, 정인보, 최남선과 같은 한국인 학자들은 단군의 실재적 근거를 주장하는 한편 단군 위조론을 강력하게 반박하였다. 신채호와 정인보가 단군을 한민족의 역사적 시조로서 파악하여 그 역사적 실재성을 내세웠다면, 최남선은 단군을 역사 이전의 신화적 주인공으로 파악하면서 중국문화와는 다른 동방문화의 원천을 탐구하는 주요 단서라고 주장하였다. 이처럼 단군을 둘러싼 논쟁으로 근대적 민족사학이 더욱 활성화된 점이 없지 않다.

고려 말부터 단군 이야기는 한반도에서 집단 아이덴티티의 위기 상황에 봉착할 때마다 등장하여 집단의 구심점을 형성하는 통합력으로 작용하였다. 고려 말, 조선조의 양란 이후, 19세기 말, 그리고 해방 후가 바로 그런 위기의 결절(結節)점이었다. 지금 우리가 경험하는 단군 이야기는 한말부터 시작하여 더 직접적으로는 해방 후 항일민족운동의 여파 속에서 제도화된 개천절을 중심으로 움직이고 있다. 단군 이야기는 현재 국경일이라는 제도적 특권의 후광에 휩싸여 있다. 우리에게 단군 이야기는 단순히 여러 이야기 가운데 하나의 이야기에 불과한 것이 결코 아니다. 우리 단군 이야기는 권위를 '잔뜩' 부여받은 이야기다. 그래서 그 이야기는 신화라는 틀에 담겨 있다. 물론 권위를 인정받는 것은 긍정의 방향뿐만 아니라, 그와 반대인 부정의 방향에서 이루어지는 방식도 있다. 그래서 단군신화도 긍정과 부정의 양쪽 모두에서 그 중요성이 거론된다. 한국에서 신화담론은 단군 이야기를 둘러싸고 진행되었다. 이런 맥락에서 단군신화가 긍정과 부정의 극단적 가치를 지니는 것도 이해할 수 있다. 이제 단군 이야기를 중심으로 한국에서 신화담론이 형성되는 모습을 구체적으로 살펴보기로 한다. 하지만 그전에 우선 그 배경이 되는 것으로, 'myth'가 수용되는 측면을 검토할 필요가 있다. 신화는 곧 'myth'라는 식으로 등치시키는 관점을 이상스럽게 여기지 않을 만큼, 두 개념의 밀접한 연관성이 상정되기 때문이다.

2. 외부자의 시선

19세기 말경에 한국에 들어오기 시작한 개신교 선교사들은 포교를 위해 한국에 대한 이해의 필요성을 절감하고 한국에 관한 지식을 축적하기 시작하였다. 이들은 그 이전부터 한국에 정착해서 나름대로 한국을 이해해 온 가톨릭 신부들의 작업처럼 외부자의 시선으로 한국을 파악하려는 시도를 전개하였다. 선교사들의 이런 작업은 나중에 이루어지는 일제의 식민 통치를 위한 자료 조사와 더불어 한국에 대한 근대적 연구의 한 부분을 이루었다. 그 맥락에서 등장한 「더 코리안 리포지토리」(1892~1898)와 「더 코리아 리뷰」(1901~1906)는 상당수의 개신교 선교사가 참여하여 한국의 여러 가지 측면을 논의한 영문 잡지이다.

「더 코리안 리포지토리」에서 신화에 관한 기사로 주목할 만한 것은 한국의 종교가 유교, 불교, 도교의 혼합으로 되어 있으며, 한국의 신화를 이루는 데 각 종교들이 제 몫을 담당했다는 것, 그리고 그런 종교적 신념 체계의 맨 꼭대기에는 상제 혹은 하나님(Hananim)에 대한 믿음이 자리한다는 주장이다.[1] 이와 함께 하나(hana) 혹은 '하날'(Hanal)의 의미를 중국어의 천(天, heaven)과 같다고 보고 한국인들은 언제나 '하날'에 기원(origin)을 두고 이야기를 해서, 대부분의 한국인 이야기는 '하날'에서 시작해서 '하날'로 끝난다[2]는 내용이 게재되어 있다. 그리고 이어서 '하날'에 관한 설명이 붙어 있는데, 하나는 그 뒤에는 아무것도 없고 그로부터 복합적인 것이 나타난다는 의미에서 '순수한 시작'(pure beginning)이다. 다른 하나는 같은 의미에서 '순수한 통일성'(pure unity)을 나타내는 것이다. 그래서 이런 결론이 나온다. '하날'은 분명히 모든 것의 근원 혹은 시작이다. 그러므로 모든 조화와 완전함을 포함하는 것은 알려진 것 가운데 가장 진실다운 통일성의 사례이다.[3]

여기에서 두드러지는 점은 하나님 혹은 하느님에 관한 관점을 기원의 문제와 관련시키려고 애쓴다는 것이다. 게다가 곧이어 통일성과도 연결시킨다는 것은 서구인의 유일신관을 바탕으로 한국인의 '하날'에 대한 생각을 정돈하고자 노력하고 있음을 보여준다. 여기에 깔려 있는 생각은 이런 것이다. 즉 지금 한국인의 종교는 어지럽게 혼합되어 있지만, 그 바탕에는 순수한 기원과 통일성이 잠재되어 있으므로, 유일신 신앙을 수용할 수 있는 기름진 바탕이 마련되어 있다. 이런 관점을 받아들인다면 개신교 선교에 희망적인 전망이 아닐 수 없다.

한편 당시 선교사들은 개신교가 근거 없는 전설에 바탕을 두지 않고, 역사적 사실에 뿌리를 둔다는 점을 내세우면서 자기 신앙의 우월성을 주장하였다. 그리고 신빙성이 있는 것과 없는 것의 구분을 역사적 자료의 유무로 판단하며 이런 관점을 정당화하였다. 이런 점은 다음과 같은 「더 코리아 리뷰」의 두 가지 인용문에 잘 나타나 있다.

진정한 한국사는 한국 남부에 신라 왕국이 세워진 기원전 57년에 시작되었다고 말할 수 있다. 이 시기보다 앞선 것이 무엇이건 그것은 전통적 혹은 전설적인 시기이며, 그렇게 그 시대의 성격을 부여해야 한다.…기원전 57년부터 한국의 역사는 분명하고 합리적인 방식으로 기록된다. 이로써 근본적으로 신화적이거나 초자연적인 요소로 뒤범벅되어 있는 것으로부터 벗어나게 된 것이다.[4]

「재팬 크로니클」(Japan Chronicle)에 나온 최근의 리뷰에서 한국의 역사학(The History of Korea)이 최근에 등장했다는 언급은 충분히 읽을 가치가 있다.… 역사가 쓰여질 수 있으려면 그 전에 자료가 수집되고, 추려지고, 비교되고, 숙지되어야 한다. … 김부식이 모아 놓은 작업의 성격이 진정성의 증거를 보여주고 있다. 그것은 일본의 고사기처럼 환상적이고 불가능한 이야기의 집적이 아니라, 대부분 사건의 연관성이 일관되고 냉정하게(sober) 기록되어 있다.[5]

이 인용문에서 우리는 합리적이고 신뢰할 만한 역사와, 초자연적이고 환상적인 신화의 이분법적 구분을 잘 볼 수 있다. 이에 따르면, 기원전 57년 이후의 한국사 서술, 그리고 김부식의 삼국사기는 합리적인 역사관인 반면, 그 이전의 서술 및 예컨대 일연의 삼국유사는 믿을 수 없는 신화적인 것이다. 이런 관점에서는 문자화된 자료가 아닌 것을 부정적으로 보려는 경향이 있다. 그래서 구전으로 이어지는 민간전승을 별로 신뢰하지 않는다. 문자의 고정성과는 달리 구전은 매우 유동적이기 때문이다. 비록 그런 구비 전승이 후대에 문자화된다 하더라고 그 내용의 '비합리성'을 트집 잡아 믿을 수 없는 것으로 간주한다. 하지만 이런 민간전승에 대해 다음과 같이 적극적인 가치를 인정하려는 관점도 등장한다.

> 민간전승은 모든 흥미로운 민족지적 자료 조각들이 처박혀 있는 후미진 다락이다. 그런 자료는 역사를 증명하지 못한다. 그리고 그 기원이 너무 애매하고 또 그 성격도 너무 이질적이어서 근대 과학이란 응접실의 잘 정돈된 곳에 자리 잡을 수 없다. 하지만 사람들의 삶이 어떤지를 알고 느끼기를 바란다면, 환한 전등 밑의 응접실에 앉아서 공식적인 연대기를 읽을 것이 아니라, 다락에 올라가 그들의 민간전승을 뒤적여야 한다.[6]

이 내용은 영국왕립 아시아학회의 한국 지부에서 내는 회지에 실렸기 때문에 다른 저널보다는 좀 더 학술적이고 차분하다는 특징이 있다. 이 내용에 따르면 오히려 민간전승을 연구하는 것이 좀 더 구체적이고 가깝게 한국인을 이해할 수 있는 방법이다. 이 글을 쓴 헐버트 선교사는 한국의 민간전승을 여섯 가지로 나누고 있는데, 유교적 민간전승, 불교적 민간전승, 샤마니즘적 민간전승, 전설적인 민간전승, 신화적 민간전승, 그리고 일반적이거나 잡다한 민간전승이 그것이다.[7] 세 번째 구분인 전설적인 민간전승을 그는 다음과 같이 설명한다. "우리는 여기에 사람들이 나라 역사의 한 부분을 이룬다고 쉽게 믿는 초자연적이고 자연 외적(extra-natural)인 사건 모두를 포함시킨다."[8] 그는 이 범주에 속하는 것으로 단군 이야기, 석탈해 이야기, 금와 이야기 등을 들었다. 이른바 현재의 관점으로 볼 때, 신화라고 여겨지는 것들을 전설적 민간전승에 소속시키는 것이다. 한편 신화를 다음과 같이 말하고 있다.

> 여기서 우리는 신화라는 말을 엄격한 의미로 사용한다. 즉 신화는 자연현상이 자연 외적(extra-natural)인 기원을 지닌다는 이야기이다. 우선 우리는 한국인의 상상력이 그리스의 매혹적인 신화에서처럼 거창한 환상의 비약을 할 만큼 그렇게 크거나 쾌활하지 않다는 점을 지적해야겠다. 그리고 북구 신화의 강인한 영웅을 낳게 할 만큼 남성적이거나 원리적이지 않다는 점도 말해야겠다. 그리스, 로마, 그리고 스칸디나비아의 신들은 거의 거대하고 강력한 존재들인데 반해, 한국에서 거의 모든 초인간적이거나 인간 외적 존재들은 인간보다 작은 것들이다. 가끔 인간보다 더 재간이 있고, 종종 인간보다 더 강한 모습으로 나타나지만, 인간보다 더 고귀하고 가치 있는 존재로 나타나지는 않는다.[9]

헐버트는 계속해서 그리스 신화와 비교하며 한국 신화의 특징을 거론한다.

> 그래서 포에부스 아폴로가 매일 태양 전차를 끌고 하늘을 가로질러 간다고 하는 대신에, 한국인들은 빈대가 왜 납작한가 하는 이유를 알려준다. 새털구름은 천상의 초원에서 풀을 뜯고 있는 양떼라고 상상의 나래를 펴는 대신에 한국인들은 왜 제비가 두 다리로 뛰는 반면 까치는 다리를 번

갈아 짚고 걷는가 하는 이유를 말한다. 그리스 신화가 망원경과 같다면, 한국의 신화는 현미경적이다. 만약 당신이 불의 기원, 춘분 추분의 행로의 기원, 산울림의 기원 그리고 번개의 기원에 대해 알고 싶다면 그리스 신화에서 그에 관한 이야기를 찾아야 한다. 하지만 만약 당신이 개미허리는 어떻게 그리 가느다란지를 알려면, 그리고 기생충의 가슴에 어째서 조그만 반점이 있는지를 알려면 한국의 신화를 봐야 한다. 서양에서 형태(form)는 무엇보다 중요한 것이고, 세부적인 것은 단지 이차적인 것인데 반해, 동양에서는 세부적인 것이 제일 중요하고, 형태는 뒷전에 놓인다.[10]

헐버트가 예로 드는 한국 신화의 주된 주제는 "게는 왜 옆으로 걷고, 갯지렁이는 왜 눈이 없는가?" 또는 "파리는 왜 손을 비비고, 참새는 왜 두 발로 깡충깡충 뛰는가?" 등과 같은 것이다. 스케일이 작고, 아이들 놀이 같은 말장난이 한국 신화의 특징적인 모습이라는 셈이다. 신화의 주된 성격이 자연현상의 기원에 대한 비자연적 설명으로 간주된다고 해도, 한국 신화는 '온전한' 자연현상보다는 우화적인 현상에 관심이 치우쳐 있다고 여겨지기 때문에 주변적인 의미만을 지닐 뿐이다. 자연현상의 기원에 대한 관심이 신화의 진면목이라고 보는 관점이라면, 한 나라의 기원과 같은 주제는 신화적 중심 주제로 여겨지지 않을 것이다. 그리스 신화에 비교하면 한국 신화가 초라한 것은 너무나 명백하다. 그래도 헐버트는 이런 한국 신화를 단순히 과학적 설명과 비교하여 틀렸다고 하지 않고, 한국인의 심성을 잘 알려 주는 것으로 여긴다. 이런 점에서 그는 계몽주의 합리성의 좁은 틀을 벗어나 있다고 할 수 있다. 이런 맥락에서 다음에서처럼 더욱 적극적으로 한국 신화 연구의 필요성을 제시하는 주장도 등장한다.

여태까지 한국 신화와 민간전승이라고 간주될 수 있는 것들을 진지하게 수집하고 정리하려는 노력이 별로 없었던 것 같다. 하지만 한국인들의 삶에 변화가 나타나면서 그런 작업을 지체 없이 수행해야 할 필요성이 생기게 되었다. 이 글은 이 학회가 이런 작업을 수행해야 한다는 주장을 펴기 위해 마련되었다.… 만약 위와 같은 탐구가 더 이상 이루어지지 않는다면 그런 조사를 하고, 그 결과를 다른 인종의 신화 및 민간전승에 연관시킬 수 있는 시기를 놓치게 될 것이다.[11]

여기서 말하는 변화는 무엇인가? 그것은 당시 한국인들 사이에 유교 망국론 및 구습 타파 같은 분위기가 팽배하면서 과거와의 단절을 당연하게 생각하던 것을 가리킨다.

오늘날 젊은 한국은 망국을 의식하고, 일본과 서구의 사상과 문명에 당황해 하면서 자신의 관습과 옛이야기들을 경멸하고 잊으려고 하고 있을 뿐이다. 그들은 자신들의 관습과 옛 이야기를 우스꽝스럽고 실속 없는 것으로 잘못 생각하고 있으며, 그런 것 때문에 나라가 요 모양 요 꼴이 되었다고 탓하고 있다.[12]

이 글을 쓴 호지스가 한국의 신화 연구의 시급성을 주장하는 배경에는 신화 연구를 통해 인류의 동일한 발전 경로를 확인할 수 있다는 믿음이 깔려 있다. 앞서거니 뒤서거니 하지만 결국 인류는 동일한 진화적 시간을 지니고 있다는 것이다.

더구나 역사, 신화, 관습에 관한 어떤 비교 연구이든 인간의 심층적인 통일성을 보여줌으로써, 그리고 어떻게 황인종, 백인종, 흑인종이 전체적으로는 동일한 발전 경로를 따라 움직여 왔고 또 움직이고 있는가를 보여줌으로써, 언제나 인생에 관한 관점을 확장해 준다. 그런 한국의 이야기들은… 다른 인종이 지나온 길을 따라서 성장해 가는 인종의 모습을 보여주기에 충분하다. 한국 인종이 선사시대부터 지금에 이르기까지 거쳐 온 발전 경로를 추적하기 위해 자료를 찾아야 되는 것이 이런 조사를 통한 것임은 분명한 것이다.[13]

이상의 논의에서 두드러진 점은 다음과 같다. 우선 하느님 혹은 하나님 신앙을 한국 종교의 전통적 기반이라고 보고 이를 순수성 및 기원의 문제와 연결시킨다는 점, 그리고 합리적 근거를 지닌 역사적 자료와 그렇지 못한 전설적 자료를 이분법적으로 구분하려는 태도가 좀 더 강력하게 등장한다는 것이다. 더 나아가 신화를 자연현상의 기원에 관한 이야기로 보려는 태도가 부각되었으며, '비자연적' 혹은 '자연 외적'인 설명이라는 의미에서 과학적 설명과 구분하였다는 것이다. 또한 신화 연구의 필요성이 인류 공통의 진화 과정을 전제로 강조되기 시작하였다는 점이다.

여기에 논의되는 '신화'는 모두 영문 자료에서 취한 것이기 때문에 영어 'myth'를 말하는 것이다. 영어 'myth'에서 한국어 '신화'로의 이동은 결코 직접적이거나 자동적으로 이루어진 것이 아니다. '신화'라는 번역어의 등장은 근대 한국의 근대성 형성 과정이 그 배경으로 있을 수밖에 없다. 영어 'myth'에 함축된 의미는 이 맥락 속에서 여러 교섭 과정을 통해 지금 우리의 일상어가 되었다. 그 과정의 의미는 '신화'에 대한 내부자의 시선을 살펴봄으로써 좀 더 구체화될 수 있을 것이다.

3. 내부자의 시선

1920년 6월에 간행된 『개벽』 창간호에는 「단군신화」라는 기사가 있다. 여기에서 환인, 환웅, (단군)왕검을 삼신(三神)이라 하여 기독교의 삼위일체설과 같다고 주장하는 점이 흥미롭다. 특이한 점은 환웅을 환인보다 앞세워 이야기하고 있다는 것인데 그 까닭은 다음과 같은 내용에 있다.

> 조선 풍습에 고래로 삼신을 제(祭)하는 풍속이 있나니 삼신이라 함은 즉 환웅, 환인, 왕검이니, 이는 마치 기독교의 삼위일체설과 같이 된 것이다. 환웅, 환인, 왕검은 일체(一體)의 삼위(三位)를 나타내며, 환웅은 과거를 대표한 신(神), 환인은 현재를 대표한 신(神), 왕검은 미래를 대표한 신(神)이라는 의미인 듯하다.[14]

이 내용에 따르면, 환웅을 환인보다 앞에 거론한 이유는 환인을 현재의 신으로 만들기 위해서이다. 환웅은 과거를 나타내므로 현재를 나타내는 환인보다 앞에 거론되어야 하는 것이다. 환웅이 환인의 아들이라는 것을 고려한다면 이런 관점이 그리 쉽게 이해될 수 있는 것은 아니다. 하지만 기독교의 삼위일체설을 준거로 삼아 환인, 환웅, 단군왕검의 관계가 정리된 것을 살펴보면 이런 배치가 꼭 이상하다고 할 수도 없다. 환인이 기독교의 유일신과 같은 성격을 띠고 권능을 행사하려면 현재를 관할하는 존재로 간주되어야 하지 않겠는가? 환웅은 환인에 비해 서열적 권위가 열등하므로 '원초적 기원'의 자격이 결핍되어 있고, 단군은 동물 혹은 인간의 피가 섞여 있으므로 '순수함'의 측면에서 열등하다. 순수성과 기원적 통일성을 지닌 기독교 유일신과 대응되는 존재는 환인밖에 없는 것이다.

천도교 잡지인 『개벽』에 이처럼 기독교적인 관점이 강조되었다는 것은 중요한 점을 시사하고 있다. 단지 기독교 집단의 영역을 넘어서 기독교적인 세계관이 한국 사회에 널리 확산되면서 영향력을 미치고 있음을 보여주기 때문이다. 특히 개신교적인 관점은 이후에도 여타 종교 집단 및 일반 사회에서 점차 세상을 보는 유력한 준거점으로 간주되기 시작했다. 이와 함께 흥미로운 점이 바로 단군신가(檀君神歌)에 관한 다음과 같은 구절이다. 여기서는 단군이 민족의 통합적 구심점임을 강조한다.

> 이 신가(神歌)는…고구려 동명 때에 가곡으로서 궁중에서 여항까지 성전(盛傳)하였으며, 또 광개토왕은 매양 출전할 때에 군가(軍歌)로 사용하여 군기(軍氣)를 진흥하니라…동명왕은 신가를 다음과 같이 해석하였다. 어아 어아 우리 대황조(大皇祖) 높은 은덕. 배달국의 우리들이 백천만년 잊지 마세. 어아어아 우리 백천만인. 활같이 굳센 마음. 배달국의 광채로다. 백천만년 높은 은덕. 우리 대황조 우리 대황조.[15]

단군을 배달국 배달족의 대황조라고 내세우고, 단군신가를 전쟁 때 사용하는 군가로서 간주하는 이런 주장은 당시 상황을 고려할 때 상당히 도전적인 자세라고 여겨진다. 이 창간호가 나오자마자 압수된 것도 적어도 이런 기사의 성격 때문으로 보인다. 이런 점을 통해 단군신화가 민족이라는 집단적 아이덴티티의 통합력으로 작용하는 측면을 잘 볼 수 있다.

1920년대의 이런 분위기 속에서 한국의 신화담론을 유포하는 데 주도적인 몫을 담당한 인물이 바로 최남선(1890~1957)이다. 앞서 언급한 대로 신채호, 정인보 등이 단군을 거론하면서 한민족의 역사적 시조로 간주함으로써 신화에 그리 중요성을 부여하지 않은 반면, 최남선은 1920년대 이후, 지속적으로 신화를 발언하면서 신화의 중요성을 강조하였다. 다음과 같은 내용은 짧지만 그의 관점을 잘 보여준다.

세계상의 오랜 국민들은 다 역사에 앞서 신화를 가졌다. 신화라 함은 유
치한 시대의 사람들이 천지 만물의 내력을 신령님의 마련하신 것으로 설
명하는 말이니 그네들은 이것을 사실로서 믿어서 입에서 입으로 닐러 나
려왔다. 조선의 옛 백성은 그 나라의 시초에 대하여 이러한 신화를 전하
였다.[16]

그가 죽기 직전 간행된 책에 실린 내용이지만 신화에 대한 그의 관점은
20~30년대에 쓰여진 글에도 일관되게 나타난다. 역사에 앞서 반드시 신화
가 존재하며, 신화는 역사의 본질을 파악할 수 있게 만드는 보물 열쇠와 같
다는 것이 최남선의 신화관이다.

어떤 민족도 그 문화의 연원, 역사의 서광은 오로지 신화 속에서 찾을 수
가 있을 것이며, 이를 제외하고는 그 원시사회의 상태, 즉 그 민족 생활의
어린 모습을 생각할 수는 없을 것입니다. 이와 꼭같이 조선의 역사적 발
전을 근본에 소급하여 음미하고 연핵(硏覈)해서 그 본질, 특색을 밝혀내려
고 생각한다면, 무엇보다도 먼저 원시 문화의 여실적(如實的) 사상(寫象)이
며, 종합적 표현일 것이 틀림없는 신화의 보고(寶庫)부터 열어 헤쳐야 한다
는 것은 췌언(贅言)할 나위도 없는 바입니다. 조선의 신화가 원시 조선 및
그 구성자(構成者)의 사상, 감정, 지식, 행위 등을 담은 것으로서 절대한 가
치를 가지고 있음은 말할 필요도 없는 바입니다.[17]

신화에 대한 최남선의 관점이 좀 더 자세하게 나타난 것은 〈매일신보〉
에 1939년 2월 16일부터 3월 13일까지 연재한 「조선의 신화」이다. 여기에
서도 그는 신화와 역사의 관계를 동일하게 말하고 있으나 더욱 강력하게
신화의 선재성(先在性)과 우선성을 주장한다.

인류의 역사는 전체로나 부분으로나 모두 다 신화로써 시작합니다. 어느 국민의 역사든지 그 초두에 적혀 있는 사실은 죄다 신화요, 그렇지 않으면 신화로서 환골탈태(換骨奪胎)하여 나온 의장적(擬裝的) 사실이요, 아무리 진보한 방법으로 만든 역사라도 그 고대의 일은 재래의 신화에 합리적 해석을 붙인 것에 벗어날 것 없습니다. 왜 그러냐 하면 신화를 제쳐 놓고 인류의 최고(最古) 역사가 없기 때문입니다.[18]

하지만 다음과 같은 신화의 미개성은 앞서 주장된 신화의 우선성과 묘한 긴장 관계를 만든다.

신화란 것은 원시시대의 미개한 사람들이 그네의 지식 정도와 상상력으로써 천지 만물과 인간 만사에 대하여 그 내력과 성질을 설명한 이야기인데, 모든 것이 대개 신령(神靈)의 활동을 말미암아 생겼다고 말하므로 이 특점을 취하여 그것들을 신화라고 이름한 것입니다. 후세에 인류의 지식이 진보함과 한가지로 신화는 한 황탄기괴(荒誕奇怪)한 이야기로 들려서, 차차 일반 사람의 주의(注意)로서 떠나고, 또 학문이라도 있다는 이들은 짐짓 이것을 배척하게 되기도 하였습니다.[19]

최남선은 신화가 원시시대의 미개성을 반영한다고 하면서 어떻게 "모든 것이 아직 따로따로 분과(分科)되지 아니한 상태로 있는 인류 지식 전체의 최고 표현"이라고 주장할 수 있는 것일까? 그가 "인류의 어느 시기의 생활과 문화를 연구함에는 이 신화보다 더 귀중한 재료가 없는 것"이라고 신화를 평가할 때, 그는 단지 신화의 가치를 인류의 특정 시기를 밝혀줄 뿐인 하나의 자료로서 보는 것일까? 원시시대 미개성의 표현이 어떻게 지금처럼 '개명한' 시대에도 귀중한 보물로서 취급받을 수 있다는 것인가? 어째서 그는 신화의 보살핌이 "금후 우리 학도(學徒)에게 짊어지워 있는 큰 임무가 아닐 수 없다."[20]고 말하는 것일까?

다음의 인용문은 이런 질문을 답하는 데 하나의 실마리를 마련해 준다.

> 인류의 태고사(太古史)는 옛날에나 뒷날에나 둘러치나 메어치나 밤낮 신화 하나가 있을 뿐인데, 다만 인류의 지식이 그것을 대하는 태도와 주무르는 방법이 시대와 정도를 따라서 같지 아니할 뿐입니다. 그러므로 신화를 중시치 아니함은 곧 생활 전통을 중시치 아니함이요, 신화를 버림입니다. 인류가 현재 및 장래를 위하여 과거를 돌아다볼 필요가 있기까지 인류문화의 고향을 나타내는 신화는 언제든지 귀중한 대접을 받을 것입니다. 세계 인류를 두루 보건대, 어떠한 미개(未開) 인민(人民) 사이에라도 자기네의 사회와 생활의 내력을 설명하는 얼마만큼의 신화를 가지지 아니한 인민은 거의 없는 것 같습니다.[21]

신화에 대한 최남선의 주된 관점은 우선 신화가 원시사회의 총체적인 모습을 간직한다는 것, 그리고 태고의 역사를 알려면 신화를 통하지 않고는 길이 없다는 것이다. 그는 사람들이 신화를 황당무계하다고 비난하는 태도를 염두에 두지만, 인류의 과거 생활 모습을 파악하는 데 없어서는 안 될 자료라고 주장하며 부정적인 태도를 일축한다. 하지만 그가 단지 인류의 과거를 연구하는 자료로서만 신화를 보는 것은 아니다. 그에게 신화는 '인류문화의 고향'을 나타내는 귀중한 보고이다. 과거 생활을 연구하는 자료로서 보는 태도와 '고향'을 나타내는 것으로 신화를 보는 태도는 커다란 차이가 있다. 더구나 그 고향은 인류 모두의 고향이라기보다는 좀 더 직접적으로 민족의 고향이다. 그에게 신화는 무엇보다도 민족과 연관된다. "가만히 살펴보면 민족치고 신화 가지지 아니한 자의 없음(은) 인류치고 종교 없는 이가 없음과 같습니다."[22]라는 구절은 그런 점을 잘 보여준다. 미개한 민족도 가지고 있는 것을 '개명한' 민족이 지니지 않는다는 것은 어불성설일 것이다. 물론 그도 신화가 지닌 인류 보편성을 인정한다. 또한 나름대로 신화의 모델을 상정하기 때문에, 신화의 완전한 형태와 결핍된 형태도 구별한다.

> 신화의 비교적 완전한 형태를 보건대, 천지가 개벽하고 인물이 발생함으로부터 일월성신(日月星辰), 풍운뇌우(風雲雷雨), 수화산천(水火山川), 초목금수(草木禽獸) 등의 내력에 대하여 두루 설명을 더하고 일변 언어동작(言語動作), 생사혼인(生死婚姻), 정치경제(政治經濟), 윤리도덕(倫理道德) 등 인간 생활의 온갖 현상에 대하여도 골고루 일종(一種)의 이론(理論)을 붙였습니다. 하늘은 왜 높은 데 있느냐, 불은 어떻게 생겼느냐, 사람은 왜 죽느냐, 나라는 어떻게 생겼느냐 등을 설명하는 것입니다.[23]

따라서 그는 신화를 설명 대상에 따라 자연신화(自然神話)와 인문신화(人文神話)로 구분한다. 전자는 천지 만물의 내력을 설명하는 것인 반면, 후자는 인생 사실의 근원을 말하는 것이다. 희랍(希臘)이나 인도의 신화는 자연·인문 두 방면에 걸쳐서 골고루 설명하여 놓은 데 비해, 지나(支那)의 신화는 후세에 많이 없어져서 "있는 것은 있고, 없는 것은 없는" 형편이라고 본다. 또한 일본의 신화는 후에 "정리(整理)와 취사(取捨)를 더한 결과로 그 목적에 합하는 부분만이 기형적으로 유난한 발달"을 하였다고 평가한다. 그렇다면 최남선은 한국의 신화를 어떻게 보고 있는가? 그는 이렇게 말한다.

> 조선의 신화는 그 연원(淵源)은 멀고 관계 범위는 자못 넓지마는, 그 내용은 비교적 단순하고 또 현재에 남아 있는 분량은 심히 빈약함이 사실입니

다 … 대체로는 자연현상을 설명하는 신화는 조선에 없다 하여도 가합니다. 그다음 인생 사실에 관하여서도 사람이 왜 나고, 왜 죽고, 죄악은 어찌다가 저지르고, 혼인은 어떻게 시작되고, 불은 어디로서 얻어왔다는 것과같은, 이른바 인문신화(人文神話) 중의 중요한 종목은 거의 다 빠져 버렸읍니다. 그러면 이런 좋은 제목을 다 제쳐 놓고 어떠한 신화가 있느냐 할 것같으면, 조선에 남은 것은 다만 하나, 국가 기원─나라가 어떻게 생기고, 임금은 어떻게 나오고, 정치는 어떻게 행하였느냐 함에 관한 신화가 있을뿐입니다. 말하자면 건국신화(建國神話)라고 할 것입니다.[24]

최남선이 보는 한국 신화는 결국 결핍된 신화이다. 원래 동북아시아의 신화는 "자연 현상에 관한 신화가 심히 부족하고, 또 인문신화(人文神話)에서도 그 국가 생활에 관한 부분이 가장 현저하게 존재함이 통례"인 데다가, 그나마 남은 것도 대부분 소실되었다고 본다. "역사로 돌려 꾸밀 수 있는 부분만을 채용하여, 사실 비스름한 형태로 역사의 일부를 만들고 그 나머지는 황탄불계(荒誕不稽)한 이야기로 내버리는 통에 다행히 건국(建國)의 고사(古事)로 역사에 채용된 근소(僅少)한 일부(一部)를 제하고 다른 많은 종류의 부분은 그럭저럭 없어져서, 마침내 오늘날과 같이 단순하고 빈약한 꼴"[25]이 되고 말았다는 것이다.

이렇듯 한국의 신화를 보는 그의 관점에는 안타까움이 함축되어 있다. 그는 신화가 '유치한 시대'의 산물이고 지금과는 다른 원시생활의 모습을 담고 있다고 인정하면서도 신화의 소중함을 주장한다. 그것은 신화에서 그가 무엇인가 찾는 것을 발견할 수 있다고 믿었기 때문이다. 그것은 바로 민족 아이덴티티의 구심점이다. 하지만 민족 단위의 아이덴티티는 언제나 보다 포괄적인 성격을 지닌 인종 단위의 아이덴티티와 융합될 가능성을 지니고 있다. 최남선에게도 이런 점을 찾아볼 수 있다.

도대체 조선의 신화와 일본의 신화 사이에 있는 이러한 친밀한 유사(類似)는 어떻게 설명하여야 할 것인가… 단 일언(一言) 이것은 조선과 일본 내지는 동 범위 내의 제 민족들이 그 문화의 원천을 같이 하고 있기 때문이라는 것을 말씀드리는 바입니다. 이와 같이 신화 전설이 일치하거나 풍속 습관이 일치하거나, 유물 유적 즉 고고학적인 많은 일치를 본다거나 하더라도, 이러한 것들은 요컨대 문화상의 일이며 민족의 본질 내지는 그 연원 자체는 아니니, (여기서) 문화론과 민족론은 별개의 범주에 속한다는 것을 밝혀 두고자 하는 바입니다.[26]

여기서 최남선은 한국 신화와 일본 신화의 유사성을 인정하면서도 민족적 차이에 관해서는 별개라고 주장한다. 하지만 일제 말기 내선일체의 압력이 심해지면서 최남선은 인종 담론에 복속하고, 결국 친일에 가담한다. 해방 후 그는 친일파로 몰려 곤욕을 치른다. 그리고 죽기 직전에 낸 책에서 다시 그는 세계 모든 민족이 신화를 가졌고, 우리 민족도 신화를 가지고 있다고 쓴다. 해방 후 남한 정부는 정부의 공식 연호를 단기로 하고 개천절을 국경일로 삼는다. 단군 이야기는 이제 공적 담론에서 권위 있는 위치를 부여받는다. 단군 이야기가 단지 전설이 아니라, 신화로서 대접받는다. 그러나 신화가 지닌 이중성은 단군 이야기에도 마찬가지로 작용하고 있다.

4. 마무리

단군 이야기는 조선시대 말, 왕조의 아이덴티티가 동요되던 상황에서 다시 부각되어 나타났다. 그동안 고려 말, 그리고 임진왜란과 병자호란 이후와 같은 집단적 아이덴티티의 위기 상황에서 단군 이야기는 이미 몇 차례 역사적으로 등장한 바 있었다. 한국의 신화담론이 형성된 것은 조선 말에 단군 이야기가 다시 부각된 맥락과 긴밀한 연관 관계를 지니고 있다. 즉 조선왕조의 해체기에 나타난 단군 이야기에는 기존의 집단적 아이덴티티를 보완 혹은 대체할 욕망이 함축되어 있었다. 19세기 말과 20세기 초의 상황에서 집단적 아이덴티티의 중심축은 민족과 인종의 두 가지였다. 당시 신화담론은 한민족과 동이족·배달족에 대한 강조와 깊은 연관이 있었다. 따라서 단군 이야기를 중심으로 전개된 신화담론은 협의의 혹은 광의의 민족담론과 뗄 수 없는 관계를 지니게 되었다. 민족의 자주독립이 일제 통치 아래 '우리'의 집단적 염원으로 자리 잡으면 잡을수록, 민족담론과 연관된 신화담론의 권위는 확고하게 되었다.

반면 1930년 이후 마르크스주의와 사회주의적 세계관이 광범위하게 확산되고, 실증주의적 과학주의가 영향력을 얻게 되면서 신화에 대한 부정적인 시각이 힘을 얻게 되었다. 마르크스주의 경제학자였던 백남운은 유물사관의 관점에서 신화를 파악하였다. 그는 신화를 계급사회의 형성과 연관하여 등장한 관념형태의 하나로 보았다. 이런 맥락에서 그는 단군신화를 고조선 지배계급의 이데올로기로 간주하였다. 산업화와 도시화가 급속하게 진행된 60~70년대 이후에는 근대적 합리성의 이름 아래 신화의 비합리성과 미개성이 강조되었다. 이런 부정적 견해는 지금 신화를 보는 상식적 관점을 이루고 있다. 아무리 긍정적인 뉘앙스를 띠고 있는 표현이라도 결국은 부정적인 가치로 귀결되는 신화의 내포적 의미는 여기에 기인한다. 하지만 신화가 부정적 의미의 중심 표적으로 간주되면 될수록 신화의 권위는 공고해진다. '벡터'는 다르다 하더라도 그것도 동일한 권위 부여의 주요한 방식이기 때문이다.

한편 서구인의 'myth'에 대한 관점은 한국인 나름의 필터로 걸러내 수용되기는 했지만, 상당히 큰 영향을 미쳤다. 역사와 신화의 이분법, 신화가 순수한 기원에 대한 이야기라는 관점, 창조신화가 신화의 모델이라는 관점 등이 그런 예들이다.

최남선은 한국 신화담론 등장에 중심적 역할을 하였다. 그는 신화에 대한 계몽주의적 관점과 낭만주의적 관점을 결합하여 자신의 신화관을 만들었다. 그 사이의 모순적 긴장을 그는 주로 '민족의 고향으로서의 신화'라는 관점으로 해소하려고 하였다. 하지만 그가 수용한 신화담론의 원천적인 제약 때문에 단군신화는 언제나 결핍을 내재화할 수밖에 없었다. 또한 일본과 한국이 모두 비(非)중국민족으로 묶일 수 있다는 점에서 그의 친일은 언제나 잠재되어 있었다고 할 수 있다.

이 글에서 다루어지지 못한 것은 일제하 일본의 관학자들이 단군 이야기를 다루는 방식과 단군신화 담론 형성의 관계이다. 신화를 부정하면서 신화에 권위를 부여하는 방식에 관해 좀 더 사례를 천착할 필요가 있다. 앞으로 좀 더 연구가 필요한 부분이다.

1920~30년대 한국 사회 '신화' 개념의 형성과 전개

하정현

1. 머리말

한국의 '신화'는 특정한 역사적 맥락에서 선별해 낸 어떤 특별한 이야기를 지시하는 것이다. 단적인 예로 단군 이야기는 오랜 전승이지만 그것을 '단군신화'라고 보편적으로 사용하게 된 계기는 일제하 한국 사회에서의 신화담론이다. 당시 신화라는 새로운 용어가 들어오면서 우리 사회에서도 신화 개념의 사유가 시작되어, 기존의 전승 가운데 어떤 이야기는 '신화'라고 범주화되었다. 즉 새로운 개념이 기존의 자료를 이전과는 다르게 규정하게 된 셈이다.

한국의 신화담론은 다음과 같은 두 가지 특징을 가지고 출발한다. 하나는 단군 이야기를 둘러싸고 시작되었고, 다른 하나는 역사를 기준으로 신화 개념이 형성됐다. 신화라는 말이 일본을 통해 동아시아에 유입되었지만, 한국의 경우 신화 개념은 일제하에 실증 사학의 입장에서 단군과 고조선을 부정한 일본 측 주장을 반박했던 국내 육당 계열의 조선 사학자들에 의해 태동되었다. 당시 역사학의 관점에서 신화담론이 시작되면서 출발부터 역사를 기준으로 신화를 어떻게 볼 것인가 하는 문제가 결국 신화 개념 형성과 직결되었다. 즉 신화는 역사를 기준으로 긍정적 혹은 부정적으로 개념화되었는데, 신화를 역사의 시작과 관련되는 신성한 이야기로 보는 입장과 신화는 역사의 산물로서 필요에 의해 가공된 이야기라고 간주하는 입장이 있었다.[1]

이렇듯 역사를 기준으로 신화 개념이 엇갈리는 상황에서 하나의 전승을 두고 '신화냐 역사냐'라고 묻는 것은 그 물음 자체에 논란이 내포된 셈이다. 가령 단군 전승이 '신화냐? 아니면 역사적 사실이냐?'라는 택일적인 답변을 유도하는 물음을 당연하게 여기는데, 이러한 물음에 앞서 왜 그런 물음이 가능하게 되었는지를 우선 성찰해야 한다.

신화라는 말이 우리 사회에 보편적 용어로 정착되는 데에는 서구의 myth뿐 아니라 이 용어를 신화(神話)로 번역한 일본의 영향도 함께 작용하였을 것이다. 이러한 문제의식을 바탕으로 필자는 신화라는 말의 수용 계기와 개념의 형성 과정 및 전개를 살펴볼 것이다.

필자는 19세기 말~20세기 초 한국 사회의 신화담론을 네 가지로 나누었다. 즉 ① 서양 선교사들 ② 일본 식민사학자들 ③ 육당 계열의 사학자들 ④ 유물론자들이다. ①과 ②는 외국인의 시각이라면 ③, ④는 내국인의 시각이라 할 수 있다. ①은 기독교 선교사들이 포교의 발판으로 한국의 전승 가운데 myth라고 할 만한 이야기들을 뽑아 언급한 바가 있는데, 이것이 한국 사회에서 신화 개념 형성의 배경이 되었다. ②, ③, ④는 주로 단군을 비롯한 건국 시조 이야기를 둘러싼 신화담론이다. 한국 사회에서 신화담론은 단군 전승을 두고 시작되었으므로 필자는 일제강점기의 조선상고사 연구자들과 유물론자들의 신화담론을 중심으로 살펴보고자 한다. 아울러 1920~30년대의 신문, 잡지, 기관지를 통해서 신화의 용례를 검토함으로써[2] 이 시기의 신화 개념의 형성 및 전개 양상을 파악할 것이다. 이러한 한국 신화 개념의 형성 과정 및 특징은 오늘날 한국 신화 연구의 토대를 분석적으로 파악할 수 있으며, 아울러 단군신화라는 용어의 사용 계기를 짚어 볼 수 있을 것이다.

2. 신화 개념의 탄생: myth, 神話, 신화

인간은 이야기하는 존재이다. 인간은 이야기를 하는 데 그치는 것이 아니라 이야기를 만들고 이야기를 전승한다. 그 이야기는 인간에게 재미와 교훈을 주기도 하고, 또 살아가는 데 필요한 정보를 제공하기도 한다. 나아가 그러한 이야기는 인간으로 하여금 초월성을 일깨워 주는 기능을 함으로써 인간이 인간답게 살 수 있도록 해 준다. 결국 인간은 이야기를 만들고 이야기는 인간의 삶을 빚는 셈이다.[3] 이러한 이야기를 지칭하는 말은 지역마다 상이했다. 예를 들어 뮈토스, 파블라, 하가다, 릴리우, 사가, 에픽 등 이야기에 해당하는 말은 그야말로 다양하다. 이러한 용어들은 공통적으로 이야기라는 뜻 이외에 그 집단의 역사와 문화적 의미가 반영된다.

가령 뮈토스의 용례를 살펴보면 기원전 8세기경의 호메로스와 헤시오드의 작품들에 나타나는 뮈토스의 화자는 주로 권위를 지닌 남성이었다. 뮈토스는 왕이나 시인들의 발화(發話)로서, 높은 권위를 지니고 강력한 진리 주장을 개진할 능력을 지닌 이야기였다. 반면에 로고스는 합리적 논증이 아니라 미심쩍은 발화를 가리키는 말이었다.[4] 뮈토스의 위상이 무너진 것은 당시 민주주의가 정착하고 문자가 널리 보급되면서 산문이 시를 잠식하는 시기와 관련이 있다. 로마인들은 그리스인들이 뮈토스라 불렀던 종류의 이야기를 파블라라고 하였고, 뮈토스라는 말이 다시 부상한 것은 르네상스 시대에 그리스 텍스트가 되찾아지면서부터다.

18세기에 태동한 비교신화학은 유럽인들이 자신들의 문화가 절대적으로 옳고 타당한 문화라는 인식을 어느 정도 버리고 다른 문화들의 가치를 인정하는 계기가 되었다. 이 시기에 윌리엄 존스(W. Johnes)는 인도에서 업무상 산스크리트어를 공부하면서 유럽인들과 인도인들이 언어와 조상이 같은 근원에서 나왔다는 가설을 세웠다. 존스의 영향을 받은 헤르더(Johann Gottfried von Herder)는 시를 인류 최고의 문화적 표현으로 보았다. 그는 한 민족의 시와 신화를 역사적으로 연구하는 것이 민족적 심리를 원초적인 형태로 재구성하는 관건이라고 보았으며, 그의 저서『인류의 역사철학에 대한 이념』(Ideen zur Philosophie der Geschichte der Menschheit)에서 신화를 집단 정체성의 결정적 원천으로 보았다.

헤르더의 작업은 그림 형제(Jacob Grimm 1785-1863, Wilhelm Grimm 1786-1859)가 계승하였고, 그들은 옛 독일의 시, 전설, 신화, 민담을 수집하고 연구하였다. 소위 '전통', '민족 정체성'이라는 개념 아래 그림형제는 옛이야기들을 새롭게 조명하였던 것이다. 당시 낭만주의 풍토 아래 인문학 연구자들은 언어학, 인류학적 관점에서 민간전승을 비롯한 옛이야기들 가운데 특정한 이야기들을 'myth'라고 범주화하기 시작했다.

동아시아에 처음으로 myth라는 말을 신화로 소개한 일본에서는 『고사기』[5]와 『일본서기』[6] 해석의 이데올로기로서 신화담론이 형성된다. 근대 일본 사학을 주도한 구메 구니타케(久米邦武), 호시노 히사시(星野恒), 나카 미치요(那珂通世) 등은 신화를 국가의 생성, 궤적이자 정사(正史)의 기원이라는 정통성을 내세우는 논리로 설정하였다.[7] 『고사기』와 『일본서기』의 신화학적 연구가 본격적으로 행해진 것은 메이지 시대부터이다. 그때 막스 뮐러 등의 비교신화학과 비교종교학이 일본에 널리 소개되어, 일본의 전승들이 새로운 이론에 따라 분석되기 시작했다. 일본 신화 연구의 흐름은 대체로 다음 세 단계로 구분된다.

제1기는 일본에 신화학이 소개되어 다카야마 초규(高山樗牛, 1871~1902), 아네사키 마사하루(姉崎正治, 1873~1949), 다카기 도시오(高木敏雄, 1876~1922) 등이 신화학적 관점에서 일본의 신대사(神代史)를 연구하기 시작했다. 1899년 '스사노오'의 신격을 둘러싸고 벌어진 논쟁 및 그 후 다카기가 계속 진행한 일련의 연구 성과들이 주축을 이룬다.[8] 다카기는 서구의 신화학 발생이 고대 문헌학과 밀접했다고 여겼으며, 일본 고대사 연구의 방법론으로 신화학이 일조할 것으로 보았다.[9] 이 시기에는 막스 뮐러의 비교신화학, 앤드류 랭의 인류학적 신화학으로부터 많은 영향을 받았다.

제2기는 마쓰무라 다케오(松村武雄, 1883~1969), 마쓰모토 노부히로(松本信廣 1897~1981), 미시나 쇼에이(三品彰英, 1902~1971), 오카 마사오(岡正雄, 1898-1982) 등이 활약한 1920년대 초에서 1960년대 초엽까지 시기에 해당한다. 마쓰모토는 마르셀 모스 등 프랑스 사회학파의 연구에서 영향을 받아 동남아시아 연구에 집중하였다. 미시나는 미국 인류학의 영향을 받아 인류학적 방법론으로 조선 신화를 분석했다.

제3기는 오바야시 타료(大林太良, 1929~2001), 요시다 아쓰히코(吉田敦彦 1934~), 마쓰마에 다케시(松前健 1922~2002) 등이 활약하기 시작한 1960년대 초에서 현재까지의 연구 동향에 해당한다. 오바야시는 독일 및 오스트리아의 역사민족학에서 영향을 받았으며, G. 듀메질의 구조론적 신화 연구 방법론을 도입하여 일본 신화를 종합적으로 연구하고자 했다.

이런 과정을 거쳐 일본 사회에서 '신화'는 천황가의 신성한 기원을 천명한 정치적 목적을 가진 이야기들을 지칭하게 된다. 모토오리 노리나가(本居 宣長 1730~1801)는 천황을 현인신(現人神)으로 여기는 일본의 신 관념을 묘사하면서 "신(神)은 고전에 나오는 천지의 제신들을 비롯하여 그 신들을 모시는 신사의 어령(御靈) 및 사람은 말할 것도 없고 조수목초(鳥獸木草), 해산(海山) 등 무엇이든 간에 범상치 않으며 덕 있고 두려운 존재를 일컫는 말이다."라고

하였다.[10]

따라서 신화라는 말은 일본의 '가미(かみ)' 개념과 결합하여 일본식의 현인신 관념을 함축한다. 일본의 신화 연구는 곧 일본 신대사(神代史) 연구였다. 그렇다면 영어의 'myth'와 '신화(神話)'는 번역의 과정에서 양자를 등치시키기 어려운 굴절의 과정이 있었음을 알 수 있다.

3. 한국 '신화' 개념의 형성

1) 일본 사학자들의 단군 부정

일제하 일본 학자들이 단군을 부정할 수밖에 없었던 이유는 다음과 같이 요약된다. 우선 일본의 동양사학자들이 중국 문헌을 근거로 한국의 상고사가 일본사보다 더 오래되지 않았음을 증명하고자 했다. 두 번째 이유는 단군 숭배의 중심이 되었던 국내외의 대종교 활동을 탄압하기 위해서였다. 세 번째 이유는 대종교의 영향과도 관련되는 것으로, '민족'이라는 근대적 개념의 유입으로 단군이 '민족의 시조'로서 한국인들에게 구심점이 되는 사실을 방치할 수 없었기 때문이다.[11]

당시 단군은 국가의 시조에 그치지 않고 민족의 시조라는 인식이 있었다. 즉 우리 민족은 모두 단군으로부터 연결된 혈손이라는 것이다. 단군 혈손이란 인식은 국가의 구성원 모두가 한 조상, 같은 혈통이라는 것인데, 봉건적 신분제 사회에서는 존재하기 어려운 생각이다. 국왕에서부터 천한 노비까지가 같은 조상이며 모두 친족이란 발상은 감히 상상조차 어려웠을 것이다. 한말 신분적 질서가 무너지고 민족 공동체 내부의 차별이 완화되면서 단군 자손 의식이 나올 수 있었다.[12]

당시의 기관지나 신문에서는 단군을 언급하면서 '신성한 단군', '단군 성조', '우리 단군의 신성한 유민', '단성(檀聖)', '단군 할아버지'라는 표현을 써서 혈연관계를 암시하고 나아가 신성한 존재이면서 숭배의 대상으로 민족의식을 일깨우는 존재로 부각하였다.

예를 들어 1914년 6월 6일 『국민보』에서는 "어찌 신성한 단군 유족이 일본의 기를 사랑하리요."라 하였고, 1914년 2월 21일 기사에는 "우리의 항상 숭배하고 우리의 항상 사랑하는 동지와 형제여, 우리 단군조의 동일한 자손이 아니며 반도국의 동일한 민족이 아니던가."라 하였다. 1908년 8월 12일 『공립신보』에서는 "아름답고 거룩하다 삼천리 수려강산 이천만 영혜민족 기후도 온화하고 토지도 기름지며 ··· 어른이 없더니 그때 한 사람이 태백산 박달 나무 아래에서 탄생하시니 곧 단군이시라."고 하였다.

3·1독립운동 이후 민족적 저항에 부딪친 일본 제국주의가 그 완화의 방책으로 내세운 것이 황민화와 내선일체였다. 황민화는 주로 도덕적 규범으로서 일본 제국주의에 한국인의 충성을 강요한 것이고, 내선일체는 일선동조론[13]을 내세우며 역사적인 혈연관계를 합리화하여 식민 지배를 정당화하였다.[14] 이 시기에 일본인 학자에 의한 조선사 연구, 조선총독부에 의한 역사편찬사업, 1930년대의 이데올로기 정책인 '심전개발운동' 정책을 내세웠다. 황민화정책이 본격화되면서 한국의 신화와 일본의 신화는 공통의 기원을 가진다고 하였다.[15]

동양사(東洋史)라는 개념을 처음 사용한 나카 미치요(那珂通世, 1851~1908)는 일본에 역일(曆日)을 사용하기 시작한 것은 추고천황(推古天皇) 12년부터라고 하면서 그 이전의 역일은 역사가들의 가공이라고 보았다.[16] 그는 중국의 『사기』『한서』『삼국지』『후한서』 등의 문헌을 활용하여 조선 상고사를 서술하고자 했다. 그는 「조선고사고(朝鮮古史考)」(1894)에서 단군은 중국 사서에 나와 있지 않으므로 '증명할 거리조차' 없다는 것이다. 특히 『동국통감』

서문에 '징험할 전적이 없다.'는 내용을 인용하면서 단군의 전기는 불교가 전파된 뒤에 승려들이 날조한 망령된 이야기로서 조선의 고전이 아니라고 주장했다.[17]

나카의 제자 시라토리 쿠라키치(白鳥庫吉 1865~1942)는 1894년에 「단군고(檀君考)」라는 논문을 통하여 문헌고증학적인 방법론에 입각하여 단군 부정론을 본격적으로 제기하였다. 그는 중국 사서에 없다는 이유로 단군을 전면 부정했던 나카의 입장을 견지하며, 불교가 융성하던 고구려 장수왕 대에 단군 전설이 생겼을 것이라고 주장했다.[18]

당시 일본 역사학자들이 단군을 부정했던 것은 식민 통치의 하수인으로서의 역할에 충실한 것이었지만 단군을 부정하는 구체적 내용은 학자들마다 의견이 다양했다. 조선 총독부 편집과장을 지낸 오다 세이코(小田省吾1871-1953)는 「단군전설에 대하여」에서 단군 이야기를 '전설'이라고 전제하고, 『삼국유사』에 게재된 단군 전설은 본래는 묘향산 산신의 연기 설화에 지나지 않는 것이라고 주장했다.[19]

그는 이율곡, 안정복의 견해를 인용하면서 단군 부정론을 폈다.[20] 그는 『삼국사기』에 단군 기록이 없는 점을 들먹이면서 『삼국유사』는 몽고의 외침으로 크게 시달린 상태에서 저술되었다고 지적하면서 국권의 회복을 위해서 고려 나름의 민족적 긍지의 요구에 따른 결과물이라는 것이다. 하지만 불교 국가에서 만든 단군 이야기가 『세종실록』 제154권 「지리지 평양부」에 수록된 이유를 설명하는 대목에서는 한계를 드러냈다.

2) 육당 계열 조선 학자들의 신화담론

육당 최남선(1890-1957)은 1928년 1월 1일 〈중외일보〉「단군신전에 들어잇는 역사소」에서 "단군기(壇君記)는 진실로 일편(一篇)의 신화"라고 한 바 있다. 그는 단군 전승을 신화로 보고 학문적으로 연구한 최초의 학자이다.[21] 최남선이 근대 학문인 신화학을 국내 학계에 수입한 계기는 일제 동양사학자들의 단군 부정론[22]의 부정으로부터 출발한다.

육당의 단군 인식과 그의 단군론에 영향을 준 사람은 단재 신채호(1880~1936)다. 단재는 『독사신론(讀史新論)』에서 한말 교과서의 식민사학적 경향을 비판하면서 근대 역사학 성립의 지표라고 평가될 만한 새로운 체계를 제시하였다. 즉 단군—기자—삼한의 계통을 거부하고 단군—부여—고구려로 이어지는 고대사 체계를 제시하였다.

> 혹이 가로되 이상 열거한 바 모두 성열과 위인이 다 부여족 됨은 사적에 가고어니와 다만 신라와 가락의 시조를 부여에서 나왔다 함은 혹 억단에 가깝지 아니한가? 가로되 유유부부라. 이에 의점을 둘 자 혹 있으나 나의 연구한 바에 의지컨대 신라도 부여에서 나옴이 의심 없는지라. 이제 그 증거를 들어 말하건대 좌와 같으니 대법 삼국 이전에는 우리 동국 민족이 오히려 또한 신시시대라. 그런고로 기시 영웅현철이 다 신화에 의지하여 인민을 규합하였는데 고구려와 신라와 가락 삼국의 혹독히 같은 신화가 심히 많으니 고주몽도 알 속에서 나왔다 하며 혁거세와 김수로도 알에서 나왔다 하며 석탈해도 알에서 나왔다고 하고 고주몽이 송양과 기술을 비교함에 매도 되고 수리도 되고 참새도 되었다 하였는데 석탈해가 수로왕과 기술을 비교함에도 매도 되고 수리도 되고 참새도 되었다 하였고 해모수가 천제의 아들이라 자칭하였는데 가락국 신정도 천신의 난비라 하였으니 동지동종의 생산한 바 아니면 신화가 어찌 이같이 혹독히 같으리오.[23]

육당은 「고조선인의 지나연해(支那沿海) 식민지」(1914), 「계고차존」(1918)에서 단재의 고대사 체계를 그대로 수용하였다. 이와 같이 육당은 단재의 영향으로 단군에 대한 관심이 상당했지만, 그의 연구의 직접적인 계기는 일제강점기 동양사학자들의 단군 부정론 때문이다. 일본 학자들의 단군 부정론에 대한 그의 반박은 두 방향으로 진행되었다. 하나는 단군이 후대의 날조라는 설을 반박하는 것이었고, 다른 하나는 단군 전승이 수록된 『삼국유사』의 사료적 가치를 증명하는 것이었다.

일본 학자들은 합리주의에 입각한 문헌고증학적인 연구 방법론으로 단군을 부인했을 뿐 아니라, 단군 전승과 결부된 한국 상고사 체계까지 부정하였다. 그는 당시로서는 신학문인 인문과학적 연구 방법을 다각도로 동원하여 단군 부정을 반박하는 데 자신의 학문적 역량을 투여했다.[24] 이 과정에서에 육당은 새로운 방법론의 필요성을 제기하면서 신화학,[25] 민속학, 인류학, 언어학, 종교학 등을 동원하여 단군 연구를 전개시켰다.

최남선은 1926년 2월 11일자 〈동아일보〉[26]에 「단군 부인(否認)의 망(妄)」이란 글을 기고했다. 이 글에서 그는 일본 측에서 조선을 교육시킨다는 취지에서 간행한 『문교(文敎)의 조선』이란 잡지에 실린 「소위 단군 전설에 대하여」라는 논문을 '용서하기 어려운 망론 패설'이라고 강하게 비판했다. 당시 문헌고증학적인 관점에서 단군 이야기의 허구성을 지적하는 일본 측의 연구 방법을 최남선은 신랄하게 비판했다.

한편 육당은 1930년 4월 25일~26일 사이에 한 방송을 통해 한국과 일본의 고대국가 기원의 공통점을 역설했다. 4년 전 1926년 「단군부인(壇君否認)의 망(妄)」에서 일본의 단군 부정론에 강하게 맞서며 저항하던 모습과는 사뭇 대조적이다.

그는 「조선의 신화와 일본의 신화」에서 한국과 일본의 개국 신화가 천강(天降)과 선양(禪讓)의 측면에서 일치한다고 지적하였다. 조선이나 일본이나 개국 신화가 꼭 같은 내용으로 되어 있고 또 지리적 조건에 의한 약간의 요소를 제외하고 미세한 점에 이르기까지 그 내용이 일치하며, 북으로는 몽고, 만주로부터 반도를 관통하여 남에 이르기까지 같은 건국신화를 보유한다는 것이다.

> 무릇 조선의 신화와 일본의 신화는 전반에 걸쳐 너무나 그 機構, 내용을 같이 하고 있는 바이므로 세심한 독자는 쉽게 삼국사기나 삼국유사와 같은 조선의 문헌 중에서 일본의 神代史를 玩味하고 일본서기나 고사기 중에서 원시 조선의 모습을 그려볼 수가 있을 것이다. 또 나아가 조선 신화의 片貌를 일본에 구하여 보고 일본 신화의 해석하기 어려운 것을 조선의 신화에서 해명하는 것이 분명히 적지 않을 것이다.[27]

최남선은 양국의 개국 신화가 같은 모티프에 속하는데, 그 필연적 이유가 어디에 있는지를 살펴봐야 한다고 했다. 그러면서 그는 개국 신화를 '건국설화', '개국의 고사', '천강 전설', '단군신화'라는 다양한 용어로 지칭했다. 조선의 경우 해모수, 고주몽, 가량(加良), 진한이 모두 그 시조가 하늘로부터 신선(神山)으로 내려와 국토를 경영한 것을 전하고 있다면서 조선 고대의 나라들은 시조의 신선천강설(神山天降說)을 가지고 있는 않은 경우가 없다는 것이다. 일본의 고대 사화(史話) 역시 천강 설화라는 것을 지적하였다.

> 우선 이자나기, 이자나미의 두 신이 천신들로부터 '이 漂浮하고 있는 나라를 고정시켜라.'라는 大命을 받들어 天沼矛(아메노누마보코)를 얻어 오노고로島에 천강하신 것을 비롯해서 須左之男命(스사노오노미코토)신이 島上山 熊成峰에 天津日番能邇邇藝命(아마쓰히코호노니니기노미코토)신이 高千穗(타카치호) 쿠시부루 嶽에 饒速日命이 哮峰 내지는 白庭山에 하강하였다는 것은 모두 천명을 받아 神山에 하강하여 각기 나라를 다스렸다는 전설이

다. 이러한 천강 전설은 또 이 이외에도 많이 있을 터이지만 <u>일본의 신화
문헌이 본시 황실 중심주의에 의하여 예술적으로 편찬된 관계상 많은 것
을 잃게 되었다는 것은 학자들의 통설이다.</u> 이와 같이 조선이나 일본이
그 건국신화가 꼭 같은 기구로 되어 있고 또 지리적 조건에 의하여 약간
의 요소를 제외하고는 미세한 점에 이르기까지 그 내용이 일치하고 있으
며 … 북으로 몽고, 만주로부터 반도를 관통하여 남으로 해상의 제 민족
까지 용하게도 동형의 건국설화를 보유하고 있다는 것은 결코 간단한 일
이 아니며 아무래도 오래전에 그 원형설화가 동방 대륙에 존재하여 이것
이 종족, 교통 등의 이유로 인하여 여러 방면으로 전파되었다고 보는 편
이 낫겠다…"[28]

인용문에서 필자의 강조로 밑줄친 부분을 보면 일본의 신화는 황실 중심
으로 편찬되었으며 이 기준에 벗어나면 삭제해 버렸다는 지적이 주목된다.
즉 육당의 주장에서 일본은 고대 전승들 가운데 천황의 신성성을 강조하는
이야기 중심으로 재편되었다는 사실을 확인할 수 있다. 그가 굳이 천황의
신성성을 천명한 일본 신화를 한국 신화와 비교하면서 공통점을 찾으려고
했던 노력은 다양한 해석의 여지를 남긴다.[29]
한일 신화 비교에서 살펴본 바와 같이 그의 건국신화 연구는 1930년대
까지 이어진다. 1939년 2월 16일~3월 13일까지 〈매일신보〉에 실린 「조선
의 신화」 시리즈를 살펴보면 주로 건국이나 천손과 관련된 내용이 대부분
이다.
〈표1〉에서 육당의 '조선의 신화'에 대한 시각을 알 수 있다. 요약하면
아래와 같다.
① 조선의 신화를 고조선, 고구려, 신라, 가야의 건국신화 중심으로 서술
하였다. ② 신화는 역사의 출발점이라는 관점을 가졌다. ③ 그리스 신화를

〈표1〉 조선의 신화(〈매일신보〉)

기고한 날짜	제 목	비 고
1939.2.16	신화는 최고의 역사	인류의 역사는 신화로 시작
1939.2.17	내용 단순, 분량빈약	그리스 신화를 모델로 삼아 조선 신화의 빈약함을 지적
1939.2.18	삼국사기와 삼국유사	원시심리의 산물을 후대의 상식으로 판단했던 김부식 비판
1939.2.20	신념으로 전승된 역사	객관적 사실이 아닐시라도신념에 따라 전승되어 새역사 산출
1939.2.21	조선의 두 가지 특색	天子系 / 海神系
1939.2.22	동명왕 건국 설화	
1939.2.23	천왕랑과 하신의 유화녀	
1939.2.24	활잘쏘는 왕자 주몽	
1939.2.25	신명의 후예라는 송양	
1939. 3. 1	단군신화와 일치	해모수와 환웅의 비교
1939. 3. 2	동방 고대의 우주관	신화에 반영된 우주관
1939. 3. 3	고사신화와 형제국	몽고와 일본신화와의 비교 필요성
1939. 3. 4	신라 시조의 출세 설화	
1939. 3. 6	신라 고대의 천자 설화	
1939. 3. 7	가락국의 나라 배포	
1939. 3. 8	동명신화와 가락신화	
1939. 3. 9	신화전설집 『수이전』	
1939. 3. 10	신라때의 정승과공	
1939. 3. 11	해신과 혼인관계	
1939. 3. 13	천자계와 해신계	

신화 일반의 모델 격으로 보았다. ④ 신화의 원형을 비교적 그대로 전승하는 일연의 『삼국유사』의 가치를 높이 평가하였다. ⑤ 조선 신화는 천자계와 해신계라는 두 가지 특색이 있다고 보았다. ⑥ 신화를 통해 그 신화를 전승하는 집단의 우주관을 알 수 있다고 보았다. ⑦ 주변국의 신화(몽고나 일본의 신화)와 비교의 필요성을 역설하였다.

3) 유물론자들의 신화담론

백남운은 『조선사회경제사』(1933)에서 단군신화는 문헌상에 나타나는 가장 오래된 건국신화인 만큼 귀중한 사료라고 하였다. 단군을 부정하는 일본 학자들은 실증주의적 편견에 사로잡혀 있다고 지적하면서 그들의 해석을 세 가지 유형으로 구분하였다. 즉 나카의 경우처럼 단군을 무조건 부정하는 입장, 시라토리처럼 단군을 고구려의 국조로 가작(假作)하였다고 하는 입장, 그리고 단군을 묘향산의 산신으로 단정하는 견해가 있다는 것이다. 이러한 일본 학자들의 견해는 합리주의적 가상(假象)이라면서 반박하였다. 그는 단군신화를 조선사 인식의 출발점으로 삼는 신채호나 최남선의 태도도 거부한다. 그는 이들을 그리스 이래의 낭만적인 신화학 이론가들로 간주하였다.

천태산인 김태준(1905~1949)은[30] 역시 일본인들의 단군 부정론과 육당의 단군신화론을 모두 비판했다.[31] 우선 일본 사학자들의 연구는 실증주의적이고 정치적인 편견에 사로잡힌 합리적 가상이라고 비판하였다. 특히 일본 학자들이 『삼국유사』의 기록을 불신하는 태도를 정면으로 반박하였다.

> 『삼국유사』에 나타난 기록을 전연 허구나 두찬으로 귀케할 아무 학적 이유는 없는 것이다. 그리하여 나는 단군신화가 고려 중엽에 어느 승려의 두찬이라는 태도에는 정면으로 반대한다. 단군신화를 인용한 위서, 고기 단군기 같은 것이 현재에는 전하지 않는다 하더라도 『삼국유사』를 짓는 때까지는 전존하였다고 볼 것이다.[32]

그는 육당 계열의 연구가 환상적·감상적·신비적인 입장으로, 단군을 독자적이고 신성불가침한 민족신이라고 보는 국수주의라고 비판하였다. 그는 최남선 연구의 두 가지 잘못을 지적했다. 그 하나는 신화나 설화에 불과한 단군신화를 사실로 생각했다는 것이다. 그는 현실적으로 원시국가 성립 과정에 하나의 역사적 지표에 지나지 못할 신화적인 단군을 그대로 '조선 역사의 출발점'으로 하는 것에는 문제가 있다고 하면서 신화를 역사의 시원으로 보았던 육당과는 달리 신화는 역사의 산물이라는 입장을 취했다.

또 다른 하나는 최남선이 과학적 근거를 갖지 못한 상태에서 단군조선을 무한정 확대해석한 것이라고 함으로써 과학적인 신화관을 제시하였다.

> 육당은 신화를 實話로, 신을 실존적으로 믿는 습관이 있기 때문에 흡사히 몽매 무지한 노파가 暝目端坐하고 손을 揖하고 관세음보살을 찾는 것처럼 야소에 미친 신도가 부질없이 감상적으로 '하나님 아버지 감사해.' 하고 부르짖는 것처럼 그 동기가 신을 경애하는 지순한 마음에서 나왔다고 할지라도 관세음보살이나 야소를 믿지 않는 사람은 그 가련한 환상을 嗤笑할 수밖에 없는 것과 같이 태백산 단목 하에 강림한 檀神 환웅이 웅녀로 더불어 혼인하여 낳은 아들 왕검의 신화를 그대로 믿으려는 데 무리가 많다.[33]

천태산인은 신화는 계급사회가 형성되면서 그것을 합리화하기 위한 관념 형태라고 하면서 그것을 역사적 사실처럼 믿는 것을 비판한다.

> 원래 신화라는 것은 요원한 원시적인 무계급 사회에서는 신화로서의 작용을 갖고 있다가 그 후의 역사적 시대에 명시된 것이 아니라 도리어 계급사회의 형성과 함께 형성된 관념 형태로서 인간의 인간에 대한 지배 또는 특권적 생활 관계에 합리화된 것으로서 특수적으로 신비적으로 발전되는 것으로 계급사회가 계속되는 동안은 그 사회의 진전을 따라서 다른 문화적인 관념 형태와 함께 부절히 변하는 것이다.[34]

그는 1935년 12월 6일부터 24일까지 〈조선중앙일보〉에 「단군신화연구(壇君神話研究)」를 연재하면서 소위 '과학적 신화관'을 전개했다. 그에 따르면 신화는 그 성립할 필연적 소인이 있으므로 과학적 조명에 비추어 보면 반드시 백일하에 정체가 드러난다는 것이다.

　또한 그는 문헌 비판의 입장에서서 신화는 기록 당시의 시대상을 반영한다는 사실에 유의하여 그 정치적 의도를 제대로 파악해야 한다고 보았다. 일례로 단군신화를 기록하여 전한 것은 『삼국유사』인데, 이 책에 실린 『위서』, 『고기』, 『단군기』라는 것이 무엇인지 고증한 후 이들을 저술할 때에 단군 기록을 어느 정도까지 자기의 주관을 가해서 쓴 것인지 또 승려가 편집자라면 불교적 이데올로기가 얼마나 반영되었는지를 살펴봐야 한다는 것이다. 즉 신화는 원시의 산물이 아니라 당대의 역사를 반영하면서 만들어지는 것이라고 보았다. 즉 신화는 사회 발전에 비례하여 변하면서 구비의 형태로 전하다가 사가(史家)에 의해서 당시의 정치적 의미까지를 포함하여 윤색해서 기록된다는 것이다.

> 한 신화를 놓고 이것이 어디까지 사실이며 어디까지 부회한 신화이냐 하는 구별을 하기는 곤란하다. 신화는 끊임없이 윤색하여 구비로 전하고 붓으로 기록되는 것이요, 동일한 신화의 기록도 전재될 때마다 그 시대의 색채를 첨부하는 것이기 때문에 우선 기록된 문헌의 고증과 그 가치의 비판을 하여야 할 것이요, 그 신화를 편찬한 당시의 사회 관계의 반영일 것을 염두에 두어야 한다.[35]

　또한 그는 어떤 특수한 역사적 상황에서 옛 자료들이 새롭게 조명되면서 신화가 형성된다는 사실을 지적하였다.

> 신화는 인류의 역사적 법칙을 계시하는 열쇠로도 볼 수 있다. 특히 건국 신화는 지배적 권력의 출현과 긴급한 결탁이 있는 것이다. 佐久達雄은 중국 역사에 의하면 문헌을 기초로 한 고대사는 最古의 부분일수록 新作이

다. 즉 국가 성립 후의 역사는 아직도 원시사회의 편영을 남기고 있지만 봉건사회가 확립하자 종래의 역사는 봉건적 이데올로기로써 개작 개편되고 불충분한 부분은 종래의 역사보다 이전의 역사를 지어 첨가한다. 근대에 古書 古文書의 탐사에 경주하는 것이 그렇다. 중국에 상서고문이 많이 발견되었다는 때든지 서구의 고문서가 다수 발견된 것이든지 봉건사회의 내적 모순이 격화되어 새로운 역사가 필요되는 때였다.[36]

김태준은 일본 사학자들의 단군 부정론과 육당 계열의 단군론을 지양하면서 과학적 신화관을 펼쳤다. 즉 중국 사서에 전거가 없다는 이유로 단군은 고조선과 무관하다는 일본측의 주장을 일축하였고, 신화를 역사의 출발점으로 보았던 육당 계열의 견해도 거부하였다. 그는 단군신화를 사실에 근거를 둔 역사의 문제가 아니라고 보았다. 백남운의 『조선사회경제사』에 영향을 받은 유물변증법적 시각이 그의 역사 기술을 지배한 개념이었다.[37]

그는 신화는 하나의 관념 형태로서 물질적 토대를 반영하는 동시에 정치적 지배 관계와도 긴밀하게 연계된다고 보았다. 또한 모든 신화는 기록된 것과 함께 그 원형이 있다는 것이다. 기록된 신화는 그 시대, 특히 정치적 상황에 따라 변형, 개작이 거듭되어 온 것이다. 따라서 그 본모습과 기록된 것 사이에 빚어진 거리를 가려내는 것이 신화 연구의 필수 전제가 된다고 하였다. 특히 단군신화와 같은 종족 신화는 지역적인 것이며 민족의 이해관계와 표리의 기록이다. 이것을 올바르게 해석하기 위해서는 신화일반론의 안목에서 기록들을 인식한 다음 지역신화로서의 의의가 부각되어야 한다는 것이다.

그의 과학적 신화론은 육당의 낭만적 신화론과 대비되면서 오늘날 한국 사회의 신화 이해 구도와 상통된다는 점에서 시사점이 있다. 즉 신화를 최고의 역사로 보고 역사의 출발점으로 보려는 시각과 신화는 역사의 산물로서 필요에 의해 가공된 이야기로 보는 입장의 대립 구도는 현재에도 유효하다. 중요한 것은 신화 개념은 고정된 것이 아니며 그 개념 변화에 따라 전승 자료의 성격이 새롭게 규정되므로 그 파생 문제에 주목해야 할 것이다.

4. 1920~30년대 일간지의 신화 용례[38]

이 시기 동안 신화라는 말이 언급된 일간지는 〈독립신문〉(1), 〈동아일보〉(12), 〈조선중앙일보〉(15) 〈중외일보〉(1), 〈신한국보〉(2), 〈경성일보〉(1), 〈대판(大阪)매일신문 조선판〉(1), 〈대판(大阪)조일신문〉(1), 〈동경조일신문〉(3), 〈매일신보〉(35), 〈제국대학신문〉(1)이 있다. 잡지 및 기관지로는 『개벽』, 『괴기』, 『신한국보』가 있다.

① 1920년 6월 1일 〈독립신문〉「조국」
위대할사, 나의 조국아 나이 어린 시절의 추억이 지금 나의 단꿈을 네게로 잇글어간다. 마음을 녹이는 온대의 봄바람에 안기어 복송아나무 그늘에서 그 위대한 역사를 넑고 눈물지던 그때- 그 눈물의 즐거움… 그 갓흔 낙(樂)이 지금은 다시 맛볼 수 없게 되었다. 너는 나와 너머 갓가히 잇서서 심상(尋常)하여젓다. 그러나 위대할사, 나의 조국아. 환난과 상심의 날에 네 일음이 나의 위로가 되며 용기가 된다. 네가 나흔 모든 영웅, 대동(大同), 압록의 물가에 너의 무용(武勇)을 빗내던 장수들, 계림 수풀에 김해 물가에 건국의 신화를 비저낸 너의 그림자, 또 네가 길러낸 방국(邦國), 민중 - 어느 때 나는 배달 부여의 광채 가득한 사기(史記)를 보고 가슴이 여분(奧

奮)으로 떨님을 깨다럿다. 모든 날근 꿈들이 조국이란 일음 아레 새 생명
을 가지고 내 피를 끌케하였다.(송아지)

② 1921년 8월 6일 〈동아일보〉

아민족(我民族)의 발상지 신화전설의 백두산에 본사 특파원과 사진반은 금
일 상오 십시 남문 출발.

조선 민족의 시조 단군이 탄강하고, 고조선 안에서는 제일 높은 산으로
산머리에는 사시를 두고 눈이 녹지 아니하는 백두산은 실로 조선 민족의
옛 역사의 발원지요. 일시 동아의 천지에서 위엄을 펼치는 배달 사람의
신비를 감추고 잇는 산이라. … 사천여 년의 역사를 가진 조선 시조를 낸
이 산은 과연 특파원의 손을 것치어 무엇을 나타내려는가.

→ 옛 역사의 발원지라는 표현에서 신화 전설을 역사의 출발점으로 보았
다.

③ 1928년 1월 1일 〈중외일보〉

단군신전에 들어 있는 역사소(1)

단군기는 진실로 일편(一 篇)의 신화입니다.

→ 단군 이야기를 근대적 개념의 신화로 보았다.

④ 1928년 6월 3일 〈동아일보〉

놀라웁게 관계잇는 음주와 자녀. 신화로부터 과학까지 증명.

옛날 희랍신화를 보면 이 우주의 모든 것을 맨든 조물의 신 쥬피터의 아

들 헤파스토스는 절름뱅입니다. 그와가티 모든 것을 마음대로 맨든 쥬피터로서 절름뱅이 아들을 가졌다는 것은 크게 이상한 일입니다. 그런데 그 신화에 의하면 그 아들은 그 아버지가 술이 잔득 취한 때에 수태되기 때문에 그와가티 되었다고 합니다. 물론 신화는 미들 수 업는 것이지마는 그러나 이 신화에 의하야 우리는 술과 자녀의 관계가 옛날로부터 주의되어 온 것을 짐작할 수가 잇습니다.

→ 과학과 신화를 대조시키면서 신화는 믿을 수 없는 이야기이긴 하지만 삶의 지혜가 담긴 이야기로 보았다.

⑤ 1935년 3월 23일 〈동경조일신문(東京朝日新聞)〉
송촌무웅(松村武雄)의 『민족성과 신화(民族性と神話)』에 대한 안배능성(安倍能成)의 서평
신화학자 송촌무웅(松村武雄)의 『민족성과 신화(民族性と神話)』는 일반인을 상대로 쓴 책이다. 그리스 로마 신화나 일본 신화 이외에 아는 것이 없는 사람에게는 신화나 전설이 재미뿐 아니라 여러 민족이 신화에 있어서 현저한 특색이 있다는 사실을 알려준다. 신화는 일체의 역사, 과학, 철학, 종교, 예술 등 원시적 문화의 산물로서 민족의 경험과 소질과 단순한 理想의 표현으로, 그 자체에 민족성을 적절히 표현한다.
松村武雄은 신화에 대한 연구 태도를 신화의 검토에 따라 민족성을 推斷하는 태도와 민족성을 상정하고 證示하고 반영을 신화에서 구하는 태도가 있다. 이러한 두 태도는 함께 가야 한다. 세계신화와 민족성의 관계를 다루는 이 책의 의의는 크다. 일본 신화는 황실 중심으로 국가 통일의 의도가 있다. 본래 원시민족의 半의식적 산물인 신화의 본질을 개변하는 것은 없었는지, 황실과 민족의 가족적인 관계의 근원을 규정하고 있는 신화

의 산출에서 원시시대 민족이 어느 정도까지 참가했는지를 살펴봐야 한
다.

→ 신화와 민족은 불가분의 관계로 보았다.

⑥ 1934년 11월 22일
　어른도 어려운 외국의 동화 신화

⑦ 1935년 6월 5일 〈조선중앙일보〉
　땅만 파면 돈나오는 신화의 나라 평남
　땅을 파기만 하면 돈이 되는 신화에 나오는 나라가튼 조선 평안남도의 광
　업 상태를 보면 금은에서부터 동, 철, 아연 내지는 석탄에 이르기까지 각
　종 광물의….

→ 비현실적인 이야기라는 의미로 사용하였다.

⑧ 1935년 12월 10일~24일 〈조선중앙일보〉「단군신화연구(壇君神話研究)」
　(김태준)

⑨ 1936년 3월 5일~7일 (총 3회) 〈조선중앙일보〉
　단군신화에 대한 과학적 비판, 회고적 文辭의 유행을 보고서
　…가장 흥미있는 것은 호와 웅의 등장이다. 재래의 통속사가들은 이에 대
　하여 괴상하기 짝이 없는 설을 말하고 있으나 우리에게 있어서는 그런 것
　은 문제할 아무 과학적 근거나 가치가 없는 것이다.… (이청원)

⑩ 1939년 1월 15일~21일(총 5회)

문학건설에 자(資)할 나의 신제창(新提唱) 〈사실(事實)〉과 〈신화〉 뒤에 오는
이상주의의 신문학

한편에선 〈사실의 세계〉라는 해석이 이 세기의 정견을 대표하는 것인가
하면 한편에선 〈신화의 시대〉라는 정설이…하려고 한다. 이 두 가지 의
견은 결코 동일한 의사의 표시거나 같은 세기관의 言明이 아니고 처음부
터 입장이나 결론이 전연 대립된 성질의 것이다.… 사실과 신화의 대립에
서….(백철)

…현대는 사실의 세기인 동시에 사실이 끝나는 시대다. 그 사실적인데 대
하야 신화가 탄생한 것은 우연한 현상이다. 그리고 금일의 신화가 사실의
뒤에 오는 세기적 반역인 하나의 정신임을 시인하는 바이엇다. 그러나 신
화는 결코 사실의 세기에 대하야 세기의 신특징을 미래에 대표할 만한 정
신은 아니다. 무엇보다도 그것은 미래에 향한 것이 아니고 고대로 여행하
는 정신이기 때문이다.… (백철)

⑪ 1939년 1월 16일

『일본신화연구(日本神話研究)』 서평

고대 전승이 그 안에서 역사적 생성, 발전의 과정을 포장하는 것을 상정
하여, 고대 전승으로서의 신화란 민족 생활의 규범이라고 하는 학설을 기
초로하여 한면으로는 일본의 민족 생활, 양태를 명확하게 하는 것으로 인
해 신화의 성립, 발전을 구명하고 또 한면으로는 신화의 의거하여 민족
생활의 유동을 고찰하려고 하는 것에 이 책의 주목적이 있다.

영국의 인류학자 등의 학풍에서 주창하는 것…. (松村武雄)

다음은 1910~30년대 잡지와 기관지에서 신화의 용례를 살펴본 것이다.

① 1910년 11월 8일 『신한국보』

혹이 가로되 이상 열거한 바 모든 성열과 위인이 다 부여족 됨은 사적에 가고어니와 다만 신라와 가락의 시조를 부여에서 나왔다 함은 혹 억단에 가깝지 아니한가? 가로되 유유부부라. 이에 의정을 둘 자 혹 있으나 나이 연구한 바에 의지컨대 신라도 부여에서 나옴이 의심 없는지라. 이제 그 증거를 들어 말하건대 좌와 같으니 대법 삼국 이전에는 우리 동국 민족이 오히려 또한 신시시대(神視時代)라. 그런고로 기시 영웅 현철이 다 신화(神話)에 의지하여 인민을 유인하여 규합하였는데 고구려와 신라와 가락 삼국의 혹독히 같은 신화가 심히 많으니 고주몽도 알 속에서 나왔다 하며 혁거세와 김수로도 알에서 나왔다 하며 석탈해도 알에서 나왔다고 하고 고주몽이 송양과 기술을 비교함에 매도 되고 수리도 되고 참새도 되었다 하였는데 석탈해가 수로왕과 기술을 비교함에도 매도 되고 수리도 되고 참새도 되었다 하였고 해모수가 천제의 아들이라 자칭하였는데 가락국 신정도 천신의 난비라 하였으니 동지동종의 생산한 바 아니면 신화가 어찌 이같이 혹독히 같으리오….(一片丹生)

② 1910년 11월 22일 『신한국보』

온조는 마한에 들어가 그 버려두는 바 백리 땅을 써서 인민을 흡취하여 군병을 양성하여 동정서벌의 자뢰를 지은 고로 그 궐기하기가 또한 쉬었거니와 혁거세에 이르러는 주몽과 같이 정성한 활 쏘는 재예도 없었으며 온조와 같이 근거한 백리 땅도 없고 다만 구구 신화에 의지하여….(一片丹生)

③ 1920년 6월 25일 『개벽』제1호 「단군신화」

단군의 전설을 고려 문헌에 現한바로 始하야 그를 탐구하야 보건대 고려
충렬왕조에… 단군 敎說에 일럿스되 동방에 처음 군장이 없고… 是時에
단군이 천부삼인을 持 하고… 檀君神歌… 동명왕은 신가를 다음과 같이
해석하였다. 어아어아 우리 大皇祖 높은 은덕 배달국의 우리들이 백천만
년잊지마세.(一態)

→ 신화와 전설이라는 말을 혼용하고 있다.

④ 1929년 『괴기(怪奇)』제1호

하누님의 신원조사

…하누님의 비교신화학적 사실들을 약간 들추어보자 신화와 古信仰과의
지시하는 바를 좇건대 고조선인의 하누님이란 것은 (최남선)

→ 각 나라마다 전승되는 이야기에서 천신 개념을 찾아 비교하였다. 중
국, 인도, 이스라엘, 희랍, 북구, 이집트, 미주(米洲)의 신화속의 최고신을 소
개하였다.

1920-30년대 신문을 중심으로 신화의 용례들을 도표화하면 다음 표와
같다. 표에서 살펴본 대로 1920~30년대 신화 개념은 다음과 같이 요약된다.
① 단군신화 ② 국가의 기원 ③ 민족의 시조 ④ 역사의 서두 ⑤ 그리스
로마신화 ⑥ 한 지역의 전승으로 신화와 전설이라는 말을 혼용 ⑦ 과학에
대조되는 말 ⑧ 현실세계가 아닌 상상의 세계라는 의미 ⑨ 놀라운 변화 등
으로 썼다. 총 72회 중에서 절반 이상은 ① ② ③ ④에 해당하는 국가나
민족의 기원에 관한 이야기라는 사실이 주목된다. 또 잡지, 기관지에 실린

신문	신화용례횟수	신화용례
독립신문(1920년)	1	건국신화
동아일보(1921년-)	11	신화와 과학(신화는 과학 혹은 사실과 대조되는 말) / 신화적 전설(혹은 신화전설이라 하여 민족의 기원에 관한 이야기) / 로마신화(한 나라의 전승)
조선중앙일보(1935-36년)	15	단군신화 / 신화의 나라(비현실적인 것) / 동화 신회
중외일보(1910년)	1	단군신화
신한국보(1910)	2	고구려 신라가락 삼국의 신화
경성일보(1928)	1	제주도의 전설, 삼성신화
대판매일신문 조선판(1936년)	1	함북창생기(2)[39] 새로운 신화(新しき神話)
대판조일신문(1938년)	1	신화와 과학(神話と科學)
동경조일신문(1935년)	3	민족성과 신화(民族性と神話)
매일신보(1935-39년)	35	신화 비슷한 이야기(이약이) / 신화전설상의 우(牛) / 조선의 신화
제국대학신문(1934)	1	민족성과 신화를 읽고(民族性と神話を讀んで)

신화 용례들은 대개 민족의 시조, 건국의 시조의 의미로 사용되었다. 최남선의 『괴기』「하누님의 신원조사」에서는 고대신앙과 관련하여 '하누님(천신)'이라는 의미로 사용하였다.

5. 맺음말

주지하다시피 우리가 사용하고 있는 종교(religion)라는 말은 개항기 이전에는 없던 단어이다. 그것은 외래어이고, 그 말이 생긴 그곳에서의 특정한 문화현상을 지칭하는 전문용어(technical term)이다. 신화(myth)라는 용어 역시 그렇다. 그 말에 상응하는 현상을 우리 전승에서 찾을 수 있을지라도 신화라는 말은 근대 이전에는 없던 용어이다. 신화라는 번역어의 등장은 근대 한국의 근대성 형성 과정이 그 배경으로 자리 잡고 있다.

뮈토스를 어원으로 하는 myth 또는 mythology라는 용어가 신화(神話)로 번역되어 한국사회에 들어왔지만 myth와 신화는 그 용례에서 좀 다르게 전개되었다. 한국의 경우 일본에서 재구축된 신화 개념 및 용례에 영향도 아울러 받았다. 즉 일본에서 신화는 천황가의 신성한 기원을 천명한 정치적 목적의 이야기들이었다. 한국의 신화 개념은 일제 강점기에 단군과 고조선을 왜곡한 식민사학자들의 주장을 반박했던 육당계열의 조선사학자들에 의해 태동되었다. 특히 육당은 당시 첨단학문이었던 인문과학적 이론을 총동원하여 단군 부정론을 반박하였다. 그 과정에서 육당은 일본을 통해 습득한 인류학, 신화학, 민속학, 종교학 등의 신화 개념을 도입하여 단군신화라는 말을 사용했다. 따라서 단군을 '신화'라고 하게 된 계기는 일본 식민사학자들이 단군을 왜곡하려는 의도에서 처음으로 사용되었다기 보다는 국내 육당 계열 학자들이 역사의 기원과 관련된 중요하고 신성한 이야기라는 개념으로서 사용하기 시작했다고 볼 수 있다.

지금까지 살펴본 바 신화 개념은 그 형성시기부터 이중적 의미를 지녀왔다. 즉 신화는 초역사적이고 진실된 이야기이므로 원형을 담고 있는 이야기라는 견해와 신화는 역사적 사실을 은폐하고 왜곡하는 이데올로기나 허위의식으로 간주하는 견해가 병존했다. 오늘날 우리 사회에서 신화 개념의 이중성과 일맥상통하다고 할 수 있다. 주목할 것은 신화 개념은 고정된 것이 아니라는 사실이다.[40] 따라서 근대 이후 신화라고 규정된 전승들, 구체적으로 한국의 건국신화들에 대해서 '신화냐 역사냐'의 문제가 아니라 오히려 신화와 역사의 상호관련성 혹은 삼투성의 현상에 주목해야 할 것이다.

2000년 이후 한국의 중국 신화학

– 신화 연구에 대한 연구를 중심으로

임현수

1. 들어가는 말

이 글은 1990년대 말에서 2000년 이후 지금까지 국내 중국 신화학 분야에서 이루어진 주요 연구 경향을 소개한다. 그러나 여건상 모든 연구 성과를 다룰 수는 없다. 주제와 연구자별로 일정한 제한을 둘 수밖에 없었다. 특히 이 글에서 언급될 4인의 연구자는 국내 중국 신화학 전체를 대표하는 이들이라고 말할 수는 없겠지만, 적어도 그들의 활동 영역 안에서는 가장 전문적인 성과를 낸 학자들이다. 이들이 이룩한 연구 성과를 검토함으로써 국내 중국 신화학계의 주요 흐름을 파악할 수 있을 것으로 기대한다.

한국에서 중국 신화학이 본격적으로 전개되기 시작한 때는 1980년대로 알려져 있다. 그 이전까지의 연구 성과로는 중국 신화 소개서나 몇 안 되는 논문 정도가 남아 있다. 중국 신화학이 발전하기 시작한 1980년대와 1990년대는 대학의 중국 문학 분과를 중심으로 석·박사 학위논문 및 일반 논문, 단행본이 나왔는데, 양과 질적인 면에서 그 이전 시기를 넘어섰다. 이

시기는 중국 신화를 가장 잘 보존한 것으로 평가된 『산해경(山海經)』이나 『초사(楚辭)』를 다루는 논문이 많았고, 각 문헌에 실린 신화의 의미를 주제별로 해석하는 흐름이 강하였다. 또 중국 신화 원전 번역이 점차 확대되기 시작하였다.[1]

이러한 연구 풍토에 새로운 기운이 움트기 시작한 것은 1990년대 말과 2000년대 초부터이다. 이 시기에 나타난 새로운 연구 흐름으로 세 가지를 꼽을 수 있다. 기존 신화 연구에 대한 연구, 소수민족 신화 연구, 여성 신화 연구 등이 그것이다. 기존 신화 연구에 대한 연구는 지금까지 이루어진 연구 성과들을 재검토하는 작업을 의미한다. 주로 중국에서 이루어진 신화 연구 성과가 분석 대상이었으며, 각각의 연구가 의존한 토대나 전제를 밝히고자 하였다. 한국에서 소수민족 신화에 가장 먼저 관심을 보인 연구 집단은 한국 설화 전공자들이었다. 1990년대 말부터 본격적으로 이루어진 이 분야의 연구는 한국 신화와 소수민족 신화를 상호 비교하는 방법을 통하여 한국 신화가 지닌 보편성과 특수성을 해명하려는 의도에서 시작하였다.[2] 2000년 이후에는 중국 신화 연구자들도 소수민족 신화 연구에 본격적으로 관심을 기울이기 시작하였다.[3] 또한 중국 신화학계에 새롭게 등장한 연구 경향으로 여성신화에 대한 관심을 들 수 있다.[4] 탈근대화의 흐름에 따라 차이성, 소수성, 다양성이 강조되는 분위기에서 그동안 남성 중심적 시각에 의해 지배되었던 중국 신화학에 새로운 기풍을 불러일으켰다.

본고는 위의 세 가지 흐름 중 중국의 신화 연구를 비판적으로 고찰한 국내 학자들의 성과에 국한하고자 한다. 이 글에서 다룰 연구자들은 중국 신화학 전문가들로 비슷한 시기에 유사한 관심을 지속적으로 토로하였다. 이들과 유사한 주제의 글을 다룬 적이 있더라도 관심이 단편적이거나 지속성을 유지하지 않은 경우에는 부득이 제외하였다.

이 글은 비록 제한적이지만 국내 중국 신화학의 최근 흐름에 관심 있는 분들을 위해서 각각의 입장을 충실히 소개하고, 그 한계와 보완을 위해 필요한 방향성을 제시하고자 한다. 논의를 진행하는 과정에서 다른 입장들에 비하여 이른바 제3의 신화학에 상대적으로 많은 지면을 할애할 수밖에 없었다. 그것은 제3의 신화학이 중국의 신화학계가 처한 문제점에 매우 적극적인 방식으로 극복 방안을 제시하였기 때문이다. 특정한 문제를 해결하기 위한 시론적(試論的) 논의는 누구나 쉽게 말할 수 있지만, 이를 실제적으로 증명해 보여주려는 노력은 매우 어려운 일이며 용기마저 필요한 작업이기도 하다. 그런 의미에서 제3의 신화학에 대한 이 글의 평가는 지면의 문제를 넘어 국내 중국 신화학이 이루어 놓은 성과의 진지한 검토라고 할 수 있다. 이 글에서 제3의 신화학이 매우 비중 있게 다루어지는 것은 사실이다. 하지만 제3의 신화학이 출현한 배경에 중국의 신화학에 대한 국내 학자들의 비판적 흐름이 자리하고 있는 점을 감안하지 않을 수 없다. 이 글에서 다룰 연구자들은 모두 이런 비판적 입장을 공유한다. 본고를 오로지 제3의 신화학에만 초점을 맞추어 읽어서는 안 된다는 점을 강조하고 싶다.

2. 중국의 신화 연구에 대한 비판적 인식

근현대 중국에서 진행된 중국 신화 연구를 비판적인 입장에서 개진한 국내 중국 신화학자들의 의견을 개괄적으로 소개하면 다음과 같다.

정재서는[5] 중국의 신화학자들이 빠진 두 가지 함정을 지적하고 이를 비판한다. 서구 오리엔탈리즘과 중화주의는 근대 초기 신화학이 서구에서 중국으로 유입된 이후 오늘날까지 중국의 신화학자들을 지배하고 있다. 정재서는 근대 초기 중국 신화학의 선구자라고 할 수 있는 모순(矛盾), 노신(魯迅),

호적(胡適) 등이 중국 신화에서 느꼈던 곤혹스러운 현실이 사실은 서구 오리엔탈리즘을 내면화한 데서 오는 한계였다고 지적한다. 그 현실은 다름이 아니라 서구의 그리스로마 신화에 비하여 중국 신화가 완결적 서사 체계를 갖추지 못한 채 단편적으로만 전승되는 현상을 가리킨다. 앞의 선구자들은 중국 신화가 단편화된 원인을 다각도로 분석해놓기도 하였는데, 정재서에 따르면 중국 신화의 단편성에 이토록 심각하게 고민할 필요는 없는 것이었다. 왜냐하면 고대 중국의 경우 수많은 국가들이 상호 공존하면서 충돌, 분립했던 상황에서 그리스처럼 통일된 체계의 신화가 나올 수 없었던 것은 당연한 일이기 때문이다. 오히려 그리스 신화를 마치 '표준' 신화로 여기고 이를 근거로 중국 신화의 단편성을 비정상적인 현상으로 이해한 중국의 초기 신화학자들의 태도가 문제이다. 이러한 태도의 이면에는 근대 초기 서구에 대한 중국 지식인들의 열등의식이 깔려 있다. 정재서는 이러한 중국 신화학자들의 열등의식을 에드워드 사이드(Edward W. Said)의 이론을 빌려 서구 오리엔탈리즘의 영향을 받은 것으로 설명한다.[6]

한편 중국의 신화 연구에 내재한 중심주의적 욕망도 검토된다. 정재서는 중국 지식인들 사이에 아직까지도 만연된 중원문명론(中原文明論)의 한계를 지적한다. 중원문명론은 중국문명의 기원을 황하 중하류 지역, 즉 중원에서 찾는 것으로 그 주체를 한족(漢族)으로 보는 입장이다. 1970년대 이후 고고학적 발견으로 말미암아 중원 이외의 지역에서도 그보다 훨씬 이전부터 다양한 문명이 발생하였다는 사실이 밝혀졌음에도 불구하고, 오늘날 많은 중국 지식인들은 여전히 중원 중심의 문명론을 개진한다. 이러한 중원문명론은 중국의 신화학계 내부에도 광범위하게 퍼져 있다. 중국 신화가 다양한 기원과 계통을 지닌 신화들이 섞여 형성된 것임에도 불구하고, 중국의 신화학자들은 중원 지역에서 발생한 신화가 중심이 되어 주변 지역에 영향을 끼친 것으로 파악한다.

중국의 저명한 신화학자인 원가(袁珂)가 주창한 광의신화론(廣義神話論)은 이런 중심주의가 표출된 대표적 사례로 제시된다. 원가는 단편적으로 전해지는 중국 신화를 체계적으로 집대성한[7] 장본인으로 그의 광의신화론은 이 과정에서 도출된 것이다. 정재서는 원가의 광의신화론은 신화에 대한 마르크스주의의 기본 입장을 따르면서 거기에 수정을 가한 것으로 평가한다. 마르크스주의에 따르면 신화는 원시사회 단계에서 인간이 노동을 통하여 자연과 투쟁하는 과정에서 스스로 극복할 수 없었던 자연의 힘을 통제하고 싶은 욕망에서 발생한 환상적인 이야기이다. 그러므로 신화는 인간이 자연을 극복할 수 있는 단계에 오면 자연 소멸된다. 마르크스주의는 이 단계를 원시사회 이후로 본다. 이와 같은 마르크스주의 신화론은 원가의 광의신화론에 비하여 협의신화론으로 명명된다. 원가의 광의신화론이 협의의 신화론과 다른 점은 신화의 소멸 시점을 원시사회 이후로 한정하지 않고 무한정 연장하고 있다는 점이다. 다시 말해 원가의 광의신화론에 따르면 원시사회 이후에도 각각의 역사 발전 단계마다 인간의 소망을 표현하는 새로운 신화가 계속 발생한다는 것이다.[8] 이렇게 되면 원가가 말하는 신화의 범주에 포섭될 수 있는 이야기의 종류가 대폭 늘어날 수밖에 없다. 협의의 원시 신화뿐만 아니라, 후대에 발생한 전설, 민담, 선화(仙話) 등 광범위한 이야기가 원가의 신화 범주에 포함된다.

　　정재서는 원가가 이렇게 광의신화론을 전개했던 배경에는 중국 신화의 단편성을 절감한 후 그리스 신화와 같은 장대한 서사 신화를 구성하려는 욕구가 작용했다고 평가한다. 광의신화론에 따라 확보된 광범위한 자료를 바탕으로 체계적인 중국 신화를 재구성하고자 했다는 것이다. 그러나 다양한 계통의 신화가 상호 텍스트적으로 작용하여 형성된 중국 신화를 체계화 과정을 통하여 단원 신화(mono-myth)로 만들고자 하는 원가의 의도에는 다분히 정치적이며 이데올로기적인 요소가 포함되었음을 부인할 수 없다. 더욱

이 역사적 경험과 문화적 현실의 차이가 엄연한 소수민족의 신화마저도 광의신화론의 범주에 포함시켜 단일한 신화 체계 안으로 용해시키려는 시도를 보면 중국의 현안인 민족 통일이라는 정치적 의도가 영향을 미치고 있음이 확인된다.

이유진은[9] 중국에서 신화를 둘러싸고 작동된 두 가지 진실 프로그램을 논한다. 하나는 '신화의 역사화' 담론이고, 두 번째는 '역사의 신화화' 담론이다. '신화의 역사화' 담론은 두 개의 진영을 중심으로 전개되었다. 우선 1920년대 고사변학파(古史辨學派)의 고힐강(顧頡剛)이 중심이 된 의고적(疑古的) 입장은 중국의 고대사는 대부분 신화가 역사로 변질된 것으로 믿을 만한 것이 거의 없다고 주장한다. 중국에서 전통적으로 고대사의 흐름을 삼황오제(三皇五帝) 및 하상주 삼대로 이어지는 연속성으로 파악하는 경향이 절대적이었다는 것은 두말할 필요가 없다. 고힐강의 주장은 이러한 중국 고대사의 진실을 부정하는 것으로 그 기반을 완전히 해체시키는 효과를 낳았다.

'신화의 역사화' 담론을 전개한 또 하나의 진영은 중국에서 신화 연구를 최초로 시작한 선구자들을 중심으로 형성되었다. 이 담론은 중국 신화의 단편성과 직접 관련된다. 중국 신화의 단편성은 원래 모순(茅盾), 노신(魯迅), 호적(胡適) 등에 의하여 지적된 바 있는데, 그리스 신화에 비하여 중국 신화가 체계적이거나 서사성을 갖추지 못하고 단편화된 점을 문제로 삼은 것이다. 이들은 모두 중국 신화가 단편화된 원인을 밝히고자 했는데, 그중에서도 모순(茅盾)은 '신화의 역사화' 현상을 제시하여 주목을 받았다. 모순은 고대 중국 신화는 풍부했으며, 체계적이었을 뿐만 아니라 심미적인 것이었는데, '신화의 역사화' 과정이 진행되면서 많은 중국 신화가 본래의 모습을 상실했다고 한다. 모순의 논리에 따르면 이렇게 풍부했던 중국 신화를 다시 원상태로 복원하는 일이 신화학자의 막중한 소임으로 설정된다. '신화의 역사화' 담론은 모순의 입장을 지지하는 신화학자들을 중심으로 오늘날까지도 중국의 신화학계를 지배하고 있다. 모순의 입장을 충실히 계승하는 대표적인 신화학자가 원가(袁珂)이다. 원가는 모순이 제기한 중국 신화 복원 사업을 실제로 완성시킨 인물이기도 하다.

'신화의 역사화' 담론과 상반된 또 하나의 진실 프로그램인 '역사의 신화화' 담론을 지지하는 쪽은 '신화는 역사를 반영한 것'이라고 주장한다. '역사의 신화화' 담론을 지지하는 진영에 따르면 '신화의 역사화'를 주장하는 세력 때문에 중국 고대사가 실제 역사가 아닌 신화로 가득 채워지게 되었다고 비판한다. 즉 '신화의 역사화'를 주장하는 한 축인 고힐강(顧詰剛)의 의고파(疑古派)는 중국 고대사의 허구성을 주장했지만, 그 결과 중국 고대사는 빈 칸으로 남게 되었다. 그리고 이 빈자리는 역사화 상태에서 복원된 신화들로 채워졌다는 것이다. 물론 이런 작업은 원가처럼 '신화의 역사화'를 주장했던 신화학자들을 중심으로 진행되었다.

'역사의 신화화' 담론을 개진하는 진영은 신화가 지닌 역사성을 기반으로 중국 고대사를 복원할 수 있다고 주장한다. 이 담론에 따르면 처음에는 역사적 사실이었던 것이 언어상의 오류나 실제 있었던 일을 과장하는 습성, 오랜 시간의 경과로 인한 이해 불능 등이 원인으로 작용하여 신화로 변질되었다는 것이다. 따라서 신화를 면밀하게 분석함으로써 실제 있었던 역사를 추출할 수 있다는 입장이다. 게다가 근대 이후 막강한 영향력을 행사하기 시작한 고고학과 손잡은 '역사의 신화화' 담론은 중국 내에서 점점 더 큰 호응을 얻고 있다.

현재 중국에서 국가적 프로젝트로 추진 중인 중국 고대사 복원 과정의 배경에는 고고학적 발견뿐만 아니라 '역사의 신화화' 담론의 영향력을 간과할 수 없다. 하상주단대공정(夏商周斷代工程), 중화문명탐원공정(中華文明探源

工程) 등 '위대한 중화 문명의 5천 년 역사'를 입증하기 위한 목적으로 추진되는 각종 프로젝트는 고고학적 증거 위에 신화로부터 구해 낸 역사적 사실을 결합시키는 방식으로 진행된다.

한편 '역사의 신화화' 담론은 '신화의 역사화' 담론과 달리 중국 신화는 처음부터 역사적인 요소를 포함한 상태로 발전하였다고 주장한다. '신화의 역사화'를 주장하는 진영은 중국 신화를 그리스 신화와 비교하면서 논의를 시작한다. 이때 중국 신화는 마땅히 갖추어야 할 것을 '결핍'한 것으로 평가된다. 그것이 바로 중국 신화의 단편화이며, 이를 만회하기 위한 논리로서 원래는 중국 신화가 그리스 신화처럼 풍부한 서사를 갖춘 체계 신화였지만, '신화의 역사화' 과정에서 단편화되었다고 주장한다. '역사의 신화화'를 지지하는 세력은 바로 이처럼 중국 신화를 그리스 신화와 비교하는 태도 자체를 문제 삼으면서, 중국 신화의 독특성을 강조한다. 이들의 주장에 따르면 중국은 그리스보다 훨씬 이른 시기에 역사 단계로 진입하였기 때문에, 기원의 문제를 신화보다는 역사를 통해서 풀려는 성향이 강했다. 또한 중국 민족은 실생활을 중시하기 때문에 신화처럼 환상적인 이야기는 소박한 형식을 취하였으며, 자연신 숭배보다는 조상숭배가 강했기 때문에 역사적으로 실존한 인물에 대한 이야기가 창조되었다. 중국 신화의 이와 같은 특수성을 감안할 때 신화와 역사를 엄밀히 구분하여 역사로부터 신화의 본래 모습을 복원하는 것과 같은 작업은 무의미하다. 오히려 중국 신화는 처음부터 역사적인 요소를 바탕에 함유한 상태에서 출발했다고 보는 편이 온당할 것이다.

이유진은 지금까지 논의한 '신화의 역사화' 담론과 '역사의 신화화' 담론을 비교한 후 이면에 담긴 역설적 진실을 토로한다. 이유진에 따르면 고힐강의 의고파를 제외한 나머지 담론들은 모두 '위대한 중국' 건설이라는 목적을 공유하고 있다는 것이다. '신화의 역사화' 담론은 중국 신화가 역사화되기 이전 본연의 모습에 강렬한 믿음을 낳는다. 이 담론은 중국 신화는 본래 위대하고 아름다웠다는 전제하에 원래 모습을 복구하는 과정에서 다양한 민족의 신화들을 화이론적(華夷論的) 중심주의의 구도에 따라 손질하거나 편집한다. '역사의 신화화' 담론은 신화는 실제 일어났던 역사적 사실을 반영한다는 전제하에 신화의 주인공들을 역사적 인물로 환원한다. 이 담론은 신화를 이용하여 중국 고대사의 연원을 한껏 뒤로 소급함으로써 중국 문명의 유구성과 위대함을 증명하고자 한다. '신화의 역사화'와 '역사의 신화화' 이 두 개의 진실 프로그램은 이처럼 표면적으로는 서로 대립적인 방향으로 나아가는 것 같지만, 실제로는 '위대한 중국' 건설이라는 동일한 목표를 달성하기 위하여 작동된다.

홍윤희는[10] 20세기 초부터 중국에서 신화담론이 형성되었던 메커니즘을 규명하고자 하였다. 홍윤희에 따르면 중국의 신화담론은 당대 최대의 현안이었던 민족국가 수립을 위한 도구로서 형성되었다. 중국의 신화담론은 두 가지 현안의 해답으로 기능하였다. 그 두 가지 과제란 첫째, 문명고국(文明古國)인 중국 민족의 정체성을 확인하는 일과 둘째, 한족 및 소수민족을 모두 포괄하는 다원 일체의 민족국가를 형성하는 일이다. 중국 신화담론은 첫번째 과제에 대하여 중국 신화의 유구성과 체계성을 강조함으로써 중국민족과 문명의 우월성을 강조하고자 하였다. 중국 최초의 신화학자라고 할 수 있는 모순(茅盾)은 현전하는 중국 신화의 단편성을 신화의 역사화 과정을 거친 결과로 설명하고, 원래 중국 신화는 그리스 로마신화처럼 방대하며 아름다웠을 뿐만 아니라 체계적인 모습이었음을 강조하였다. 그리하여 단편화된 중국 신화를 본래 모습대로 복원하는 일이 신화학의 과제로 설정된다. 근대 초기 중국 신화학계가 두 번째 과제를 해결하기 위하여 추진한 대표적인 작업은 민간 구전신화와 소수민족의 신화를 수집하는 일이었다. 이는 중국 신화의 외연을 확대하는 것과 함께 중국 내 다양한 소수민족들을 중화민족의 범주 안으로 포섭하는 과제와 연결된 것이다. 다양한 소수민족을 포섭하여 다원 일체의 통일된 중화 민족을 형성하기 위하여 기존의 문헌신화와 소수민족 신화를 '중국 신화'의 범주 안에 묶어서 일체화시키는 작업이 필요하였다. 이렇게 하여 중국 신화담론은 다민족 일원의 민족국가 수립에 봉사하는 이데올로기로 기능하게 되었다.

김선자는[11] 근대 초기 이후 최근에 이르기까지 황제(黃帝) 신화가 중국의 민족주의 및 국가주의에 동원된 사례를 신화 역사화의 관점에서 분석한다. 김선자에 따르면 황제 신화가 역사화된 사례는 훨씬 오래전으로 거슬러 올라간다. 한대(漢代)의 역사가였던 사마천(司馬遷)은 황제를 시점으로 오제(五帝) 및 삼대(三代)로 이어지는 일원적 민족 계보를 형성하였다. 사마천에 의하여 구성된 이와 같은 대일통(大一統)의 계보는 신화를 역사화함으로써 가능한 일이었다. 즉 신화 속의 다양한 신들을 역사 속의 제왕으로 환원하고, 이들 사이의 관계를 황제를 중심으로 재배치한 것이다. 그 결과 황제 중심의 역사 계보를 지닌 '화하(華夏)' 공동체가 탄생하였다. 그 후 황제는 근대 초기 변혁의 시기에 중국 민족의 통일과 단결을 위하여 민족의 시조로 다시 강조된다. 다원 일체적 민족국가의 구심점으로서 황제가 등장한 것이다. 또한 황제는 1990년대 이후 중국을 지배한 국가주의의 핵심을 차지한다. 하상주단대공정(夏商周斷代工程), 중화문명탐원공정(中華文明探源工程) 등은 다원 일체의 통일국가 체제를 완성하고, 중화 문명 5천년의 역사를 입증하기 위하여 진행되는 대표적 국가 프로젝트이다. 이러한 작업에서 황제는 신화의 차원에서 역사로 내려와 새롭게 발굴된 고고학적 자료와 직접 연결된다. 신화 속 주인공이 역사적 인물로 변질된 채 고고학적 유적의 실제 담당자로 이해된다. 김선자는 이러한 현상을 텍스트로 읽혀야 할 신화가 사실을 전하는 다큐멘터리로 취급된다고 평가한다. 중국에서 벌어지는 황제 신화의 역사화는 민족주의와 국가주의가 만들어 낸 기형적 현상이라고 할 수 있다.

지금까지 중국에서 이루어진 중국 신화 연구 성과에 국내 중국 신화학자들이 보여준 비판적 시각을 살펴보았다. 이들이 분석의 대상으로 포함한 연구 성과의 범위는 매우 폭넓은 것이었다. 근대 초기 중국에 신화학의 길을 최초로 열어 준 선구자들의 업적부터 최근 국가 주도로 진행되는 각종 학술 프로젝트에 이르기까지 거의 1세기에 걸쳐 이룩된 주요 성과들을 망라한다. 이들이 내는 다양한 의견에도 불구하고 중국의 신화학이 일정한 방향에 따라 흘러간다는 점을 확인할 수 있었다. 위의 신화학자들이 한결같은 목소리로 지적한 것은 다름이 아니라 중국의 신화학에 내포된 이데올로기적인 성분이었다. 이들에 따르면 그동안 중국의 신화학은 '다원 일체적 민족주의', '중화주의', '국가주의', '위대한 중국 건설' 등 표현은 달라도 이와 같은 정치적 목적을 위해 봉사했음이 분명하다. 한편 정재서는 중국의 신화학이 중화주의 이외에도 서구 오리엔탈리즘의 영향을 받았다는 사실을 지적한다. 그는 서구에서 신화학이 도입되었던 근대 초기부터 중국 신화가 오리엔탈리즘을 아무런 비판 없이 수용한 중국 지식인들에 의하여 어떻게 굴절을 겪었는지를 지적한 바 있다. 그렇다면 이데올로기에 갇혀버린 중국 신화학을 구원할 방법은 없을까. 다음 장에서는 새로운 중국 신화학을 위한 대안으로서 무엇이 제시되는지 살펴본다.

3. 새로운 중국 신화학을 위한 대안

1) 중국 신화의 탈이데올로기화

브루스 링컨은 『신화 이론화하기』에서 서구의 근대 신화학이 민족 담론을 구성하는 데 어떤 역할을 담당하였는지 분석한 바 있다.[12] 위의 장을 통해서 우리는 근대 초기 중국에서도 신화학은 민족 담론을 구축하는 데 첨병 역할을 하였을 뿐만 아니라, 이런 흐름은 오늘날까지도 지속된다는 사실을 알 수 있었다. 앞에서 소개한 한국의 신화학자들은 중국의 신화학이 처한 이와 같은 상황을 매우 심각하게 받아들인다. 중국 신화학의 본고장이라 할 수 있는 중국의 연구 성과가 동일 분야를 전공하는 외국의 학자들에게도 일정한 영향을 주리라는 예상은 당연하기 때문에 취급에 신중을 기해야 할 것이라는 의미로 읽힌다. 하지만 이보다 더 중요한 이유는 중국의 신화학의 문제에서 우리 자신도 자유롭지 못하다는 인식 때문이다. 정재서의 말을 인용하면 중국의 신화 연구 경향에 반영된 오리엔탈리즘과 중화주의는 중국만의 문제가 아니라 우리 자신의 현실이기도 하다.

이 책을 통해 제기하고자 하는 첫 번째 문제는 상상력의 정체성이다. 우리의 상상력은 과연 자유로운가? 엄혹한 세계 체제의 구조에서 상상력은 또한 그것의 생산과 소비를 지배하는 목전의 제1세계 중심 문화 산업의 영향에서 벗어나기 어렵기 때문이다. 상상력의 근원은 신화이다. 그런데 현행 신화학은 그리스 로마 신화를 표준으로 성립되어 있어서 상상력의 세계도 평등하지가 않다.[13]

지금까지 열거한 사례들이 궁극적으로 말하고자 하는 취지는 무엇인가?

한마디로 한국의 모든 역사와 문화는 중국을 원천으로 출발한다는 인식이다. 물론 이러한 인식은 앞에 든 사례만 보면 모두 밖으로부터의 그것이지만 우리 내부에도 그러한 인식이 잠재되어 있음을 부인할 수는 없다. 이 무조건적인 근원주의, 중심주의는 통속적이지만 슬프게도 현실이다.[14]

한편으로는 상상력의 원천인 신화의 세계마저 서구 신화를 중심으로 표준화되고, 다른 한편으로는 중국 중심주의가 여전히 기승을 부리는 한국의 현실에서 오리엔탈리즘과 중화주의로 오염된 중국의 신화학이 결코 남의 나라 일로만 보일 리 없을 것이다. 오히려 그것은 우리 자신을 비추는 거울이다. 중국에서 진행되었던 중국 신화학의 한계를 인식한 후, 지금까지 걸어왔던 길에서 벗어나 다른 대안을 모색하려는 움직임은 이런 맥락에서 정당성을 찾는다.

그렇다면 중국 신화학이 이데올로기로 전락할 수밖에 없었던 근본 원인은 무엇인가? 중국 신화학이 새로운 길을 걷기 위하여 제거해야 할 장애물은 무엇인가? 한국의 중국 신화학자들은 논자에 따라 약간의 차이는 있지만 대체로 민족 기원의 관심을 주요 요인으로 지목한다. 근대 초기 중국에서 성립한 중국 신화학은 민족주의 담론의 주요 의제였던 기원의 문제를 해명해 줄 수 있는 해결사 가운데 하나로 여겨졌다. 다시 말해 중국 신화학의 행로는 중국 민족의 자기정체성을 찾는 데로 방향을 틀었고, 이런 초기 중국 신화학의 특성은 오늘날까지도 이어진다.

기원에의 추구가 얼마나 억압적인 의도와 상관되어 있는가? … 비교신화학·비교문학 등 '비교-'의 관형어로 수식된 학문들이 한때 혐의적은 시선을 감수해야 했던 것은, 이들이 결국 누가 더 먼저이고 누가 누구를 닮았느냐를 따지는 불순한 기원론적 의도와 상관되지 않았을까 하는 의구심 때문이었다. ··· 따라서 우리는 기원론을 표방하는 모든 논의에 대해 일단 그 의도를 의심하고 검증해 볼 필요가 있다. ··· 이른바 중화사상으로 표현되는 중국의 중심주의 및 자기동일성의 논리는 바로 이러한 기원의 신화학으로부터 유래하고 있다.[15]

본고에서는 여기에 두 가지 제안으로 답하고자 한다. 우선 '중국 신화'에 어떤 '원전'이 존재한다는 발상에서 벗어나자는 것이다. 니체의 계보학은 이 점에서 원전의 순수성에 대한 좋은 대비가 된다. 즉 기원에 있는 할아버지는 이미 혼혈이다. 한 민족의 발생 지점, 거기에는 어떤 '순수한 영혼'이 있는 게 아니다. 시작은 이미 불순하다. 중국 영토 내의 모든 신화가 중원 신화와의 관계 속에 형성된 것이라고 보면 안 되며, 중원 신화조차도 어떤 순수한 기원을 가졌다는 가정을 먼저 버렸을 때 그 다양한 의미가 드러날 수 있다. 게다가 이것은 신화의 원전이 만들어진 특정한 '신화시대'가 존재했다는 발상에 대한 반론이기도 하다.[16]

그럼에도 동아시아 삼국의 신화에 대한 관점은 여전히 근대 수준에 머물러 있다. ··· 중국은 황제를 정점에 두는 계보를 아득한 기억의 저편에서 끌어내 하나의 혈연으로 이어진 새로운 민족 개념을 발명하고 있다. ··· 이 책에 소개된 자료를 바탕으로 좀 더 많은 사람이 중국의 역사 고고 프로젝트들과 이것이 내포하고 있는 심각한 의미에 대해 관심을 갖게 되기를 소망한다. 물론 이보다 더 큰 소망도 있다. 근대에 매몰되어 있는 동아시아 삼국의 신화학이 새로운 방향을 찾는 것이다. 이 새로운 방향은 민족의 영광을 보증해 줄 수 있는 기원의 신화를 찾는 일을 멈추는 것에서 발견할 수 있다. ··· 문명의 기원이든, 국가의 기원이든, 민족의 기원이든 이제 그만 이 기원의 신화에서 벗어날 때가 되지 않았는가?[17]

위의 인용문의 저자들은 중국 신화학이 기원의 관심을 통하여 중국의 민족주의 혹은 국가주의 이데올로기를 정당화하는 논리를 제공했다고 지적한다. 그러므로 중국 신화학이 이데올로기의 질곡에서 빠져나오는 방법은 더 이상 기원의 문제에 천착하지 않는 것이리라. 이들에 따르면 신화는 본래 이데올로기와 무관한 서사이다. 신화는 어떤 환경에 놓이느냐에 따라 이데올로기로 변질될 여지가 있지만, 그것 자체로만 판단한다면 진실을 내장할 뿐만 아니라, 다른 삶을 꿈꿀 수 있는 잠재력을 지닌 서사인 것이다. 다음은 이데올로기로 변질되기 이전의 신화와 이데올로기화된 신화의 차이를 역설하고 있다.

> 허구의 소설서사와는 달리 신화·전설과 같은 고대의 진실한 담론은 그 자체로서는 무균질적(無菌質的)이다. 문제는 신화·전설을 허구화하고 그 것을 다시 본래의 진실인 양 주장하는 일종의 역사적 시뮬라시옹(Simulation)의 행위이다. 이것의 가장 적절한 예는 두말할 것도 없이 일본 제국사학의 신화에 의한 고대사 날조 운동이었다. 아울러 우리는 신화와 다를 바 없는 기자 전설이 그 진상은 어떻든 중국의 중심주의에 의해 일정한 방향성을 지닌 담론으로 성립되어 우리의 건국신화에 부단히 영향을 주어 왔음도 경험하고 있다.[18]

캠벨의 말처럼 신화가 상징을 떠나 사실로 읽힐 때 신화의 생명은 끝나고 만다. 중국 신화가 '신화의 역사화'라는 과정을 통해 신화 본래의 모습을 상실하게 된 것은 사실이다. 그러나 '역사화'라는 틀 속에 갇혀 있지 않은 신화들 역시 존재하고 있으며 역사화의 범주에 포섭된 신화 역시 역사화 되기 이전의 모습을 여러 문헌 속에서 찾을 수 있다. '신화의 역사화' 작업 속에 계열화와 등급화라는 속성이 내재되어 있었다고 한다면 오늘날 역사화라는 폐쇄적인 틀 속에 갇혀 있는 신화를 '상징'이라는 개방적이고 보편적인 광장으로 끌어내는 작업은 신화에 자유와 생명을 불어넣는 작업이라고 할 수 있을 것이다.[19]

신화는 인간의 상상력을 펼쳐 그로 하여금 우주적 존재로서 대(大)시간과 대(大)공간을 살게 하며 다른 삶을 꿈꾸게 하는 힘이 될 수도, 현재의 질곡에 정당성과 권위를 부여하는 감옥이 될 수도 있다.[20]

그렇다면 중국 신화학이 기원에 대한 관심을 거두어들이기만 하면 중국 신화가 지닌 본래의 모습이 저절로 회복될 수 있을까? 다시 말해 중국 신화를 이데올로기로 전락시킨 중국의 신화학을 더 이상 되풀이하지 않기 위해서 단지 기원의 문제를 회피하면 될 일인가? 상식적인 판단에 비추어 보더라도 문제가 그렇게 단순한 것 같지 않다. 당장 이데올로기로 얼룩진 중국 신화학을 정화시키는 문제는 어떻게 할 것인가? 또 그렇게 할 수 있는 방법은 무엇인가? 대안적 중국 신화학을 펼쳐 나가기 위해서 기원에 대한 관심을 그치는 일은 필요조건일 뿐 충분하지는 않은 것 같다.

위의 인용문 저자 중 하나인 홍윤희가 근대 초기 중국 신화담론 형성기를 다시 주목하자고 한 이유도 이런 맥락과 무관하지 않다.[21] 홍윤희는 중국 신화담론이 형성되던 시기는 수많은 신화담론들이 서로 경쟁을 벌이던 때였고, 그중에 어떤 것은 현실화되고, 다른 것은 잠재 상태로 남게 된 일종의 분기점으로 이해한다. 따라서 그 분기점을 들여다보면 아직 현실화되지 않았지만, 여전히 잠재 상태로서 힘을 잃지 않은 이질적 담론들이 존재한다. 이러한 담론들의 이질성은 기존 중국 신화담론의 절대성을 상대화시키고, 새로운 신화담론을 펼쳐 나갈 가능성을 보여줄 것이다. 출발점으로 되돌아가 거기서 새로운 출발을 위한 대안을 찾아보자는 것이다. 홍윤희에게 기원의 문제를 극복하는 것은 대안적 중국 신화학이 갖추어야 할 최소한의 조건에 불과하다.

아쉬운 점은 홍윤희의 이와 같은 제안이 대안적 중국 신화학을 위한 연구 방법과 범위, 자료에 이르기까지 체계와 구체성을 갖추고 발언된 것이 아니라, 일종의 시론 혹은 원론으로서 제시되었다는 사실이다. 사정은 이 글에서 소개하는 다른 학자들의 경우도 마찬가지이다. 다만 정재서는 대안적 중국 신화학을 실현할 수 있는 방안에 나름의 논리를 전개하고 있을뿐더러, 스스로 이를 실천해 보임으로써 자신의 제안이 매우 설득력 있음을 입증하려 한다는 점에서 변별성이 있다.

2) 제3의 신화학

정재서가 오리엔탈리즘과 씨노센트리즘(중화주의)에 빠진 중국 신화학에 대비하여 대안적 중국 신화학을 지칭하기 위하여 사용하는 용어로는 '제3의 신화학', '자생적 신화학', '동아시아 신화학' 등이 있다. 중화주의라는 자기동일적 중심주의 노선에 함몰되어 중국 신화학을 이데올로기로 변질시킨 중국의 신화학자들과 스스로를 차별화하려는 의도가 담겼다.

정재서의 제3의 신화학은 우선적으로 오리엔탈리즘과 씨노센트리즘을 극복하는 쪽으로 방향을 맞춘다. 오리엔탈리즘을 해체하기 위해서 신화비평적 방법이 제안되며, 씨노센트리즘을 극복하기 위해서는 중국 신화의 단일기원론, 즉 황화문명중심론을 해체하는 방안이 제시된다. 그런데 이 두 가지 해체론을 이끌어 나가는 추진 동력으로 비교학적 방법이 강조된다. 신화 비평적 방법과 단일기원론 해체 방안을 살펴보기 전에 왜 비교학적 방법이 언급되었는지 알아본다.

다원주의와 무대 공간의 관점에서 중국 신화를 인식할 때 자연스럽게 우리는 중국 신화가 하나가 아닌 수많은 문화 계통의 산물이며 결국 동아시아라는 지역 단위에서 사고해야 할 대상임을 깨닫게 된다. 다시 말해서 우리는 중국 신화를 중국이라는 국가 단위의 인식을 넘어 사실상 동아시아 제 민족의 공유의 자산으로서 파악할 필요가 있다. 중국 신화는 오늘의 중국 문화의 뿌리일 뿐만 아니라 동아시아 제 민족 문화의 뿌리이기도 하다. 따라서 중국 신화 연구는 그 자체 필연적으로 비교학적이 되지 않을 수 없다.[22]

후술하겠지만 위의 인용문은 중국 신화가 한족(漢族)이 주체가 되어 활동했던 황화 중하류 중원(中原) 지역을 중심으로 발생했으며, 점차 주변 지역에 영향을 끼쳤다는 이른바 중화주의적 관점을 비판하는 맥락에서 나온 발언이다. 정재서는 중국 신화는 다양한 기원의 신화 계통들이 모여 형성된 것으로 중국이라는 국가 단위를 넘어 동아시아 지역 공유의 자산임을 강조한다. 종래의 중국 신화학이 중화주의적 단원론에 의거하여 중국 신화 속에 내재한 다양한 목소리를 서열화하거나 체계화함으로써 수면 아래로 억압했다면, 제3의 신화학은 동아시아 신화를 구축하는 데 참여했던 다양한 계통의 신화들을 발굴하고 상호 비교를 통하여 그동안 중화주의적 시각에 파묻혔던 새로운 진실을 밝혀내고자 한다.

결국 중국 신화의 다원적 성분이 비교학적 방법의 의의를 일깨운 주요 계기로 작용했음을 알 수 있다. 중국 신화학이 기원의 문제에 천착하면서 이데올로기화했다는 지적은 앞서 밝힌 바 있지만, 정재서의 경우 기원에 대한 관심과 비교학적 방법의 밀접한 관련성을 비판한 바 있다.[23] 그렇다면 새로운 중국 신화학을 전개하기 위하여 채택될 비교학적 방법은 그 이전의 것과는 차별화되어야 할 것이다.

동아시아 문화 내부의 관점에서 볼 때 이 작업은 동아시아 여러 나라의 문화적 동질성을 확인시켜 줌과 동시에 동질성 속의 차이를 인식하게 함으로써 동아시아 여러 민족 간의 이해를 도모하여 참다운 의미에서의 연대에 도달하도록 해 줄 것이다. 진정한 연대를 이룩하기 위해서는 무조건 동질성을 전제하고 차이를 억압하는 것이 아니라 동질성의 확인과 동시에 차이를 이해하고 포용하는 자세가 필요하다.[24]

이 글은 중국 신화학에 관한 것은 아니지만 비교학적 방법에 대한 정재서의 관점이 잘 드러난 부분이다. 동질성뿐만 아니라 차이를 용인하는 비교가 중요함을 강조한다. 또한 비교학적 방법에 대하여 관심을 표명한 그의 다른 글을 검토하면 동질성보다는 차이를 더 중시한다는 것을 알 수 있다. 차이성을 드러내는 작업은 그에게 일종의 위반 혹은 문화적 저항의 의미이다. 정재서는 비교학적 방법을 오리엔탈리즘과 중화주의를 해체하기 위한 도구로 활용한다. 오리엔탈리즘과 중화주의는 자기중심적 동일화 과정을 통하여 타자를 억압하는 기제를 작동시킨다. 비교학적 방법을 통한 차이의 강조는 바로 이 두 가지 이데올로기의 정당성에 심각한 의문을 던질 수 있을 것이다. 그가 자신이 추구하는 중국 신화학을 '위반의 신화학'[25] 혹은 '차이의 신화학'[26]이라 부르는 것을 볼 때 동일성보다는 차이성에 더 많은 비중을 두었음을 알 수 있다.

제3의 신화학은 오리엔탈리즘과 중화주의를 극복하는 노력과 더불어 시작된다는 점은 앞서 언급한 바 있거니와, 이러한 작업을 이끄는 동력으로서 비교 방법이 강조된다. 그렇다면 오리엔탈리즘과 중화주의는 어떻게 해체될 수 있는가?

먼저 오리엔탈리즘은 서구 신화를 다른 지역의 신화를 평가할 수 있는 '표준'의 지위에 올려놓았다는 점이 지적된다. 근대 초기 중국에서 중국 신화의 단편성이 주목을 끌었던 것도 서구 신화를 비교의 기준으로 놓았기 때문이다. 안타깝게도 이런 현상은 최근까지도 지속된다. 상상력의 원천이라 할 신화가 현재 유통되는 상황을 지켜보면 여전히 서구 신화가 중심임을 부인할 수 없다. 서구적 상상력이 우리의 상상력을 지배하는 상황이 벌어지는 것이다. 정재서가 제안하는 신화 비평은 바로 이런 상황의 비판적 인식에서 비롯한다. 신화 비평은 '신화의 귀환' [27] 현상이 벌어지는 오늘날 신화적 원형 혹은 상징을 동원하여 제반 문화를 해석하려는 시도를 의미한다. 다만 정재서가 말하는 신화 비평은 동아시아 신화에 기반을 둔 것으로서 오리엔탈리즘 때문에 주변으로 밀려난 동아시아 상상력의 복귀를 목표로 기획된 것이다.

정재서는 신화 비평이 지향하는 목표는 '동아시아 신화의 힘을 실제적으로 예증' [28]하는 데 있다고 말한다. 다시 말해 서구 신화와 서구적 상상력의 득세로 그 존재감마저 희미했던 동아시아 신화의 실제적 힘을 신화비평 작업을 통하여 예증해 보이자는 것이다. 이 작업이 성공할 경우 서구 신화와 서구적 상상력의 우월성이 해체되고, 다양한 상상력이 함께 공존할 수 있는 토대가 마련될 것이다.

동아시아 신화의 힘을 예증하려는 작업은 매우 광범위하게 전개된다. [29] 가령『산해경』의 중심 상징이 후대에 어떤 영향을 미쳤는지를 밝히기 위하여 도연명(陶淵明)의 「독산해경(讀山海經)」과 황지우 시인의 「산경(山經)」을 함께 비교한 것은 하나의 사례에 불과하다. [30] 정재서는 동아시아 신화가 지닌 힘의 연속성을 주로 역사적인 맥락과 지역적 맥락에서 찾는다. 중국 신화 가운데서 특정한 원형 상징을 찾아낸 다음, 이 상징이 역사적으로 혹은 지역적으로 특정 문학 작품과 문화 현상에 어떻게 다시 출현하는지를 밝힘으로써 그 상징이 지닌 힘의 시간적 지속성과 공간적 파급력을 증명하고자 하였다. 심지어 동아시아 신화의 보편적 힘을 입증하기 위하여 동아시아

신화 속의 상징을 서구 문학 작품을 해석하는 데 적용하기도 한다.[31]

한편 정재서는 오리엔탈리즘뿐만 아니라 중화주의를 해체하는 방법도 매우 구체적인 실례를 보여준다. 그가 중화주의를 해체하는 데 매우 중요한 관점으로 채택하고 있는 것이 중국 문명의 다원계통설이다. 정재서가 다원적 문명론을 채택한 데는 독일의 중국학자 에버하르트(W. Eberhard)의 영향이 큰 것으로 판단된다.[32] 중화주의가 중국 문명을 중원 지역을 중심으로 형성된 단일 계통 문명으로 이해하는 데 반해, 다원 계통설은 중원 지역을 포함하여 그 이외의 지역에서 형성된 다양한 문명들이 서로 충돌 및 융합하는 과정에서 빚어진 것으로 이해한다. 다원적 문명발생론을 따를 경우 중국 신화란 다양한 계통의 신화들이 상호 작용한 결과 형성된 산물로 이해할 수 있다. 다음의 인용문은 중국 신화를 바라보는 그의 기본 관점이 어떤 것인지를 잘 보여준다.

> 우리는 중국의 신화 및 고전을 이와 같은, 저작(work)이 아닌 원전(text)의 개념 하에 다시 해석할 필요가 있다. 이러한 관점은 결국 원전을 무수한 인용의 모자이크로, 즉 단일한 총체성으로 존재하지 않으면서도 여러 원전들을 하나로 유지하고 있는 상태로 인식하는 상호 텍스트성의 전망과 일치한다. 이러한 의미에서 우리는 중국 신화를 단일한 영웅의 목소리만을 내는 단원 신화 체계가 아닌, 수많은 영웅들의 각축을 이야기하는 상호텍스트적 신화 체계로서 규정해도 좋으리라. 우리는 이렇게 바꾸어 말할 수 있으리라. "중국 신화라는 원전은 주변 문화라는 여러 원전들로부터의 인용의 모자이크이며 그들의 흡수이자 변형이다."라고.[33]

사실 중화주의는 다원적 계통설이 발화되는 순간 그 권위를 상당 부분 훼손당할 수밖에 없다. 다원적 계통설은 그 자체로 중화주의의 절대성에

도전하는 위반과 저항의 효과를 발휘하기 때문이다. 하지만 실제 중국 신화 가운데서 이러한 계통적 다원성을 실증적으로 밝혀 내지 못한다면 그러한 주장은 단지 공허한 선언에 그치고 말 것이다. 정재서가 중국 신화에 대한 분석 작업을 통하여 다양한 신화 계통을 추출하고자 한 것은 바로 이런 실증의 필요성을 예감했기 때문으로 추측된다.

정재서는 중국의 전통 신화 자료집이라 할 수 있는 『산해경』 다시 읽기를 통해서 중화주의적 편견으로 억눌린 다양한 목소리를 찾아내고자 한다. 그에 따르면 『산해경』은 전국 시기(B.C. 3~4세기) 무렵 연(燕), 제(齊), 초(楚) 지역의 무당 혹은 방사(方士) 계통의 인물이 저술한 것으로, 한대(漢代) 이후 중화주의적 중심주의에 경도된 주석가들의 세례를 받으면서 자체적으로 내장하고 있었던 다양성을 상실하고 말았다. 다시 말해 『산해경』이라는 책이 주석가들의 이념적 성향으로 말미암아 원래의 모습을 상당 부분 잃어버렸다는 의미이다.

> 우리가 다시 읽어야 할 『산해경』, 특히 주석을 중심으로 한 이 책의 언술 체계는 중국 자신의 인식약호(cognitive codes)라는 측면에서 타자성을 동화적으로 해독함으로써 수립된 자족적, 지배적 논리 체계이다. 다시 읽는 작업은 바로 이 투명하며 갈등이 없는 듯이 보이는 체계에 내재해 있는 '차이'를 인식하는 것으로부터 시작된다.[34]

정재서는 이런 문제의식을 실제 문헌 분석을 통해 관철시키고자 한다. 그리하여 도달한 결론은 『산해경』 내에 동이족(東夷族) 계열의 신화군이 존재한다는 사실과 함께 이 계열의 신화가 『산해경』 전체의 주축이었을 가능성이 짙다는 점이었다. 이는 바꿔 말해 『산해경』은 한대 이후 중심주의적 이념으로 무장한 주석가들이 한족(漢族) 계열의 신화를 중심으로 여타 계열의 신화들을 동질화한 과정을 거쳤다는 것이다. 『산해경』 다시 읽기는 이처럼 겉으로 수미일관한 구조를 노정하는 특정 텍스트 안에서 억압되고 감춰진 차이를 다시 발견하는 과정이었다. 또한 그렇게 함으로써 종전까지 이 텍스트를 감쌌던 중화주의의 허구성을 해체하려는 시도이기도 하였다.

4. 에필로그: 제3의 신화학의 한계와 보완을 위한 제언

지금까지 근현대 중국에서 전개되었던 중국 신화학을 비판적으로 고찰한 국내 신화학자들을 살펴보았다. 분석 대상과 논점의 차이에도 불구하고 중국의 신화학이 전반적으로 이데올로기화하였다는 점에서는 인식을 공유하였다. 다만 중국 신화학의 이데올로기화를 두고 한국의 중국 신화학이 향후 나아갈 방향의 논의는 일치하지 않았다. 일치하지 않았다기보다는 대부분의 연구자들이 이 문제에 별다른 관심을 표명하지 않았다고 하는 편이 옳을 것이다. 아마도 한국과 중국에서 각기 진행된 중국 신화학은 걸어온 길이 서로 다르기 때문에 반면교사의 교훈 이상의 의미를 지닌 것으로 여기지 않았기 때문일지도 모른다. 하지만 정재서는 중국에서 신화학이 보여주었던 한계를 나의 문제로 내면화하는 태도를 보임으로써 한국의 중국 신화학을 새롭게 다듬어야 할 필요성을 절감하고 있었다. 제3의 신화학은 그의 이런 고민에서 나온 귀결이었다.

본고는 앞 장에서 정재서가 제안한 제3의 신화학을 간략히 소개한 바 있다. 여기서는 에필로그를 대신하여 제3의 신화학에 내재한 몇 가지 난점을 피력하고, 보완적 논의를 제시한다.

본고는 제3의 신화학을 이끌어 가는 추진력을 비교 방법으로 규정한 바 있다. 제3의 신화학의 출발점인 오리엔탈리즘과 중화주의의 비판 및 해체가 비교를 중심으로 행해지기 때문이다. 오리엔탈리즘을 해체하기 위하여 동아시아 신화와 상상력의 현실적 힘을 예증하고자 할 때도 신화와 문학작품, 문화 현상들 사이의 비교작업이 이루어졌고, 중화주의를 해체하기 위하여 중국 신화 내부에 묻혀 있던 다양한 계열의 신화를 발굴할 때도 비교 작업이 진행되었다. 사정이 이렇다면 비교 방법이야말로 제3의 신화학의 성패를 가를 주요인이라고도 말할 수 있지 않을까. 사실 정재서는 비교 방법의 중요성을 인식하지만, 비교 방법 자체에 대한 인식론적 성찰을 꾀하지는 않는다. 비교 작업을 통해서 동일성보다는 차이성을 구하는 것이 더 중요하다는 정도의 인식이 전부라 할 수 있다. 여기에 제3의 신화학에서 채택하고 있는 비교 방법을 다시 조명할 필요성이 제기된다.

먼저 제3의 신화학이 중국 신화 혹은 동아시아 신화의 힘을 예증하기 위하여 실행한 비교 방법이 어떤 성격의 것인지를 살펴보기로 하자. 이미 언급한 바와 같이 제3의 신화학이 동아시아 신화의 힘을 보여주고자 했던 까닭은 서구 신화와 상상력의 일방적 독주에 제동을 걸기 위해서이다. 고대 동아시아 신화의 상징과 상상력이 역사의 변천과 장소의 다름에도 불구하고 여전히 사라지지 않고 힘을 발휘하는 현장을 증명할 수 있다면, 그런 불균형은 수정될 수 있을 것이다.

비교 대상으로 선정된 것들은 다양하지만, 도식화의 위험을 무릅쓰고 비교의 방법과 절차를 간단히 정리하면 다음과 같다. 우선 고대 신화, 이를테면 『산해경』 중에 수록된 신화 가운데 하나를 선택하고, 그 신화의 중심 상징을 찾아내서 그 의미를 해석한다. 다음 이 신화의 상징이 나타난 후대의 문화 현상을 찾아 양자의 상징적 연속성을 규명한다. 이때 후대의 문화 현상으로는 중국 전통 시기의 문학작품이 선택될 수도 있고, 도교와 같은 종교 현상이 선택될 수도 있다. 또한 근대 이후의 문화 현상도 포함된다. 지역적인 범위도 제한을 두지 않는다. 중국과 한국, 일본 등 동아시아 세계를

포괄하며, 때로는 서구의 문학작품이 선정되는 경우도 있다. 제3의 신화학
은 이러한 방법을 신화 비평으로 지칭한다.

그러면 비교의 대상을 선정하는 기준은 무엇인가? 정재서가 실제 비교
작업을 진행하는 과정에서 선택한 대상들 사이의 관계를 살펴보면 서로
유사한 속성을 처음부터 공유했음을 알 수 있다. 예를 들어, 중국 신화에서
물의 상징체계가 지닌 에로티시즘적 의미를 강조한 한 논문을 보면[35] 비교
의 대상 사이에 친연성이 있음을 알 수 있다. 홍수 남매혼 신화와 달래강
전설, 황순원의 「소나기」, 섬머싯 몸(Somerset Maugham)의 「비」 등이 비교의 대
상으로 선택되었는데, 이들은 모두 물과 관련된 서사임을 어렵지 않게 알
아차릴 수 있다. 또 반고(盤古) 신화에 나오는 몸의 이미지를 인간과 우주, 자
연을 일체로 여기는 천인합일적 의미로 해석한 후, 이러한 몸의 이미지가
후대 문화 현상 속에서 어떻게 재현되는지를 살펴본 글에서는[36] 비교의 대
상으로 반고 신화, 『회남자(淮南子)』, 허준의 『동의보감』, 도교의 양생론, 춘
화(春畵) 이미지 등 몸의 담론 혹은 이미지가 표현된 텍스트가 선택된다.

이러한 비교 절차를 통해서 알 수 있는 사실은 비교 주체가 비교할 대상
들 사이에 친연 관계가 있음을 전제한다는 점이다. 다시 말해 비교 주체가
이러저러한 비교 대상들을 선택한 까닭은 나름의 이유가 있기 때문인데,
그 이유는 바로 비교에 대한 관심이 주어지기 전부터 비교 대상들 사이에
는 모종의 친연성이 있다는 인식이다. 그 친연성은 다름이 아니라 유사성
혹은 동일성을 말한다. 이 유사성은 비교의 시선이 가해지기 전에도 비교
대상들 사이에 마치 생래적인 것처럼 공유되었던 것으로 여겨진다.

생물학적으로 상동 관계에 있는 기관들처럼 상호 내재적 유사성을 공유
한 대상들을 비교할 때, 그들 사이의 유사성은 비교의 결과로 얻어진 것이
라기보다는 비교의 출발선에서 이미 주어진 것이었다고 할 수 있다. 이런
비교 절차는 미리 선취된 유사성을 비교 대상들을 통하여 재확인하거나,

세부적으로 보완 혹은 강화하는 방향으로 나가기 마련이다. 어차피 비교의 목적이 유사성을 확인하는 데 있기 때문에, 차이성은 상대적으로 관심이 적을 수밖에 없으며, 차이성이 발견된다하더라도 유사성을 강화하기 위한 장식의 역할에 지나지 않는다.

이런 지적은 제3의 신화학에도 적용될 수 있다. 앞에서 예로 든 홍수 남매혼 신화의 경우 물의 상징이 지닌 에로티시즘적 의미는 비교의 출발선부터 이미 주어진 유사성이었으며, 차후 전개된 비교의 전 과정은 이 신화의 상징성을 다른 텍스트들 안에서 확인하는 작업이었다. 여기서 각 비교 대상들 사이의 차이성 언급은 거의 이루어지지 않는다. 다만 이 비교 작업에서 차이성에 대한 강조가 이루어지는 시점은 비교의 작업이 모두 끝난 후이다. 그때는 제3의 신화학이 목표한 바를 성취하는 순간인데, 동아시아적 맥락에서 비교를 통하여 건져 올린 유사성이 오리엔탈리즘의 절대성을 흔드는 차이로 작용할 것이기 때문이다.

조나단 스미스(Jonathan Z. Smith)는 이와 같은 비교를 호몰로지적(homological) 방법이라 한다.[37] 호몰로지적 방법은 유사성이나 차이성이 비교 대상 안에 객관적으로 내재한 것으로 본다. 유사성과 차이성은 비교 주체의 상상력이나 정신적 작용과는 상관없이 '발견(discovery)'되는 것이다. 그러므로 호몰로지적 비교에서는 비교 주체의 역할이 제한적이다. 왜냐하면 수동적인 입장에서 눈에 띄는 유사성과 차이성을 찾아내기만 하면 되기 때문이다. 유사상과 차이성을 함께 거론하였지만, 실제로 호몰로지적 비교는 속성상 차이성보다 유사성을 강조하려는 목적에서 진행되는 것이다.

다음은 제3의 신화학이 이러한 호몰로지적 비교 방법을 적용한 또 다른 사례이다. 중국 신화학에 내재한 중화주의 이데올로기를 해체하려는 의도로 추진된 것이『산해경』안에 잠재된 다양한 신화 계통들을 발굴해 내는 작업이었다. 정재서는『산해경』에 수록된 신화들을 비교 분석한 후 동이계 신화군을 추출하였고, 이것을 한족(漢族) 계통의 신화와 차별화시킨 바 있다. 원론상으로는 동이계 신화군 이외에도 다른 계통의 신화군이 얼마든지 발견될 수 있을 것이다.

그런데 여기서 한 가지 주목해야 될 것이 정재서가 중국 문명과 신화를 이해하는 방식이다. 정재서는 중국 문명의 단일기원론을 비판하고 에버하르트(W. Eberhard)의 설을 좇아 다원계통설을 주장한다. 다원계통설은 중국문명을 다양한 계통의 문명들이 서로 충돌, 융합하여 형성된 것으로 보며, 중국 신화도 동일한 방식으로 이해한다. 정재서는 중국 신화를 형성한 계통을 다음과 같이 분류한다.

> 중국 대륙의 다원분립의 신화적 상황은 그 후 상고시대에 활동했던 3대 종족의 거주 구역 및 문화적 특징에 따라 서방의 화하계(華夏系), 동방의 동이계(東夷系), 남방의 묘만계(苗蠻系)로 점차 귀납되어진다. 화화계의 최고 신은 황제(黃帝)이고, 동이계는 태호(太昊), 소호(少昊), 제준(帝俊), 예(羿), 묘만계는 신농(神農), 치우(蚩尤), 축융(祝融) 등이 중요한 신령들이다. 그러나 동이계, 묘만계는 동에서 남으로의 해안 지역을 따라 원래는 같은 성격의 문화였던 것이 후일 분화된 것으로 보여지기 때문에 결국 묘만계를 동이계에 귀속시키면 상고시대 중국 대륙의 신화 및 문화 계통은 크게 화하계와 동이계의 두 가지로 대별된다. 중국 상고 문명을 동방 민족과 서방 민족의 이원 대립으로 보았던 부사년(傅斯年)의 이른바 '이하동서설(夷夏東西 說)'은 대체로 이러한 입장에 근거한다.[38]

위의 인용문에 따르면 중국 신화의 계통은 서방의 화하계(華夏系), 동방의 동이계(東夷系), 남방의 묘만계(苗蠻系)로 분류되며, 동이계와 묘만계의 밀접한 관계를 고려하면 화하계와 동이계로 대별된다. 중국 신화의 계통발생설이라고도 할 수 있는 이와 같은 입장은 중국 근대 초기 모순(茅盾)이나 양관(楊寬) 등에 의해 개진된 바 있고, 위의 인용문에서 언급된 부사년(傅斯年)도 이런 논의에 참여한 대표적 인물이다. 이렇게 보면 정재서는 중국 신화 성립에 관하여 근대 초기 중국에서 형성된 다원계통 발생설을 따른다 해도 무리는 없다.

지금까지의 논의를 전제로 할 때 『산해경』 내에서 다양한 '차이'를 발견하고자 했던 정재서의 비교 작업은 다음과 같이 평가할 수 있다.[39] 우선 그의 분석 작업은 '차이'의 강조에도 불구하고 처음부터 유사성을 중시하는 호몰로지적 비교였다. 수많은 신화들 가운데 일군의 신화들이 하나의 계통으로 분류되기 위해서는 유사성이 기준이 될 수밖에 없다. 더욱이 이렇게 분류된 각 계통의 신화들은 종족의 표지로 명명됨으로써 이들이 공유한 유사성이 우연적인 것이 아니라 본질적이며 생래적인 것임이 강조된다. 이런 비교 작업에서는 계통 내부의 차이는 거의 고려되지 않는다. 정재서가 『산해경』 내의 다양한 '차이'로 지칭했던 것은 계통 간 차이이다. 제3의 신화학에서는 이러한 계통 간 차이가 중화주의적 중심주의를 해체하는 근거로 활용될 수는 있어도, 인식론적으로 의미 있는 요소가 될 가능성은 거의 없다. 왜냐하면 생래적 유사성을 기반으로 형성된 각각의 계통은 마치 중간에 건널 수 없는 심연이 가로놓인 것처럼 인식 불능의 절대적 차별성만을 노정할 뿐이기 때문이다.

지금까지 정재서의 제3의 신화학이 채택한 비교 방법을 조명하고 그 한계를 짚어 보았다. 본고는 제3의 신화학이 비교학적으로 차이성을 소홀히 하는 점을 문제로 지적하였다. 더불어 유사성에 기초한 호몰로지적 비교 방법에 의존하는 상황도 검토하였다. 원래 제3의 신화학은 동일성보다는 차이를 더 중시한다고 주장한다. 그럼에도 불구하고 실제로는 동일성의 질곡에서 여전히 벗어나지 못하는 원인은 어디에 있을까? 역설적이지만 필자는 제3의 신화학이 지향하는 목표가 매우 선명하기 때문이라고 생각한다. 제3의 신화학이 출발한 계기가 오리엔탈리즘과 중화주의 때문이었다면, 적어도 현재까지 저술된 텍스트만을 놓고 볼 때 그 목표도 오리엔탈리즘과 중화주의 해체로 설정된 것이 사실이다.

이렇게 되면 제3의 신화학의 비교 방법도 오리엔탈리즘과 중화주의를 직접 해체하는 방향으로 움직이게 된다. 제3의 신화학이 오리엔탈리즘과 중화주의의 정당성을 훼손하기 위하여 동원하는 방법은 서구에 대하여 동아시아의 힘을 입증하거나, 중원 지역에 대하여 주변 지역의 힘을 예증하는 식이다. 이는 결국 제3의 신화학이 의도한 것인지와 관계없이 상황을 이분법적 대립 구도로 몰고 가는 결과를 낳는다. 그리고 동아시아의 힘과 주변 지역의 정체성을 입증하기 위하여 유사성에 기초한 자기 동일적 실체를 만들어야 할 필요성이 생긴다. 호몰로지적 비교가 동원되는 이유가 여기에 있다. 문제는 이러한 실체를 만들어 내기 위하여 적용된 비교 방법이 오리엔탈리즘과 중화주의를 만들어 내는 데도 동원되었다는 사실이다. 오리엔탈리즘과 중화주의는 유사성으로 연결된 하나의 자기 동일적 실체가 타자를 배제하는 장치이기 때문이다.

이상의 논의를 고려하면 제3의 신화학은 위의 두 이데올로기를 해체하는 것을 목표로 삼는 한 호몰로지적 비교에서 벗어날 수 없을 것으로 보인다. 만약 그렇다면 제3의 신화학은 지금까지의 목표를 수정할 필요성이 있을 것이다. 이 글은 그러한 목표를 어떻게 설정할지에 대하여 대안을 제시해야 할 부담을 느끼지 않는다. 왜냐하면 그것은 전적으로 이 장에서 논의한 비판을 수용한다는 전제하에 제3의 신화학을 내세우는 당사자가 해결해야 할 몫이기 때문이다. 그 목표가 어떤 방향으로 수정되든지 그것은 중국 신화학 자체의 비전과 관련된 문제임에 틀림없다. 사실 제3의 신화학이 중국 신화학에 내재한 이데올로기적인 요소를 제거하고자 한 것은 당연하고 환영할 만한 일이기도 하다. 다만 제3의 신화학이 지향하는 최종의 목표가 이데올로기를 해체하는 데 국한될 필요는 없을 것이다. 물론 제3의 신화학은 이데올로기 해체 작업이 이 글에서 평가하는 것처럼 최종의 목표로 설정된 것은 아니라고 반론을 제기할 수도 있다. 하지만 제3의 신화학이 보여준 신화 비평이나 단일기원론 해체 방법이 호몰로지적 비교에 전적으로 의존하는 것을 감안하면 그것이 도달하고자 하는 목표가 어디로 향해 있는지 명확하게 드러난다. 제3의 신화학은 주창자의 의도와 무관하게 일단 이데올로기 해체가 목표로 설정되면 앞서 말한 것처럼 이분법적 대립 구도 위에서 새로운 자기 동일적 실체를 도출하기 위해 호몰로지적 비교의 프레임 안에 갇힐 가능성이 커진다. 이 글에서는 중국 신화학에 내재한 이데올로기적 요소도 해체하고 동시에 호몰로지적 비교도 피할 수 있는 방안을 찾는 것이 제3의 신화학이 풀어야 할 숙제임을 제언하는 것으로 소임을 다하고자 한다.

끝으로 자연현상과 달리 문화현상의 호몰로지적 비교 불가능성을 역설한 조나단 스미스의 말을 인용하면서 이 글을 맺는다. 이 인용문은 비교에 대한 인식론적 성찰의 필요성을 잘 일깨워 준다.

> 생물학에서 기획된 계통 발생적 비교와 인문학의 비교를 구분할만한 한 가지 중대한 문제가 있는 것 같다. 적어도 이론상으로는 계통 발생론자들은 '본래적으로 주어진' 분류를 찾아내고자 노력한다. 인문학자는 항상 '인공적으로 만들어진' 분류를 찾도록 해야 한다. 왜냐하면 논쟁의 여지가 있겠지만 인간의 문화 가운데는 발생론적 과정에 비견될 만한 그 어떤 것도 존재하지 않기 때문이다.[40]

2부

신화학과
신화 만들기

신화와 전통

– 한국 무속의 고대성 재고

구형찬

1. 머리말

왜 사람들은 잘 믿어지지도 않는 이야기를 되뇌거나 별 쓸모없어 보이는 규칙을 따르느라 그토록 많은 시간과 노력을 들이는 걸까? 이 질문은 인류 문화의 광범위한 영역을 향하고 있다. 인간은 합리적 존재라고 하지만 인류의 문화는 불합리한 말과 행위로 가득 차 있다. 또 사람들은 그러한 말과 행위를 지시하고 이해하면서 의사소통을 하는 데 별로 어려움을 겪지 않는다. 뿐만 아니라 사람들은 불합리한 말과 행위가 이루는 특수한 문화적 상황에 비추어 자신의 정체성을 확인하기도 한다. 이런 부류의 말과 행위를 서술하는 개념 범주 가운데 '신화'와 '전통'이 있다.

이 글의 목적은 신화와 전통이 문화적 호소력을 지니게 되는 인식론적 조건과 역사적 조건을 살펴보면서, 한국 무속의 고대성 담론에 대한 비판적 이해를 도모하려는 것이다.[1] 한국 무속은 보통 무척 오래된 신앙 체계로 여겨진다. 이러한 인식은 무속이 시베리아 샤머니즘의 신화적인 원형을 공유하면서 한국 고유의 전통문화를 보존하고 있다는 주장과 결부되어 있다.

즉, 한국 무속의 고대성 인식은 신화와 전통의 문화적 호소력과 관련이 있다. 이 글에서는 신화와 전통이 그 자체로 고대적인 것이 아니라, 고대성에 호소하는 동시대의 문화 현상을 서술하기 위한 범주라는 데 주목한다. 그리고 신화나 전통과 같은 범주가 문화적 호소력을 갖게 되는 복수의 원인을 검토함으로써, 이러한 범주에 의존하는 무속의 고대성 주장을 비판적으로 재고하고자 한다.

이를 위해서는 신화나 전통과 같은 부류의 개념이 인식되고 소통되는 일반적인 방식을 이해할 필요가 있으며, 역사 속에서 그러한 개념의 특수한 용례들이 주목받게 된 과정 또한 검토해야 할 것이다. 이런 과제에 따라 이 글은 방법론적으로 절충적인 성격을 취한다. 다음 장에서 그러한 방법론적 지향을 밝힌 이후에, 이 글은 다음과 같은 몇 가지 가정을 검토해 보는 방식으로 전개될 것이다. 첫째, 신화와 전통은 메타표상에 의해 소통 가능성을 갖는 서술 범주다. 둘째, 신화와 전통의 문화적 지위는 자명성의 수사학에 의하여 부여된다. 셋째, 신화와 전통은 현재적 사건으로서의 기억에 의존한다. 넷째, 신화와 전통의 상호 참조는 종교의 교의적인 자기주장을 강화한다.

2. 신화와 전통의 역학조사

신화와 전통은 문화적으로 성공적인 서술 범주라 할 수 있다. 그것들은 특정한 부류의 이야기와 행위를 다루는 유개념으로 사용되기도 하고, 그 자체의 인간학적 의미가 독립적인 논의의 대상이 되기도 한다. 그리고 신화와 전통이라는 범주는 무엇보다 특정 문화 현상에 관한 논의와 함께 등장하여 그 현상을 규정하고 평가하는 데 동원된다. 그런 경우 이 범주는 해당 문화현상의 고대적 성격을 서술하는 개념 도구가 된다. 즉 신화나 전통은 아득한 과거의 이야기나 과거의 어떤 시점으로부터 이어져 온 오랜 관습으로 간주됨으로써 그 범주 자체의 문화적인 권위를 확보하고, 나아가 그 범주를 통해 서술되는 현재의 현상에도 유효한 지위를 부여한다.

그런데 신화와 전통이 지닌 문화적 힘은 단지 '과거'로부터 오는 것만은 아니다. 신화와 전통은 과거를 지시할 뿐 특정한 시점의 과거에 종속되지는 않는다. 어떤 이야기와 행위가 신화와 전통으로서 존재하는 것은 오히려 동시대의 담론 속에서다. 물론 신화나 전통이 단지 과거의 산물만은 아니라는 이러한 인식은 별로 새로운 것이 아니다. 특정한 역사적 상황과 정치적 의도에 의해 신화와 전통이 창조되거나 발명된다는 점을 지적하는 연구는 이미 많이 나와 있다.[2] 하지만 이와 관련해 숙고할 문제들은 여전히 많이 남아 있다. 신화와 전통이라는 범주가 문화적인 힘을 갖게 되는 원인을 체계적으로 설명하는 일은 단순히 신화와 전통의 '역사'와 '정치학'을 드러내는 것만으로는 충분하지 않다. 여기에는 보다 다양한 차원의 지식이 동원되어야 할지도 모른다.[3]

예컨대 심리학적 차원의 지식이 이러한 작업에 기여할 수 있을 것이다.[4] 신화와 전통이 과거를 지시하는 현재의 표상이라면, 그것은 과거를 표상하는 현재의 심리적 사건인 '기억'과도 결코 무관하지 않기 때문이다. 보다 일반적으로 말하자면, 신화나 전통 같은 범주가 문화적인 호소력을 갖게 되는 과정은 인간의 심리적 조건과 인지적 제약 아래 이루어지는 과정이기도 하다. 표상작용이나 기억작용 등과 같은 인지적 과정의 과학적 발견들이 이런 문화적 현상을 연구하는 데에도 일정한 설명력으로 기여할 수 있으리라 기대하는 이유가 바로 여기에 있다. 그런데 주의할 것이 있다. 이때 고려되는 심리학적 차원의 지식은 동시대의 과학적 발견과 호환 가능하거나 적어도 그 내용과 전반적으로 어긋나지는 않아야 하며, 단지 사변적 추론에 그쳐서는 안 된다.

신화와 전통의 문화적 호소력을 설명하는 일은 신화와 전통의 의미나 본질적 정의를 밝히는 방식으로는 현실화될 수 없다. 오히려 다양한 원인들과 미시적 요인들의 축적이 어떻게 신화와 전통을 둘러싼 문화적 효과로 나타나는지를 추적하는 절충적인 방법적 모델을 모색해야 할 것이다. 즉, 신화와 전통이 문화적으로 유행하는 양상과 원인을 설명해 보려는 이러한 과제는 마치 특정 질병이 유행하는 양상과 원인을 알아내기 위해 보건당국이 역학조사(epidemiology)를 행하는 것처럼 풀어나가야 하는 것인지도 모른다.[5] 어떤 집단의 사람들 사이에 특정한 질병이나 증후가 빈번히 발견되는 경우 거기에 영향을 미친 주요 원인을 알아내고자 한다면 해당 질병과 증후를 정의하는 것만으로는 부족할 것이다. 그렇기 때문에 보건당국은 해당 질병의 병리학적 특성을 검토함과 동시에 그 병리학적 현상의 분포에 영향을 끼친 미세한 환경적 요인을 다각적으로 추적하는 역학조사를 실시하는 것이다.

이와 유사하게, 만약 신화와 전통의 문화적 유행의 양상과 원인을 조사하고자 한다면 신화와 전통을 정의하는 데 머무르기보다는 우리가 어떤 것들을 신화와 전통으로 범주화하고 있는가를 살펴보면서 그 과정의 심리학적 특성을 분석하고, 그 범주화와 관련된 역사적 정황 또한 다각적으로 추적할 필요가 있을 것이다. 이러한 점을 고려하면서 진행될 이 연구는 과제와 방법의 측면에서 볼 때 초보적으로나마 '신화와 전통에 대한 역학적 접근'을 시도하는 것이라 할 수 있다.

3. 메타표상과 문화적 표상으로서의 신화와 전통

'신화'와 '전통'은 우리 문화에서 널리 사용되는 개념이다. 그러나 그 개념의 의미는 그다지 투명하지 않은 것 같다. 신화가 얼마나 모호하고 광범위하게 정의되는지는 국어사전을 찾아보는 것만으로도 금방 알아채게 된다. 가령 신화는 "고대인의 사유나 표상이 반영된 신성한 이야기" 또는 "우주의 기원, 신이나 영웅의 사적(事績), 민족의 태고 때의 역사나 설화 따위가 주된 내용인 신비스러운 이야기"라고 정의되곤 한다. 신화라는 단어가 서양 언어의 번역어이기도 하다는 데 착안하여 영어사전의 미쏠로지(mythology) 항목을 찾아보더라도 우리는 그것이 심지어 '신화 일반', '신화 모음집', '신화 연구' 등을 모두 가리킬 수 있음을 발견한다. "교의, 믿음, 관습, 이야기처럼 세대를 이어져 내려온 어떤 것으로서 특히 구전과 사례를 통해 전수되어 온 것"이라는, 전통에 대한 사전적 정의 역시 모호하긴 마찬가지다. 그런데 우리가 주목할 것은 신화와 전통의 정의가 이처럼 느슨하고 모호하다는 사실 자체가 아니라, 이렇게 의미가 모호한 개념들을 사용해 무언가를 서술하거나 의사소통을 함에도 불구하고 심각한 문제를 느끼지 않는다는 사실이다. 그렇다면 이미 소통에 별 지장이 없는 개념들을 더 정교하게 정의하기 위해 큰 노력을 기울이는 것보다는, 이러한 모호한 개념들이 문제없이 유통될 수 있는 이유를 설명하는 것이 더 중요한 과제일 것이다.

즉, 우리는 먼저 신화와 전통이 서술 범주라는 사실에 주목함으로써 과제를 명확하게 할 수 있다. 신화와 전통은 어떤 부류의 이야기와 행위에 관해 무언가를 서술하기 위해 채택한 개념이지, 본래부터 그 자체로 존재하는 어떤 것을 지시하는 말은 아니다. 그렇기 때문에 우리의 과제는 신화와 전통의 존재론적 정의를 다듬는 일이 아니라, 우리가 어떤 것들을 신화와 전통으로 범주화하는지 그리고 그렇게 함으로써 어떤 일이 벌어지는지를 생각해 보는 일이어야 한다.[6]

때때로 우리는 어떤 부류의 불합리한 말이나 쓸모없는 행동에 매우 느슨한 논리학을 적용한다. 심지어 우리는 그러한 것들을 기억해 다시 말하거나 다른 사람들에게 전해 주기도 한다. 하지만 우리가 해당 언어와 행동 자체의 의미와 목적을 충분히 파악하고 이해하기 때문에 그렇게 할 수 있는 것은 아닌 듯하다. 우리는 단지 그것들을 어떤 특수한 범주에 속한 것으로, 이를테면 '신화'나 '전통'의 일부로서 처리하는 것인지도 모른다. 일단 어떤 말과 행위를 신화나 전통으로 범주화하면, 그 범주 자체를 연구 대상으로 삼지 않는 한 우리는 그것들의 논리나 의미를 파악하는 데 그리 큰 노력을 기울이지 않는다. 그렇게 하지 않아도 우리는 그런 범주를 통해 대상들을 쉽게 기억하면서 서술하고 의사소통을 할 수 있기 때문이다. 흥미로운 점은 이때 범주화의 대상이 되는 말과 행위의 의미만이 아니라 신화나 전통이라는 범주의 개념적 의미도 모호하지만, 그럼에도 불구하고 그러한 범주를 이용한 서술과 소통에는 별 문제가 없다는 사실이다. 즉 신화와 전통이라는 개념의 모호성에도 불구하고 우리는 그러한 개념을 사용해 특정한 이야기나 행동을 범주화하고 서술하거나 의사소통하는 데 별로 어려움을 겪지 않는다. 그 이유는 '신화'와 '전통'이 메타표상(meta-representation)을 통해 작동하는 서술 범주라는 점에서 찾을 수 있다. 이러한 주장에는 약간의 부연 설명이 필요하다. 먼저 '표상'과 '문화적 표상'을 살펴보고 '메타표상'도 검토해 보자.

'표상(representation)'은 뒤르켐(Durkheim Emile)이 '집단표상'이라는 용어를 사용한 이래로 문화 연구에서 오랫동안 사용된 개념이다. 하지만 '표상'의 존재론적 지위는 아직도 상당히 추상적이고 모호하다.[7] 나는 좀 더 물질적인 수준에서 이 용어를 사용하는 인류학자 댄 스퍼버(Dan Sperber)의 용법을 따르고자 한다. 스퍼버는 정신적 표상(metal representation)과 공적 표상(public representation)이라는 두 가지 종류의 표상을 구분함으로써 집단에서의 '문화적 표상(cultural representation)'을 정의할 수 있다고 주장한다.[8] 그에 따르면 정신적 표상은 환경과 상호작용하는 두뇌의 물리적 상태이며, 공적 표상은 정신적 표상을 지닌 인간에 의해 생산되어 물리적 환경을 변화시키는 것들이다. 예컨대, 믿음·의도·선호 등은 정신적 표상에 붙여지는 이름이며, 신호·발언·텍스트·그림 등은 공적 표상에 붙여지는 이름이다.

'문화적 표상'이란 이 두 가지 표상이 인과적 연쇄를 이루면서 특정한 인간 집단에 널리 분포하게 된 것이다.[9] 두 종류의 표상이 인과적으로 연결됨으로써 문화적 표상을 이루는 과정을 좀 더 상세히 묘사하면 다음과 같다. 대부분의 정신적 표상은 개인의 머릿속에 존재하지만 그중 일부는 다른 개인들과 소통된다. 즉 하나의 정신적 표상은 전달자에 의해 그 정신적 표상과 연관된 공적 표상으로 변형될 수 있으며, 그다음에는 수용자에 의해 그 공적 표상들과 연관된 또 다른 정신적 표상으로 변형될 수 있다. 그중에서 어떤 것들은 이런 과정을 오랫동안 반복하게 되는데, 결과적으로 인간 집단 속에 서로 연관성이 있는 유사한 표상들이 널리 분포하게 된다. 그렇게 널리 퍼지고 지속되는 표상들이 바로 문화적 표상의 범례적인 경우다. 그러므로 어떤 이야기가 '문화적 표상'이라고 말한다면 그것은 특정한 인간 집단에서 많은 사람들이 그 내용을 알게 될 정도로 그 이야기가 충분히 널리 그리고 자주 회자된다는 것을 의미하는 것이다.

또 앞에서 나는 신화와 전통이라는 개념이 '메타표상'을 통한 서술 범주일 것이라고 말했다. 다시 그 이야기를 계속해 나가기 위해서는 '메타표상'이라는 말이 무엇을 가리키는지 살펴볼 필요가 있다. 인간은 어떤 표상들을 만들고 이해할 뿐만 아니라 그것들이 '표상'이라는 사실을 이해하는 인지적 능력이 있는데, 이는 따로 훈련하지 않아도 만 두 살에서 다섯 살 정도의 어린 시절에 자연히 개발된다. 학자들은 그것을 가리켜 메타표상 능력이라고 부른다.[10] 이러한 메타표상 능력은 인간이 많은 지식을 획득하고 이용하기 위해 필수적이다. 그것은 사람들로 하여금 상대방의 이야기를 불신할 수 있게 해 주기도 하지만, 반대로 완전히 이해되지 않는 정보도 어떻게든 신뢰할 수 있게 해 주기 때문이다.[11] 어떤 정보가 그 자체로 완전히 이해될 수 없을 때에도 그것과 관련된 이차적인 정보를 통해 모호한 정보를 일단 유효한 것으로 처리하는 경우가 있는데, 이것을 가능하게 하는 인지적 능력이 바로 메타표상이다. 예컨대, 어린아이들은 어떤 정보를 혼자서 잘 이해할 수 없더라도 그 정보의 전달자가 '엄마'나 '선생님'인 경우에 그 정보를 일단 신뢰할 만한 것으로 수용하는 경향이 있다. 또 기독교 신자에게 "성서에 기록되어 있는 말씀"이라는 이차적인 정보는 천체가 운행을 멈추었다든지 동정녀가 아이를 낳았다든지 하는 이해할 수 없는 일차적인 정보를 어떤 식으로든 유효한 것으로 수용하여 처리할 수 있게 해 준다. 우리가 스스로 잘 이해하지 못하고 직접 증명해 보는 과정도 없이 학문적 권위자를 믿고 참이라고 받아들여 이용하는, 잘 알려진 고차원의 수학 공식이나 과학 이론들도 이러한 메타표상 능력에 의존하는 문화적 표상들이다. 이처럼 광범위한 영역에 걸쳐 작동하는 메타표상 능력은 인간의 지식 체계의 구성과 발전에 필요한 가장 중심적인 인지적 능력의 하나라고 할 수 있다.[12]

신화와 전통이 유효한 의사소통의 요소로서 널리 회자되는 것은 사람들에게 이러한 메타표상 능력이 있기 때문이라고 할 수 있다. 바꾸어 말하자면, 지금 우리가 다루는 "오래된 신화와 전통"도 그러한 메타표상 능력을 활성화한다. 잘 이해되지 않는 말이나 행동이라 해도 만일 그것들이 신화나 전통이라는 범주에 속하는 것으로 인식된다면 우리는 그것을 기억해 서술하거나 다른 사람들과 소통하는 데 큰 문제를 느끼지 않는다. 이런 경우에는 그러한 말과 행동이 그 자체의 의미나 논리로 평가되기보다는 신화와 전통이라는 범주에 부여되는 이차적인 정보, 즉 '유구한 것으로서 보존할 만하다'라는 '자명한' 가치에 의해 판단되는 것으로 보인다.[13] 마치 어린아이들에게 '엄마의 말씀'이나 '선생님의 가르침'이라는 이차적인 정보가 어떤 정보를 신뢰할 만한 것으로 여기게 하거나 적어도 신뢰해야만 하는 것으로 여기게 하는 것처럼 말이다.

4. 자명성의 수사학과 무속의 문화적 지위

'자명한 것'으로 받아들여지는 가치의 범주들은 통상적으로 논리학보다는 수사학의 구성요소이다. 예컨대 자유, 평등, 평화, 민주주의 등과 같이 여간해서는 의심되지 않는 근대국가의 이념적 범주들을 떠올려 보라. 그런 범주가 문화적으로 얼마나 큰 설득력을 갖는지는 그것이 어떤 수사를 통해 진술되는가에 달려 있는 경우가 많다. 정치적 선전이나 선동을 위한 구호들이 철저하게 수사학적인 고안물인 것은 우연이 아닐 것이다. 심지어 다양성이라는 범주도 그러하다. 다원적인 민주주의 사회에서 다양성의 가치는 통상 자명한 것처럼 생각될 수 있지만, 그 다양성이 실제적인 설득력을 갖는 것은 "다양성 속의 일치"와 같은 특수한 수사의 형식으로 표현될 때이다. 그것은 개별적으로는 통상 긍정적으로 수용되는 대립적 가치들인 다양성과 일치를 병립시킴으로써 특정한 수사학적 효과를 발생시키는 일종의 형용모순(oxymoron)이다. 그런데 그러한 수사학적 효과의 이면에는 일치를 위해 전제되는 '다양성의 도덕과 위계'가 감추어져 있다. 사실 그러한 수사는 기득권을 지닌 내부자들이 '우리의 것'으로 인정하는 차이만을 옹호하면서 내부자들의 규범적 인식이 허용하는 범위를 벗어나는 차이는 과도한 것이 되게 한다. 이러한 수사가 작동하는 사회에서 이른바 '과도한 차이들'은 '우리'라는 내부자들과는 상관없는 '그들의 것'으로 처리되거나, 마땅히 제거해야 할 성가신 잡음으로 분류되거나, 혹은 어떤 의미의 실체로도 인식되지도 못한 채 마치 유령처럼 부유하게 될 것이다. 이처럼 메타표상에 의해 작동하는 자명한 가치의 범주는 교묘한 수사법에 힘입어 특수한 입장을 지지하면서 타자를 배제하고 억압하는 정치적 규범을 발언하는데 봉사하기 쉽다. '자명성'의 수사학적 선언은 그러한 규범을 정교한 논리적 비판으로부터 은폐하는 허구적인 위장막으로 기능한다. 즉 메타표상에 의존하는 자명성의 수사법은 특수한 사회적 현실에 힘을 실어 주는 정치적 발언의 한 형태가 될 수 있다. 그러한 수사는 현실의 순수한 묘사가 아니다. 우리는 오히려 수사가 현실을 만든다고 말해야 할 것이다.[14]

우리는 이러한 인식을 앞 절에서의 논의와 연결하여, 신화와 전통은 메타표상을 통해 소통 가능성을 확보하는 서술 범주이자, 자명성의 수사법에 의해 널리 유행하는 문화적 표상의 일종이라고 가정해 볼 수 있을 것이다. 이 가정을 조금 부연하면 다음과 같이 표현할 수 있다. "메타표상 능력은 잘 이해할 수 없는 말과 행동을 신화와 전통이라는 개념으로 범주화하여 소통될 수 있게 하는데 기여하며, 자명성의 수사학은 그것을 특정한 집단 속에서 널리 그리고 지속적으로 유포될 수 있게 하는 데 기여한다."

무속 담론도 이와 같은 가정을 바탕으로 하여 검토할 수 있을 것이다. 무속은 한국의 종교 문화에서 중심이나 정점을 차지하지는 않는다. 종교적 신념으로서의 무속은 종종 미신이라든가, 벌써 사라졌어야 할 옛 관습의 남은 찌꺼기라든가, 덜 깨인 사람들만이 아끼는 안타까운 문화적 상처라든가, 심리적 질병의 증후라든가, 편리한 환상에 자기를 던져 잊으려는 긴장 완화의 기제라고 보는 시각은 여전하다.[15] 하지만 그럼에도 불구하고 신화나 전통을 언급하는 수사와 만날 때 무속은 종종 매우 특별한 문화적 지위를 획득한다. 가령 우리는 '한국의 전통문화와 신화를 보존하고 있는 무속' 등의 수사를 종종 접한다. 그런데 이러한 수사는 신화와 전통, 한국 문화, 고유성 등에 부여되는 '유구한 것으로서 보존할 만함'이라는 가치를 환기시킴으로써 무속이 전승하는 이야기와 실천을 그것 자체의 논리적 분

석이나 실용적 평가를 통해 비판할 가능성을 유보시킨다.[16]

그런데 무속의 그러한 문화적 지위는 새로운 것이다. 그것은 한국 사회에서 신화와 관련한 담론이 형성되고 전개된 역사적 정황과 더불어 부여된 것으로 보인다. 따라서 무속과 관련된 표상들을 공적으로 보존할 가치가 있는 것으로 묘사하는 수사들이 어떻게 문화적으로 성공할 수 있었는지를 이해하려면 초기 신화담론의 역사적 상황을 검토해야 한다.

한국에서 신화담론이 시작된 때는 서양인과 일본인의 제국주의적 관심과 한국인의 민족주의적 관심이 만났던 19세기 말부터 20세기 초중반이다.[17] 한국과 일본의 신화담론의 형성은 서양으로부터 수입된 '신화학(mythology)'이라는 근대 학문의 영향과 밀접하게 관련된다.[18] 이 시기는 신화의 낭만적 추구와 실증적 비판이 겹쳐지면서 신화담론이 전개되던 때였다. 이로 인해 이때의 신화담론은 신화를 한편으로 국가나 민족의 고유한 문화의 지표로 여기면서, 다른 한편으로는 반역사성과 전근대성의 지표로 간주하는 것이 가능했다.

당시 서양인들이 남긴 다양한 기록에는 종종 한국의 전설과 민담이나 신화의 언급이 포함되어 있었다. 그들은 다른 민족의 전설, 민담, 신화 등을 살펴봄으로써 그 민족의 문화적 특성을 이해할 수 있으리라고 생각했던 것 같다. 하지만 그들 중 일부는 자신들에게 익숙한 신화(myth, mythology) 개념에 완전히 부합하는 범주의 이야기를 한국에서는 찾을 수 없다고 하거나 한국의 신화는 '표준적인' 신화와 무언가 다른 점이 있다고 말함으로써, '신화'에 부여되는 낭만적 지위를 그대로 한국의 전승에도 부여하는 것은 유보하는 입장에 서기도 했다. 이를테면, 개신교 선교사로 한국에 왔던 헐버트(H. B. Hulbert)는 민중의 삶을 알려면 공식적인 연대기보다는 민간전승을 보아야 한다고 말하면서, 단군·석탈해·금와 등의 이야기들을 '전설적 민간전승'에 포함시켰다. 그러면서 그는 그러한 민간전승의 이야기들이 '신화'에 대한 자신의 정의에 들어맞지는 않는 것으로 취급하였으며, 초인간적 존재들이나 거시적 형태의 자연현상을 다루는 북유럽, 그리스, 로마의 표준적인 신화들과 인간 하위의 존재나 미시적이고 우화적인 자연현상을 다루는 한국의 신화를 대비시켜서 둘 사이의 차이를 강조했다.[19]

한편 당시 일본은 서양에서 신화학이 수입되어 근대적 학문 편제의 일부를 이루고 있었다. 그런데 일본인들의 신화 연구는 안으로는 근대국가 건설을 위해 이념적으로 기여하는 한편 밖으로는 제국주의 및 식민주의적 정책에 봉사하는 것이었다. 당시의 일본인 연구자들은 『고사기(古事記)』와 『일본서기(日本書紀)』 등 자기들의 전승만을 연구한 것이 아니라 주변 국가들의 옛이야기들 또한 조사하고 평가했다. 한국의 옛이야기들이 신화학의 연구 대상으로 검토되기 시작한 것도 일본인 학자들에 의해서였다. 이를테면, 일본의 제국주의 동양학자인 시라토리 구라키치(白鳥庫吉)는 한국의 단군 이야기를 근대적 학문의 틀 속에서 연구한 최초의 인물로 여겨진다.[20] 그는 1894년에 발표한 「단군고(檀君考)」라는 논문에서 단군 이야기를 불교의 승려에 의해 날조된 전설이라고 주장했는데, 나카 미치요(那珂通世) 등 비슷한 시기의 다른 일본 연구자들도 그와 유사한 입장을 취한 경우가 많았다.[21]

즉, 19세기 말과 20세기 초에 형성된 외부자들의 신화담론은 신화의 낭만주의적인 이해와 실증주의적인 비판의 가능성을 모두 지니고 있는 것이었다. 그러한 신화담론에서는 한국이 고유의 신화가 없으므로 문화적으로 열등하다거나, 반대로 날조된 허구의 신화에 여전히 묶여 있기에 계몽이 필요하다고 말하는 것이 모두 가능했다.

한편으로 낭만주의적인 관점에서는 오래된 신화를 가진 민족이라야 그 문화적 독자성을 존중받을 만하다고 여기는 경향이 있었다. 그런데 이는 고유의 신화를 가지지 못한 민족이 그 문화의 독자성을 존중받지 못하고 주도적인 신화를 지닌 문화권의 일부로 편입되는 것을 정당화하는 것이기도 했다. 실증주의적 관점에서는 신화가 국가나 민족 성립의 전역사(prehistory)이든 반역사적인 허위이든 간에 그것이 실증 가능한 역사가 아니라는 점은 분명하다는 데 주목했다. 따라서 그러한 신화에 매달린 민족의 역사관은 언제나 비판의 대상이 될 수 있었다. 이 두 가지 관점은 모두 어떤 식으로든 한국의 신화에 관한 언급을 통하여 한국 문화를 평가하려고 했다는 점에서 상통하는 면이 있다. 신화는 그것이 존재와 현상의 기원을 다루는 이야기, 국가의 기원을 말하는 역사 이전의 이야기, 실증적이지 못한 허구의 이야기 중에서 어떤 것으로 이해되든지 간에 그것을 준거로 하여 해당 민족의 문화적 특성을 논의할 수 있는 하나의 지표로서 간주되었던 것이다.

한국의 신화담론은 이러한 외부자들의 관점과 이에 대처하는 한국 내의 민족주의적 이념이 만나면서 형성되었다. 서양과 일본의 신화담론을 민족주의적으로 전유해 한국의 옛 이야기들을 신화라는 범주에 넣어 논의함으로써 한민족 문화의 고유성을 주장하려는 지식인들의 노력이 전개되었던 것이다. 단군 이야기에 '신화'의 지위를 부여하려는 노력도 바로 이러한 조건 아래 이루어진 일이다. 특히 최남선은 한국에서 그러한 신화담론이 형성되는 데 크게 기여한 인물로 여겨진다.

최남선은 신화의 보편성과 가치를 높게 평가하면서 한민족의 신화, 그중에서도 특히 단군신화의 지위를 향상시키고자 했다.[22] 최남선에게 신화는 실증주의적 역사관의 비판을 넘어선 '초사실의 사실'이며 신념으로 전승되는 또 다른 방식의 명확한 역사이다. 그에 따르면 신화란 원시사회의 생활 내용과 인민의 지식이 나타나 있는 것으로서 어느 민족에게나 보편적으로 존재했던 것이며, 인류 특정 시기의 생활과 문화를 연구하는 데 가장 중요한 자료다. 최남선은 조선에는 유교적 관념을 지닌 지식인들에 의해 신화가 멸시를 받아 몇몇 건국신화만이 남아 있었는데 그마저도 내용이 단순하고 분량도 빈약한 상태라고 주장한다. 그의 관점에서 보자면 단군에 관한 기록이 불교 승려 일연이 쓴『삼국유사』에 남아 있다는 것은 오히려 천만다행한 일로서, 일본인 학자들의 주장처럼 불승이 전설을 날조한 것으로 폄훼할 일은 결코 아니다. 또 최남선은『삼국유사』의 단군 이야기를 순전한 신화에 속하는 부분과 전설적 역사에 속하는 부분으로 구별했는데, 여기에는 단군 이야기의 정수를 오히려 신화 부분에 남겨 놓음으로써 전설의 허구적인 역사성에 대한 실증주의적 비판의 논리로부터 단군신화를 분리시키려는 의도가 있었던 것으로 보인다.

즉, 신화에 민족 고유의 정신이 녹아 있다고 가정하는 민족주의적 신화 담론의 형성에는 최남선과 같은 당대 지식인들의 역할이 컸다고 생각된다. 그런데 무속을 맥락으로 할 때, 신화담론에 대한 최남선의 영향력은 좀 더 미묘한 면이 있다. 사실 최남선은 무속의 신화적 내러티브를 체계적으로 수집하거나 무속신화라는 말을 직접 유통시키지는 않았다. 그러나 그는 단군신화를 고대 신교와 관련된 제정일치 사회의 신화로 보고 '단군'을 고어 '단굴(tangul)'에서 유래한 '신직자 무당'의 별칭이라고 함으로써 단군신화와 무속이 일정한 관련성 속에 있는 것으로 이해될 수 있게 가교했다. 사실 최남선의 이러한 작업은 일본인 학자들의 신화 연구를 적극적으로 전유하여 이끌어낸 것이라 이해될 수 있다. 당시 일본에서는 시라토리 구라키치(白鳥庫吉)의 비교언어학적 연구와 니시무라 신지(西村眞次)나 도리이 류조(鳥居龍藏)의 문화전파론적 연구 등에 힘입어, 우랄 알타이 문화권의 광명사상과 샤머니즘이 일본의『고사기』와『일본서기』에 '아마테라스' 신화로서 나타나 있다고 하는 담론이 형성되어 있었다. 최남선은 이러한 일본인 연구자들의 작업을 전유함으로써 한국 고대 신교의 광명사상이 동아시아를 아우르는 하나의 문화권을 이루었으며 그것에 대한 신화적 표현이 샤먼적 군주인 단군에 관한 신화로 나타나 있다고 하는 특유의 논의를 펼쳐낼 수 있었던 것이다.[23] 최남선의 이러한 논의 방식은 당대의 권위 있는 언어를 통해 마치 자명한 것처럼 환기되는 가치들을 효과적으로 이용하기 위한 일종의 수사학적 선택이었다고 생각된다. 이는 결과적으로 신화에 부여되던 민족주의적 가치가 무속 관련 담론에도 영향을 미칠 수 있게 해 주었다.

위에서 보듯이 한국 신화담론의 초기에는 문헌으로 남아 있는 건국 설화들에 신화의 지위를 부여하고 '단군신화'를 민족문화의 고유성을 주장하기 위한 근거로 삼고자 하는 '신화의 수사학'이 시도되었다. 무속이 문화적으로 중요한 의미를 지니게 된 것도 이러한 신화의 수사학과 관련이 있다. 물론 '무속신화'의 수사는 별도의 역사를 지니고 있다. 초기 신화담론에서는 '건국신화'와 구별되는 개념으로서의 '무속신화'가 별도로 범주화되지는 않았다. 사실 근대적 지식 편제와의 연관 속에서 새로 도입된 '신화'라는 용어를 사용한다는 것 자체가 당시 한국 사회에서는 새롭고 낯선 현상이었을 것이다. '신화'라는 용어뿐만 아니라 '무속(巫俗)'이라는 용어를 사용하는 것도 당시에는 새로운 것이었다.[24] 따라서 '무속신화'라는 별도의 범주가 만들어져 널리 사용된 것은 무속 현장에서 구송되는 무가들이 충분히 수집되고 난 다음의 일인 것으로 보인다.[25] 지금은 통상적으로 '무속신화'라는 용어로써 이른바 무조(巫祖) 전설이나 각종 무가 등의 구비전승을 가리키는데, 이는 문헌에 기록된 국조(國祖) 전설 혹은 '건국신화'와 함께 '한국 신화'를 이루는 두 개의 축으로 여겨진다.

'무속신화'를 이러한 범주로 정착시키는 데 주요한 역할을 한 사람은 해방 이후 재건기에 일제시대와는 또 다른 맥락에서 무가의 수집과 연구에 종사했던 민속학자들과 국문학자들이었다.[26] 무속 신화라는 범주의 발명은 민속학자들과 국문학자들이 종사할 전문적인 연구 영역을 개척하여 확보하는 것이기도 했다. 그들이 수집하고 연구한 자료는 무속의 제장에서 구송되는 노래와 사설들이었지만, 이것을 지칭하기 위해 '무속신화'라는 용어를 수사학적으로 사용함으로써 초기 신화담론에 의해 부여된 신화의 낭만적 가치를 효과적으로 전유하게 된 것으로 보인다. 결과적으로 '무속신화'의 수사학은 무가를 연구하는 학자들에게 한국 신화의 전문 연구자라는 지위를 부여해 주었을 뿐만 아니라 나아가 무가의 생산자들에게도 한국 신화의 전승 주체라고 하는 지위를 부여하였다. 이러한 과정 속에서도 신화의 낭만적 가치는 거의 의심되지 않았다. 이런 과정 속에서 '신화'의 정의역은 점점 더 모호해지지만 그것의 가치는 여전히 자명한 것처럼 여겨지는 것이다.

지식 편제의 일부에서 지식인들에 의해 새로 거론되기 시작한 낯선 개념들은 대부분의 새로운 지식이 그렇듯이 다수의 사람들에게는 메타표상을 통해 받아들여진다. 그 개념을 잘 이해하지 못하더라도 전문적인 지식이나 권위가 있는 사람들이 그 새로운 개념을 인정하고 사용한다는 이차적인 사실을 인식함으로써 그들 권위의 신뢰가 작용하여 그 개념을 수용하고 사용하는 것이다. 그런 범주의 개념들이 문화적으로 얼마나 성공적이게 되는지는 그 개념의 의미론적 명료성이 아니라 그 개념의 이차적인 정보에 의존하는 경우가 많다. 한국에서는 민족주의적 가치가 자명하게 여겨졌던 20세기 초중반의 특수한 역사적 상황에서 신화나 무속신화와 같은 근대적 개념들이 전문적인 지식인들에 의해 민족주의적 수사를 통해 문화적으로 설득력을 가지며 널리 유포된 것으로 보인다. 이는 그러한 개념들이 메타표상을 통해 소통 가능성을 확보하게 된 범주이며 자명성의 수사법에 의해 널리 유행하게 된 문화적 표상의 일종이라는 것을 예증한다.

이러한 신화담론의 전개 과정은 과거에는 배척해야 할 미신이었던 무속이 보존해야 할 하나의 유구한 전통으로서 새롭게 발명되는 과정과도 무관하지 않다. 비록 '무속'이라는 말은 직접적으로 사용되지 않았을지라도 무격의 습속에 대한 인식이 오랫동안 존재해 온 것은 사실이다. 하지만 그것은 고려시대 중기 이후로 거의 줄곧 천시와 배척의 대상이었으며, 지식인들의 관심의 대상이 된다고 하더라도 그것이 하나의 종교전통으로서 인식되지는 않았다. 예컨대, 이규경(李圭景)의 『오주연문장전산고(五洲衍文長箋散稿)』라는 백과사전적 저작의 「무격변증설(巫覡辯證說)」에서는 무격의 습속을 지적인 관심의 대상으로 삼으면서도 그것을 기술하는 시각은 여전히 부정적이었다. 이와는 대조적으로, 20세기 초 이능화(李能和), 최남선(崔南善), 손진태(孫晋泰) 등의 저작들은 기존의 시각과는 무척 다른 지평에서 무속을 다룬다. 가령 이능화의 『조선무속고(朝鮮巫俗考)』(1927)는 무려 125종에 달하는 한국, 중국, 일본의 문헌을 포함하는 방대한 자료를 집대성하고 동시대의 무속에도 주목하며 저술한 전문 연구서로서, '무속'이라는 용어를 처음으로 사용한 저작이라고 여겨지기도 한다.[27] 한편 최남선은 『살만교차기(薩滿教箚記)』(1927)에서 샤머니즘에 관한 당대의 연구들을 검토하면서, 그것을 동북아시아를 포함한 광범위한 지역에 공통으로 나타나는 일종의 원시종교를 일컫는 것이라고 파악하고, 조선의 무속을 그것과 연관시킨다.[28] 손진태의 『조선상고문화의 연구: 조선고대의 종교학적 · 토속학적 연구(朝鮮上古文化の研究 : 朝鮮古代宗教の宗教學的 · 土俗學的 研究)』는 역사 문헌과 현지 조사를 통해 수집한 무속 관련 자료들을 근대적 학문의 연구 대상으로 삼아 당시의 샤머니즘 연구 성과들과 비교 분석하는 데 이르고 있다.[29]

한편, 한국 무속이 근대 학문으로 본격적으로 연구되기 시작한 것은 무라야마 지준(村山智順), 아카마쓰 지죠(赤松智城), 아키바 다카시(秋葉 隆) 등과 같은 일본 학자들에 의해서라고 말해지기도 한다. 실제로 이들의 연구는 식민주의 정책을 위한 국가적 기획의 일환으로 수행되었다. 예컨대 아키바 다카시의 무속 연구는 한국 문화의 농촌성, 여성성, 원시성 등을 예증하면서 무속에서 한국 문화의 전근대성을 서술하기 위한 근거를 찾고자 했던 측면이 있다.[30] 그런데 비슷한 시기에 이루어진 최남선, 이능화, 손진태 등

한국 학자들의 무속 연구는 그러한 일본 학자들의 연구와는 반대의 정치적 지향을 지녔던 것으로 해석될 수 있다. 이들은 한국 무속에서 한국 문화의 독립적인 기원과 발전 양상을 서술하기 위한 원천 자료를 찾아내고자 했다고 볼 수 있기 때문이다.[31]

하지만 식민주의와 민족주의라는 서로 상반되는 정치적 의도와 동기에도 불구하고, 일본 학자들과 한국 학자들의 입장 모두 무속을 연구함으로써 한국 문화의 고유한 특성을 찾을 수 있다고 생각했다는 점에서는 다르지 않았다. 사실 한국 학자들의 전략은 적어도 부분적으로는 일본 학자들의 경우를 모방한 것이라고 볼 수도 있다. 그런데 주목할 것은 결과적으로 이러한 모방이 한국 무속에 예전에는 전혀 논의되지 않았던 새로운 지위와 성격을 부여해 주었다는 점이다. 즉 이러한 과정을 통해 무속에 부여된 문화적 지위는 조선시대 무속의 그것과는 전혀 다른 새로운 것이었다.[32]

식민주의 시대의 특수한 상황에서 이루어진 학자들의 지향성으로 인해 무속은 한국 문화가 오랫동안 보존해 온 신화의 원천이자 고대적인 종교 전통으로 여겨지기 시작했다. 신화와 전통의 수사를 통해 선언되는 이러한 무속의 가치는 오늘날 학자들의 연구에서도 심각한 반론이 제기되는 경우가 드물다. 즉, 민족주의가 자명한 가치로 여겨지는 상황에서 지식인들이 민족주의에 봉사하는 수사로 사용하기 시작한 신화와 전통이라는 범주는 '무속'을 오늘날까지도 성공적인 문화적 표상으로 유통시키고 있는 것으로 보인다.

5. 현재적 사건으로서의 기억: 신화와 전통의 구성

신화와 전통은 과거를 지시하는 문화적 표상들이다.[33] 하지만 그것들은 단지 과거의 정보만으로 이루어지지 않는다. 신화와 전통의 존재는 무엇보다도 현재의 담론에 의존한다. 즉 그것들은 현재적으로 읽히고 말해지고 행해지지 않는 다면 문화적으로 존재할 수 없다. 누군가의 노력에 의해 의도적으로 제시된 경우를 제외한다면 단일하게 표준화되고 고정된 신화나 전통이란 것은 존재하지 않는다. 신화와 전통은 늘 상이한 복수의 판본들로만 현존하기 때문이다. 마르셀 모스(Marcel Mauss)가 미래의 민족지학자들에게 말했던 다음과 같은 조언에 귀를 기울일 필요가 있다.

> 원본을 찾으려 하지는 말아야 한다. 왜냐하면 그런 것은 존재하지 않기 때문이다.[34]

심지어 특정한 신화적 이야기와 오래된 관습에 대한 학문적인 해석은 오히려 신화와 전통의 다른 판본들을 문화적으로 존재하게 하는 가장 유력한 방식의 하나다. 신화와 전통이 지시하는 과거는 이러한 방식에 따라 오직 그것의 현재적 담론에 의해서만 존재한다.

'신화'는 신들의 이야기만으로 존재하지 않는다. 신화는 언제나 그런 이야기를 언급하는 또다른 진술들과 더불어 현존한다. 그러므로 신화의 내러티브는 순수하게 고대적인 것일 수 없으며 언제나 그것이 말해지는 때의 목소리를 포함한다. 신화 주석의 축적이 신화의 의미를 명료화하기보다 오히려 신화의 의미론적 다중성(따라서 모호성)의 원인이 되는 것은 바로 그 때문이다. 그런 점에서 신화의 내러티브를 발굴하고 해석하는 신화학은 신화 체계의 외부에서 이루어지는 작업이 아니라 그 자체로 신화를 현존하게 해주는 '신화 만들기'의 일부라고 말할 수 있다.[35]

마찬가지로 '전통' 역시 현재의 것이다. 전통 역시 그것을 현재적으로 반복하는 경우에만 존재한다. 보다 흥미로운 사실은, 에릭 홉스봄(Eric

Hobsbaom)도 지적했듯이, 오래되어 보이거나 오래되었다고 주장되는 '전통들'도 그 기원을 따져 보면 실상은 꽤 근래의 것이거나 종종 심지어 새로 발명된 것이라는 점이다.[36] 물론 그렇게 발명된 전통이라 할지라도 낡은 재료들을 활용하고 새로운 언어와 고안물을 만들어 내며 오래된 어휘의 한계를 확장한다는 점에서 과거와 전혀 무관하지는 않다. 하지만 우리가 여기서 주목할 것은 전통이 현재의 필요에 따라 과거와의 연속성 주장과 더불어 '발명'될 수 있다는 점이다.[37]

신화와 전통이 현재적인 것이라는 사실은 표상의 체계를 통해서도 설명될 수 있다. 앞에서 언급했던 인류학자 댄 스퍼버는 신화의 상이한 판본들이 어떻게 서로 관련을 맺게 되는지를 성공적으로 그려낸다.[38] 상이한 판본의 신화를 연결하는 인과적 연쇄를 모델링하면서 스퍼버는 세 가지 요소를 나열한다. 관찰되고 기록될 수 있는 공적 표상인 '내러티브(narratives)', 내러티브의 형태로 표현되거나 내러티브로부터 구성되는 정신적 표상인 '스토리(stories)', 그리고 내러티브와 스토리를 이어주는 '인과 사슬(causal chains)'이 그것이다. 우리가 공적으로 진술되는 판본인 신화의 내러티브를 듣는다면 우리의 마음속에는 그 신화의 스토리가 하나의 정신적 판본으로 표상되며, 그 후에 우리가 누군가에게 그 스토리를 이야기해 주거나 어떤 식으로든 묘사한다면 그것은 또 하나의 공적 표상인 신화 내러티브가 되는 식으로 계속해서 서로 엮인다는 것이다. 이 인과 사슬이 엮는 판본들은 아마도 서로 닮아 있을 테지만 필연적으로 똑같을 이유는 없다. 비록 같은 이야기를 말하고 있다고 간주될지라도, 공적 표상의 생산자들은 현재 자신의 머릿속에 표상되는 스토리를 바탕으로 나름의 내러티브를 새롭게 빚고 있을 뿐인 것이다.

적어도 우리는 스퍼버의 설명에서 신화가 문화적으로 존재하는 방식을 조금 더 이해할 수 있게 된다. 판본들의 인과적인 연쇄 자체는 신화가 아니지만 각각의 정신적인 스토리나 공적인 내러티브는 오직 그러한 연쇄 속에 있을 때에만 문화적일 수 있으며 하나의 신화로서 기능할 수 있다. 그런데 스토리와 내러티브가 아무리 고대적인 내용을 담고 있더라도 그러한 연쇄는 언제나 현재적인 사건이다. 신화를 과거가 아니라 현재에 속하는 것으로 봐야 하는 까닭이 여기에도 있다.

전통도 현재적 사건으로만 존재한다. 전통은 특수한 유형의 표상 과정이자 의사소통 방식이다.[39] 전통은 어떤 과거의 유산을 가리키는 것이 아니다. 파스칼 보이어(Pascal Boyer)에 따르면 그것은 거의 모든 형태의 사회에서 언제나 발견될 수 있는 특정한 유형의 사회적 상호작용을 가리켜 부르는 말이다.[40] 전통의 논의를 가능하게 하는 것은 변함도 없고 특색도 없이 지루하게 그냥 반복되는 행위가 아니라, 매우 흥미롭거나 무척 어렵고 힘들어서 돌출적인 심리적 자극을 동반함으로써 기억 가능성을 확보하는 행위들이라는 것이다. 그렇다면 예컨대 무속 전통의 논의가 주목해야 하는 것은 무당이 구송하는 내러티브가 그 어휘, 문법, 음성학적 차원에서 과거의 것으로부터 얼마나 오랫동안 변함없이 보존되고 있는가 하는 측면이 아니라, 그 이야기가 왜 그냥 말해지지 않고 여전히 노래로 불리는가 하는 측면의 문제일 것이다. 무당의 노래는 단지 전통을 잊지 않고 기억하기 위한 수단이 아니라, 노래로 무언가를 말하는 형식 자체가 '전통'을 떠올리게 하는 의사소통 방식의 하나이다. 그렇다면 연구자들의 과제는 어떤 형식의 행위를 어떤 조건에서 어떻게 반복할 때 전통에 대한 인식이 발생하는지를 규명하는 것일지도 모른다.

하지만 한편으로 이러한 질문이 가능할 것이다. 신화에 관한 발화가 현재적 사건에 의존한다고 하더라도 그것들이 지시하는 과거는 시간적 과거의 기억 그 자체일 수 있지 않을까? 이 문제는 과거를 지시하는 기억 혹은 회상이 어떻게 이루어지는가를 살펴봄으로써 답해 볼 수 있을 것이다.[41]

지난 수십 년 동안 인지(cognition) 연구에서 얻은 가장 중요한 교훈 중의 하나는 기억 과정이 저장이나 복제의 체계가 아니라는 것을 확인했다는 점이다. 즉 인간의 마음속에는 과거 사건에 대한 단일한 표준적 기억이 존재할 수 없다는 것이다. 과거의 기억은 개인들 사이에서 다를 뿐만 아니라 한 개인 속에서도 늘 변화할 가능성이 있다. 따라서 기억의 성공 여부는 어떻게 머릿속에 새겨 놓는가가 아니라 어떻게 회상하는가에 달려 있다. 재구성되고 변형된 사건의 표상이 과거 사건과의 동일성과 연속성을 확실하게 지니고 있다고 믿게 하는 것, 그것이 기억이 성공하는 길인 것이다.

저명한 신경과학자 제럴드 에델만(Gerald M. Edelman)은 기억은 어떤 [신경학적] 수행을 반복하는 능력이라고 주장한다.[42] 인간의 기억 프로세스는 컴퓨터 시스템처럼 정보를 입력하고 저장하는 이중의 과정이 아니라, 오히려 서로 다른 시간적 계기에 유사한 판본의 정신적 표상을 생산하는 일을 반복하는 하나의 과정이며, 그렇기에 기억은 취약하면서도 역동적이라는 것이다. 이 사실은 기억이 정보를 변형시킨다는 것을 의미한다. 그래서 과거 사건의 기억은 다양한 판본으로 존재할 수 있는 것이다.

신화와 전통으로 기억되는 과거는 모호하다. 그러한 과거와의 연속성을 주장한다는 점에서 신화와 전통을 말하는 현재적 담론들은 사회적이고 문화적인 수준에서 이루어진 일종의 기억의 재구성 혹은 변형의 문제를 함축한다. 그래서 신화와 전통의 담론은 현재의 역사적 혹은 정치적 상황의 제약 아래 있다. 마르셀 데티엔느(Marcel Detienne)는 『신화의 창조』에서 다음과 같이 말한다.

전쟁과 같이 다양한 집단의 생명이 걸려 있는 중요한 사건이 발생하게 되면 그 앞에서 각 사람들은 자신의 의견을 말하는데, 우리가 '사실'이라고 부르는 것을 선택하여 자신의 사회 영역이 구어적 기억을 구성하는 방식

으로 그것에 대한 설명을 만들어 낸다.[43]

에릭 홉스봄(Eric Hobsbawm) 역시 전통을 '발명'할 때 이루어지는 기억의 조작을 다음과 같이 언급한다.

역사적 과거에 대한 그러한 지시가 존재하는 한, '발명된' 전통의 특성은 그 과거와의 연속성이 대체로 인공적이라는 데 있다.[44]

이러한 관점에서 볼 때, 신화와 전통의 담론은 옛 상황의 지시 형식을 취하여 현재의 상황에 반응하는 담론 혹은 아예 특수한 과거를 만들어 내는 담론으로 이해할 수 있는 것이다.

신화와 전통의 담론이 과거를 지시하는 사건이라면 그것 역시 이러한 기억의 제약 속에 있다. 즉 기억이 특정한 것을 회상하면서 다른 것을 망각하는 현상은 신화와 전통의 담론에서도 불가피한 일이다.

앞에서 우리는 무속의 신화와 전통이 민족주의라는 특수한 지향성에 의해 '발명'된 측면이 있음을 살펴보았다. 해방 후 식민주의 담론은 적합성을 잃었지만 민족주의와 더불어 등장했던 무속 담론의 기조는 이후에도 그리 크게 변하지 않은 것으로 보인다. 무속은 한국 문화의 중심과 정점을 차지하지는 않지만 문화의 기저에서 민족의 고유성을 보존하는 원시적 종교의 한 형태로 여겨지는 것이다. 문화재청에 등록된 무속 관련 문화유산들의 지위는 그러한 민족주의적 의의에 의해 정당화된다. 이러한 민족주의적 무속 이해는 문화적으로 너무도 성공적인 나머지 심지어 전문적인 학자들도 이로부터 자유롭지 못한 것 같다.

그러나 다른 한편으로 무당의 말과 행위 중에는 낭만적인 민족주의적 담론이나 무가 수집 작업에 의해서는 결코 무속의 신화와 전통으로 포함될 수 없는 것들이 있었으리라는 점에 주목하려는 인식도 존재한다. 무당들의 행적은 단지 민족의 고유한 문화를 보존하는 종교 전문가의 면모를 보여주는 것만은 아니기 때문이다. 따라서 그러한 입장에서는 무당들이 병과 죽음을 불러오는 반치병적인 의례를 행하던 저주의 전문가이기도 했으며, 사회의 기존 질서를 부정하면서 새로운 질서를 대망하다 역모죄로 붙잡혀 처형을 당하는 반역자이기도 했다는 점도 주목해야 한다고 주장한다.[45] 하지만 무속 관련 자료집의 성격이 강했던 이규경의 『오주연문장전산고』나 이능화의 『조선무속고』에서는 이러한 '음지의 무속'에 대한 언급을 원칙적으로 배제하지 않으며, 그러한 자료는 무속을 연구하는 학자들이 지속적으로 참조하고 있는 것이 사실이다. 따라서 이러한 인식은 그러한 자료들이 민족주의적 수사나 전통문화 담론과 만날 때 벌어지는 일들에 대한 비판임과 동시에, 연구자가 놓인 현재의 지적 환경에서 가치 있다고 생각되는 것에 주목하여 무속의 전통을 재진술하려는 시의적인 시도라고 보아야 할 것이다.

신화와 전통은 언제나 과거의 현재적 회상과 재구성을 통해 발언된다. 타파해야 할 과거의 미신으로 치부되기도 하지만 신화적 전통의 지위가 부여되기도 하는 무속은 20세기 이후 한국의 정치적·문화적 상황에 따라 민족주의, 유신과 반공, 민주화, 문화콘텐츠 등의 담론들과 더불어 반복적으로, 하지만 조금씩 다른 방식과 범위에서 '기억'된 것이 사실이다.[46] 그런 점에서 볼 때, 무속의 신화와 전통이 지시하는 과거란 동시대의 문화적 상황에 의해 형성되고 창출되는 것이기도 하다.

6. 맺음말 : 신화적 전통과 전통의 신화

이제 결론을 대신하여 지금까지의 논의를 정리하고 해결되지 못한 문제를 통해 본고의 시사점을 검토해 보고자 한다. 우리는 지금까지 크게 세 가지 주장에 집중했다. 첫째, 신화와 전통은 메타표상을 통해 소통 가능성을 확보하는 서술 범주라는 것이다. 둘째, 신화와 전통은 자명한 가치의 수사법에 의해 널리 유행하게 되는 문화적 표상이라는 것이다. 셋째, 신화와 전통은 과거를 지시하는 현재적 사건을 통해 현존한다는 것이다.

지금까지 살펴본 바에 따르면 한국에서 신화라는 범주는 20세기 초의 특수한 역사적 정황에서 지식인들에 의해 민족주의적 수사와 더불어 유통되기 시작했다. 즉 한국에서 신화의 발견은 한민족의 고유성을 확인하기 위한 지표였으며 민족문화를 하나의 고유한 전통으로 확립시키기 위한 촉매제였다. 그런 점에서 한국에서 민족주의적 에토스를 배제한 채로 신화와 전통을 논의하는 것은 무리가 있다. 그러나 무속 전통에 관한 담론과의 연관 속에서 신화담론의 과정을 살펴보면 이것이 단지 민족주의적 이념의 수사학만은 아니라는 사실이 포착된다. 그러한 과정 속에서 무속이 주목받았던 것은 단지 당대 신화담론의 민족주의적 지향 때문만이 아니며 '샤머니즘'에 관한 학문적 담론의 영향이기도 했다는 점 또한 간과할 수 없다. 앞에서 언급했던 손진태와 최남선 역시 이러한 학문적 담론에 충분히 노출되었으며 자신들의 연구에 샤머니즘에 관한 당대의 학문적 논의를 참조하고 인용하였다. 한국에서 초기의 신화담론은 북아시아의 보편적 전통으로서의 샤머니즘 논의들과 더불어 전개되었다. 그러한 과정 속에서 무속은 샤머니즘 담론이 지시하는 신화적 과거를 전유함으로써 그 자체로 신화적 전통으로 탄생할 수 있었던 것이다. 바로 이 점이 무속을 맥락으로 하는 신화와 전통의 담론이 의존하는 과거의 성격을 재고하게 해 준다.

메타표상에 의한 서술 범주는 이차적인 정보에 의해 부여된 신뢰와 권위에 힘입어 문화적으로 유통될 수 있게 된다는 점은 이미 살펴보았다. 무속의 신화와 전통에 관한 앞의 논의에서는 이 이차적인 정보의 권위를 당대 지식인의 민족주의적 지향에서 찾는 데 그쳤다. 그러나 그러한 진술은 신화와 전통의 상호 관계를 충분히 드러내 주지 않는다. 우리는 세 번째 문제, 즉 신화와 전통은 모두 과거의 권위에 자기 정당성을 의존하는 담론에 의해 현존한다는 점에 조금 더 주목해야 할지도 모른다. 선언적으로 말하자면, 신화가 기대는 권위는 전통이라고 이름 붙여진 과거에서 나오며 전통이 기대는 권위는 신화라고 이름 붙여진 과거에서 나온다. 전통 없는 신화는 음송되지 않으며 신화가 없는 전통은 확고한 기반을 주장하기 어렵기 때문이다. 즉, 신화와 전통은 서로 수사학적으로 의존한다. 우리는 무속의 경우에서 그것을 확인할 수 있다. 무속 담론은 끊임없이 신화적 전통으로서의 '샤머니즘(shamanism)'을 참조해 왔다는 사실이 그것이다.

샤머니즘은 17세기 말 네덜란드 출신의 상인 이데스(Everet Y. Ides)가 러시아의 사신 자격으로 모스크바, 시베리아, 북경을 다니며 겪은 일에 관해 쓴 여행기에서 소개된 퉁구스 샤먼에 관한 이야기가 유럽인의 관심을 끌게 되면서 처음으로 대상화되었다고 알려져 있다.[47] 그러나 이제 샤머니즘은 더 이상 단지 북아시아의 특정 부족의 전통만을 지시하는 것이 아니다. 샤머니즘에 대한 논의들은 시베리아, 북아메리카, 남아메리카, 인도네시아, 오세아니아 등 지역에 관한 상당한 양의 자료와 더불어 전개된다. 이는 단지 개개의 민족지적 기록의 형태로만이 아니라 샤먼의 심리 상태 연구나 샤먼 공동체의 사회학적 연구, 그리고 나아가 그러한 자료와 연구를 통합하여 인류의 종교사에 대한 견해를 제시하고자 하는 종교학적 작업의 대상이 되기도 했다.[48]

샤머니즘은 그 자체로 담론에 의해 구성된 신화이자 전통이며 널리 유통되는 하나의 문화적 표상이다. 그것은 무속으로 하여금 원시시대부터 전해 내려온 어떤 보편적인 '신화적 전통'에 가 닿게 한다. 그렇다고 해서 무속이 샤머니즘과 항상 완전히 동일시되는 것은 아니다. 무속에는 특수한 역사적 흔적이 남아 있다고 여겨지기 때문이다. 이러한 설정을 통해서 무속은 고대성을 지니면서도 나름의 역사를 지닌 하나의 고유한 전통으로 탄생한다. 신화학은 신화를 진술함으로써 존재하는 담론이라는 점에서 그 자체로 신화의 일부라고 할 수 있다. 그런 점에서 이런 식으로 무속의 신화적 원형을 상상하는 데 전유되는 학문적인 샤머니즘 담론 역시 일종의 신화학이요 따라서 신화의 일부라고 할 수 있다. 샤머니즘이 지시하는 신화적 과거를 통해 무속을 서술하는 논의는 종교전통들의 자기 정당화 주장의 논리를 그대로 지니고 있다. 동시에 샤머니즘이 지시하는 신화적 과거가 아무리 모호하더라도 '샤머니즘으로부터 발원한 전통'으로 여겨지는 무속의 현존은 그러한 신화적 과거에 일정한 실재성을 부여한다.[49]

신화와 전통은 그 자체로 과거에 속하는 것이 아니라 단지 과거를 지시할 뿐이며, 그러한 범주는 현재의 상황과 필요에 의해 유통된다. 이러한 사실은 신화와 전통의 저장고로 간주된 무속 역시 단지 과거의 흔적이나 잔존물로서가 아니라 한국의 동시대 종교로서 연구되어야 한다는 것을 의미한다.[50] 그것들이 과거의 기억을 얼마나 변형시키고 조작하든지 간에 무속은 고대성을 주장하는 일을 그만두지 않을 것이다. 그러나 무속의 신화와 전통이 지닌 '과거와의 절대적인 연속성'은 학문적인 인식이라기보다는 무속 전통 내부의 주장이다. 즉 그것은 무속이라는 종교가 지닌 교의의 일부다.[51]

신화를 생산하는 신화학자
— 교량으로서 위안커(袁珂)의 『산해경』 연구

홍윤희

1. 들어가며

이반 스트렌스키(Ivan Strenski)는 『20세기 신화 연구』에서 "'신화'라는 단어는 존재할 수 있지만, 그 단어가 지칭하는 '대상'은 너무 많기도 하고 모순적이어서, 신화라는 이름을 가진 '무엇'이 존재한다고 말할 수는 없다."고 말한다. 즉 '신화'는 우리가 '선별해 낸(cut out)' 어떤 특별한 실재를 가리키는 것이지, '저절로 드러난(stand out)' 어떤 사물을 가리키지 않는다는 것이다.[1] 그렇다면 중국 신화학이 형성되면서부터 수많은 학자들이 꿈꾸었던 과제, 즉 신화의 '복원'이라는 것은 존재할 수 없는 '원전'을 회복하려 한다는 점에서 이미 난센스였던 것일까? 하지만 그들은 진지했다.

20세기 초 '신화(神話)'라는 개념이 중국에 들어온 이후, 마오둔(茅盾)이나 루쉰(魯迅) 등 당시의 걸출한 문인학자들이 중국 신화 연구와 수집 등에 착수하였고 마오둔은 『중국신화연구초탐(中國神話硏究初探)』 등의 책에서 '중국신화집대성'의 큰 과제를 후학들에게 남기기도 하였다. 20세기 전반에 걸쳐 중국 신화를 복원하고자 하는 숱한 시도들, 그 속에서 가장 중요하게 떠

오른 텍스트가 바로『산해경(山海經)』이었다. 진대(晉代) 곽박(郭璞)과 명대(明代) 왕숭경(王崇慶) 및 양신(楊愼), 청대(淸代) 오임신(吳任臣), 왕불(汪紱), 필원(畢沅), 학의행(郝懿行) 등의 주석서가 있긴 했지만『산해경』은 역대로 다른 문헌들에 비해 그다지 중시되지 못한 텍스트였다. 특히 전통 시기 유가(儒家)의 입장에서 볼 때 이 책은 괴이한 것을 이야기하는(語怪) 지리서나 소설가류(小說家類)의 책일 뿐이었다. 하지만 20세기에 들어서서『산해경』은 역사학, 신화학, 민속학 각 분야에서 매우 중요한 텍스트로 부상하였다.

마오둔이 남긴 '중국 신화 집대성' 의 과제와 함께『산해경』정리와 역주 작업에 뛰어든 것은 20세기 중국 신화학의 태두인 위안커(袁珂)였다. 그는 1940년대 말『산해경』에서부터 이후 50년에 걸친 자신의 중국 신화 연구와 집대성 작업을 착수한다. 그의『산해경교주(山海經校注)』와『산해경교역(山海經校譯)』은 중국뿐 아니라 해외에서도『산해경』연구의 기본 공구서이며, 많은 학자들은 주저 없이 그를 20세기『산해경』연구에서 가장 큰 성과를 거둔 인물로 꼽는다.

하지만 다른 한편 현대 중국학자들은 자신들의 연구가 위안커의 접근법을 벗어났다거나 그 한계를 뛰어넘었음을 의아할 정도로 강조하기도 한다. 일례로『산해경』연구로 유명한 학자 중 한 사람인 후위안펑(胡遠鵬)은 근래 중국의『산해경』연구를 회고하는 일련의 글을 발표한 바 있는데, 그는 위안커를『산해경』'신화설' 일파를 형성한 장본인이자 대표자로 보았다. 그런데 그는 "『산해경』신화학파는 이론적 구조상 견고한 기초가 결여되어 있다."고 하면서 이렇게 말한다.

오늘날『산해경』에 대한 더욱 심화된 연구와 진일보한 고고학적 발굴로 인해『산해경』'신화설' 의 지위는 점차 동요하고 있다.『산해경』은 '신화설' 의 그물 속에서 점차 벗어나 그 상고시대의 신사(信史)로서의 진면목을 회복해야 한다. 오늘날 우리가 『산해경』을 연구하는 목적은 바로 『산해경』을 신화로부터 역사로 회귀시키고 신사로서 그 본래의 면모를 회복시키는 것에 있다.[2]

탕치추이(唐啓翠)와 후타오슝(胡滔雄)도 예수셴(葉舒憲)의 『산해경』 연구의 성과를 논하면서 위안커는 『산해경』을 신화소설로 보았고, 루쉰은 그것을 무서(巫書)로 보았는데 예수셴은 이런 기존의 설을 바꾸고 『산해경』이 '신화정치지리학' 저작임을 확정하였다고 평하기도 하였다.[3] 이렇게 현대 중국학계가 스스로 위안커와 단절을 강조하거나 뛰어넘었음을 강조하는 것은 어떻게 이해해야 하는 것일까?

이 글은 두 가지에 초점을 맞춘다. 하나는 『산해경』의 신화를 연구하는 과정에서 위안커가 무엇을 신화로서 '선별해 내는가(cut out)'이다. 또 다른 하나는 과연 위안커의 『산해경』 연구와 현대 중국학계의 『산해경』 연구를 단절로 볼 수 있는가이다. 이를 위해 본고는 우선 위안커의 『산해경』 연구 성과를 재조명하고, 『산해경』을 보는 위안커의 관점을 그의 신화관과 무(巫)에 대한 이해를 중심으로 살펴볼 것이다. 이어서 위안커 이후 현대 중국학계에서 『산해경』 연구의 경향을 검토하고 위안커의 관점과 상호 교차하는 지점들을 확인해 볼 것이다. 이를 통해 위안커가 『산해경』 연구를 통해 어떻게 중국 신화를 제조해 가는지, 그리고 어떻게 20세기 초와 21세기 초 신화 연구의 가교 역할을 하고 있는지를 밝히고자 한다.

2. 위안커(袁珂)의 『산해경』 연구

1) 교주(校注)와 교역(校譯)

20세기 『산해경』의 정리와 교주에 가장 큰 성과를 거둔 사람이 위안커라는 사실에 반대할 사람은 매우 드물 것이다. 많은 논자들이 그의 『산해경교주』와 『산해경교역』, 그리고 『산해경』에 관한 일련의 연구 논문들을 20세기 『산해경』 연구의 최고 성과로 꼽곤 한다.[4] 일본 학자 스즈키 다케유키(鈴木健之)는 위안커의 연구 업적들을 논하는 가운데 이렇게 설명했다.

> 위안커의 또 다른 업적은 『산해경』 연구이다. 1963년 그는 『산해경해경신석(山海經海經新釋)』을 완성하였지만 이 책은 오래도록 발표되지 못했다. 문화대혁명이 끝난 후에 『산경속석(山經續釋)』을 완성하였고 두 가지를 합쳐 현재의 『산해경교주(山海經校注)』가 출판되었다. 본래 『산해경』은 원문과 주(注)가 함께 교직되어 있어 탈락되거나 착간(錯簡)된 부분 및 오자가 많았다. 위안커는 본래의 면모를 회복하는 기초 위에서 신화의 각도에서 주해(注解)를 달았다. 황제 · 치우 · 여와 · 서왕모 등 여러 신에 대한 해설은 모두 매우 상세하며, 지명 · 신의 이름 · 명승지 등에 대한 색인도 매우 귀한 자료이다. 그야말로 『산해경』 연구에서 빠질 수 없는 교과서이며 신화 연구의 유용한 자료라고 하겠다. 이 교주(校注)의 기초 위에서 본문 전체를 현대어로 번역한 『산해경교역(山海經校譯)』 역시 참고할 만하다.[5]

위안커 스스로도 자신의 신화 연구의 주요 여섯 가지 방면 중 하나로 『산해경』 교주 작업 및 연구를 꼽는다.[6] 위안커가 『산해경』에 주목한 것은 그가 신화 연구를 시작하던 1940년대 후반부터였다. 그는 1948년부터 「산해경 속의 여러 신(『山海經』里的諸神)」이라는 논문을 발표하기 시작한다. 그의 『산해경』 관련 연구 논문들을 꼽아 보면 다음과 같다.

「『山海經』里的諸神」(上), 『臺灣文化』卷三 第8期, 1948. 10.
「『山海經』里的諸神」(中), 『臺灣文化』卷四 第1期, 1949. 3.
「『山海經』里的諸神」(下), 『臺灣文化』卷四 第2期, 1949.
「『山海經』的寫作時地及編目考」, 『中華文史論叢』第7輯, 1978.
「略論『山海經』的神話」, 『中華文史論叢』第2輯, 1979.
「『山海經』"蓋古之巫書"試探」, 『社會科學研究』第6期, 1985.
「『山海經』"蓋古之巫書"試探」, 『山海經新探』, 四川省社會科學院出版社, 1986. 1.
「『山海經』神話與楚文化」, 『巫風與神話』, 湖南文藝出版社, 1988. 1.
「『山海經』中有關少數民族的神話」, 『神與神話』, 臺灣聯經出版公司, 1988. 3.
上同, 『御手洗勝博士退官紀念論文集』, 臺灣聯經出版公司, 1988. 3.
「論『山海經』的神話性質 - 兼與羅永麟敎授商榷」, 『思想戰線』, 第5期, 1989.

또한 이런 연구의 기반이 되었던 교주(校注) 및 교역(校譯) 작업은 『산해경교주』(1980년 초판), 『산해경교역』(1985년 초판), 『산해경전역(山海經全譯)』(1991)의 출판으로 성과를 맺었다.[7] 그는 신화 자료를 가장 풍부하게 보존한 가장 오래된 문헌인 『산해경』이 오탈자나 착간 등으로 인해 읽기가 쉽지 않음을 안타깝게 여겼다. 또한 5·4운동 이후 각종 고적들이 정리되었지만 유독 『산해경』은 정리한 사람이 없었다는 사실도 애석해했다.[8] 그리하여 그는 『산해경』 정리와 교감, 주석 작업에 착수한다. 그가 처음 『산해경』에 대한 논문을 발표한 것이 1948년이고, 교주본이 처음 발표된 것은 1980년이니 그 사이에 있었던 문화대혁명 기간을 감안하더라도 이것은 거의 20여 년에 걸친 대작업인 셈이다. 이리하여 그는 『산해경』이 "본래 면모에 더 가까워졌다."고 자부했다. 하지만 과연 위안커의 작업이 본래 면모에 접근하는 방식이었는가의 판단은 다소 조심스럽다. 교주본이 아닌 교역본의 경우에는 더욱 그러하다. 그는 『산해경』 전체를 백화문으로 번역한 이 책은 교주본처럼 교정과 주석을 했을 뿐 아니라 "편간(編簡)에 순서가 잘못된 문자는 조정하였고, 긴 연문(衍文)은 과감히 생략하여 『산해경』의 면모를 일신하고, 사실상 더욱 본래 면모에 가까운 새로운 교본이 되도록 했다."고 하였다.[9] 하지만 같은 이유로 그의 번역은 비판을 받기도 한다.

앤 비렐(Anne Birell)은 위안커의 번역(『山海經校譯』, 1985)도 다른 『산해경』 번역들(John William Schiffeler의 *The Legendary Creatures of the Shan Hai Ching* (1978), Cheng Hsiao-chieh, Hui-chen Cheng, Kenneth Lawrence Thern의 *Shan Hai Ching: Legendary Geography and Wonders of Ancient China* (1985))과 마찬가지로 불완전하다고 하면서 그의 번역 스타일을 다음과 같이 지적하였다.

> 그의 번역 스타일은 설명식이다. 다시 말해 고문을 현대 중국어로 옮기는 것이 아니라, 그 문장이 무슨 뜻인지를 풀어 설명하곤 한다. 축약된 문장을 쓰는 것이 아니라, 종종 해당 부분을 설명하기 위해 전혀 다른 텍스트의 자료를 가져와 끼워 넣었다. 학문적 번역에서 이런 식의 과도한 끼워 넣기는 피해야 하며, 번역은 보다 원전에 충실할 필요가 있다.[10]

위안커 번역의 이런 문제점은 니타이이(倪泰一)와 첸파핑(錢發平)이 편저한 『산해경』을 번역하여 국내에 소개한 서경호, 김영지도 역자 해설에서 지적한 바 있다. 대중에게 읽히기 쉬운 책으로 만드는 과정에서 니타이이와 첸파핑이 위안커의 역주본을 근거로 하다 보니 위안커가 원전과 다르게 자신

의 해석대로 고쳐 놓은 부분들이 그대로 수용되곤 하였다는 것이었다.[11]

하지만 이런 문제점에도 불구하고 현 단계에서 위안커의 교주본과 교역본이 『산해경』을 연구하는 가장 기본 공구서 중 하나임은 틀림없는 사실이다. 샤오빙(蕭兵)은 현 시점에서 『산해경』 연구에는 위안커의 교주본을 기초로 하여 새로운 주석본이 쓰여야 한다고 역설하였다. 새로운 주석본에는 여러 가지 난제들이나 문장 의미의 해석이 포함되어야 하고, 나아가 점차 '의미 층차'나 '상징 층차' 또는 '배경 층차' 등으로 연구를 확대해 나가야 점(点)의 연구에서 면(面)의 연구로의 '돌파'가 나올 수 있다는 생각이다.[12] 이에 대해서는 앞으로의 진전된 연구가 기대된다.

2) 『산해경』의 신화 연구

위안커의 『산해경』 연구는 무엇보다 거기에 실린 신들의 기록을 추출하고 그에 대한 분석으로 시작되었다고 할 수 있다. 알다시피 『산해경』은 이야기 구조가 완정한 신화를 수록하고 있는 책이 아니다. 누군가는 심지어 『산해경』에는 '신(神)'은 있되 '화(話)'가 없다고 말하기도 한다. 위안커 역시 이 점을 잘 인식하였다. 따라서 그는 『산해경』에서 각종 신들의 단편적인 기록들을 추출하고, 『목천자전(穆天子傳)』, 『회남자(淮南子)』, 『국어(國語)』, 『좌전(左傳)』이나 기타 각종 문헌과 서사물들을 참고하며 '화(話)'를 재구성하는 방식을 취하곤 하였다. 여기에서는 위안커가 『산해경』 연구를 통해 주요하게 조명한 신들과 그 분석 방법 등을 검토해 보도록 하자.

(1) 원시사회의 신화

위안커는 『산해경』에서 볼 수 있는 신화 대부분이 원시사회의 신화라고 보았다. 특히 애니미즘 시기 이후 자연숭배와 토템 숭배에 관련된 신화가 많다고 보았는데, 특히 여러 동물의 형상이 합쳐졌거나 반인반수(半人半獸)의 모습을 한 신령이나 정령 들은 대부분 자연숭배에서 비롯된 것으로 파악했다.[13] 이런 기록들은 주로 '오장산경(五藏山經)' 각 편 끝의 제사 기록과 그 제사를 받는 여러 산신의 묘사에 많이 등장한다. 새의 몸에 용의 머리, 돼지의 몸에 뱀 꼬리, 사람 얼굴에 뱀의 몸, 양의 얼굴에 사람의 몸 등이다. 남방의 축융(祝融), 서방의 욕수(蓐收), 북방의 우강(禺彊), 동방의 구망(句芒)도 "초보적으로 의인화된" 자연숭배 시기의 신들로 분류한다. 하지만 위안커 역시 이것들은 신화의 파편들일 뿐, 이야기 줄거리가 없기 때문에 '신화'라고 할 수는 없다고 본다.

한편 종산(鍾山)의 아들 고(鼓)가 흠비(欽䲹)와 함께 보강(葆江)을 죽이자, 제(帝)가 그들을 죽여 흠비는 큰 독수리로 변하고 고는 준조로 변했다는 「서차삼경(西次三經)」의 기록은 상당한 이야기 구조를 갖추고 있다.

종산의 아들을 고라고 하는데 그 생김새는 사람의 얼굴에 용의 몸을 하고 있다. 이것이 흠비와 함께 곤륜의 남쪽에서 보강을 죽이니, 제가 이에 종산의 동쪽 요애라고 하는 곳에서 그를 죽였다. 흠비는 큰 독수리로 변했는데 생김새가 수리 같고 검은 무늬에 머리가 희고 붉은 부리에 호랑이 발톱을 하였다. 그 소리는 물수리 같은데 이것이 나타나면 큰 전쟁이 일어난다. 고 역시 준조로 변했는데 그 생김새는 솔개 같고 붉은 발에 곧은 부리, 노란 무늬에 흰 머리를 하고 있다. 그 울음소리는 고니 같으며 이것이 나타나면 그 고을에 큰 가뭄이 든다.

鍾山, 其子曰鼓, 其狀如人面而龍身. 是與欽䲹殺葆江于昆侖之陽. 帝乃戮之鍾山之東曰㟱崖. 欽䲹化爲大鶚, 其狀如雕而黑文白首, 赤喙而虎爪. 其音如晨鵠, 見則有大兵. 鼓亦化爲鵔鳥, 其狀如鴟, 赤足而直喙, 黃文而白首. 其音如鵠, 見則其邑大旱.

『산해경』에는 이 정도나마 줄거리가 완성된 신화가 통틀어 7~8개 정도 밖에 없기 때문에 위안커도 이 기록을 원시시대의 '신화'로서 주목한다.[14] 또한 토템 숭배에 관련된 신화도 『산해경』에 많지는 않지만, 그 흔적이 있 다고 보고 '견봉국(犬封國)', '견융국(犬戎國)' 등에 관한 「해내북경(海內北經)」의 기록을 그 예로 든다. 즉 이것이 반호(盤瓠) 신화와 관련된 개 토템 부족의 기 록이라고 파악한 것이다.[15]

한편 마르크스 신화론에서 신화가 탄생하기 시작했다는 '미개기의 낮은 단계'는 위안커에게는 신화가 탄생하기 시작한 단계가 아니라 이미 신화 가 '발전한' 단계이다.[16] 이 시기는 원시 씨족사회 모권제[17] 말기이자 신석 기시대에 해당하며, 인격화된 신들, 특히 여성 주재자로서의 신격들이 등 장한 시기였다. 그는 이 시기의 여성 개벽신들로 『산해경』에서 여와(女媧), 정위(精衛), 희화(羲和), 상희(常羲) 등을 꼽는다. 문제는 일반적으로 인류를 창 조하고 하늘을 보수했다고 알려진 중국 최고의 여신 여와의 기록이 『산해 경』 원문에는 다음의 22자밖에 없다는 것이다.

> 열 명의 신이 있는데 이름을 여와지장이라고 한다. 신으로 변화하여 율광 지야에 거처하는데, 길을 가로질러 살고 있다.
>
> 有神十人, 名曰女媧之腸. 化爲神, 處栗廣之野, 橫道而處.

게다가 여기서 여와는 한 명의 여신이 아닌 '열 명의 신'이고 이름도 '여 와지장'이다. 이를 설명하기 위해 위안커는 『회남자』「설림훈(說林訓)」에 "여와가 일흔 번 변화했다(女媧所以七十化)"는 기록과 응소(應劭)의 『풍속통의 (風俗通義)』에서 여와가 "황토를 빚어 사람을 만들었다(摶黃土作人)"는 기록, 그 리고 무엇보다 『회남자』「남명훈(覽冥訓)」에서 여와가 "오색 돌을 녹여서 푸 른 하늘을 보수했다(煉五色石以補蒼天)."는 기록 등을 가져와 『산해경』의 저 단순하고 모호한 기록을 다음과 같이 설명한다.

여와지장은 열 명의 신으로 변하였고, 인류도 창조하고 하늘도 보수한 업적이 있으니, 여와는 완전히 개벽신의 자격을 갖추고 있다.

이렇게 『산해경』의 여와를 최고의 개벽신으로 이해해야만 이 기록은 '모권제 씨족사회 신화의 흔적'이 될 수 있다. 모권제 씨족사회 신화의 흔적이라는 해석은 「북차삼경(北次三經)」의 정위가 바다를 메우는 신화의 해석에서도 견지된다. 정위에 대한 『산해경』의 기록은 다음과 같다.

발구지산 위에는 산뽕나무가 많다. 이곳의 어떤 새는 생김새가 까마귀 같은데 머리에 무늬가 있고 부리가 희며 발이 붉다. 이름을 정위라고 하며 그 울음소리는 제 이름을 부르는 것 같다. 이 새는 본래 염제의 어린 딸로 이름을 여왜라고 하였다. 여왜는 동해에서 노닐다가 물에 빠져 돌아오지 못했다. 그리하여 정위가 되어 늘 서쪽 산의 나무와 돌을 물어다가 동해를 메우는 것이다.
發鳩之山, 其上多柘木. 有鳥焉, 其狀如烏, 文首, 白喙, 赤足. 名曰精衛, 其鳴自詨. 是炎帝之少女, 名曰女娃. 女娃游于東海, 溺而不返, 故爲精衛, 常銜西山之木石, 以堙于東海.

여기서 정위의 원래 이름이 '여왜(女娃)'라는 것에 대해 위안커는 "여와(女媧)와 여왜(女娃)는 한 사람이 분화한 것으로, 여왜가 바다를 메운 일과 여와가 하늘을 보수한 신화에서 '갈대의 재를 쌓아서 홍수를 막은(積蘆灰以止淫水)' 일은 매우 비슷하다."고 설명한다. 다소 무리라고 생각되는 이런 해석은 단원론적 신화 체계를 세우고자 하는 위안커의 경향이 잘 드러나는 예이다.

'열 개의 해를 낳은(生十日)' 희화와(「大荒南經」) '열두 개의 달을 낳은(生月十二)' 상희(「大荒西經」)에 대한 해석은 조금 다르다. 이들은 둘 다 제준(帝俊)의 아내이다. 위안커가 판단하기에 이 둘은 원래 "모권제 씨족사회에서 중요한 여신이었으며, 여와처럼 개벽 여신의 성격이 있었다. 처음에는 하나였는데 나중에 둘로 분화되었고, 전승 변천해 오다가 국가 형성 시기, 즉 노예제사회가 시작될 때에 이르러서야, 인간세계의 제왕이 투영된 천상 세계 상제의 아내가 되었다." 즉 희화와 상희에 대한 『산해경』 기록은 기존의 모권제가 부권제에 자리를 내주기 시작한 씨족사회 후기의 흔적을 보여주는 예인 것이다. 그리하여 『산해경』의 여러 신에 대한 위안커의 논의는 자연스레 부권제 시기 주요 신들로 넘어간다.

부권제 씨족사회로 들어선 이후에는 남성 신이 자연이나 사회와 투쟁하는 신화들이 등장하는데 위안커가 『산해경』에서 제시하는 예는 과보(夸父)가 해와 경주한 이야기, 곤(鯀)과 우(禹)가 홍수를 다스리는 이야기, 황제(黃帝)와 치우(蚩尤)의 전쟁, 형천(刑天)이 방패와 도끼를 들고 춤을 춘 이야기 등이다. 위안커는 이 중에서 앞의 두 예는 자연 정복에 관한 신화로, 뒤의 두 예는 부락 간의 전쟁을 반영하는 신화로 파악한다. 그중에서도 『산해경』에서 가장 흥미진진한 이야기로 거론되곤 하는 황제와 치우의 전쟁은, 위안커 역시 『산해경』에서 가장 "농후한 필치로 거듭 묘사한" 예로 꼽는다.

계곤산이라는 곳이 있는데, 여기에 공공의 누대가 있고, 활을 쏘는 사람은 감히 북쪽을 향하지 못한다. 푸른 옷을 입은 사람이 있는데 황제의 딸인 발이라고 한다. 치우가 무기를 만들어 황제를 치자 황제가 응룡으로 하여금 기주의 들판에서 그를 공격하게 했다. 응룡이 물을 모아 두었는데, 치우가 풍백과 우사에게 청하여 거침없는 폭풍우로 쏟아지게 했다.

이에 황제가 천녀인 발을 내려 보내자 비가 그쳤고 마침내 치우를 죽였다.

有係昆之山者, 有共工之臺, 射者不敢北郷. 有人衣青衣, 名曰黃帝女魃. 蚩尤作兵伐黃帝, 黃帝乃令應龍攻之冀州之野. 應龍畜水, 蚩尤請風伯雨師, 縱大風雨. 黃帝乃下天女曰魃, 雨止, 遂殺蚩尤.(「大荒北經」)

이 신화 해석에서도 단원신화(單元神話)에 대한 위안커의 염원은 다시 한 번 발휘된다. 그는 우선 이 전쟁이 사실상 황제와 염제의 전쟁이라고 한 뒤, 형천의 머리가 잘린 사건(「海外西經」)[18]도 이 전쟁 신화의 흔적이라고 파악한다. 또한 뚜렷한 근거는 제시되지 않지만 형천은 염제의 신하이고 형천이 "신의 지위를 다툰" 제(帝)는 황제(黃帝)라고 주장한다.

(2) 노예제 사회의 신화

『산해경』에는 자연숭배 시기를 반영하는 반인반수의 신들이 많지만, 씨족제도가 해체되고 국가가 형성되는 시기를 반영하는 신화들도 존재한다. 위안커는 상제(上帝) 신화나 천지 단절 신화, 황제와 제준의 신화, 문화 영웅들의 신화 등이 이 시기를 반영한다고 보았다. 우선 상제의 출현을 그는 이렇게 말한다.

군사 지도자가 수장의 직위를 세습하면서 약탈 전쟁을 일으켜 나날이 그 권력을 확장해 가는 것이 신화에 반영되어 이른바 상제가 출현하게 된다. 후에 국가가 형성되고 계급이 분화되고, 강대한 노예제 국가인 은나라가 사방의 인근 국가들을 위협하는 왕조를 중국에 세웠는데 그것이 신화에 반영되어 비로소 유일무이하고 지고 무상한 상제(처음에는 제준, 조금 후에는 황제 등)가 출현하였다.

이렇게 국가가 출현하면서 이전의 세습 군사 지도자는 국왕이 되고, 그것이 신화에서는 우주를 통치하는 '상제'로 그려졌다는 것이다. 이어서 그는 서방 민족 신화 속 상제가 바로 황제 · 전욱이고, 동방 민족의 상제가 바로 제준이라고 본다. 또한 『산해경』에 기록된 신의 계보에서 많은 신이나 민족들이 황제나 제준의 자손으로 나타나는 것은, 계급사회로 진입한 후 신화가 계통화되는 것을 반영하는 것이라고 하였다.

그는 천지 단절 신화도 마찬가지로 파악한다. 즉 원시공동체 사회가 와해되고 노예제사회가 그것을 대신하면서 계급 분화와 착취가 생겨났는데 「대황서경(大荒西經)」에서 하늘과 땅의 통로가 단절되었다는 신화[19]는 바로 이런 사실을 반영한다는 것이다. 특히 '대황경' 이하 다섯 편에 집중적으로 나타나는 제준 신화는 다른 곳에는 드물게 나타나는 은(殷) 민족의 신화로서 중요하게 다루고 있다. 또한 은 민족의 선조인 순(舜)과 왕해(王亥) 신화도 아울러 다룬다. 흥미로운 점은 이런 『산해경』의 기록들이 다른 문헌이나 갑골 복사(卜辭) 등과 상호 참조가 된다는 사실이다. 예컨대 갑골 복사에 나타나는 '고조준(高祖夋)', '고조왕해(高祖王亥)' 등의 글자를 『산해경』의 기록과 대조하여 고대사의 상황을 밝혀내는 데 도움이 된 사례를 들며, "신화 전설은 학술 연구에도 도움이 된다."고 말한다.

문화 영웅의 신화, 즉 여러 신의 자손들의 창조와 발명도, 이것이 분명히 신화이긴 하지만 "신화 속에서 부분적으로 역사적 진실을 생동감 있게 반영하고 있다."고 보았고, 『산해경』에 기술된 괴이한 신들과 짐승들이 재앙과 복의 징조를 나타내는 것도 "전국시대의 어지러웠던 상황"을 반영하는 "시대의 흔적이 찍혀 있는 것"이라고 해석했다.

'광의신화론(廣義神話論)'을 주장했던 위안커는 신화도 사회가 발전함에 따라 문명화되고, 역사 시기에도 계속 출현한다고 주장했다. 또한 위안커는 신화에 '역사의 그림자'가 드러난다고 본다. 그렇다면 국가가 출현하고 역사 시기가 된 이후에 나타난 신화들에는 더더욱 '역사의 그림자'가 짙게 드리울 수밖에 없다. 게다가 상호 참조가 가능한 다른 사료 기록들이 있다면 이 신화들은 더 이상 단지 신화가 아니다. 위안커의 이런 인식은 『산해경』을 보는 관점에서도 발현되는데, 이 점은 뒤에서 자세히 논하도록 하겠다.

(3) 서왕모와 곤륜산

『산해경』에 나오는 서왕모와 곤륜산 기록은 루쉰 역시 일찍이 『중국소설사략』의 '신화와 전설' 편에서 중요하게 다룬 바 있다. 위안커도 "『산해경』에 기록된 수많은 신들 중 서왕모(西王母)는 후대에 가장 큰 영향을 미쳤다."고 하고, 곤륜산을 그리스 신화의 올림푸스 산에 견주면서 "중국 신화에서 매우 중요한 위치를 차지하는" 산이라고 하였다. 서왕모에 관한 『산해경』의 기록은 다음의 세 곳에 보인다.

> 옥산은 서왕모가 사는 곳이다. 서왕모는 사람처럼 생겼는데 표범 꼬리에 호랑이 이빨을 하고, 잘 으르렁대며, 흐트러진 머리에 머리꾸미개를 꽂고 있다. 하늘의 재앙과 다섯 가지 잔혹한 형벌을 주관한다.
> 玉山, 是西王母所居也. 西王母其狀如人, 豹尾虎齒而善嘯, 蓬髮戴勝, 是司天之厲及五殘.(「西次三經」)
>
> 서왕모가 궤에 기대고 머리꾸미개를 꽂고 있다. 그 남쪽에는 삼청조가 있는데 서왕모를 위해 음식을 가져온다. 곤륜허의 북쪽에 있다.
> 西王母梯几而戴勝[杖]. 其南有三青鳥, 爲西王母取食. 在昆侖虛北.(「海內北經」)

서해의 남쪽, 유사의 물가, 적수의 뒤편, 흑수 앞쪽에 큰 산이 있는데 곤륜구라고 한다. 그 아래에는 약수연이 둘러싸고 있다. 그 바깥에는 염화산이 있어 물건을 던지면 다 타버린다. 어떤 사람이 머리꾸미개를 꽂고, 호랑이 이빨에 표범 꼬리를 하고 동굴 속에 사는데 이름을 서왕모라고 한다. 이 산에는 온갖 것이 다 있다.

西海之南, 流沙之濱, 赤水之後, 黑水之前, 有大山, 名曰昆侖之丘. … 其下有弱水之淵環之. 其外有炎火之山, 投物輒然. 有人戴勝, 虎齒, [有]豹尾, 穴處, 名曰西王母. 此山萬物盡有.(「大荒西經」)

위안커는 일찍이 『중국고대신화』를 집필할 때부터 『산해경』에 등장하는 서왕모가 '남성'이었을 것이라고 생각했다. 세 가지 기록을 시기 순으로 보자면 「대황서경」, 「서차삼경」, 「해내북경」인데 우선 「대황서경」에서는 "어떤 사람"이라고 하였으니 신이 아니라 인간이다. 또한 "호랑이 이빨에 표범 꼬리"나 "동굴 속에" 산다는 점(「대황서경」), "흐트러진 머리"나 "으르렁대기를 잘 하는" 거칠고 사나운 모습으로 보아 이것은 여성이 아닌 남성이라는 것이다. 이를 통해 위안커는 서왕모가 맹수를 사냥하고 동굴을 집으로 삼았던 야만 부족의 우두머리라고 추측한다. 따라서 "서왕모를 위해 음식을 가져오는" 삼청조(三靑鳥)[20]도 작고 예쁜 파랑새 세 마리가 아닌, 힘 센 맹금류일 것이라고 보았다.

하지만 「대황서경」에서는 이미 '어떤 사람'이라는 말 대신 "사람처럼 생겼고, 하늘의 재앙과 다섯 가지 잔혹한 형벌을 주관한다."는 말로서 서왕모가 어느 정도 신의 특징을 지니게 된다. 게다가 "궤에 기대고 있는" 「해내북경」의 서왕모는 온화하고 평화로운 여성적 분위기마저 띤다. 위안커는 이렇게 서왕모의 형상이 『산해경』 안에서 이미 변천하였다고 보았다. 게다가 이름의 '왕모(王母)'라는 두 글자의 인상이 너무 강하다 보니, 『목천

자전』, 『죽서기년(竹書紀年)』 등을 거치며 아름다운 '인간여왕'으로, 다시 『귀장(歸藏)』, 『회남자』, 『한무고사(漢武故事)』, 『한무제내전(漢武帝內傳)』 등을 거치며 아름다운 '신선'으로 변화되었다는 것이다.

『산해경』의 서왕모를 야만인 남성으로 파악하는 것은 사실 다른 논자에게서는 찾아보기 힘든 견해이며, 다만 그 이미지가 '거칠다'는 것만으로 남성이라고 파악하는 것은 사실상 근거가 좀 부족하다고 할 수 있다. 하지만 위안커는 서왕모 형상의 변천 과정이 좀 더 드라마틱하기를 원했던 것 같다. 다음의 구절에서 그 이유를 짐작할 수 있다.

> 서왕모 형상의 변천을 통해 야생에서 문명으로의 변화는 불가항력적인 변천의 공식임을 알 수 있다. 각 시기의 서왕모는 각 시기 신화 전설의 특색을 나타내며 그 또는 그녀 자체의 존재 이유를 지닌다. 원시사회의 서왕모는 괴인(怪人)이거나 괴신(怪神)이고, 노예사회의 서왕모는 당연히 왕이 되었다. 봉건사회로 와서 서왕모는 선인이 되었다. 이렇게 세 번 변화한 서왕모의 형상은 사실 하나로 통한다. 따라서 우리는 자기가 지어 놓은 울타리를 허물고 광의의 신화의 합리성을 받아들여야 한다.[21]

이런 입장은 곤륜산에 대한 서술 변천의 판단에서도 마찬가지로 견지된다. 예컨대 「대황서경」의 간략한 서술이나 「서차삼경」의 '곤륜구'의 원시성 짙은 서술에 비해 「해내서경」의 '곤륜허'는 좀 더 "웅장하고, 아름다우며, 자연스럽고, 뛰어나다."고 평가하면서 다시 한 번 "신화가 야생에서 문명으로 진화한다는 법칙"을 강조한다.

(4) 『산해경』과 소수민족 신화

위안커는 소수민족 신화의 중요성도 잘 인식했다. 그는 중국에 신화가 없다는 편견이 한족의 고문헌에 남아 있는 일부 단편적 자료들만 보고, 소수민족이 가진 대부분 '구전을 통해 전해져 온' '풍부하고, 다채로우며, 웅대하고, 장려한' 수많은 신화들에 주의를 기울이지 않는 데서 생겨난다고 보았다. 그리고 중국 신화의 전체 모습을 드러내려면 소수민족의 신화가 수집, 정리되고, 전문 연구서가 쓰여야 된다고 판단했다. 또한 스스로 그 일에 착수할 형편이 되지 않는 것을 대단히 안타까워했다. 따라서 그는 『산해경』 연구에서도 소수민족 신화의 흔적을 발견해 내고자 한다. 특히 '해경(海經)'에 기록된 사방의 특이한 나라와 민족들의 기록을 위안커는 "고대의 소수민족들이 신화전설 속에 투사된 것"이라고 보았다. 삼수국(三首國)·삼신국(三身國)·결흉국(結胸國)·기굉국(奇肱國)·일목국(一目國)·대인국(大人國)·소인국(小人國)·여자국(女子國)·장부국(丈夫國)·불사민(不死民)·옥민국(沃民國)·무함국(巫咸國) 등 "특이한 생김새(異形)"나 "특이한 속성(異稟)" 등을 지닌 사람들이 사는 나라에 대한 기록은 '환상적인 것과 현실 세계의 사람들이 섞인' 것으로, '질박하고 건강한' 기록들이고, 여기에서 민족 비하와 같은 편견을 발견할 수 없다고 보았다.[22]

이처럼 위안커는 "후대 혹은 근대까지 전승되어 온 일부 소수민족의 신화가 『산해경』의 기록 속에 이미 그 단서를 남기고 있다."고 보았다. 예를 들어 「해내북경(海內北經)」이나 「대황북경(大荒北經)」에 나오는 견봉국(犬封國), 견융국(犬戎國), 견융 등의 기록[23]은 "『후한서(後漢書)』 「남만전(南蠻傳)」에 기록된 반호(盤瓠) 신화 내지 묘족(苗族), 요족(瑤族), 사족(畬族), 여족(黎族) 등 근대 남방 소수민족에 전승되어온 '신모구부(神母狗父)', '판후왕' 신화 등의 흔적"이라고 보았다. 또한 『산해경』 「해내경」에 나오는 연유(延維) 기록[24]은 원이둬(聞一多) 「복희고(伏義考)」의 견해를 따라 복희 남매혼 신화의 흔적으로 간주한다.

등보산(登葆山, 「海外西經」), 영산(靈山, 「大荒西經」), 조산(肇山, 「海內經」) 등의 산과

건목(建木, 「海內南經」과 「海內經」)이라는 나무 등, 『산해경』에 등장하는 하늘사다리 관련 기록들은 소수민족의 노래와 구비 전승에 보편적으로 나타나는 하늘사다리 신화의 효시라고 보았다. 『산해경』의 단편적인 하늘사다리 관련 기록들이 어떻게 소수민족 신화의 하늘사다리 신화와 직접적인 관련이 되는지, 그리고 어떻게 『산해경』이 그 효시가 될 수 있는지에 대한 근거는 상당히 부족하다. 하지만 위안커는 단호하다. 여기에서도 "중국 신화의 보고(寶庫)" 『산해경』을 중심으로 단원적 중국 신화 체계를 이루고자 했음이 분명해 보인다.[25]

　이상에서 살펴본 것처럼 위안커의 『산해경』의 신화 연구에서 확인할 수 있는 것은 그가 『산해경』에서 원시시대부터 국가 발생 시기까지에 해당하는 모든 신화의 흔적들을 찾고자 하였다는 점, 그리고 그것을 단원화시키고자 했다는 점, 자신의 광의신화론에 부합시키고자 했다는 점 등이다. 그럼 이어서 『산해경』이라는 텍스트 자체의 성격에 대한 위안커의 관점을 고찰해 보기로 하자.

　3) 『산해경』을 보는 위안커의 관점

　서론에서 언급했듯이 현대 중국학계에서는 위안커가 『산해경』을 단순한 신화서나 무서(巫書)로 간주하였으며, 그것은 『산해경』을 초학과적이고, 종합적이며, 활용될 수 있는 사료(史料)로 보는 현재 학계의 입장과는 매우 성격이 다른 관점이라고 치부하곤 한다. 하지만 위안커는 『산해경』을 단지 '신화서' 또는 '무서'로 파악하였던 것이 아니다. 그는 『산해경』의 백과사전적 특징, 지리서적 특징, 학술적 가치, 역사적 가치를 충분히 인식하고 있었다.

『산해경』은 다양한 학과 성격의 책으로, 단지 3만 1천여 자이지만 풍부한 내용을 망라하고 있다. 대량의 신화 자료를 보존하고 있을 뿐만 아니라 역사, 지리, 천문, 기상, 종교, 민속, 동물, 식물, 광물, 의약, 민족학, 인류학, 지질학, 해양학 등 학술 영역의 각 방면에 대해 언급하고 있어 고대인들의 일상생활 백과전서라고 칭해진다.[26]

중요한 것은 이런 인식이 그가 『산해경』을 신화서나 무서(巫書)로 접근하는 것과 충돌하지 않았다는 사실이다. 이 점을 이해하기 위해서는 그의 광의신화론과, 그의 신화론에서 '역사의 그림자'라는 개념을 이해할 필요가 있다. 그 역시 "이 책은 신화를 기술한 책인데 어째서 다방면의 학술 영역을 언급하며, 다양한 학과 성격을 갖췄다는 것인가?"라고 질문을 던진 후, 신화 자체의 함의를 탐구하여 그 해답을 찾을 수 있다고 한다. 그는 원시인들의 사유 속에서 신화는 그들의 "문화역사지식"이었다고 말한다. 따라서 주로 원시시대의 신화를 반영한 『산해경』은 "신화와 각종 문화역사지식이 섞이고, 다양한 학과 성격을 지닌 서적이 되었다"[27]는 것이다. 이렇게 『산해경』이 모종의 '지식'을 담은 책이었다는 사실은 『산해경』을 무서로 보는 관점과도 상통한다. 무(巫)는 다름 아닌 이런 '지식을 장악하고 있는 자'였기 때문이다. 따라서 그는 『산해경』을 무서로 간주한 루쉰의 견해에 동조하면서 다음과 같이 말한다.

루쉰은 『산해경』이 "아마도 옛 무서(巫書)일 것"이라고 말했고, 또한 "무(巫)로서 신사(神事)를 기록하였다."라고 하였다. 원시시대 신화와 종교의 관계가 밀접했던 상황과 관련지어 볼 때, 『산해경』에 그렇게 종교·신화 방면에 속하는 많은 사물을 기록하였으니, '무서'라는 추론은 확실히 시각이 독창적이고 진지하며 명철한 견해를 갖추고 있는 것이다. 고대의 무는 풍부한 문화역사 지식을 장악하였다. …『국어(國語)』「초어(楚語)」에서 "절지천통(絕地天通)" 이전 "인간과 신이 혼란스레 섞인" 상황에 대해 "집집마다 무사를 두었다(家爲巫史)"라고 기록했는데, "무사(巫史)"라고 연이어 쓴 것을 보면 원시시대에는 무(巫)의 직책이 사(史)의 직책을 겸했음을 알 수 있다. 하지만 고대 '사(史)'의 개념은 상당히 넓어서 "육경(六經)은 모두 사(史)"(章學誠)라고 할 정도로 모든 문화 역사 지식이 다 그 안에 있는 것으로 쳤다. 따라서 루쉰이 『산해경』이 "아마도 옛 무서"라고 한 것은 이런 상황을 정확히 보고 발언한 것이다.[28]

또한 위안커의 관점에서 신화는 역사 시기나 문명 시기에도 계속 생겨나는 것이었다. 이러한 신화의 통시성은 그의 '광의신화론'을 이루는 기본 관점이기도 하다. 그의 이런 신화관에서 보자면 대부분의 신화는 완전한 허구만은 아니며, 신화라는 프리즘을 통해 역사의 그림자가 다양하게 반영되기 마련이다. 이 문제를 위안커는 "신화가 역사는 아닐지라도 그것은 역사의 그림자일 수 있으며, 역사상 돌출된 단편적 기록일 수도" 있다고 보았고, "신화를 연구함으로써 그것이 암시하고 있는 내용을 통하여 역사의 진상을 캐낼 수도 있다."고 언급한 바 있다.[29]

이런 관점은 『산해경』 속에 역사적으로 실존했던 국가와 상상적 국가가 동시에 출현하는 현상을 설명하는 단서가 되기도 한다. 관흉국(貫胸國), 우민국(羽民國), 장비국(長臂國), 불사국(不死國) 등 신화적 국가들이 숙신국(肅愼國), 삼묘국(三苗國)처럼 역사에 기록된 국가들과 나란히 등장하는 현상을 위안커는 『산해경』을 쓴 사람의 인식 속에는 이런 국가들에 대한 구분이 없이, 모두 일종의 '실재'로 받아들여졌다고 여겼다. 그들에게는 즉 이것이 신화인지 역사인지 구분이 없었다는 것이다. 이 점에서도 위안커는 루쉰의 견해를 따른다. 루쉰은 『중국소설사략(中國小說史略)』에서 육조(六朝)의 신과 귀신

지괴서를 논하며 다음과 같이 말한 바 있다.

당시에는 명계와 인간세계가 그 존재하는 방식은 다르지만, 사람이나 귀신 모두 실재한다고 생각했기 때문에, 기이한 일을 서술하는 것과 인간세계의 일상사를 기록하는 것에 있어서 진실과 허구의 구별이 없다고 보았다.

이렇게 환상적 사물과 현실의 사물이 섞인 것을 위안커는 "그리스 신화와도 다르고, 북유럽 신화와도 다르며, 인도나 이집트 등의 신화와도 다른" 『산해경』의 특징으로 "비교적 원시 기록에 접근한 신화"라는 방증으로 간주한다.

이것이 귀한 이유는 『산해경』이라는 책에 그 자체의 신화 성격을 드러내고 있을 뿐 아니라 한층 더 깊이 원시 종합체를 이루는 신화적 성격을 드러낸다는 데 있다. 이것은 당연히 중국 신화를 연구하는 데 집중해서 연구해야 할 대상이다. 하지만 만약 시각을 『산해경』에서 언급한 범위에만 맞춘다면 우리의 시야는 너무 협소해지고 말 것이다. 시야를 여기에서 해방시켜 아래로 더 늘여서 신화 속 문학적 요소의 발전과 점차 종합체 속에서 분리해 나오는 것을 보고 또 후대의 종교, 역사, 지리환경, 민속 등의 요소와 결합하여 만들어 내는 천변만화하며 찬란하고 다양한 복잡한 상황을 보아야 한다. 이것이 바로 내가 말하는 광의의 신화이다. 『산해경』에서 드러내는 신화를 보지 않고는 신화의 진실(眞)을 알 수 없고 신화가 문학화되어 가는 광의의 신화를 보지 않으면 신화의 온전함(全)을 알 수 없다.[30]

그런데 그가 『산해경』을 무서로 규정하거나 신화적 관점으로 접근한 것은 다른 접근법들과 대결하거나 그것들을 배제하기 위해서가 아니었다. 오히려 위안커에게 중요한 것은 스스로를 루쉰과 마오둔의 계승자로 자리매김하는 것이었던 듯하다. 루쉰의 『산해경』 무서설(巫書說)[31]을 재조명하고 그것을 '탁월한 견해'라고 확인한 바도 있거니와 『산해경』의 신화학적 접근을 시작한 것이 1920년대 루쉰과 마오둔이었다는 것은 잘 알려진 사실이다. 루쉰은 『중국소설사략』을 집필하면서 신화가 "종교의 맹아와 미술의 기원"일 뿐 아니라 사실상 "문학의 원천"이라고 보았고, 따라서 소설의 원류로 '신화와 전설'을 첫머리에 배치했다. 그리고 그런 신화를 가장 많이 찾아볼 수 있는 옛 책으로 『산해경』을 꼽았다.

> 중국에는 신화를 담고 있는 대저작이 없고, 산발적으로 남아 있는 신화도 아직 그것들을 모아 전문서로 만든 것이 없다. 찾아보면 옛 서적들에서 그 단서를 얻을 수 있을 뿐인데, 이런 옛 서적 중 가장 중요한 것으로 『산해경』을 들 수 있다.[32]
> 중국의 신화와 전설은 『산해경』에 특히 많이 남아 있다.[33]

마오둔 역시 『산해경』의 신화학적 가치를 알아보고, 『산해경』이 "신화 자료를 가장 많이 포함하고 있는" 책이라고 하면서 이렇게 말한다.

> 필자는 『산해경』의 신화적 가치가 매우 높다고 믿는다. 그래서 이 글에서도 『산해경』에 기댄 부분이 『초사』나 다른 책에 기댄 것보다 더 많다.[34]

이렇게 볼 때 위안커가 『산해경』을 단지 신화서나 무서(巫書)로 간주했다는 평가는 불충분하다. 그에게는 신화도 사실이나 역사와 배치되는 '단지'

신화가 아니었고, 무(巫) 역시 미신이나 단순한 일종의 종교 현상이 아닌 종합적 '역사 문화지식'의 담지체였다. 이 점은『산해경』을 바라보는 위안커의 이러한 관점을, 이어서 서술할 현대 중국학계의『산해경』연구와 연속선상에서 사유하게 해 준다.

3. 위안커 이후 중국의『산해경』연구

1990년대에는 중국에서 전국 규모의『산해경』학술대회가 수 차례 개최되었다. 1992년 8월에 길림(吉林) 장춘(長春)에서 열린 제1차 〈『산해경』과 중화문화 학술토론회〉를 필두로, 1995년 8월에는 산동(山東) 제남(濟南)에서 제2차 학술토론회가, 1997년 8월에는 운남(雲南) 곤명(昆明)에서 제3차 학술토론회가 개최되었다. 푸취안(富泉)이 정리한 제3차 학술토론회의 토론 내용을 보면 다음과 같다.

〈의제〉:
『산해경』과 중화 문화, 중화 문화의 원류 및 세계 문화와의 관계[35]
〈토론내용〉:
1. 중화 문화는 유구한 역사를 지니고 있으며 상하 5천 년은 단지 5천 년이 아니라 1만여 년이다.『산해경』등 고문헌의 기록과 점점 더 늘어나는 고고 발견은 중화 문화가 적어도 8~9천 년 전에 형성되었음을 증명해 준다. 당시의 문명 수준도 이미 낮은 수준이 아니었으며 '야만'이나 '몽매' 시대가 아니었다.
2. 상고의 중화 문명은 세계 문명의 중심이었다. 수많은 과학기술의 발명이 모두 중국에서 기원했을 뿐만 아니라 수많은 해외에 거주하는 사람들

도 모두 아시아, 특히 중국에서 옮겨가 동시에 중화 문화를 전파하였다. 옛 인디언과 그 찬란한 문명은 이미 중화의 분기임이 증명되었다.

3. 『산해경』에서 기록된 지리 범위는 이미 현재 중국의 범위 및 그 주변 지역을 넘어 세계 각지에까지 미치며, 그 진실성 역시 점점 더 국내외 학술 연구 성과로 드러나고 있다. 따라서 과거에 '중국권'에 한정하는 관점이나 '신화파'의 관점은 『산해경』의 비밀을 탐구하는 데 도움이 되지 않는다.

4. 『산해경』의 연구는 역사 · 지리 · 민족 · 과학기술 · 언어 · 예술 · 역법 · 종교 · 의약 · 광산 · 동물 · 식물 · 식품 등등 여러 학과에 걸쳐 있다. 따라서 여러 학과의 참여로 전 방위적 탐구가 필요하며 변증유물주의와 역사유물주의의 관점을 운용하고 현대 정보과학과 과학기술 수단을 활용해야 한다. 특히 언어 · 문자의 비교연구를 중시해야 하고 해당 지역 문화 유적 · 출토 문물 · 역사 연혁 · 민속 풍습 등의 실제와 결합해야만 상응하는 성과를 거둘 수 있다.

토론회의 내용이 중화 문명의 기원을 1만 년 전으로 소급하려는 시도와 시노센트리즘(Sino-centrism)적인 해석, 확장주의적 해석 등으로 점철되어 당혹스러울 정도이다.[36] 게다가 1992년 제1차 토론회에서 발표된 궁위하이(宮玉海)의 논문은 1) 현대 인류는 중국에서 발원했다 2) 아메리카인디언은 중국 선민의 후예이다 3) 고대 이집트, 그리스, 로마, 마야 등의 문화는 모두 중화문화와 근원이 같다는 내용을 담고 있었다[37]고 하니 경악하지 않을 수가 없다. 이처럼 『산해경』 세계권설 등의 최근 연구 경향과 관점들에는 당혹스러운 점도 적지 않다. 하지만 확실히 학술적 진전을 이루는 연구 성과도 적지 않은데,[38] 그중에서도 예수셴(葉舒憲), 샤오빙(蕭兵) 및 한국의 정재서(鄭在書)가 함께 편찬한 『산해경 문화의 자취를 찾아서(山海經的文化尋踪)』(湖北

人民出版社, 2004)와 마창이(馬昌儀)의 『전상산해경도비교(全相山海經圖比較)』(文苑出版社, 2002)가 단연 돋보인다.

우선 마창이는 고본(古本) 『산해경』은 '유도유문(有圖有文)', 즉 우선 그림이 있고 거기에 글이 있는 형태였음에 주목하고 따라서 도(圖)와 문(文)의 관계를 연구해야만 한다고 생각했다. 그는 『산해경』에 '신화 기록'만 있지 '신화 고사'는 없는, 이른바 '신(神)'은 있는데 '화(話)'가 없다는 '비서사성'을 그 자체로 해석의 단서로 삼는다. 즉 그 비서사성은 주로 그림의 서술에서 비롯된다는 것이다. 따라서 『산해경』의 기록을 보면 보통 1) 비서술적이고 2) 도해가 가능하고 3) 정태적이며 4) 다른 학술의 부속물이라는 인상을 준다고 한다. 그렇다고 마창이가 『산해경』에 신화가 없다고 보는 것은 아니다. 이야기를 전승하는 텍스트의 형태는 문헌뿐 아니라 구전, 그림, 공연, 행위 등 다양하다는 것이다. 게다가 위안커의 견해처럼 『산해경』에 나타난 신화는 '원시' 신화이며 주로 '원 형태'의 신화가 보존되었다고 보았다.

마창이의 『산해경도(山海經圖)』에 대한 관점과 유사하게, 위안커 역시 『산해경』은 원래 "그림이 있고 글이 있었다."는 점을 언급한 바 있다. 특히 왕해(王亥)에 대한 기록이 간략하고 상세하지 않은 이유에 대해 "그림에 근거하여 글을 썼기 때문"이라고 설명하기도 하였으니 『산해경』의 도(圖)와 문(文)의 관계에 대하여 이들은 견해를 같이했다고 할 수 있다. 또한 이것은 어렸을 적 『산해경도』를 선물로 받고 그 신비로운 이미지에 사로잡혔던 루쉰의 『산해경』 이해와도 연속선상에 있다고 할 수 있다. 마창이는 역대의 '산해경도'를 전부 대조하여 수록하였고 거기에 원문과 해설을 달았는데, 원문 부분은 주로 위안커의 『산해경교주』(巴蜀書社, 1996)를 근거로 삼고, 해설 부분은 역대 주석가들의 설명과 위안커의 성과를 수록하였다.[39]

한편 『산해경 문화의 자취를 찾아서』는 학술 연구를 재건하고 객관적 신화 연구를 진행했다는 평가를 받는다. 좁은 의미의 민족주의나 지방주의,

문화 자아 중심 관념을 없애기 위해 노력했다[40]는 것이다. 특히 이 책의 공동저자이자 현 중국 신화학계의 대표주자인 예수셴은 『산해경』을 '신화-정치지리학' 저작으로 보는 입장을 취한다. 『산해경』은 특정 지역을 반영하는 것이 아니라 당시의 '신화 우주관'을 체현한 것이며, 진한(秦漢)이라는 시대의 대일통(大一統)의 배경 아래 생겨났다는 것이다. 그는 『산해경』은 분과 학문의 경계를 초월하여, 범문화적인 해석이 필요하다고 주장한다. 예수셴의 『산해경』 연구의 주요 공헌을 탕치추이(唐啓翠)와 후타오슝(胡滔雄)은 다음의 세 가지 방면으로 설명한다.[41]

1) 『산해경』을 지리, 신화, 무서(巫書) 등으로 보는 기존의 설을 바꿔 『산해경』이 '신화정치지리학 저작'임을 확인하였다. 『산해경』의 성격에 대해서는 한대(漢代)부터 현대까지 갖가지 다른 설이 있었다. 즉 지리서, 신괴(神怪)를 이야기한 책, 자부(子部) 소설가류(小說家類)의 책 등으로 간주되는가 하면, 위안커는 이 책을 신화소설로 보았고, 루쉰은 무서로 보았다. 이외에도 이것을 '신사설(信史說)', '지서설(志書說)' 및 '신화천문역법설' 등이 있었다. 이들은 보통 그 구체적 내용으로부터 『산해경』의 성격을 논한 것이다. 예수셴은 지식사회학적 각도에서 출발하여 『산해경』을 '신화정치지리서'라고 인식하였다. 그는 「『산해경』 신화정치지리관」에서 프랑스 철학자 미셸 푸코의 말을 빌려 『산해경』을 고대 중국의 '권력지리학'적 사례로 보았다. 『산해경』은 보기에 지리서 같지만 사실상 특정한 공리 목적을 위한 정치적 상상도이다.

2) 상고(上古) 시대의 우주 도식 및 점복 주술에서 착수하여 장기적으로 논쟁이 된 『산해경』의 방위 순서 문제를 해결하였다. 『산해경』에서 '오장산경(五藏山經)', '해외사경(海外四經)', '해내사경(海內四經)'의 방위 순서는 '남-서-북-동-중'이다. 예수셴은 신화 사유 시대의 우주 도식에서 착수하

여 이 문제에 대해 탐구하였다. 『산해경』은 지금은 전하지 않는 『산해도』
에 기대어 생겨난 것이다. 예수셴은 "옛날부터 평면 공간도는 대부분 신
화 사유의 공간관을 따랐다. 따라서 현대 과학의 지리관처럼 상북하남(上
北下南)·좌서우동(左西右東)의 공간에 따르지 않고, 상남하북(上南下北)·좌
서우동(左西右東)의 방식을 따랐다. 다시 말해 옛 사람들의 지도에서 방위
배열은 수평축이 오늘날과 일치하지 않으며 수직축 역시 오늘과 상반된
다."고 했다. 예수셴은 또한 점복 주술의 각도에서 『산해경』의 방위 순서
를 고찰하여 이 문제를 해결한다. 『사기(史記)』 「천관서(天官書)」에 기록되
어 있는 팔방점(八方占)의 배열 순서는 남풍-서남풍-서풍-서북풍-북풍-동북
풍-동풍-동남풍이다. 대체로 남-서-북-동의 전개 순서를 가지고 있음을 볼
수 있다. 『산해경』의 방위 순서는 바로 이런 점복 주술 전통과 부합한다.

3) 전통적 지리 관념을 타파하고 『산해경』이 반영하는 것이 일종의 대세
계관이며 일종의 동심원적 상상 구축물이라고 인식하였다. 『산해경』에
묘사된 지역은 도대체 어디인가? 전통적 지리학자와 문학자들은 『산해
경』이 고대 중국의 범위로서 현재 지역 범위와 대체로 비슷한데 조금 더
크며, 아시아 지역에 해당한다고 보았다. 근대 이후 멍원퉁(蒙文通)은 서방
과 남방이 모두 중국 현재의 판도를 넘어서므로 이것은 중국과 중앙아시
아, 동아시아 각 민족의 상고시대 생활상과 민족 관계를 보여주는 주요
자료라고 보았다. 궁위하이(宮玉海)는 『산해경』은 중국을 중심으로 한 세
계 지리서라고 보았다. 반면 예수셴은 『산해경』이 "중화문명일원중심관
(中華文明一源中心觀)의 원형"이며 여기에 반영된 지리 관념은 '대세계관' 으
로 일종의 '동심원적 상상 구조' 라고 하였다.

『산해경』을 통해 '세계 문명 중국기원설' 이나 '세계 민족 중국기원설'
을 주장하는 학자들에 비하면 예수셴은 확실히 매우 세련되고 설득력 있는

논지를 전개하였다고 할 수 있다. 『산해경』을 단순히 지리서나 신사(信史) 등 특정 성격의 책으로 규정하는 것을 넘어 '신화정치지리서'라는 종합적 이해를 한 것이나, 방위 순서의 비밀을 밝혀낸 점, 『산해경』이 반영하는 지리를 무리하게 현실 지리에 맞추려 하지 않고 이것을 '동심원적 상상 구조'로 파악한 점 등은 확실히 진전된 논의라고 할 수 있다. 하지만 예수셴의 연구는 여러 가지 면에서 위안커의 연장선상에 있다.

우선 그가 『산해경』을 '신화정치지리서'라고 한 것은 사실 '신화서'와 '지리서'를 합치고, 거기에 '정치적'인 면이 있다고 하는 표현에 다름 아니다. 또한 『산해경』의 우주관을 표현하는 말로 '신화지리'라는 단어를 쓴 것은 예수셴이 처음이 아니다. 앤 비렐(Anne Birrell) 역시 자신의 『산해경』 번역서 서문에서 이것을 'Mythogeography'[42]라는 말로 표현한 바 있다. 또한 예수셴은 중심을 '중국'으로 삼고 그것을 '동심원적 상상 구조'라고 함으로써 사실은 그것이 반영하는 현실 지리가 어디인가의 직접적인 답변은 피한 것이라고 할 수 있다. 위안커는 『산해경』이 전국시대 초나라와 초 지역을 중심으로 쓰였다고 보았고, 역시 『산해경』 자체를 단원적 구조로 파악하였다. 중심을 어디로 삼는가에 약간의 차이가 있을 뿐 그 기본 공간 구조의 인식은 예수셴과 크게 다르지 않다. 또한 문화인류학적 시각으로 『산해경』에 범학과적, 범문화적 접근을 시도하는 예수셴의 인식이 루쉰이나 위안커가 『산해경』을 무서(巫書)로 파악하는 것과 크게 다르다고 할 수 있을까? 루쉰과 위안커 공히 무(巫)는 고대에 '역사문화 지식'을 장악하고 있던 존재로 파악했다. 그리고 그것을 『산해경』의 백과사전적 성격이나 현실과 상상이 중첩되는 원인으로 설명하였다. 이것은 '신화'의 학제적, 총체적 인식의 단초이다. 물론 그 인식의 발현에서 예수셴이 그의 선배 학자들보다 훨씬 앞서 나갔다는 것은 분명해 보인다.

4. 나오며

이 글은 위안커의 『산해경』 연구를 중심으로 살펴보면서 두 가지에 초점을 맞추었다. 위안커가 무엇을 신화로서 선별해 내는가, 그리고 현재 중국 학계의 『산해경』 연구는 위안커와 단절했다고 볼 수 있는가?

첫 번째 질문에 답하기 전에 '신화학' 자체를 고찰해 보자. 일반적으로 신화 문헌은 크게 두 개의 범주, 즉 신화에 대한 '비판적' 이론과 신화를 '응용한' 글쓰기로 나눌 수 있을 것이다. 첫째 범주는 우리가 신화에 대해 가지고 있는 근본 가정들, 즉 '신화'의 의미는 무엇이며, 따라서 그것은 어떻게 연구되어야 하는가를 탐색한다. 둘째 범주에서는 의도적으로 이론에서는 무관심한 태도를 보이고, 신화 의미의 개념적 탐색은 접어 두고 신화가 주는 아이디어들을 이용하는 데 만족한다. 첫 번째가 롤랑 바르트가 말한 '신화학자'의 기능에 해당한다면 두 번째는 '신화 제작자'의 기능에 해당한다. 그런데 흥미로운 것은 이 두 입장의 차이에도 불구하고 신화학자들 역시 스스로 밝히는 것보다 훨씬 더 많은 것을 '가정'하고 자기들의 이론을 '응용'한다. 그들은 의외로 자신이 자각하는 것보다 훨씬 더 많이 자기의 문화 속에서만 통용되는 언어를 사용하는 것이다. 즉 신화에 대한 자신의 '진단(prescriptions)'을 겉으로 보기에는 단순한 '서술(descriptions)' 뒤에 숨겨 둔다. 그렇게 신화라는 '대상(object)'을 재구성한다. 위안커의 경우는 두 개의 범주를 모두 시도한 신화학자이다. 그는 신화학자이며 신화 제작자였다. 게다가 그에게는 두 개의 작업이 상보적으로 진행되었다.

『산해경』 연구에서도 마찬가지이다. 그의 『산해경』 연구는 '중국 신화 집대성'이라는 그의 큰 기획 속에서 수행된다. 따라서 『산해경』의 단편적 기록들은 '집대성'의 대기획을 위한 이론적 도구였던 '광의신화론'에 입각하여 중국 문화 속에서 통용되던 다른 언어들, 이 경우에는 다른 문헌들의 응용을 통해 근원적 신화로 재구성된다. 『산해경』의 여와지장(女媧之腸)에 대한 위안커의 분석은 그 단적인 예이다. 열 명의 신의 이름인 '여와지장'이 모권제 씨족사회의 위대한 여성 개벽신으로 재구성되는 것이다. 또한 『산해경』내에서 단일한 대상에 각기 다른 기술들은 그가 설정한 신화의 발전 단계에 맞추어 재구성된다. 서왕모를 야만 부족의 우두머리인 '남성'으로 간주하는 것은 바로 그의 이런 기획 안에 놓여 있다.

둘째로 위안커의 『산해경』 연구와 위안커 이후 『산해경』 연구는 단절되었다고 볼 수 있는가의 문제이다. 이에 답하기 위해 본고에서는 위안커의 '신화'와 '무(巫)'의 관점을 고찰하였다. 그는 '신화'를 고대의 지식으로 보았고 『산해경』을 기록한 '무(巫)'가 바로 이 고대의 '역사문화지식'을 장악했던 지식인들이었다고 이해하고 있었다. 그의 신화관은 이미 학제적, 통섭적 단초를 보이며 그것은 20세기 초 마오둔과 루쉰을 계승함으로써 확보된 것이다. 따라서 위안커 이후 『산해경』 연구의 범학문적, 종합적 접근법은 사실 이 연장선상에서 이해할 수 있으며, 위안커가 『산해경』을 단지 '신화'로 혹은 단지 '무서(巫書)'로 이해했다는 현대 학자들의 주장은 불완전하다고 할 수 있다. 결국 위안커는 중국의 『산해경』 연구사에서 20세기 초와 현재를 잇는 교량 역할을 수행한 셈이다.

신화의 변형과 재창조
— 오이디푸스 신화를 중심으로

최 화 선

1. 머리말

1930년대 이탈리아의 한 저택, 정원의 풀밭 위에서 한 어린아이가 엄마 품에 안겨 젖을 빨고 있다. 아이의 눈에 비친 높고 푸르른 하늘과 무성한 나무들은 아이가 지금 누리고 있는 이 절대적 평화가 자연과 얼마나 완벽한 조화를 이루고 있는 것인지 암시하는 듯하다. 그러나 곧 군복을 입은 아버지가 돌아오고 그는 증오에 가득 찬 눈으로 아이를 바라본다. 그날 밤 그는 부인과의 잠자리 후 아이에게 다가가 조그만 아이의 두 발목을 그의 무자비한 손으로 강하게 움켜쥔다. 순간 장면은 태고로부터 전해 온 것과 같은 피리 소리에 실려 황량한 고대 그리스의 키타이론(Cithaeron) 산으로 옮겨지고, 카메라는 아이의 두 발목을 막대기에 묶어 매단 채 걸어가고 있는 한 사나이를 비춘다.

1967년 이탈리아의 시인, 소설가이자 영화감독인 피에르 파올로 파졸리니(Pier Paolo Pasolini)가 만든 영화 〈오이디푸스 왕〉(Edipo Re)[1]은 이처럼 현대에서 고대의 신화 세계 속으로 꿈처럼 넘어가며 시작한다. 이후 영화는 수 세기에 걸쳐 수많은 사람들의 입을 통해 거듭 이야기되어 온 '오이디푸스 왕의 이야기'를 또다시 우리에게 전해 준다. 아버지를 죽이고 어머니와 결혼할 운명을 타고났다는 예언에 따라 버려진 아이. 간신히 목숨을 구하고 코린트(Corinth)에서 자라나지만 결국 운명에 이끌려 그곳을 떠나 방황하다가, 우연히 만난 남자가 자신의 아버지인 줄도 모르고 살인을 저지르며 나아가 자신의 고향 테베(Thebes)에 도착해 아무 것도 모른 채, 자신을 낳은 어머니를 아내로 맞이 하고 테베의 왕이 된다. 이후 모든 진실이 밝혀지자 그는 괴로움을 견디지 못해 자신의 눈을 찌르고 방랑의 길을 떠난다. 우리가 기억하는 한, 최소한 기원전 5세기 그리스의 비극 작가들로부터 20세기의 음악가와 영화감독에 이르기까지 이 이야기는 무수히 재서술되었고 그때마다 독특한 의미로 재해석되었다. 도대체 왜 이 이야기는 이처럼 거듭 말해지고 있을까. 모두가 아는 이 옛 이야기를 파졸리니가 또다시 영화로 만든 것은 무슨 까닭일까.

신화 혹은 좀 더 넓은 의미에서 고전은 과거로부터 전해 오는 것으로서 무언가 중요한 의미를 담고 있다고 여겨져 전통 속에 뿌리 깊이 자리 잡게 된 문화적 산물을 지칭한다.[2] 그러나 더 주목해야 할 점은 신화와 고전의 핵심 테마가 각 세대마다 새롭게 재해석된다는 것이다.[3] 따라서 고전은 영원한 것인 동시에 영원한 것이 아니다. 우선 고전이 영원하다는 것은 그것이 여러 세대에 걸쳐 기억되고 그들의 현재 속에서 계속 의미를 갖는다면 그렇다는 것이다. 그러나 고전이라고 해서 항상 기억되는 것은 아니다. 지금 논의하고자 하는 '오이디푸스 왕'만 보더라도 비록 중세에 이 이야기의 이본(異本)이라 여겨지는 여러 가지 전설과 민담이 존재했지만, 사람들의 의식 속에서 그 존재가 명확히 기억되고 의미를 갖기 시작한 것은 16세기 초에 소포클레스(Sophocles)가 재발견되고 그리스-로마 문명이 새롭게 인식되면서부터다. 따라서 서구의 고전인 소포클레스의 비극 『오이디푸스 왕』은 사실상 오랜 시기 동안 잊혀졌다. 또한 설사 계속 기억된다 해도 각 세대마다 그 기억의 의미는 상이하다. 심지어 같은 기원전 5세기 무렵의 그리스인이었지만 소포클레스와 에우리피데스(Euripides), 아이스퀼로스(Aeschylus)의 오이디푸스 왕 해석은 같지 않았고, 따라서 기원후 1세기의 세네카(Seneca)와 20세기의 장 꼭또(Jean Cocteau)가 오이디푸스 왕에 대하여 전혀 상이한 작품을 쓴 것은 놀랄 만한 일이 아니다. 그러므로 고전은 영원한 것이, 좀 더 엄격히 말하자면 고정된 것이 아니다. 그것은 때때로 한동안 잊혀질 수도 있으며, 특정한 시기에 새롭게 인식되어 예상치 못한 엄청난 주목을 받기도 한다. 더욱이 같은 내용을 다루더라도 시대에 따라 혹은 작가에 따라 전혀 다른 각도에서 전혀 다른 의미로 재구성되기도 한다.

그렇다면 고전은 어떤 내적인 고유한 가치 때문에 고전으로서의 고유한 의미를, 나아가 권위를 갖는 고정된 것이 아니라, 이를 수용하는 사람들의 가치에 따라 규정되는 유동적인 개념이라 말할 수 있다. 따라서 고전의 가치는 고전 자체의 고정된 힘에서 나오는 것이 아니라, 이를 능동적으로 수용하고 재해석해 내는 사람들의 가치와 힘에서 나온다. 오늘날 서구인들이 그처럼 자부심을 갖는 그들의 '고전' 역시 르네상스의 산물일 뿐이며 그 이후 덧붙여진 권위에 의해 마치 고정된 무엇으로 여겨지게 된 것일 뿐이다.[4]

다시 처음의 질문으로 돌아가 보자. 오이디푸스 이야기가 계속해서 재서술되는 것은 그것이 고전으로서의 내적인 힘, 고정된 힘과 권위가 있기 때문이 아니다. 힘과 권위가 있다면 그것은 고전 내부에 깃든 힘이 아니라 이를 해석하고 재서술하는 이들이 여기에 부여하는 힘과 권위이다. 중요한 것은 그들이 이를 자신의 현재의 삶과 결부시켜 거기에 이와 관련된 어떤 중요한 의미가 담겼다고 생각한다는 점이다. 따라서 우리는 질문을 조금 바꿔볼 필요가 있다. 왜 이 이야기가 이처럼 계속해서 반복되어 언급되는

지가 아니라, 이 이야기가 다시 재서술될 때마다 어떠한 점들이 중요한 의미로 간주되며 이를 다시 쓰는 사람들은 이 이야기를 통해 무엇을 주장하고자 하는지, 그리고 이를 통해 이 이야기에 어떠한 의미가 덧붙여지게 되는지 질문해 보자는 것이다.

여기서 한 가지 더 짚고 넘어갈 문제가 있다. 그것은 신화나 고전이 연극혹은 영화라는 매체를 통해 전달될 때의 효과이다. 고대 그리스의 오이디푸스 신화는 소포클레스 이전에도 존재했고 이미 널리 알려진 이야기였다. 따라서 소포클레스가 이를 비극 작품으로 만들어 극장에서 상영했을 때 관객은 이미 그 이야기의 내용을 잘 알고 있었다. 그러나 그럼에도 불구하고 고대 그리스의 관객들은 이 작품에 열광했다. 이는 분명 소포클레스의 독특한 메시지 때문이기도 하겠지만, 거기에 덧붙여진 연극이라는 매체가 주는 특수한 효과 때문이었을 것이다. 동일한 이야기를 영화에도 적용해 볼수 있다. 파졸리니 역시 이를 영화로 만들었을 때는 영화만이 불러일으킬수 있는 효과, 영화를 통해서만 얻을 수 있는 관객과의 공감을 염두에 두었을 것이다.

이 글에서는 이러한 두 가지 문제의식을 염두에 두고 오이디푸스 왕 이야기를 다루어 보고자 한다. 우선 이 이야기가 고대 그리스에서 어떻게 떠돌고 있었는지 살펴보고 이를 소포클레스가 비극으로 어떻게 재형상화했는지, 그리고 그것이 어떤 효과를 낳았는지 살펴보겠다. 이어서 소포클레스의 오이디푸스를 프로이트가 어떻게 새롭게 해석했으며, 이러한 프로이트적 해석의 기반 위에서 파졸리니는 오이디푸스 영화를 통해 무엇을 이야기하려 했는지 살펴보겠다.

2. 오이디푸스 신화의 이본(異本)들

오이디푸스 신화라 불릴 수 있는 이야기는 아마도 분명 고대 그리스의 '테베 서사시권'에서부터 그 흔적을 찾아야 할 것이다. 서사시권(Epic Cycle)은 기원전 7~6세기경 그리스의 여러 작가들에 의해 만들어진 서사시 스타일의 일련의 글들을 그 내러티브의 연관성에 따라 인위적으로 분류한 것으로 대표적인 것으로는 '트로이 서사시권'과 '테베 서사시권'이 있다.[5] '트로이 서사시권'은 8편의 작품으로 이루어졌으며 그중 대표적이고 또한 유일하게 완전한 형태로 남아 있는 것은 『일리아스』와 『오디세이아』다. '테베 서사시권'은 오이디푸스 왕 이야기를 다룬 『오이디푸스 이야기』(Oedipodia)와 오이디푸스의 아들 폴뤼네이케스(Polyneiches)를 포함한 아르고스(Argos)의 일곱 장수들이 테베를 공격한 전설을 다룬 『테베 이야기』(Thebais), 그리고 일곱 장수들의 테베 공격이 실패로 돌아간 후 그의 아들들이 결국 테베 공략에 성공한 이야기를 그린 『후예들』(Epigonoi)로 구성된다. 그러나 불행히도 이들 이야기 역시 모두 온전한 형태로 남아 있지는 않다. 따라서 '테베 서사시권'의 이야기가 구체적으로 어떤 모습을 취하고 있었는지는 다른 현존 작품들에 나오는 언급을 통해서만 희미하게 추측할 수 있을 뿐이다. 그러므로 우리가 최초라고 언급할 수 있는 그리스의 전거는 일단 『일리아스』와 『오디세이아』가 될 것이다. 오이디푸스를 비교적 자세히 언급하는 구절은 『오디세이아』 11권 271~280행이다. 이 부분은 저승(Hades)에 내려간 오디세우스가 오이디푸스의 어머니 에피카스테(Epicaste: 이오카스테(Iocaste)의 서사시 전통상의 이름)를 보는 장면이다.

271 그리고 나는 오이디포데스의 어머니 아름다운 에피카스테도 보았소

272 그녀는 자기 아들과 결혼하며, 아무 영문도 모르고 엄청난 짓을 저질렀고

273 그는 자기 아버지를 죽이고 자기 어머니와 결혼했소

274 그러자 신들은 지체 없이 이 일을 인간들에게 알려 주었소

275 그리하여 카드모스의 후예들의 통치자였던 그는 사랑스런 테바이에서

276 신들의 잔혹한 계획에 의하여 고통을 당했던 것이오

277 한편 그녀는 강력한 문지기인 하데스의 집으로 내려갔소

278 그녀는 슬픔에 꼼짝없이 사로잡혀 자신을 위해서는 높다란 대들보에

279 고를 맺은 밧줄을 높이 매달았고, 그에게는 복수의 여신들이

280 어머니를 위해 이루어지게 하는 온갖 고통들을 많이도 남겨 놓았소[6]

　　한편『일리아스』23권 676~679행에서는 헥토르(Hetor)의 장례식 경기에 참석한 자 중 한 사람에 대해 설명하면서 그의 아버지가 죽은 오이디푸스 왕의 장례식에 참석코자 테베에 가서 장례식 경기에 참석한 적이 있다는 말이 나온다. 또한 역시 비슷한 시기에 쓰인 것으로 추정되는 헤시오도스의『일과 나날』162~163행에는 "일곱 성문을 가진 카드모스의 도시 테베의 성문 아래서 오이디푸스의 무리를 위해 싸운" 영웅들이라는 언급이 나온다.

　　이상 세 가지 전거만으로도 우리는 흔히 알려진 소포클레스의 이야기와는 전혀 다른 판본을 상상할 수 있다. 이들 서사시 전통에서는 오이디푸스가 진실을 알게 된 후 자신의 눈을 멀게 한 것이나 테베의 왕위를 내어놓고 방랑의 길을 떠나는 것 그래서 소포클레스의『콜로노스의 오이디푸스』에서처럼 아테네에서 죽음을 맞는 것 등의 이야기가 등장하지 않는다. 또한『오디세이아』274행은 오이디푸스가 어머니 이오카스테와의 사이에 아이를 낳지 않았고 후에 다른 왕비 에우뤼가네이아(Euryganeia)와의 사이에서 아이를 낳았다는 파우사니아스(Pausanias)의 주장을 뒷받침하는 것처럼 보인다.

파우사니아스는 이 주장의 근거로 『오이디푸스 이야기』를 들고 있다.[7] 이러한 이야기를 통해서 오이디푸스가 자신의 친부 살해와 근친상간의 죄를 알게 된 이후에도 계속해서 테베의 왕으로 남아 통치했다는 이야기가 서사시 시대에는 널리 퍼져 있었다고 추측해 볼 수 있다.

이러한 방식으로 고대 그리스의 몇 가지 전거를 더 첨가해서 오이디푸스 신화 전반의 대략적인 내용을 구성해 볼 수 있다. 편의상 이 글에서는 에드먼즈(L. Edmunds)의 구분에 따라 이 신화의 내용을 다음과 같은 내러티브 요소로 나누어 보겠다. ① 오이디푸스 가문에 내린 저주와 신탁 ② 오이디푸스의 상처, 버려짐 ③ 구출, 어린 시절, 귀환 ④ 아버지 살해, 스핑크스, 결혼 ⑤ 진실이 밝혀짐, 눈을 멀게 함, 오이디푸스와 이오카스테의 죽음 ⑥ 아들들에 대한 오이디푸스의 저주.[8] 에드먼즈는 이 각각의 요소에 따른 다양한 고대 판본의 내용을 소개하고 이것이 중세 이후의 민담과 전설 속에서 어떤 이본으로 나타나는지 세밀하게 분석한다. 그러나 여기서는 소포클레스의 작품과 연관시켜 ①번 ④번 ⑤번의 내용만 구체적으로 살펴보겠다. 우선 오이디푸스 가문에 내린 저주와 신탁을 이야기하자면 오이디푸스의 아버지 라이오스(Laios)부터 시작해야 한다. 라이오스는 펠롭스(Pelops)의 궁전을 방문했을 때 펠롭스의 아들 크리십푸스(Chrysippus)에게 연정을 품고 그를 납치 강간한다. 크리십푸스는 수치심을 못 이겨 자살을 하고 펠롭스는 분노에 가득 차 라이오스가 자신의 아들에 의해 파멸할 것이라는 저주를 내린다.[9] 라이오스가 최초의 남색꾼(Pederast)이라고 불렸던 것으로 보아 이 이야기는 고대에 널리 알려졌다. 그러나 라이오스의 운명이 펠롭스의 저주에 의한 것인지 아니면 신이 내린 벌로서의 신탁에 의거한 것인지는 다양한 이본이 존재한다. 분명한 것은 저주든 신탁이든 그 내용은 대개 부친 살해 모티브만 담고 있다는 것이다. 근친상간 모티브를 담은 것은 다마스커스(Damascus)의 니콜라우스(Nicolaus)가 전하는 단편뿐이다.[10] 그러나 후에 오이디푸스가 델피의 신탁을 찾아갔을 때는 거의 모든 판본에서 그가 아버지를 죽이고 어머니와 결혼하게 된다는 신탁이 나타난다.

오이디푸스가 라이오스를 살해하는 곳은 두 갈래 혹은 세 갈래로 갈라진 길 위에서이다. 라이오스는 5명의 수행원을 데리고 있었으며 전령 혹은 마부가 오이디푸스에게 길에서 물러서라고 명령한다. 그러나 오이디푸스가 이 말을 듣지 않고 계속 자기 길을 고집하자 수행원 중 한 명이, 혹은 라이오스 자신이 직접 오이디푸스에게 해를 가한 것 같으며 혹은 마차 바퀴로 그의 발을 치었다고도 한다. 어쨌든 이 공격적인 태도에 화가 난 오이디푸스는 라이오스를 포함한 일행을 모두 살해하는데, 그중 한 명이 살아남아 간신히 도망친다.

이후 오이디푸스가 어떻게 테베에 도착해 스핑크스와 대면하게 되는지는 구체적인 설명이 없다. 오이디푸스 이야기를 다른 민담과 연결시켜 연구하는 학자들은 이 스핑크스 이야기를 괴물 살해와 연관된 다른 유형에 속하는 민담으로 분류하며 따라서 오이디푸스 신화 자체와는 간접적으로만 연결된 것으로 파악되기도 한다.[11] 스핑크스가 어디로부터 왔는지에 관해 고대의 전거들은 매우 다양한 의견을 내놓는다. 에우리피데스의 『페니키아 여인들』1760 고대 주석에서는 앞서 언급한 라이오스의 크리십푸스 강간의 벌로서 헤라(Hera)가 스핑크스를 테베에 보냈다고 나온다. 그러나 다른 판본에서는 디오니소스, 혹은 하데스, 혹은 아레스가 스핑크스를 보냈다고 썼으며 『페니키아 여인들』 26 고대 주석과 파우사니아스 9. 26. 3에서는 스핑크스가 라이오스의 딸이었다는 묘사도 나온다.[12] 한편 후에 델피 종교가 성장함에 따라서 스핑크스를 보낸 이는 아폴로라는 주장도 나온다.[13]

그러나 더 주목해야 할 것은 스핑크스의 수수께끼이다. 기원전 5세기 유물인 아티카 도자기에서는 흔히 오이디푸스가 여성의 머리와 사자의 몸을 가진 스핑크스와 마주한 그림을 볼 수 있다. 에드먼즈에 따르자면 스핑크스가 낸 수수께끼에도 여러 가지 판본이 있으나, 그것은 결국 '네 개의 발과 두 개의 발, 세 개의 발을 갖고 하나의 목소리를 갖고 있는 것, 바다와 땅의 짐승들 중 유일하게 본성을 바꿀 수 있는 것, 가장 많은 발을 써서 움직일 때 가장 속도가 느린 것'의 내용으로 수렴될 수 있으며 그 해답은 언제나 '인간'이다.[14] 그러나 어떤 판본에서는 스핑크스가 수수께끼를 내는 존재가 아니며 오이디푸스는 스핑크스와 무력으로 싸워서 이를 무찌른 것으로 나타나기도 한다.[15]

스핑크스를 무찌른 오이디푸스는 그 대가로 라이오스의 죽음으로 과부가 된 테베의 왕후 이오카스테와 결혼하고 이를 통해 테베의 왕이 된다. 오이디푸스의 친부 살해와 근친상간이 밝혀지는 것에는 네 가지 정도의 이본이 있다. 우선 앞서 제시한 『오디세이아』의 구절이 보여주듯이 '신들이 이를 알려 주었다.'는 판본이 있으며, 이오카스테가 오이디푸스의 발에 있는 상처를 보고 이를 알아냈다거나 오이디푸스의 출생에 관해 캐묻다가 이를 알게 되었다는 판본, 그리고 오이디푸스의 양아버지인 코린트의 폴리보스 (Polybos)왕의 죽음을 통해 여러 가지 실마리가 풀린다는 판본이 있다. 진실이 밝혀진 후에 대해서는 이오카스테는 『오디세이아』나 소포클레스의 『오이디푸스 왕』에서처럼 목을 매어 자살했다는 판본도 있고 에우리피데스의 『페니키아 여인들』에서처럼 후에 테베를 공격한 7인의 싸움으로 두 아들이 죽고 난 후 칼로 자결했다는 판본도 있으며, 오이디푸스의 손에 죽었다는 주석도 있다. 오이디푸스의 경우도 소포클레스의 『오이디푸스 왕』이나 아이스킬로스의 『테베를 공격한 7인』에서처럼 이오카스테의 옷에 달린 브로치로 자신의 두 눈을 찔러 멀게 했다는 판본과 더불어 그 자신의 저주로 저절로 눈이 멀었다는 판본, 그리고 라이오스의 하인이 오이디푸스의 눈을 멀게 했다는 판본이 있다.[16] 오이디푸스의 최후는 이미 지적한 바와 같이 『일리아스』의 암시처럼 테베를 방어하다 영광스럽게 죽었다는 판본과 소포클레스의 『콜로노스의 오이디푸스』에서 나타나듯이 테베에서 추방되어 떠돌다가 아테네에서 죽었다는 판본이 있다. 그러나 어떤 경우에도 오이디 푸스의 죽음은 비극적인 결말이 아니며 결국은 그가 구원받고 칭송되는 형태로 끝나고 있다.

3. 소포클레스의 『오이디푸스 왕』
– 수수께끼를 푸는 자

소포클레스의 『오이디푸스 왕』(Oidipus Tyrannos)은 연대상 소포클레스의 현존 비극들 한가운데 위치하며 예술적인 면에서도 가장 뛰어난 작품으로 평가된다. 이 비극의 정확한 상연 연대는 알 수 없으나 기원전 425년에 상연된 아리스토파네스의 『아르카나이인들』에서 이 작품이 언급되는 것으로 보아 그 이전에 상연된 것이 거의 분명해 보인다.[17] 이 작품은 위에서 검토한 오이디푸스 신화에 근거해 만들어졌으나 극의 구성에서 특이점을 보인다. 즉 이 비극은 신화를 연대기적으로 나열하는 것이 아니라 오이디푸스가 테베에 만연한 역병[18]의 이유를 찾고 이어서 이것이 라이오스 살해 사건과 연관되었다는 것을 알고는 그 살인범을 찾아가며, 마침내 그 살인범이 자기 자신이라는 것을 발견하는, 일종의 치밀한 추리 구도로 되어 있다. 이러한 추리 구도에서 부각되는 것은 '수수께끼를 푸는 자'로서의 오이디푸스다. 이미 극의 첫머리에 오이디푸스에게 탄원하러 온 제우스의 사제가 오이디푸스를 부를 때에 "카드모스의 도성에 오셔서 가혹한 여가수에게 바치던 세금을 면제해 주고(35-36)… 우리의 삶을 일으켜 세워준… 만인의 눈에 가장 강력하신 오이디푸스"(38-40)라는 표현을 사용함으로써 이를 분명히 한다. 또한 오이디푸스가 예언자 테이레시아스(Teiresias)와 벌이는 팽팽

한 대립 가운데서 오이디푸스는 "자 말해 보시오. 대체 어디서 그대는 참다운 예언자임을 보여주었소. 저 어두운 노래를 부르는 암캐가 이곳에 나타났을 때 왜 그대는 이 나라 백성들을 구하기 위하여 아무 말도 하지 않았소⋯(390-392). 그때 내가 나타났던 것이오, 이 무식한 오이디푸스가. 그리하여 새들의 가르침이 아니라 내 자신의 재치로 그녀를 침묵시켰던 것이오(397-399)."라고 말하면서 '수수께끼를 푸는 자'로서의 자신을 분명히 밝히고 있다. 또한 후에 테이레시아스도 "수수께끼를 푸는 데는 그대가 가장 능한 사람이 아니던가요?"(440)라는 말로 응수한다. 이러한 극의 구성, 다시 말해 '수수께끼를 푸는 자'로서의 오이디푸스를 통해 소포클레스가 의도했던 바는 무엇일까?

2장에서 검토해 보았던 바와 같이 기원전 5세기의 고대 그리스인들은 모두 오이디푸스 왕 신화를 잘 알고 있었다. 따라서 비극작가들은 이 널리 알려진 신화의 내용을 그대로 전달하는 것보다는 이를 통해 자신의 세계관, 가치관을 알리는 데 주력했다. 이런 관점에서 소포클레스의 『오이디푸스 왕』은 동일한 신화를 다룬 아이스퀼로스의 비극과 대조된다. 아이스퀼로스의 『라이오스』, 『오이디푸스』, 『테베를 공격한 7인』 3부작[19]은 2장에서 살펴본 오이디푸스 신화의 연대기적 흐름에 따라 구성되며 여기서 핵심적으로 드러나는 것은 라이오스에서 오이디푸스 그리고 그의 두 아들 폴뤼네이케스와 에테오클레스(Eteocles)로 이어지는 가문의 저주다. 여기서는 아이스퀼로스의 또 다른 3부작 『아가멤논』(Agamemnon), 『코에포로이』(Choephoroi), 『자비로운 여신들』(Eumenides)에서와 마찬가지로 인간이 아닌 신이 드라마의 주역이고 인간 세상은 신의 의지가 실현되는 장(場)에 불과하다.[20] 따라서 라이오스의 크리십푸스 강간 사건이 이후 이어지는 일련의 비극적 사건들의 출발점이 되며, 이에 대한 신들의 징계로서 오이디푸스의 삶이 운명 지어지고, 또한 그러한 오이디푸스의 저주로 인해 그 아들들의 비참한 최후가 운명 지어진다. 그러나 소포클레스의 작품에선 이러한 가문의 저주가 핵심적 주제로 등장하지 않는다. 소포클레스의 『오이디푸스 왕』, 『안티고네』(Antigone), 『콜로노스의 오이디푸스』도 내용상 3부작을 이루지만 각각의 작품에서 부각되는 것은 가문의 저주가 아니라 인간 개개인이 자신의 운명을 헤쳐 나가는 의지이다. 따라서 소포클레스의 오이디푸스의 핵심은 신이 내린 운명과 끝까지 맞서서 적극적으로 싸워 가는 인간 정신이다.

그런 점에서 오늘날 학자들은 『오이디푸스 왕』을 '운명극'(Tragedy of Destiny)이라고 부르지 않는다. 도즈(E. R. Dodds)는 인간의 자유의지와 운명을 도저히 양립 불가능한 것으로 놓는 사고 구도는 헬레니즘 시대의 산물일 뿐이라고 지적한다. 그는 호메로스의 영웅들은 분명 자신의 몫(moira)을 갖고 태어나 "정해진 날"(aisimon hemar)에 죽어야 하지만, 그래도 그들이 행하는 모든 행동은 자신의 독자적인 의지의 발현이라고 말한다. 마찬가지로 오이디푸스 역시 운명에 이끌려 자신도 모르게 친부 살해와 근친상간을 범했지만 이를 알아 가는 과정, 그리고 이에 대한 대처는 모두 자신의 자유의지에 의거한 행동이라는 것이다.[21] 도즈의 지적대로 소포클레스의 『오이디푸스 왕』에서는 오이디푸스가 진실을 밝혀낼 것이라는 예언은 전혀 찾아볼 수 없다. 그는 처음에 수많은 사람이 역병으로 죽어 가는 도시 테베를 구하기 위해 노력한다. 테베를 구하려면 라이오스의 살인범을 처단해야 한다는 말을 듣고 난 다음에는 그 살인범을 찾아내기 위해 온갖 노력을 다한다. 이오카스테와의 대화 이후 자신이 그 살인범일지도 모른다는 불안감에 사로잡히기는 하지만, 그는 진실을 찾기 위한 노력을 멈추지 않은 채 라이오스 살해 현장에서 유일하게 살아남은 하인을 불러오게 한다. 이때 코린트에서 온 사자가 폴뤼보스 왕의 죽음과 더불어 오이디푸스가 그의 친아들이 아니었다는 사실을 밝히고 이오카스테는 더 이상 사태를 밝히지 말라고 애원한다. 그러나 오이디푸스는 집요하게 라이오스의 하인과 대면하여 모든 진실을 밝히고 만다. 그리고 그는 진실을 견딜 수 없어 목을 맨 이오카스테의 옷에 꽂혀 있던 브로치로 자신의 눈을 멀게 한 후 크레온에게 자신을 추방시켜 달라고 요청한다. 이러한 일련의 행위에서 우리는 신이 오이디푸스의 이러한 행동을 모두 지시했다는 언급은 전혀 찾아볼 수 없다. 따라서 이는 "신들이 지체 없이 이 행동을 알려 주었다."는 『오디세이아』 274행은 물론 다른 판본들과도 전혀 다른 소포클레스만의 독특한 설정인 것이다.

이러한 오이디푸스의 태도는 그가 푼 수수께끼의 해답이 '인간'이었다는 것과 밀접하게 연관되어 있다. 『오이디푸스 왕』에서 '수수께끼를 푸는 자'로서 오이디푸스에게 처음에 부가된 질문은 "누가 라이오스의 살인범인가?"였다. 그러나 문제를 푸는 과정에서 이 질문은 "나는 누구인가?"로 바뀌고 결국에는 "인간이란 무엇인가?"로 귀착된다. '인간'이라는 수수께끼 해답 덕분에 권력과 영화를 얻은 오이디푸스가 종국에는 "인간이란 대체 무엇인가?"라는 질문에 처하게 되는 아이러니. 그러나 "인간이란 무엇인가?"라는 질문에 대한 소포클레스의 대답은 결코 절망적이거나 부정적이지 않다. 그는 운명에 맞서 싸우는 인간의 위대한 정신을 찬미한다. 그래서 그는 『안티고네』에 등장하는 저 유명한 '인간 찬가'에서 "무시무시한 것이 많다 해도 인간보다 더 무서운 것은 없다네….(332) 그가 대비할 수 없는 것은 아무것도 없다네….(359) 다만 죽음 앞에서 도망치는 수단만을 손에 넣지 못했을 뿐(361-2)"이라고 노래한다. 녹스(B. Nox)는 이러한 인간 정신의 강조를 염두에 두고 오이디푸스, 즉 '부은(oideo) 발(poos)'이라고 설명되는 오이디푸스의 이름을 '발(의 수수께끼)을 아는(oideo) 자'라고 설명하기도 한다.[22] 수수께끼를 푸는 자, 그는 곧 모든 수수께끼를 풀 때까지 결코 멈추지 않는 위대한 인간 정신을 상징하며, 소포클레스만의 이러한 독특한 신화 해석은 곧 '만물의 척도는 인간이다'(panton chrematon metron estin anthropos)라는 명제로 대표되는 기원전 5세기 그리스 정신을 대변하는 것이다.

한편 소포클레스의 이러한 신화 해석은 극장이라는 공간을 통해 더욱 더 그 장점을 발휘한다. 아리스토텔레스가 『시학』(poetika)에서 그처럼 강조하는 비극의 효과인 공포(phobos)와 연민(eleos)은 장경(場景)이 아닌 플롯에 의해 환기될 때 한층 더 효과적이고 훌륭한 것이 되기 때문이다. 아리스토텔레스의 말을 빌자면 "눈으로 보지 않고 사건의 경과만 들어도 그 사건에 전율과 연민의 감정을 느낄 수 있을 때" 관객은 진정한 감동을 얻을 수 있다.[23] 따라서 『시학』에서 소포클레스의 『오이디푸스 왕』은 이러한 아리스토텔레스의 기준에 가장 잘 부합하는 플롯을 가진 작품으로 높이 평가된다. 오이디푸스가 수수께끼를 풀어 가는 과정, 그리고 그 속에서의 긴장감은 오이디푸스의 비극이 시간적 순서에 따라 관객 앞에 펼쳐질 때보다 훨씬 더한 공포와 연민을 불러일으킨다. 앞에서도 지적했듯이 이미 관객은 오이디푸스가 누군지, 그가 어떤 일을 저질렀는지 다 안다.

그러나 그가 무대 위에서 자신이 누구인가를 알아 가는 과정을 지켜보면 관객은 새삼 그 신화가 자신의 현실 속에 녹아드는 체험을 하게 된다. 오이디푸스가 자신의 끔찍한 운명에 부딪혀 좌절하고 이를 강인한 정신으로 극복해 가는 과정은 평범한 인간이 일상 속에서 소소한 운명의 아이러니와 부딪히고 이를 극복해 가는 과정의 극단적인 형태일 뿐이기 때문이다. 따라서 관객은 신들이 정해 놓은 운명 속에서도 좌절하지 말고 '살아가야만' 하는 자신의 현실을 극명하게 인식하게 된다. 이처럼 드라마는 멀리 있는 신화를 인간의 삶 속으로, 더 정확히는 당대의 인간의 삶을 규정하는 여러 조건들 속으로 끌어내린다. 따라서 소포클레스의 『오이디푸스 왕』은 연극이 신화와 삶을 연결시켜 주는 매체라는 것을 효과적으로 표현한 작품이라 할 수 있다.[24]

4. 프로이트의 오이디푸스
─ 친부 살해와 근친상간의 욕망, 무의식

소포클레스의 『오이디푸스 왕』은 이후 많은 근대 학자들이 끌어오는 오이디푸스 이야기의 주된 전거가 되었다. 그들은 다양한 방식으로 오이디푸스를 해석했으며 이를 통해 자신의 철학을 전달했다. 헤겔은 『오이디푸스 왕』을 통해 인간 의식의 발달 과정에서 인간의 도덕적 지적 자아의 서광이 비추는 것을 보았으며,[25] 니체는 친부 살해와 근친상간이라는, 자연을 거역하는 행위를 통해 역설적으로 자연의 뜻에 도달하는 '디오니소스적 지혜'의 화신으로서 오이디푸스를 보았다.[26] 그러나 무엇보다도 20세기에 오이디푸스의 이름을 널리 알린 해석은 정신분석에서 나왔다. 프로이트는 『꿈의 해석』에서 "부모를 향한 어린이들의 애정 어리거나 적대적인 심리"가 어른이 되었을 때 신경정신증을 유발하는 중요한 요소가 된다는 가설 아래 소포클레스의 『오이디푸스 왕』을 끌어온다.[27] 그는 『오이디푸스 왕』이 관객과 진정한 공감을 자아낼 수 있었던 원인을, 우리가 3장에서 살펴보았던 것과는 전혀 다른 이유에서 찾는다.

> 그의 운명이 우리를 감동시키는 이유는 그것이 우리의 운명이 될 수도 있고 출생 전의 신탁이 우리에게도 똑같은 저주를 내릴 수 있기 때문이다. 우리는 모두 어머니에게 최초의 성적 자극을, 아버지에게 최초의 증오심과 폭력적 욕망을 품는 운명을 짊어지고 있는지도 모른다. 우리의 꿈은 그것이 사실이라고 우리를 설득시킨다. 아버지 라이오스를 살해하고 어머니 이오카스테와 결혼한 오이디푸스 왕은 우리 어린 시절의 소원 성취일 뿐이다.[28]

오이디푸스 신화가 어머니에 대한 최초의 성적 자극과 아버지에 대한 최초의 증오심에서 유래했다는 이 해석의 근거로서 프로이트는 소포클레스의 『오이디푸스 왕』 중 한 구절을 직접 인용한다. 아직 자신이 누구인지 모르는 오이디푸스는 친아버지로 알던 폴뤼보스가 죽었다는 소식을 전해 듣고는 자신이 아버지를 살해할 것이라는 신탁은 일단 피해갔다며 안심한다. 그러나 그는 또 다른 신탁, 즉 자신이 어머니와 동침하게 되리라는 신탁을 떠올리고는 그때까지 친어머니로 알고 있던 메로페(Merope)와 자기가 동침하게 될까봐 불안해한다. 그런 그에게 이오카스테는 이렇게 말한다. "… 그러니 그대는 어머니와의 결혼을 두려워하지 마세요. 이미 많은 사람들이 꿈속에서 어머니와 동침했으니까요. 허나 이런 일들을 아무렇지도 않게 여기는 자라야 인생을 가장 편안하게 살아가는 법이니까요."(980-983) 프로이트는 이를 통해 당시에도 오늘날처럼 많은 사람들이 어머니와 성관계를 맺는 꿈을 꾸었다는 것을 알 수 있으며 이 꿈이야말로 이 비극을 이해하는 열쇠라고 주장한다. 즉 신화의 원래 형태는 바로 이 꿈에 있었으나 이 꿈에 대한 거부감 때문에 후에 자기 징벌의 내용이 첨가되었다는 것이다.[29]

프로이트는 이러한 해석을 통해 소포클레스에서는 강조되지 않았던 오이디푸스 신화의 친부 살해와 근친상간 모티브를 다시 정면으로 부각시킨다. 소포클레스에게 신화의 친부 살해와 근친상간 모티브는 오이디푸스가 처한 운명의 비극성을 강화하기 위한 보조 장치에 지나지 않았다. 즉 『오이디푸스 왕』의 플롯 속에서는 수수께끼를 푸는 자로서의 오이디푸스의 이미지에 가려 친부 살해와 근친상간을 범한 오이디푸스의 이미지는 강력하게 드러나지 않는다. 그러나 이렇게 오랫동안 서구 문화에서 운명과 싸우는 불굴의 인간 정신의 상징이었던 오이디푸스는, 20세기에 와서 프로이트를 통해 인간의 감추어진 근원적 성욕의 상징으로 탈바꿈하게 된 것이다. 후에 프로이트의 정신분석학 작업 속에서 이 테마는 '오이디푸스 콤플렉스'라 불리게 되며, 『토템과 타부』에서는 이 '오이디푸스 콤플렉스'가 모든 "종교, 도덕, 사회, 예술의 기원에 자리 잡고 있다."는 결론에까지 도달하게 된다.[30] 따라서 프로이트의 오이디푸스 해석은 결국 그의 정신분석학 전체를 구성하는 주요 기반의 하나가 된 것이다. 그러나 일단 여기서는 프로이트의 이론 자체에 집중하기보다는 그가 오이디푸스 이야기에서 새롭게 발견하고 강조한 부분들만 좀 더 이야기해 보도록 하겠다.

다시 프로이트가 오이디푸스에 관해 최초로 언급했던 『꿈의 해석』으로 돌아가 보자. 프로이트는 오이디푸스가 라이오스의 살해범이자 라이오스와 이오카스테의 아들이라는 사실이 폭로되는 과정이 극중에서 점차 고조되는 동시에 정교하게 지연되면서 서서히 이루어진다고 지적하면서, 이는 마치 정신분석의 작업에 비견될 만한 것이라고 평가한다.[31] 시걸(C. Segal)은 프로이트의 오이디푸스 콤플렉스 이론이 맞고 틀림을 떠나 이 부분은 (그 숨겨진 진실의 내용이 무엇이든 간에) 프로이트가 관객이 소포클레스의 연극을 보면서 '자아 속에 숨겨진 진실을 발견해 가는 과정'을 적절히 설명한 것이라고 평가하고 있다.[32] 이는 필자가 앞서 3절 끝부분에서 언급했던, 신화와 현실을 이어주는 매개로서의 연극의 효과를 정신분석학적 용어로 재서술한 것이기도 하다. 즉 관객은 극이 전개되는 과정을 보면서 그 플롯의 구성에 따라, 이미 자신에게 주어진 현실이지만 그것을 인식하기 혹은 인정하기 힘들었던 무엇인가를 자신의 내부에서 서서히 발견하며, 이를 통해 '카타르시스'에 이르게 된다는 것이다. 프로이트는 고대 그리스의 극장에서 진행된 이러한 과정이 곧 무의식을 발견해 가는 과정과 다를 바 없다고 여겼던 것이다.

무의식의 발견이라는 주제는 프로이트의 오이디푸스 해석에서 두드러지는 또 하나의 중요한 요소다. 프로이트는 오이디푸스를 통해서 의식의 검열을 거쳐 상징을 통해 응축되고 치환되고 분열되어 나타날 수밖에 없는 무의식의 존재를 본다. 그리고 그러한 무의식의 끔찍한 깨달음을 감추는 것과 드러 내는 것 사이의 긴장을 본다. 그는 "오이디푸스처럼 우리도 자연이 우리에게 강요한 소원, 도덕을 모욕하는 소원의 존재를 모르면서 살아간다. 그리고 그 소원이 폭로되면 우리는 모두 유년시절의 사건을 애써 외면하려 한다."고 말한다.[33] 소포클레스가 『오이디푸스 왕』을 통해서 자신의 감춰진 운명을 스스로 알아 가려는 정신을 강조했다면, 프로이트는 똑같은 텍스트 속에서 그 무시무시한 운명에 대해 알기를 거부하는 태도를 읽어 냈다. 비록 프로이트가 이 부분에 대한 텍스트의 전거를 들고 있지는 않지만, 시걸은 이를 테이레시아스의 진언을 거부하는 오이디푸스의 과격한 태도에서 찾는다. 한편 오이디푸스 자신의 말을 통해 무심코 드러나듯이 그는 이미 무의식 속에서는 그 끔찍한 진실을 알고 있었다고 볼 수도 있다. 시걸은 무의식 속에서 이미 알고 있는 것을 의식의 차원에서 알기 거부하는 주체의 태도가 언어 속에서 작용하는 현상을, 소포클레스의 『오이디푸스 왕』에서도 찾아볼 수 있다고 지적한다. 예컨대, 크레온이 라이오스는 '도둑들'에 의해 살해되었다고 들었다고 하자 오이디푸스는 "이 나라에서 누가 돈으로 매수하지 않고서야 도둑들이 그토록 대담한 짓을 할 수 있었을까."(124-5)라고 말하며 라이오스가 한 사람의 살인범에 의해 살해되었음을 노출하며, 260-265행에서는 "한 어머니에게서 태어난 자식들"이라든지 "마치 내 친아버지의 일인 양" 이라든지 하는 말을 사용함으로써 무의식 속의 앎을 노출한다는 것이다. 그러나 테이레시아스와의 대화를 통해 드러나듯이 그는 끊임없이 이러한 무의식을 인식하길 거부하며, 자신의 말을 통해 드러나는 진실을 깨닫지 못한다.[34] 프로이트의 오이디푸스 해석에서 드러나는 무의식의 이러한 긴장 관계는 파졸리니의 영화를 통해 더욱 분명하게 나타난다.

5. 파졸리니의 〈오이디푸스 왕〉(Edipo Re)
– 자아의 신화적 메타포

도입부에서 잠깐 살펴보았듯이 파졸리니의 〈오이디푸스 왕〉(Edipo Re)은 1930년대 이탈리아 볼로냐에서 시작하여 고대로 넘어간다. 고대의 이야기는 다시 1부와 2부로 나뉘는데 1부는 오이디푸스(프랑코 치티 Franco Citti 扮)가 라이오스를 살해하고 테베에 도착해 스핑크스를 무찌르고 이오카스테(실바나 망가노 Silvana Mangano 扮)를 아내로 맞아들여 테베의 왕이 되는 부분까지를 다루며, 2부는 소포클레스의 『오이디푸스 왕』의 플롯에 거의 충실하게 구성되어 있다. 고대의 이야기의 마지막은 오이디푸스가 자신의 눈을 찌르고 테베 성문을 나서는 장면이며, 이는 다시 현대, 즉 파졸리니가 이 영화를 만든 1960년대의 이탈리아로 연결된다. 거리에서 피리를 부는 눈먼 걸인으로 변한 오이디푸스는 고대로부터 그를 안내해온 소년(니네토 다볼리 Nineto Davoli 扮)의 손에 이끌려 볼로냐 대성당 앞 광장과 밀라노 공장 지대를 거쳐 영화가 처음 시작한 저택에 도달한다. 영화의 시작에서 어머니의 품에 안겨 쳐다본 그 하늘, 그 나무가 있는 정원의 한 가운데 선 오이디푸스는 아득히 먼 곳에서 들려오는 군악 소리(이 군악소리는 도입부에서 아버지가 등장할 때 나왔던 음악이다)를 배경으로 "삶은 그것이 시작된 곳에서 끝난다."는 말을 남기며 영화는 여기서 끝난다.

파졸리니의 오이디푸스에서 가장 두드러지는 것은 프로이트적인 오이디푸스 신화 해석과 여기에 결합된 그의 자서전적 요소이다. 파졸리니는 라벤나의 부유한 귀족 출신 파시스트 장교였던 아버지에게 평생동안 깊은 적개심을 갖고 있었다. 그는 "나의 작가로서의 모든 이데올로기적, 사회적 활동들은 아버지와의 투쟁에 기인한다."고 직접 고백하기도 했다.[35] 강압적이고 폭력적인 아버지의 인상은 이미 영화의 첫 장면에서 분명하게 드러난다. 군인인 아버지의 등장은 파시즘을 상징하는 깃발과 군악 소리를 동반하며, 유모차에 실린 아이를 바라보는 그의 눈길은 노골적인 적개심으로 가득 차 있다. 그리고 곧바로 마치 무성영화처럼 자막이 뜬다. "너는 내 자리를 빼앗으려고 여기 왔구나. 나를 다시 공허 속으로 내몰고 내가 가진 것을 모두 다 빼앗기 위해." 카메라가 어머니의 얼굴을 비춘 후 다시 자막이 뜬다. "너는 우선 그녀를 나에게서 빼앗아 가겠지. 내가 사랑하는 그녀를. 이미 넌 그녀의 사랑을 훔쳐갔어." 그날 밤 어린 오이디푸스는 잠에서 깨어 '엄마'를 찾으며 울지만 아버지와 춤추는 어머니는 불꽃놀이와 폭죽 소리에 묻힌 아이의 울음소리를 듣지 못한다. 아이는 공포에 사로잡혀 더욱 크게 울음을 터뜨린다. 영화 속에서 아버지의 등장은 어머니 그리고 자연과 더불어 완벽한 평화 상태에 놓였던 아이의 세계를 분열시키고 아이는 이를 통해 어머니와 떨어지는 첫 공포를 경험한다. 마찬가지로 아버지는 아이의 등장으로 인해 자신과 아내와의 완전한 세계가 침입당했다고 생각하며 더욱더 폭력적이 된다. 그의 이러한 폭력성은 잠자는 아이의 두 발을 꽉 움켜쥐는 행동으로 묘사된다.

아버지에 대한 적개심은 고대의 이야기 속에서도 드러난다. 이오카스테와의 대화를 통해 점차 자신이 누구인지 드러나는 공포 속에서 오이디푸스는 또 다시 이오카스테와 격렬한 사랑을 나누며 자신이 왜 라이오스를 살해했는지 소리쳐 말한다. " …그가 나를 모욕했기 때문이오. 그토록 오만하게… 그는 그의 권위로 나를 지배하려고 했소!" 그리고 절망에 찬 오이디푸스는 이오카스테를 향해 "엄마"라고 부른다. 이 부분은 프로이트적인 의미에서의 친부 살해와 근친상간 욕망이 적나라하게 드러나는 순간이다. 그러나 여기서 또 하나 주목해 볼 점이 있다. 소포클레스적인 플롯 진행에서 보자면 이 부분에서 오이디푸스와 이오카스테는 아직 오이디푸스가 라이오스의 살인범이라는 것을, 그리고 자신들이 모자 관계라는 것을 분명히 알지 못한 상태이다. 그러나 파졸리니의 영화 속에서 오이디푸스와 이오카스테는 이미 모든 진실을 알고 있는 듯이 보인다. 그럼에도 불구하고 그들은 서로에 탐닉하고 진실을 인정하지 않으려 한다. 이러한 파졸리니의 해석은 프로이트가 지적한 무의식의 드러남과 감춤 사이에 존재하는 긴장을 극명하게 보여준다. 사실 파졸리니의 오이디푸스는 진실을 알아 가려는 이성적인 의지, 소포클레스적인 인간의 자유의지를 보여주지 않는다. 외면상 소포클레스의 플롯을 따라가긴 하지만 파졸리니의 오이디푸스를 이끌어 가는 것은 거의 광기에 찬 그의 비이성적 충동이며, 이는 동시에 무의식의 앎을 인정하지 않으려는 태도와 끊임없이 긴장 관계를 이룬다. 크레온은 다음과 같은 말로 이를 적절하게 지적한다. "오이디푸스는 자신의 죄를 알기 거부하며 나와 그의 백성들에게 죄를 전가하고 있소."

자신을 눈을 멀게 한 후 오이디푸스가 하는 말 속에서도 소포클레스의 입장과 파졸리니의 입장은 명백히 다르다. 소포클레스의 오이디푸스가 "멀쩡한 눈으로 어떻게 저승에 가서 어머니와 아버지를 보고(1371-20)… 자식들을 보고(1375)… 그리고 도시와 백성들을 볼 수 있겠나(1385)."고 말하는 반면 파졸리니의 오이디푸스는 "이로써 나는 더 이상 내가 겪고 행했던 죄악을 보지 않겠다. 어둠 속에서 나는 내가 보아야만 했던 것을 보지 않을 것이다. 나는 내가 깨닫길 원했던 것을 깨닫지 않겠다."고 말한다. 전자가 운명에 의해 행해진 자신의 행위까지 자신의 의지로 책임지려는 기원전 5세기의 가치관을 대변해 준다면, 후자는 자신의 참 모습을 보길 거부하는 성향을 가진 프로이트적 인간의 특성을 명백히 드러내 준다.

사실 무의식의 진실을 알기를 거부하는 오이디푸스의 모습은 파졸리니가 독특하게 재구성한 스핑크스와 오이디푸스의 대결 장면에서 이미 예고된다. 오이디푸스 신화의 스핑크스는 소포클레스에 이어 파졸리니에게서도 중요한 모티브로 작용한다. 그러나 그 내용은 정반대라 할 수 있다. 소포클레스의 스핑크스 모티브가 수수께끼를 푸는 자로서의 인간을 상징한다면 파졸리니의 스핑크스 모티브는 오히려 수수께끼를 부정하고 거부하는 자로서의 인간을 상징하기 때문이다. 이 영화에서 스핑크스는 오이디푸스에게 다음과 같은 질문을 던진다. "너의 삶 속에는 하나의 수수께끼가 있다. 그것이 무엇인가?" 오이디푸스의 대답은 뜻밖이다. "나는 그런 건 알고 싶지 않다! 나는 너를 보지 않겠다. 나는 네 말도 듣지 않겠다!" 그러고는 오이디푸스는 무력으로 스핑크스를 쓰러뜨린다. 그러나 스핑크스는 절벽으로 떨어지면서 다음과 같은 말을 남긴다. "소용없는 일이다. 네가 나를 던져 넣은 심연, 그 심연은 바로 네 안에 있다."

파졸리니의 오이디푸스는 이미 스핑크스가 암시하는 자신의 심연, 무의식의 욕망을 자신도 모르게 알고 있었는지도 모른다. 그러나 그는 그걸 '보지도 않고 듣지도 않겠다.'고 말한다. 그러나 이러한 무의식의 거부와 병행하여 그의 행동과 말속에서는 끊임없이 자신의 무의식적 욕망이 드러난다. 오이디푸스가 라이오스를 살해하는 장면 역시 이 점에서 주목해 볼 만하다. 오이디푸스는 델피의 신탁을 듣고 나서 코린트로 돌아가지 못하고 들판을 방황한다. 그는 테베의 표지판 앞에 서지만 자신의 눈을 가리고 맴돌면서 방향을 정하지 못한다. 그러나 눈을 떴을 때 그는 테베를 향해 가고 있다. 그 길에서 라이오스의 일행을 만난다. 라이오스는 오이디푸스에게 비켜서라고 소리친다. 오이디푸스가 고개를 저으며 꼼짝하지 않자 라이오스의 수행원이 칼을 들고 그를 향해 온다. 그러자 갑자기 오이디푸스는 돌을 던져 그를 넘어뜨리고 괴성을 지르며 도망가기 시작한다. 몇 초 동안 계속되는 이 도망가는 장면은 자신의 내면의 무엇으로부터 도망가는 모습의 상징이기도 하다. 그러나 도망가던 그는 갑자기 멈춰서고 돌아서서 자신을 쫓아오던 수행원을 살해한다. 이어 그는 라이오스의 마차가 있는 곳으로 돌아가 다른 수행원들과 라이오스를 차례로 살해한다. 그의 이러한 살인

장면은 신화에서와 같은 정당방위라기보다는 그의 무의식적 욕망의 반출로 보인다. 아마 이 살인의 가장 합당한 설명은 오이디푸스 자신이 후에 말한 바대로 "자신을 모욕하고 권위로 지배하려 한" 아버지에 대한 감춰진 분노의 폭발일 것이다. 따라서 파졸리니의 오이디푸스는 무의식을 드러내는 꿈과 감추려는 꿈 사이의 계속되는 긴장으로 구성된다.

한편 파졸리니의 『오이디푸스 왕』은 현실과 과거가 만나 뒤엉키는 꿈이기도 하다. 『까이에 뒤 씨네마』(Cahiers du Cinema)와의 인터뷰에서 파졸리니는 "'오이디푸스 왕'은 현재라는 틀 속에서 꾼 과거의 꿈이자 과거 속에서 꾼 현재의 꿈이기도 하다."고 말했다.[36] 사실상 이 영화의 프롤로그와 에필로그는 현대의 이야기이면서도 무엇인가 꿈과 같은 몽환적인 분위기에 싸여 있다. 또한 고대 신화 이야기의 앞부분 역시 끊임없이 들려오는 북소리와 피리 소리의 묘한 원시적 음향에 실려 더 아득한 옛날의 꿈을 반영하고 있는 것 같다. 그러나 신화적 존재인 오이디푸스는 파졸리니의 자서전적 모티브를 타고 그러한 꿈들 속에서 분명한 현실로 부각된다. 이처럼 그의 영화 속에서는 현재의 실재가 '비현실적'인 것으로 그리고 신화적 환상적 과거가 오히려 '현실적'인 것으로 탈바꿈하곤 한다.[37] 고든(Gordon)은 이와 같은 신화와 현실, 신화와 역사의 결합이 곧 파졸리니가 자신의 주체를 탐구해 가는 방식이었다고 지적한다. 파졸리니의 모든 작품 활동은 자신의 주체를 끊임없이 파고드는 작업이라 요약될 수 있으며, 이 작업은 결국 자아의 신화적 메타포를 만들어 내는 것을 통해 이루어진다는 것이다.[38]

이러한 파졸리니의 작업은 영화라는 매체를 통해 가장 효과적으로 구현된다. 영화는 편집 기술을 통해 연극의 시간적·공간적 제약을 극복하고 이질적인 시간과 공간을 연속적으로 배치할 수 있을 뿐만 아니라, 영상 이미지를 통해 감추어진 꿈의 세계를 분명하게 보여줄 수 있기 때문이다. 파졸리니는 바로 이러한 영화의 속성이 과거와 현재, 신화와 역사를 결합시키려는 자신의 시도와 정확히 부합된다고 생각했다.[39] 영화 〈오이디푸스 왕〉에서도 그가 이러한 영화의 특성을 최대한 활용했다는 것이 잘 드러난다. 단순히 프롤로그와 에필로그를 현재의 사건으로 배치하여 고대의 신화와 현실을 연결시킨다는 점뿐만 아니라 현실의 욕망과 신화적 세계의 욕망의 교차, 무의식의 세계에서 일어나는 근원적 욕망의 감춤과 드러남의 긴장 관계 등을 영상 이미지를 통해 분명하게 제시하기 때문이다. 분명 프롤로그에서부터 시작하여 고대 신화 속에서도 여러 번 등장하는 이오카스테의 정면 클로즈 업, 그리고 그 장면에서 미묘하게 변화하는 그녀의 표정은 근친상간적 욕망의 대상으로서 어머니라는 이미지를 단 한마디 말도 없이 아주 효과적으로 전달해 준다.

한편 이러한 영상 이미지들은 수평적인 플롯의 일부로서 통합체(syntagmatic)를 이루는 동시에 그 자체로서 또 다른 독립적인 의미의 계열체(paradigmatic)를 구성한다. 위에서 언급한 오이디푸스가 반나체의 여성과 대면하는 장면은 그가 갈 곳을 정하지 못하고 방황하는 수평적 플롯 속에서 통합체를 이루고 있는 동시에, 자신의 근원적 욕망 앞에서 도망가는 다른 장면, 즉 라이오스를 만나 도망치는 장면과 계열체로 묶일 수 있는 것이다. 이와 같은 영화의 복합적인 장면 구성은 관객이 한 장면에서 하나의 의미만이 아니라 여러 가지 의미를 읽어낼 수 있다는 것을 말해준다. 또한 영화의 한 장면 한 장면이 다의적 의미 구성을 가능케 해 준다는 것은 영화가 여러 가지 목소리를 결합할 수 있는 힘을 갖고 있다는 것을 암시한다. 따라서 파졸리니의 〈오이디푸스 왕〉은 영화의 다의적 의미 구성 체계를 통해 오이디푸스 신화와 소포클레스의 『오이디푸스 왕』, 그리고 프로이트의 오이디푸스 콤플렉스와 자신의 자전적 경험을 결합시켰다고 말할 수 있다.

6. 맺음말

오이디푸스에 관한 이야기는 최소한 기원전 7세기 이전부터 떠돌고 있었다. 이 이야기가 맨 처음 어떻게 시작되었는지 아는 사람은 아무도 없다. 분명한 것은 그리고 중요한 것은 이 이야기가 아주 초창기부터 여러 가지 형태로 나타난다는 것이다. 도니거는 세상의 어떤 이야기도 동일한 이야기는 있을 수 없다고 말한다. 심지어 똑같은 이야기를 똑같이 반복하더라도 그 상황은 언제나 다를 수밖에 없고 그러므로 동일한 부분이 동일한 의미로 소통되는 순간이란 존재하지 않는다는 것이다.[40] 이러한 의미에서 하나의 이야기는 그것이 말해진 최초의 순간부터 언제나 이미 또 다른 이본(異本)의 하나일 뿐이다. 이 글에서는 오이디푸스 신화가 기원전 5세기 소포클레스와 19세기 말 20세기 초의 프로이트, 그리고 20세기 중반의 파졸리니를 통해 각각 어떻게 재서술되고 재해석되었는지 살펴보았다. 소포클레스는 당대에 떠도는 신화 가운데서 '스핑크스의 수수께끼를 푼 자'로서의 오이디푸스의 이미지에 가장 주목했다. 그에게는 가문의 저주라든지 신의 징벌과 자비 등의 테마는 그다지 흥미롭지 못했다. 그의 관심은 오로지 스핑크스의 수수께끼의 해답이었던 인간에, '인간이란 무엇인가' 하는 물음에 있었기 때문이다. 따라서 그는 '신들에 의해 친부 살해와 근친상간이 알려진다'는 전통적 모티브를 과감히 버리고 오이디푸스가 자신의 의지를 통해 모든 진실을 밝혀 간다는 새로운 플롯을 구성해 내었다. 그리고 이 플롯이 자아내는 극적 효과를 통해 신이 내린 운명과 끝까지 맞서서 적극적으로 싸워 가는 인간 정신으로 당대 관객의 공감을 얻어낼 수 있었다.

한편 프로이트는 수 세기 동안 이 신화에서 그다지 주목받지 못했던 친부살해와 근친상간의 모티브에 직접적으로 관심을 기울였다. 그는 이 모티브 속에서 어머니에 대한 최초의 성적 자극과 아버지에 대한 최초의 증오심을 읽어 냈다. 따라서 그는 오이디푸스 신화가 원래 이와 같은 인간의 감춰진 근원적 성욕에 대한 꿈에서 기인한 것이라고 설명한다. 또한 그는 소포클레스의 텍스트 자체를 무의식의 차원에서 새롭게 분석해 볼 수 있는 계기를 마련해 주었다.

프로이트의 이러한 신화 해석은 파졸리니의 영화 만들기에 직접적인 영향을 주었다. 파졸리니는 프로이트의 오이디푸스 콤플렉스에 자신의 자전적 경험을 결합시켜 영화 '오이디푸스 왕'을 구상했다. 그는 무의식의 욕망을 드러내는 꿈과 이를 인정하길 거부하고 감추는 꿈 사이의 긴장감, 현실과 신화적인 세계가 상호 교차하는 꿈을 영화라는 매체의 특수성을 이용해 효과적으로 그려낸다. 또한 그는 무의식 이야기를 하기 위해 스핑크스의 모티브를 새롭게 재해석했으며, 소포클레스의 텍스트를 따라가는 플롯 곳곳에 프로이트적인 해석을 재투사시켰다. 그리고 이를 통해 결국은 자신의 자전적 경험을 이야기함으로써 현실을 신화적인 메타포로 제시하는 데 성공했다.

이처럼 오이디푸스 신화는 거듭 이야기되었지만 결코 동일하게 이야기되지는 않았다. 즉 그것이 다시 이야기될 때마다 거기에는 이를 이야기하는 사람이 강조하고자 하는 새로운 의미가 덧붙여졌고 이를 통해 신화 자체는 지우기와 덧칠하기를 반복한 그림 같은 다층성을 갖게 되었다.[41] 그러나 이 글은 신화가 다양하게 해석되는 과정에서 작용하는 역사적, 정치적 컨텍스트를 면밀히 고려하지는 못했다. 하나의 텍스트가 어떤 역사적 담론 위에서 구성되며 그 텍스트가 어떤 콘텍스트에서 새로운 권위를 부여받는지를 논의하는 것은 반드시 필요한 작업이다. 그러나 그 작업은 아마도 좀 더 세분된 개별 텍스트에 대해서 수행되는 것이 더 바람직할 것이다. 이 글은 다만 신화가 재서술될 때마다 새로운 의미를 갖게 되고, 그러한 의미의 덧칠 과정을 통해 신화가 존속한다는 것을 보여준 것으로 그치고자 한다.

3부

신화와
역사

신이(神異), 신화 그리고 역사
— 『삼국유사』에 나타난 신이(神異) 인식의 의미를 중심으로

하정현

1. 머리말

인간은 이야기하는 존재이다. 인간은 자신의 경험의 단편들을 이야기로 엮음으로써 비로소 삶을 인식하게 된다. 달리 표현하면 삶의 경험은 이야기 이전의 현상이지만 인간은 이야기의 형태로서 비로소 삶을 인식할 수 있게 된다. 이러한 이야기는 인간에게 재미와 교훈을 주기도 하고, 또 인간이 살아가는데 필요한 정보를 전해주기도 한다. 나아가 어떤 이야기는 인간에게 구원론적 기능을 함으로써 인간이 인간답게 살 수 있도록 해준다. 결국 인간은 이야기를 만들고 이야기는 인간의 삶을 빚는 셈이다.

이러한 이야기들을 지칭하는 말들은 지역마다 상이했다. 예를 들어 뮈토스, 파블라, 하가다, 릴리우, 사가, 신이담(神異譚) 등이 있는데 모두 열거하기 어려울 만큼 이야기에 해당하는 말들은 그야말로 다양하다. 이 용어들은 이야기라는 공통분모 이외에 그 용어를 사용하는 집단의 역사와 문화가 반영되어 그 형식과 내용 면에서 차이가 있다. 가령 뮈토스라는 그리스어는 이야기라는 뜻이지만, 그 구체적 의미는 고정된 것이 아니었다. 즉 문자가 널리 보급되기 이전에는 왕이나 시인들의 말로서 높은 권위를 지니고 강력한 진리 주장을 개진할 수 있는 이야기였다. 하지만 그리스 민주주의가 정착되고 문자가 널리 보급되면서 그 위상은 무너지기 시작하여 급기야 역사에 상반되는 거짓 이야기로 전락하였다.

로마인들은 그리스인들이 뮈토스라고 불렀던 종류의 이야기를 그대로 전승하면서 파블라라고 하였다. 파블라는 우화 혹은 거짓으로 꾸며낸 이야기라는 뜻으로 허구라는 의미였다. 주목되는 것은 다양한 용례를 가진 용어들이 근대에 이르러 하나의 범주에 통합되기 시작했다는 것이다. 그것은 지금 우리에게 익숙한 '신화'라는 범주이다.

주지하다시피 신화는 근대용어로서 myth(혹은 mythology)의 번역어이다. 서양의 지배적인 문화적 에토스가 녹아 있는 신화라는 말을 여타 지역의 자료에 적용을 하게 되었을 때, 한 지역에서 전승되던 이야기들 중에서 어떤 이야기들은 신화라고 불리게 되었다. 다시 말해서 한 집단의 동일한 텍스트 내에 있는 이야기들이 어느 시점에서 특별히 선택되어 신화의 범주에 들어가게 된 셈이다. 가령 『삼국유사』에는 「기이」 고조선조에서 「효선」 빈녀양모조(貧女養母條)에 이르기까지 총 138편의 이야기가 수록되어 있는데, 그 가운데 기이편의 일부는 신화로 범주화되고 나머지 이야기들은 신화라고 하지 않는다. 즉 기이편 중에서 나라의 기원이나 시조에 기원에 관한 이야기는 건국신화 혹은 시조신화라고 하고, 그 밖의 이야기들은 설화라고 함으로써 구분하여 부른다.

하지만 『삼국유사』에는 일관되게 일상적인 것과는 '다른' 일들을 말하는 이야기가 전편을 통해 서술되어 있다. 그 이야기들 중의 일부를 근대에 와서 신화라고 지칭하든 혹은 설화라고 하든 간에 이와 같은 '다름'을 이 책에 내장된 용어로 표현한다면 신이(神異)라고 할 수 있다.[1] 이 책에서 신이는 왕력편을 제외한 기이편에서부터 마지막 효선편에 이르기까지 자료의 취사선택의 준거로 작용한 개념이다. 흥미로운 것은 이 책 「기이」는 역사서의 방식인 연대기적 서술로 이루어져 있으면서도 일반 역사서에서는 배제시킨 신이와 관련된 이야기를 싣고 있다는 점이다. 주목할 것은 이 책에서 신이와 관련된 이야기를 기록했다는 사실보다는 그러한 신이한 이야기가 소위 연대기에 입각하여 역사적 사실과 어우러져 서술되고 있다는 사실이다. 이와 같은 서술 태도에서 다음과 같은 질문이 가능하다.

① 이 책 총 9편 중에서 「왕력」을 제외한 나머지 8편들은 대부분이 신이한 내용인데, '신이를 기록한다'는 뜻으로 풀이되는 「기이(紀異)」를 하나의 편명으로 둔 이유는 무엇인가?

② 이 책에서 고대 불교사에 해당하는 「흥법」, 「탑상」, 「의해」, 「신주」, 「감통」, 「피은」뿐 아니라 정치사인 「기이」를 서술함에 있어 신이를 준거로 한 것은 어떤 의도에서인가? 승려라는 종교인의 저술이라서 이와 같은 역사 서술이 가능한 것인가?

③ 유교사관에 따른 『삼국사기』와 대조되어 이 책은 신비적인 불국토사상이 반영된 것으로 평가되어 왔다. 그렇다면 당시 불교인들은 신이를 준거로 한 『삼국유사』의 서술 태도를 이의 없이 수용했다고 볼 수 있는가?

이러한 질문은 『삼국유사』의 신이(神異) 개념을 이해하는 관건이 될 것이다. 일연이 당시 고려의 대내외적인 위기 상황 속에서 이 책을 저술한 것이라고 할 때 그것을 찬술하게 된 동기 및 자료의 취사선택의 준거가 있었을 것이다. 즉 동일한 역사를 '연대기적 사건으로서의 역사'와 '해석된 역사'로 나누어 서술할 수 있다는 사실은 해석된 역사의 해석의 준거에 관심을 두게 된다. 즉 '무엇을 이야기하기 위한 이야기인가' 하는 것이 초점이 되는 것이다.

이 글에서는 종교학의 관점에서 『삼국유사』에 나타난 신이 인식의 의미를 살펴보되, 신이와 관련된 이야기들과 근대용어인 신화와의 관련성을 알아보고, 아울러 역사 서술에 신이를 포함시켰던 일연의 서술 태도를 근대의 쟁점들 중 하나인 '신화와 역사'의 연계성과 연결시켜 살펴보고자 한다.

2. 13세기 고려 불교와 『삼국유사』

『삼국유사』는 합리적으로 설명하기 어려운 내용을 주저없이 서술하고 있으면서도 상당수의 각종 고기록 및 문헌을 전거로 하고 있다. 즉 이 책은 많은 전거를 가지고 역사적 기록에 충실하고 있는 점에서 사료로서의 가치가 높다. 무엇보다도 이 책에는 우리 민족의 기원을 알려주는 단군을 비롯한 건국시조에 관한 이야기, 고대사 체계를 비롯한 정치사, 불교의 전래 과정 및 그 융성에 관한 고대불교사, 불상과 불탑의 조성 이유에 관한 이야기를 중심으로 한 불교미술사, 화랑에 관한 이야기, 향가 그리고 신라 고승들의 득도 과정과 영험담 등 다양한 자료가 서술되어 있다.

하지만 이 책은 고대문화에 관한 자료를 제공하는 것 이상으로 그것 자체가 하나의 텍스트로서 탐구의 대상이 되기에 충분하다. 이 책을 구성하는 아홉 편의 주제들이 서로 단절된 것이 아니라 일관된 체계를 시사하고 있다. 다시 말하면 이 책은 자료를 정리하여 편집한 책 이상으로 어떤 이념적 지향을 명료하게 하기 위하여 저자가 기존의 자료를 취사선택하면서 자신의 의도를 치밀하게 내장한 저술이라고 볼 수 있다.

따라서 이 책은 사료서의 기능적 의미를 탐구하는 것 못지않게 해석학적인 접근이 요청된다. 역사적으로 전승된 문헌에 대한 이러한 해석학적 접근이 전혀 새롭거나 낯선 것은 아니다. 예를 들면 특별히 역사적 사실들을 서술 내용으로 하는 종교 경전의 경우 그 사실성과 의미의 갈등과 조화를 함께 담아 내려는 노력이 그러하다. 오스카 쿨만(O. Cullman)은 이 갈등의 구조를 역사(History)와 구원사(Heilgeschichte)로 개념화하여 서술하고 있다.[2] 이러한 관점에서는 경전이 역사서나 문학서가 아닌 그것 자체가 해석되어야 할 텍스트가 된다.

그렇다고 해서 『삼국유사』가 쿨만이 예거하고 있는 성서와 같은 경전이라고 전제하는 것은 아니다. 그러한 경전과 같이 제도적인 권위에 의해서 승인 여부가 결정되는 범주에 들지 않더라도 역사 또는 어떤 사실들과 직면하여 그것을 통해 인간의 구원을 지향하기 위한 이야기를 발언하는 것은 언제 어디서나 누구를 통해서나 가능한 일이다. 일연이라는 고승이 당시 고려의 대내외적인 위기 상황 속에서 이 책을 저술한 것이라고 한다면 그것은 찬술하게 된 동기 및 자료의 취사선택의 준거가 있었을 것이다.

『조선선교사(朝鮮禪敎史)』에서 홀골곡쾌천(忽滑谷快天)은 일연에 대해 다음과 같이 언급한 바 있다.[3]

> 일연은 제학에 통하였고 저서가 많은데 모두 그가 홍학(鴻學)임을 보여주는 것이다. 그러나 애석하게도 시대의 사조에 빠져서 사상과 신앙 두 가지 모두 순수하지 못하였고 가지산문의 현풍을 진작하기에는 부족하였다.

한 연구자의 사견이긴 하지만 일연이 시대의 사조에 빠져 순수하지 못했다는 그의 지적은 시사점이 있다. 이것은 일연과 『삼국유사』가 당시 불교계, 특히 선종 내에서 어떤 평가를 받았는가 하는 궁금증을 불러일으킨다. 이 책은 연대기에 입각하여 사실을 기록한 『삼국사기』와 대조되어 허구적인 이야기들이 신비롭고 흥미있게 서술되어 있어 해석이 요구되는 책으로 평가되어 왔다. 그렇다면 고려 불교계에서는 『삼국유사』의 서술 태도에 대해 어떤 입장이었을까? 동일한 불교인들 사이에서도 이적(異蹟)이나 기적(奇

蹟)이 많은 부분을 차지하는 이 책을 이의 없이 수용했을지는 의문이다.

고려 말의 불교계 동향에 관한 이해가 이 물음의 답을 구하는 데 필요할 것이다. 통상적인 구분에 따라 무신란을 기점으로 그 이후를 고려 후기라 할 때 이때부터 최씨정권의 지원을 받은 선종이 부상(浮上)한다. 나말여초 이른바 선종구산으로 불리는 선불교는 기존의 종파들이 굳건히 자리잡고 있는 수도에서는 발을 붙이지 못하고 지방에서 호족 세력의 비호를 받으며 뿌리를 내리기 시작했다. 선문의 개창자들은 대부분 화엄종 출신이었는데 중국에서 마조도일의 제자들로부터 법을 받고 귀국했다. 그런데 그들이 가져온 파격적인 불교는 기존의 교학 불교와 마찰과 대립을 불러일으켰다.

고려가 중앙집권의 지배체제를 확립했던 현종(1009-1031) 대에 와서 불교계도 변화가 일어났다. 즉 화엄종과 법상종이 양립하는 체제에서 선종은 제3종단으로 밀려나는 상황에서 대각국사 의천이 화엄종의 우위를 확보하려는 목적으로 선종을 포섭하려고 노력하였다. 이 과정에서 천태종이 탄생하게 되었는데 의천은 천태종의 본거로서 국청사를 창건하여 선종의 승려만을 포섭하여 조직하였다. 이에 선종교단으로 천태종에 개종하여 들어가는 승려와 원래의 선종을 고수하려는 승려로 양분되었다. 그 결과 당시 불교계는 교종 계통의 화엄종과 법상종, 선종 계통의 천태종과 조계종으로 분리되는 이른바 4대 교단의 체제로 개편되었다.

한편 고려 중기에 종파 불교와 구별되는 은둔적인 성격의 거사불교가 유행하였다. 고려의 귀족사회에서 유학자나 문인관료들이 불교와 어떤 형태로든 연관되지 않은 이는 거의 없다고 해도 과언은 아닐 것이다.[4] 당시의 대표적인 유학자였던 김부식도 불교에 심취했던 것으로 알려져 있다. 그는 개인 원찰인 관란사(觀瀾寺)를 소유하고 있었으며 만년에는 설당거사(雪堂居士)라는 이름으로 신비적이고 주술적 불교를 비판했던 의천의 제자 혜소와 친분이 있었다. 하지만 대내적으로 무신란으로 인해 문인귀족의 몰락과 고려 사회의 불안과 동요가 있었고, 대외적으로는 몽고와의 항쟁 속에서 고답적이고 은둔적인 거사불교는 후퇴하고 지방 지식인들을 중심으로 신앙 결사 운동이 대두되었다.

당시 결사 운동은 귀족불교의 타락상과 모순을 비판하는 불교 혁신 운동이었다. 대표적으로 지눌이 이끄는 정혜결사와 요세의 백련결사가 있었는데, 정혜사는 희종(1204-1211) 때 수선사로 사액되었다. 이러한 운동을 계기로 그 취지에 매력을 느낀 지식인들 특히 지방의 독서층과 호족층들은 불교에 깊은 관심을 갖고 심취하여 사회 중심 세력으로 부상하였다. 그 결과 불교계의 구심점이 중앙에서 지방사원으로 이동하고, 귀족 중심에서 민중 중심의 불교로 전환되는 계기가 되었다.

이 시기의 특징들 중의 하나로 신비적이고 주술적인 불교가 유행하였다. 실례로 신이한 행적으로 윤색되었다고 비판받던 육조혜능의 전기인 『육조법보단경』, 『보림전』 등이 주목받기 시작했고, 의천이 배척했던 균여의 저작들도 빛을 보게 되었다.

또한 13세기에는 교종 세력이 위축되면서 불교의 새로운 군소종파들이 성립된 점도 주목된다. 대표적으로 신인종(神印宗)은 신비적 주술의 일종인 문두루비법이 국가의 재난을 극복할 수 있다고 보았고, 지념업(指念業)은 질병으로부터 구원을 비는 밀교의 형태라고 한다.[5] 신비적 요소가 강조되는 이러한 종파들의 유행은 당시 교단 불교계의 변화와 무관하지 않다. 『삼국유사』에는 신라시대의 군소종파와 관련된 내용이 보이는 점은 고려 불교계의 변화와 무관하지 않을 것이다. 특히 「의해」 원효불기조(元曉不羈條)에는 대중불교의 선각자 원효가 만든 분황종의 산실인 분황사에 관한 내용이 보인다.[6]

따라서 13세기 불교계의 특징은 민중과 결합한 결사운동, 신이적 요소의 부활, 신인종 등 군소종파의 부활 등으로 요약된다. 『삼국유사』 자료의 취사선택의 기준은 이러한 신비적이고 주술적 요소에 의존하는 경향이 강했던 고려말 불교계의 동향과 무관하지 않을 것이다.

3. 『삼국유사』에 나타난 신이 개념의 특징

『삼국유사』에서 '신이'라는 말은 우선 이 책의 서문에서 등장한다. 즉 그 첫 부분을 보면 다음과 같다.

> 대체로 옛날 성인이 바야흐로 예악으로써 나라를 일으키고 인의로써 가르침을 베푸는 데 있어 괴력난신을 말하지 않았다. 그러나 제왕이 일어나려고 할 때에는 부명을 받고 도록을 얻게 된다고 하여 반드시 여느 사람과 다름이 있었다.[7]

여기서 '괴력난신'과 '다름'이라는 표현은 이 책의 핵심어 '신이(神異)'를 이해하는 관건이 된다. 즉 인간의 삶은 일상으로 설명되지 않는 '다른' 일이 경험되는 현상이 있기 마련이고, 더구나 제왕의 탄생과 관련된 중대한 일인 경우 반드시 남다른 현상이 있다는 것이다. 그는 눈에 보이고 만질 수 있는 것이 이 세계의 전부라고 생각하지 않았다. 다시 말해서 인간이 실증할 수 없는 또 다른 세계가 엄연히 존재한다고 믿었고, 그것을 설명하려는 개념으로서 신이라는 용어를 사용하였다.

서문의 말미에서는 "그렇다면 삼국의 시조가 모두 신이한 데서 나왔다고 해서 무엇이 괴이하겠는가?"[8]라 하여 일연은 신이라는 말이 『삼국유사』의 서술 준거라는 사실을 천명하였다. 그는 일반적인 출생과 달리 역사에 길이 남을 만한 인물인 제왕의 탄생에 있어서는 인간의 행위가 아닌 다른 어떤 것의 개입이 따른다고 믿었다. 예를 들어 무지개가 신모를 둘러 복희를 낳았다든지, 용이 여등에게 교감하여 염제를 낳았다든지, 용과 큰 못에서 교접하여 한나라 고조인 패공을 낳았다는 것에서 자연현상인 무지개나 용이라는 신격의 개입으로 역사적 사건이 이루어지는 것이다.

일연은 현실 너머 세계에 대한 나름의 잣대가 있고, 그것을 괴이한 것과 구분하는 태도를 취하였다. 인간의 삶은 일상으로 설명되지 않는 '다름'이 경험되는 현상이 있기 마련이고, 제왕의 탄생과 관련된 중대한 일인 경우 반드시 남다른 현상이 있다는 것이다. 그런 '다름'에 대한 저자 일연의 태도는 단호하다. 즉 일상과 다른 현상에 대해서 괴력난신으로 배척해 버리면 삶을 설명하는 것이 곤란하다는 입장이다.

이어 「기이」 김유신조에서 "칠요의 정기를 타고났으므로 등에 칠성무늬가 있고 또 신이가 많았다."[9]고 하였다. 여기서 신이는 신기하고 이상한 일들로 풀어볼 수 있는데 그 구체적 내용은 본문의 대부분이라 다소 길지만 『삼국유사』의 신이 개념을 알 수 있는 이야기이므로 인용하기로 한다.

나이 18살 되던 임신(壬申)에 검술을 닦아 국선(國仙)이 되었다. 이때 백석(白石)이란 자가 있었는데 어디서 왔는지 알 수 없었으나 여러 해 동안 화랑의 무리에 속해 있었다. 낭(유신)이 고구려와 백제를 치려고 밤낮으로 깊이 생각하고 있는데 백석이 그 계략을 알고 낭에게 고하기를, "제가 청컨대 공과 함께 은밀히 저편을 먼저 정탐한 후에 도모하는 것이 어떻겠습니까?"라고 하였다. 낭이 기뻐하여 친히 백석을 데리고 밤길을 떠나 고개 위에서 막 쉬고 있는데 두 여자가 나타나 낭을 따라왔다. 골화천(骨火川)에 이르러 유숙하니 또 한 여자가 홀연히 나타났다. 공이 세 낭자와 함께 즐겁게 이야기할 때 낭자들이 맛있는 과일을 주었다. 낭이 이를 받아먹으면서 마음으로 서로 허락하여 이에 그 실정을 이야기하였다. 낭자들이 말하기를, "공의 말씀하는 바는 이미 알고 있으니, 원컨대 공은 백석을 떼어 두고 우리와 함께 수풀 속에 들어가면 다시 실정을 말하겠습니다."고 하였다. 이에 함께 숲 속으로 들어갔다. 낭자들이 갑자기 신의 모습으로 나타나 말하기를, "우리들은 나림·혈례·골화 등 세 곳의 호국신입니다. 지금 적국의 사람이 낭을 유인하는데도 낭은 알지 못하고 따라가므로 우리들은 낭을 만류하려고 여기까지 온 것입니다."라고 말을 마치자 자취를 감추었다. 공은 이 말을 듣고 놀라서 엎드려 두 번 절하고 나와서 골화관에서 유숙하고 나서 백석에게 말하기를, "지금 타국에 가면서 요긴한 문서를 잊었다. 너와 함께 집으로 돌아가서 가지고 와야겠다."고 하였다. 마침내 집에 돌아와서 백석을 결박하고 다짐하여 그 실정을 물었더니 백석이 말하기를, "나는 본래 고구려 사람입니다. 우리 나라의 여러 신하들이 말하기를, 신라의 유신은 본래 우리 나라에서 점치던 선비인 추남(楸南)이라고 합니다. 국경에 역류하는 물이 있어 그에게 점을 치게 했더니, 아뢰기를, '대왕의 부인이 음양의 도를 역행했으므로 그 표징이 이와 같습니다.' 고 하니, 대왕이 놀라 괴이히 여기고, 왕비는 크게 노하여 이것은 요망한 여우의 말이라고 왕에게 고하여, 다시 다른 일로써 시험해 물어서 그 말이 틀리면 중형에 처하기로 하였습니다. 이에 쥐 한 마리를 함 속에 감춰 두고 이것이 무슨 물건이냐고 물으니, 그가 아뢰기를, '이것은 틀림없이 쥐인데, 그 수는 여덟 마리입니다.' 고 하였습니다. 이에 말이 틀린다고 하여 죽이려고 하니, 그가 맹세하여 말하기를, '내가 죽은 뒤에 대장이 되어 반드시 고구려를 멸망시킬 것이다.' 고 하였습니다. 곧 목을 베어 죽이고, 쥐의 배를 갈라 보니 그 새끼가 일곱 마리나 있어 그의 말이 맞은 것을 알게 되었습니다. 그날 밤 대왕이 꿈에 추남이 신라 서현공(舒玄公) 부인의 품 속으로 들어간 것을 여러 신하들에게 이야기하였더니, 모두 말하기를, '추남이 마음속으로 맹세하고 죽더니 그 일이 과연 그러합니다.' 고

하였습니다. 그 때문에 나를 보내 이런 계획을 꾸미게 한 것입니다." 고 하였다. 공은 이에 백석을 처형하고 온갖 음식을 갖추어 삼신(三神)에게 제 사지내니, 모두 나타나서 제물을 흠향하였다.[10]

인용문에서 필자가 강조를 위해 밑줄친 부분을 중심으로 보면, 신(神)이 일시적으로 인간의 모습으로 화하고, 이미 죽은 이(추남)가 김유신으로 환생 하고, 그리고 인간(왕)의 꿈속에서 나타난 일이 현실을 예시하는 것 등은 신 이한 측면을 잘 드러내는 대목이다.

「의해」 양지사석조(良志使錫條)에 "그의 신이함을 헤아리기 어려움이 모두 이와 같은 것들이다."[11]라고 했다. 그 구체적 내용을 살펴보면 다음과 같다.

석양지의 조상과 고향은 자세히 알 수 없다. 다만 선덕왕 때 자취를 나타 냈을 뿐이다. 석장 끝에 포대 하나를 걸어놓으면 석장은 저절로 날아가 단월의 집에 이르러 흔들면서 소리를 냈다. 그 집에서 이를 알고 재에 쓸 비용을 넣었고 포대가 차면 날아서 되돌아온다. 이 때문에 그가 머무는 곳을 석장사라 하였다. 그의 신이함을 헤아리기가 어려움이 모두 이와 같 은 것들이다. 한편으로는 여러 가지 기예에도 통달하여 신묘함이 비할 데 가 없었다.

「의해」 심지계조조(心地繼祖條)에 "무리들은 그 신이를 보고 당에 들어오 는 것을 허락하였다."[12]고 했다. 그 구체적 내용을 살펴보면 다음과 같다.

석심지는 신라 제41대 왕 헌덕대왕 김씨의 아들이다. 나면서부터 효도하 고 우애가 깊었으며 천성이 밝고 지혜로웠다. 열다섯 살이 되는 해에 머 리를 깎고 스승을 따라 불도를 부지런히 닦았다. 중악에 머물러 있더니

때마침 속리산의 영심공이 진표율사의 불골간자를 이어받아 과증법회를
개설한다는 말을 듣고 결심하고 찾아갔으나 이미 기일이 늦어 참례를 허
락하지 않았다. 이에 땅에 앉아 마당을 치면서 무리를 따라 예배하고 참
회하였다. 7일이 지나자 하늘에서 큰비와 눈이 내렸는데 심지가 서 있는
땅의 사방 열 자 가량은 눈이 날리면서도 쌓이지 않았다. 무리들은 그 신
이를 보고 당에 들어오는 것을 허락하였다.

「피은」 혜현구정조(惠現求靜條)에서 "또 고구려의 중 파약은 중국의 천태산
에 들어가서 지자의 교관을 받아 신이로 산중에 알려졌다가 죽었다."[13]고
하였다. 그 구체적 내용을 살펴보면 다음과 같다.

석혜현은 백제 사람이다. 어려서 출가하여 애써 뜻을 모아 법화경을 독송
하는 것으로 업을 삼았으며, 기도하여 복을 빌면 영험한 감응이 실로 많
았다. 겸하여 3론(중관론, 십이문론, 백론)을 전공하여 수도를 시작하니 신명에
통하였다. 처음에는 북부 수덕사에 살면서 대중이 있으면 (경을) 강하고,
없으면 지송했으므로 사방의 먼 곳에서 (그의) 교화를 흠모하여 문 밖에는
신발이 가득하였다. 산이 매우 험준하여 내왕이 어렵고 드물었다. 혜현이
고요히 앉아서 (번뇌를) 잊고 산중에서 세상을 마쳤다. 같이 공부하던 이가
시체를 옮겨 석실 속에 안치했는데 범이 유해를 다 먹고 오직 해골과 혀
만 남겨 두었다. 추위와 더위가 세 번 돌아와도 혀는 오히려 붉고 연하였
다. 그 후 변해서 자줏빛이 나고 돌처럼 단단하게 되었는데 승려나 속인
이 그것을 공경하여 석탑에 간직하였다. 세속의 나이 58세였는데, 정관(당
태종의 연호) 초년이었다. 혜현은 서방에 유학하지 않고 조용히 물러나 일생
을 마쳤으나 그의 명성은 중국에까지 알려져 전기가 쓰여지고 당나라에
서도 명성이 드러났다. 또 고구려의 중 파약은 중국의 천태산에 들어가서

지자(智者 538-597)의 교관을 받아 신이로 산중에 알려졌다가 죽었다.

이러한 다섯 번의 용례를 보면 다양한 인간들, 구체적으로 한 나라의 성군(聖君), 한 부족의 시조, 위업을 달성한 장군을 비롯하여 고승에 이르기까지 신이한 현상과 행적을 역사 속에서 서술하고 있다. 즉 일연은 역사를 기술함에 있어 신이와 관련된 이야기를 주저없이 수용하는 역사 인식 혹은 신이 인식의 태도를 보이고 있다.

한편 신이라는 말의 사전적 의미는 불가사의한 것, 괴이한 것, 수상한 것, 위태로운 것으로 인간의 행위가 아닌 것으로 보이는 것을 이르는 말이다. 신이에서 이(異)는 수(殊), 위(違), 기(奇), 괴(怪), 비범(非凡), 비상(非常)의 용례가 있다. 신이는 원시불교에서 중요한 개념이었다. 원시불교에서의 용례로 볼 때 신이의 개념은 신통(神通)과 크게 다르지 않다. 통(通)은 지혜와 관련이 있는 것으로 불가사의한 언어나 행동을 의미한다.

불교의 수행에 의해서 체득되는 무애자재하며 초인적인 능력인 신이는 구체적으로 삼명육통(三明六通)으로 설명된다. 삼명에는 천안명(天眼明), 숙명명(宿命明), 그리고 누진명(漏盡明)이 있다. 천안명은 거리의 원근에 상관없이 일체 세간의 모든 희로애락에 대해 밝게 아는 것을 말한다. 이것은 단순히 거리상으로 멀리 있는 것을 보는 생리적 능력이라기보다 차라리 세계관에 가까운 지혜를 말하는 것이다. 숙명명은 전생의 일을 자유자재롭게 아는 신통력이고, 누진명은 이 생에서 모든 종류의 고통을 밝게 알아서 인간의 모든 번뇌를 끊는 지혜를 말한다.

육통은 삼명에 세 가지를 더한 것으로 석가에게 갖추어진 하나의 권능으로 자유자재한 능력이라는 측면이 강한데 다음과 같다. 천안통(天眼通)은 인간의 육안으로 볼 수 없는 것을 보는 신통력이고, 천이통(天耳通)은 인간의 귀로는 듣지 못하는 모든 소리를 들을 수 있는 신통력이다. 타심통(他心通)은 다른 사람의 마음을 자유자재하게 아는 신통력이고, 숙명통(宿命通)은 모든 생명이 지나온 과거와 미래를 꿰뚫어 보는 신통력을 말한다. 신족통(神足通)은 여의통(如意通)이라고 하는데, 크고 작은 몸을 나타내서 자기 생각대로 자유자재하게 날아다니는 신통력으로 축지법과 비슷한 개념이라고 할 수 있다. 누진통(漏盡通)은 모든 종류의 고통을 밝게 알아서 인간의 번뇌를 끊을 수 있는 신통력을 말한다.

이상에서 살펴본 바, 불교에서의 신이는 삶의 진상을 터득한 데서 오는 일종의 지혜라고 할 수 있다. 즉 일종의 초자연적 힘으로 종교 수행을 통해서 체득되는 지력(智力)에 해당한다. 불교에서 신이는 신통력과 통하는데, 『삼국유사』에서 신통의 용례는 다음과 같다.

「탑상」어산불영조(魚山佛影條) "육신통을 터득한 비구들(比丘得六神通者)" "신통력을 발하여 그곳에 이르니(變神通力而來至此)" 「탑상」대산 오만진신조(臺山 五萬眞身條) "문수보살이 진여원에 이르러 서른여섯 가지 모양으로 변신하여 나타났다. … 혹은 신통모양(文殊大聖到眞如院變現三十六種形……或作神通形)"14 「의해」심지계조조(心地繼祖條) "점찰경 상권 서문을 살펴보면 189간자의 이름을 서술하였는데, 1자는 상승을 구하여 불퇴를 얻음이요. 5자는 신통을 구하여 성취함이요(按占察經上卷 敍一百八十九簡之名 一者求上乘得不退…五者求神通得成就)" 「신주」밀본최사조(密本催邪條) "스님의 신통력은 불가사의합니다.(和尙15 通力不可思議)", "인혜스님이 말하기를 그대는 내 신통력을 보라.(惠日 汝見我神通)" 「신주」혜통항룡조(惠通降龍條)에 "왕이 말하기를 화상은 신통력이 있으니 어찌 사람의 힘으로 능히 도모할 수 있겠는가.(王曰 和尙神通 豈人力所能圖)" 등이 있다.

신이와 신통이라는 말을 중심으로 이 책의 용례를 살펴본 결과, 이야기의 주제가 정치이든 종교이든 도덕이든 간에 모두 신이가 개입한다는 사실을 알 수 있다. 일연은 사건을 기술하면서 자신의 신념 체계에 따라 필요한 자료를 인용하고 있는데, 그 선택의 기준이 신이(神異)이다. 그는 삶의 현실을 그저 일상적인 것이 펼쳐지는 것으로 보지 않고 일상과는 '다른' 것이 개입되면서 일상적 삶이 제 모습을 갖춰 가는 것으로 여기고 있다. 이러한 그의 신이 인식의 태도는 비단 종교사를 서술할 때뿐 아니라 국가라는 공동체의 기원을 비롯하여 정치사 일반에도 신이가 작용하고 있다는 사실을 기이편 서술을 통해 보여준다. 즉『삼국유사』는 대부분의 내용이 신이와 관련이 있는데 굳이 「기이」를 별도로 설정하고 그 분량도 전체의 절반을 차지할 정도로 상당한 양을 기술하였다.

이런 사실을 바탕으로 이 책의 신이의 내용은 다음과 같은 유형화가 가능하다. 즉 정치적 신이, 종교적 신이, 그리고 도덕적 신이로 분류된다. 정치적 신이는 건국, 호국, 국가존망의 위기와 관련된 이야기에 드러나는 것으로 이러한 신이는 신성(神聖)으로 개념화될 수 있다. 종교적 신이는 실존적인 삶의 현실과 연계하여 드러나는 비일상적 힘의 존재와 연결된다. 이러한 신이는 영험 혹은 신비라고 개념화 할 수 있다. 도덕적 신이는 효나 선행에 관한 이야기에서 드러나는 것으로 지극히 현실적인 덕목의 내용을 이루고 있으면서, 동시에 그러한 덕목을 구현하는 기본적인 가능성의 원천으로서 승인되고 있다. 이때의 신이는 덕(德)이라고 개념화할 수 있다. 이와 같이 사실상 동일한 신이 개념을 전제한다 하더라도 그 개념이 이야기의 맥락에 따라 신성, 영험, 신비, 덕에 이르기까지 다양한 함축을 지니고 있다.

13세기 고려의 분위기를 반영하는 이적(異蹟)이나 영험을 강조한 저술은 『삼국유사』 외에도 박인량의 『수이전』, 요원(了圓)의 『법화영험전』이 있었다. 『삼국유사』의 신이 개념의 특징을 파악하기 위해서 이들의 내용과 대략 비교할 필요가 있다.

『수이전』은 신라 말기에 간행된 것으로 추정된다. 『수이전』의 저자에 대해서는 논란이 있으나, 대체로 최치원을 원래의 편저자로, 박인량(?~1096)을 증보자로, 김척명을 개작자로 파악하는 견해가 일반적이다. 고려 명종 연간에 박인량이 『신라수이전』을 내놓은 것은 신비와 주술이 유행하던 당시의 시대적 분위기에 따른 것이었다.

신라수이전 일문 14편	수록	신라수이전 일문 14편	수록
아도전	해동고승전	소리암	신증동국여지승람
원광법사전	삼국유사	수삽석남	대동운부군옥
보개	태평통재	죽통미녀	대동운부군옥
최치원	태평통재	노옹화구	대동운부군옥
연오랑세오녀	필원잡기	선녀홍대	대동운부군옥
탈해왕	삼국사절요	호원	대동운부군옥
당태종목단자병화화	삼국사절요	심화요탑	대동운부군옥

이 책에서 왕의 비범한 능력을 다룬 것으로 「탈해」와 선덕여왕에 대한 연모(戀慕)를 주제로 한 「심화요탑」이 있고, 고승의 종교적 영험을 드러내는 것으로는 「아도」, 「원광」, 「보개」가 있다. 「아도」는 『삼국유사』 「흥법」 아도기라조(阿道基羅條)에 인용된 「아도본비」의 내용에 해당하는데, 특히 아도의 치병능력이 주목된다. 그 일부를 인용하면 다음과 같다.

> …아도법사가 (어머니의) 분부를 받들어 계림에 와서 왕성의 서쪽 마을에 살았는데, 지금의 엄장사이고, 이때는 미추왕 즉위 2년 계미년이었다. 법사는 불교를 행하고자 청하였으나 괴이하게 여기고 죽이려는 자까지 있었다. 이에 속림 모록의 집으로 도망가서 숨었다. 도망한 지 3년이 지났을 때 성국공주가 병들었는데 낫지 않아서 사신을 보내어 사방으로 의원을 구했다. 법사가 대궐로 들어가 그 병을 치료하니 왕이 크게 기뻐하여 원하는 것이 무엇인지 물었다. 법사가 청하였다. '천경림에 절을 지어 불교를 크게 일으켜 나라의 복을 비는 것이 소원일 뿐입니다.' 왕은 이를 허락했다….[16]

「원광」역시 『삼국유사』「의해」원광서학조의 한 부분으로 그의 영험을 잘 드러내는 이야기이다. 그 내용을 보면 다음과 같다.

> 법사가 밤에 혼자 앉아 경을 외우는데 홀연히 신의 소리가 나더니 그 이름을 부르면서 말하기를 '훌륭합니다. 훌륭합니다, 당신의 수행이여, 무릇 수행하는 이가 많아도 제대로 하는 이는 드뭅니다. 지금 이웃에 있는 비구를 보니 주술을 곧잘 닦지만 소득은 없고 시끄러운 소리로 다른 사람의 정념만 어지럽게 합니다. 거처는 내가 다니는 길에 방해가 되어 항상 오갈 때마다 미운 마음이 들 정도입니다. 법사께서는 나를 위하여 그가 옮겨 가도록 일러 주십시오. 만약 오래 머물게 되면 아마도 내가 죄업을 짓게 될 것 같습니다.' 고 하였다. 이튿날 법사가 가서 말하기를 '내가 어젯밤에 신의 소리를 들었는데 비구는 다른 곳으로 옮기는 것이 좋겠소. 그렇지 않으면 반드시 다른 재앙이 있을 것이오.' 라고 하였다. 비구가 대답하기를 '수행이 지극한 이도 마귀에게 현혹됩니까? 법사는 어찌 여우 귀신 따위의 말을 걱정합니까? 라고 하였다. 그날 밤 신이 또 와서 말하기를 '전에 내가 말한 일에 대하여 비구는 무엇이라고 답했습니까? 라고 하였다. (중략) 신이 말하기를 '내가 이미 다 들었는데 법사는 어찌 보태어 말합니까? 다만 잠자코 내가 하는 것을 보기나 하십시오.' 라고 하고는 마침내 작별하고 가 버렸다. 밤중에 뇌성벽력 같은 소리가 나더니 이튿날 보니 산이 무너져 비구가 있던 난야를 묻어 버렸다.[17]

이 이야기에서 신의 정체는 노호(老狐)이다. 노호는 원광을 계속 보살펴주고 원광의 중국 유학을 도와준다. 노호가 비구를 묻어 버린 행위는 주술에 의지하는 승려와 원광을 비교함으로써 원광을 돋보이게 하고자 하는 것으로 해석된다. 원광이 무사히 중국 유학을 마치고 돌아오자 노호는 자신이계를 받아 불교에 귀의했다고 고백한다.

원광법사가 또 청해서 말하기를 '신의 진용을 볼 수 있겠습니까?' 라고 하니 신이 말하기를 '이른 아침에 동쪽 하늘가를 바라보시오.' 라고 하였다. 법사가 이튿날 그곳을 바라보니 거대한 팔뚝이 구름을 꿰뚫고 하늘가에 닿아 있었다. 그날 밤 신이 또 와서 말하기를 '법사는 내 팔뚝을 보았습니까?' 라고 하니 '보았는데 매우 신기했습니다.' 라고 하였다. 이로 인하여 (이 산을) 속칭 비장산이라고 한다. 신이 말하기를 '비록 몸이 있다고 해도 무상의 해는 면하지 못할 것이므로 나는 멀지 않아 그 고개에 이 몸을 버릴 것입니다. 법사는 와서 길이 떠나는 혼을 전송해 주시오.' 라고 하였다. 약속한 날을 기다려 가서 보니 칠빛처럼 검은 늙은 여우 한 마리가 헐떡이면서 숨을 쉬지 못하다가 곧 죽어 버렸다.[18]

노호는 원광이 신라에 불법(佛法)을 펼 수 있도록 도와주는 존재로 종교적 신이를 행하는 신성한 존재로 묘사되었다.
「노옹화구(老翁化狗)」에는 다음과 같은 내용이 실려 있다.

신라 때 한 노인이 김유신의 집 문밖에 도착하였다. 유신이 손을 이끌어 집으로 들어와 잔치를 베풀며, 유신이 노옹에게 말했다. '변신술이 예전 같습니까?' 노인은 호랑이로 변하고 혹은 닭으로 변하고 혹은 매로 변하더니 마지막으로 개로 변하여 나가 버렸다.[19]

여기서 김유신은 별다른 역할은 하지 않으며 노인의 변화무쌍함이 관심의 대상이 되고 있다. 「죽통미녀(竹筒美女)」 역시 죽통에 두 미녀를 담고 다니는 이상한 나그네에 관한 이야기이다.

김유신이 서주에서 경주로 돌아오고 있었다. 길에는 기이한 나그네가 앞서 가고 있었는데 머리 위에는 범상치 않은 기운이 감돌고 있었다. 나그네가 나무 밑에서 쉬자 유신 또한 쉬면서 자는 척하였다. 나그네는 지나가는 사람이 없는지 살피고 품속을 뒤져 대나무로 만든 통을 꺼내더니 그것을 흔들었다. 두 미녀가 통에서 나와 함께 앉아 말을 나누다가 도로 통속으로 들어가자 품속에 감추고 일어나 길을 떠났다.

유신이 뒤를 따라가서 그 일에 대해 물어보니 말이 부드러웠다. 함께 경주에 와서 유신이 나그네를 이끌고 남산에 이르러 소나무 아래에서 잔치를 베풀었는데 두 미녀도 나와서 참석했다. 나그네가 말하기를 '나는 서해에 사는데 동해에서 부인을 얻어 부인과 함께 부모를 뵈러 갑니다.' 라고 했다. 얼마 지나지 않아서 바람이 일고 구름이 끼어 어둑해지더니 홀연 사라져 보이지 않았다.[20]

이 이야기에서도 김유신은 특별한 역할이 없고, 나그네의 기이한 행적이 관심거리가 되고 있다. 이들은 괴이함을 전하는 이야기이지만 「원광」이나 「아도」에서의 종교적 영험으로서의 신이와 구분된다.

『법화영험전』은 고려말에 신비적이고 주술적인 불교가 등장하면서 충혜왕의 왕사였던 요원이 기이한 설화들을 모아 편찬한 책이다. 요원은 『홍찬전』, 『현응록』, 『해동전홍록』에서 발췌한 107가지의 기이한 이야기들을 상하 두 권에 수록하여 뒷사람들의 신심을 권발하고자 하였다. 『해동전홍록』 「광명출어구용(光名出於口甬)」에는 다음과 같은 이야기가 수록되어 있다.

고려시대 경상북도 상주의 어떤 작은 절에 스님이 한 분 있었다. 스님은 음양술과 점복에 능해 동네 사람들이 자주 찾아와 길흉화복을 물었다. 이

스님은 이런 일을 해서 생계를 꾸려 나갔다. 어느 날 관청에서 법석을 베풀어 온 고을에 있는 스님들을 초청했다. 이 스님도 그 법회에 참석했다. 함께 법석에 나온 다른 스님들은 그가 정법을 공부하지 않고 음양술수를 행한다고 거들떠 보지도 않았다. 한밤중이 되어 등불과 촛불이 다 꺼지고 모두 잠이 들 무렵 스님의 입에서 등불 같은 광명이 새어나왔다. 사람들이 놀라 까닭을 물었더니 스님은 다음과 같이 말했다. '사실은 내가 음양술이나 점복으로 살아가는 것이 부끄러워 속으로 스스로 참회하고 다만 『법화경』 독송을 일과로 살아온 지 한참 되었습니다.' 사람들은 놀라워하면서 그 스님을 공경하였다.[21]

「제친시통(帝親試通)」에는 다음과 같은 내용이 있다.

고구려 때 권적이라는 사람이 있었다. 경상도 안동 출신인 그는 자를 지정이라 했는데 어려서부터 글재주가 남달랐다. 예종 임금 때 조공을 전하는 빈공으로 송나라에 갔다가 그곳 국학에 들어가 갑과의 장원으로 급제해 이름을 널리 떨쳤다. 유학을 마치고 본국으로 돌아올 즈음 어떤 관상쟁이가 그를 보고 경고의 말을 했다. '당신은 재주가 많으나 수명이 짧다. 나이는 겨우 40세를 넘길 것이고 벼슬은 5품에 머물 것이다. 이를 극복하려면 대승경을 독송하여 공덕을 쌓아야 한다.' 권적은 말을 듣고 『법화경』을 읽기 시작하여 사흘 만에 다 외웠다. 송나라이 황제 휘종이 이 말을 듣고 그를 불러 시험하였다. 권적은 황제 앞에서 『법화경』을 외웠는데 한 줄도 틀리지 않았다. 권적은 황제 앞에서 『법화경』 변상도에 있는 탑 그림을 각각 한 폭씩 하사하였다. 고려로 돌아온 권적은 계속해서 법화경을 독송하니 수명은 늘어 57세까지 살았으며 벼슬은 한림학사에 이르렀다.[22]

이상의 두 편의 이야기는 법화신앙의 공덕과 관련되는 것으로, 첫번째 이야기에서 스님이 음양술이나 점복을 향하는 것을 부끄러워 하는 것은 불교에서의 신이를 여타의 괴이한 일들과 구분하려는 의도로 볼 수 있을 것이다.

4. 『삼국유사』에 나타난 신이−신화−역사

『삼국유사』는 총 9편으로 구성되어 있다. 연표인 「왕력」에 이어 「기이」에는 건국시조를 비롯한 역대 왕들에 관한 기록으로 일반 역사서의 형식과 내용을 담고 있다. 「기이」에는 「왕력」에서는 찾아볼 수 없는 신이가 많은 부분을 차지하고 있는 점이 주목된다. 그런데 신이는 불교 신앙과 관련된 「흥법」 이하 7편에서 신이라는 개념은 더 풍부하고 또 자주 등장한다. 그럼에도 불구하고 「기이」라고 별도의 편목을 두고 있다. 실제로 『삼국유사』 연구자들 대부분이 「기이」와 「흥법」 이하 7편들을 구분하여, 전자는 일반 정치사로 후자는 신라불교사로 규정하고 있기도 하다. 그렇다면 이렇게 다른 성격의 이야기군이 어떻게 하나의 텍스트로 묶여질 수 있었을까.

앞서 필자는 『삼국유사』가 단순히 '자료를 정리하여 편집된 책' 이상으로 저자가 기존의 자료를 취사선택하면서 자신의 의도를 내장한 저술이라는 주장을 폈다. 아울러 『삼국유사』는 13세기 고려의 정치적 위기 속에서 저술되었다는 점에서 어떤 동기와 자료의 선택기준이 분명하게 작용했다고 주장할 수 있다. 이 글에서 지금까지 살펴본 대로라면, 일연은 역사적 사건을 기록하면서 그 자료의 취사선택에 있어 신이를 준거로 했던 것이고 이러한 그의 역사의식에서 그 해답을 찾을 수 있을 것이다.

주지하는 바와 같이 「기이」편의 일부는 한국 신화의 범주에서 다루어지고 있다. 그렇다면 이 책의 신이담 가운데 신화라고 불리는 것과 그렇지 않은 것의 기준은 무엇인가? 이 물음의 답은 신화 정의 문제와 밀접할 것이다. 조희웅은 "신이담은 자의(字意) 그대로 신기하고 이상한 존재 혹은 사건들에 관한 이야기이다. 이 용어로써 지칭되는 이야기의 범주는 매우 포괄적일 수 있다. 신화에는 초시간, 초공간적인 배경을 중심으로 신이나 초인적인 인물들이 등장한다는 점에서 모든 신화 자료가 신이담(神異譚) 속에 포함될 수가 있다."고 하여 신이담의 범위가 훨씬 넓다고 보았다.

또 그는 "일반적으로 서구에서는 신화가 인간들의 이야기가 아니며 구전보다는 문헌에 의한다는 점 등에서 민담, 전설 등과 독립시키는 경향이 많으나 우리의 경우 이와 부합되는 자료가 그다지 많지 않다는 점에서 신화를 별종으로 처리해야 할 필요는 없을 것으로 생각된다."고 하였다.[23] 그의 주장은 서양의 문화적 에토스가 녹아 있는 신화라는 말을 여타 지역의 자료에 적용을 하게 되었을 때의 문제들을 예견하는 발언이다. 우리 전승에서 서구인들이 말하는 신화에 부합하는 이야기를 발굴하고자 애쓰는 노력이라든지, 주어진 전승이 신화냐 아니냐를 두고 논쟁하는 것은 소모적인 작업일 수 있다. 신화는 본래부터 있는 것이 아니다. 그것은 연구자들에 의해 만들어진 개념으로서, 한 지역에서 전승되던 이야기들 중에서 어떤 이야기들은 신화라고 불리게 되는 이유가 바로 이러한 신화 개념의 형성과 관련이 있다.

신화라는 말의 어원이 되는 뮈토스라는 그리스어는 '이야기'나 '말'을 뜻했지만, 플라톤에 이르러 로고스와 히스토리아의 반대 개념으로 쓰이면서 '실제로 존재할 수 없는 것'을 뜻하는 말이 되었다. 초기 그리스 철학자들은 호메로스의 신화를 비판하면서 그것이 꾸며낸 이야기라고 배척하였다. 특히 호메로스나 헤시오도스가 묘사한 신들의 부도덕을 비판했고 특히 그 의인화를 못마땅하게 여겼다. 기독교가 로마 제국으로 확산되어 갈 때

직면한 문제 가운데 하나는 신들에 대해서 복잡하고 풍부한 이야기를 가지고 있었던 그리스 로마의 종교를 비롯한 여타 종교에 어떻게 대항하느냐는 것이었다. 기독교인들은 종종 이들 종교가 가지고 있는 이야기들이 기독교 '바이블'에 근거하지 않은 이야기라는 이유로 경멸적인 의미로 신화라고 불렀다.

이와 같이 신화에 대한 도전은 신화라는 말의 역사만큼이나 오래되었다고 해도 과언은 아닐 것이다.[18] 고대 그리스에서는 신화는 비도덕적이라는 이유로 부정되었고, 이에 대한 방어에 해당하는 설명 체계들이 고대 신화 이론이 된 셈이다. 근대에 이르러서는 근대과학의 출현으로 신화는 실증할 수 없는 것으로 사실이 아니라고 보았다. 또 이 시기에 이성주의와 진화론으로 신화를 원시인들의 감성적이고 신비적인 사유의 반영이라고 보고, 그것은 원시의 산물에 불과한 것이라고 보았다. 근대에 신화를 '거짓 이야기'라고 공격하는 입장에 맞서 낭만주의 입장에서는 신화적 현실을 옹호하는 이론들이 다양하게 전개되었다. 결과적으로 이러한 방어 논리들이 근대 신화학을 형성했다고 볼 수 있다.

한편 신화를 원시문화로 범주화하게 된 배경에는 소위 역사주의가 한 몫을 담당하였다. 근대 역사주의의 출현에 의하여 신화는 역사 이전의 허구 또는 사실이 아닌 허구라고 규정하고 그 해체를 담당하였다. 이와 같은 흐름에서 신화는 마치 역사의 대척점인 양 여겨지기도 했지만 삶의 현실 속에서 역사적 전승이란 역사적 사실이 신화의 범주안에 전이됨으로써 비로소 인식이 가능하다. 신화는 역사이전도 아니고 그렇다고 역사적 사실에 대조되는 비역사적 허구도 아니다. 그것은 실증적인 이야기가 담아 낼 수 없는 삶의 현상을 담아 내는 이야기라는 결론에 도달하게 되었다. 이와 같이 근대 신화학의 형성 이후 신화와 역사를 연계하여 이해하려는 경향이 『삼국유사』의 서술에서 발견된다는 사실이다. 즉 일연은 역사적 사건을 해석하면서 신이를 준거로 하여 자료를 취사선택하였을 것이라는 추정은 다음과 같은 기록에서 확인된다.

가령 혜공왕은 경덕왕의 적자로서 어린 나이에 왕위에 올라 처음에는 태후의 섭정을 받는다. 『삼국유사』 혜공왕조에 다음과 같은 기사가 있다.

16년(780) 봄 정월에 누른 빛의 안개가 끼었다. 2월에 흙이 섞인 비가 내렸다. 왕은 어려서 왕위에 올랐는데 장년이 되자 노래와 여색에 빠져 각처로 돌아다니며 노는 것이 절도가 없고 법강과 기율이 문란해져 천재(天災)와 지이(地異)가 여러 차례나 나타났으므로 인심은 배반하고 나라는 편안하지 않았다. 이에 이찬 김지정은 배반하고 무리를 모아서 궁궐을 포위하여 침범했다. 여름 4월에 상대등 김양상은 이찬 경신과 함께 군사를 일으켜 지정 등을 죽였는데 왕과 왕비는 난병들에게 살해되었다. 양상 등은 왕을 시호하여 혜공왕이라 했다.[24]

이 인용기사에서 알 수 있듯이 혜공왕은 왕으로서 비극적인 삶과 최후를 맞이했다. 이와 같은 역사적 사건에 대해 일연은 『삼국유사』 경덕왕 충담사 표훈대덕조에서 다음과 같은 해석으로 기록하였다. 즉 경덕왕이 아들이 없어 왕비를 폐하고 후비로 만월부인을 맞이하였다. 표훈이 천제에게 고하고 돌아와서 말하기를 딸은 가능하지만 아들은 얻을 수 없다고 하였다. 만약 얻게 되면 나라가 위태해질 것이라고 하면서 하늘과 사람 사이를 자주 왕래하여 천기를 누설하는 표훈을 꾸짖었다. 경덕왕은 나라가 위태하더라도 아들 얻기를 원하여 결국 태자를 보게 되고 그가 혜공왕이 되었다. 일연의 기록에 따르면 혜공왕이 출생하여 반란군에 의해 비극적인 죽음을 맞이한 것은 경덕왕의 욕심 때문으로 보여진다. 또한 왕의 이러한 원(願)은 표훈이라는 승려가 상제께 청하여 이루어진 것이므로 혜공왕의 출생과 죽음,

또 혜공왕 시대의 역사적 사건은 불교 승려의 비범한 능력과 천(天)의 작용으로 일어나게 된 셈이다.

「기이」 진흥왕조에 다음과 같은 내용이 있다.

> 백제가 고구려를 치자는 제안을 받은 진흥왕은 나라가 망함은 하늘에 달렸으니 만약 하늘이 고구려를 미워하지 않는다면 어찌 감히 고구려의 멸망을 바랄 수 있겠느냐고 하여 거절했다. 이에 백제가 침공하였다.[25]

여기서 주목되는 것은 백제의 침공이라는 사건보다는 왜 백제가 신라를 치게 되었는가를 진흥왕의 의식을 서술함으로써 그 사건을 해석하는 대목이다. 즉 진흥왕은 "하늘이 고구려를 미워하지 않는다면…"이라고 했는데, 실제로 왕이 누군가에게 그렇게 말했는지 아니면 독백인지는 확인할 길이 없지만, 이는 일연의 역사 해석의 일면으로 보여진다. 이와 같이 역사적 사건의 의미에 신이가 개입되는 이야기의 유형으로서 「기이」 천사옥대조(天賜玉帶條)가 있다.

> 제26대 진평왕대에 천사가 궁뜰에 내려와 상황(上皇)이 보낸 옥대를 전한다. 왕은 그것을 받고 교제를 지낸다. 후에 고구려가 신라를 치려는 모의를 하다가 신라에는 이 옥대를 포함하여 세 가지 보물이 있다는 사실을 알고 포기한다.[26]

이 이야기에서 고구려가 신라를 치려고 모의하다가 포기하였는데 왜 그랬는지 고구려 측의 입장도 있겠지만 신라에 전승되던 이 이야기에서는 신라는 하늘이 내려준 옥대로 인해 국가의 위기를 모면할 수 있었다는 것이다. 일연은 역사적 사건을 다루면서도 그것 자체를 연대기적 사실을 나열하기보다는 사건의 의미를 밝히는 해석으로서의 역사 기술을 하고 있는 셈이다. 일연의 역사 인식의 특징으로 볼 수 있는 이러한 서술 태도는 그의 신이관(神異觀)의 반영이라고도 볼 수 있을 것이다. 그는 눈에 보이고 만질 수 있는 것이 이 세계의 전부라고 생각하지 않았다. 다시 말해서 인간이 실증할 수 없는 또 다른 세계가 엄연히 존재한다고 믿었다. 이것을 신이(神異)라고 보았고 이것마저 괴력난신으로 배척해버리면 삶을 설명하는 것이 곤란하다는 입장이다.

5. 맺음말

이 글은 종교학의 관점에서 『삼국유사』 이야기의 신이성의 의미를 살펴보는 것을 목표로 하였다. 『삼국유사』는 연대기에 입각한 사실을 기록한 『삼국사기』와 대조되어 허구적인 이야기들이 상징적으로 흥미있게 서술되어 있어 해석이 요구되는 책으로 평가되어 왔다. 이 책의 이야기들은 일관되게 일상적 범주에서 설명될 수 없는, '다른' 일들이 전편을 통해 서술되고 있다. 이와 같은 '다름'은 이 책에 내장된 용어로 신이(神異)다. 이러한 신이 개념은 이 책을 해독하는 관건이면서 동시에 이 책의 존재 가치를 밝혀준다.

필자가 주목했던 것은 다음과 같이 요약된다. 첫째, 이 책에 신이한 이야기가 기술되어 있다는 것보다는 그러한 신이한 이야기가 연대기에 입각하여 역사적 사실과 함께 서술하였다는 사실이다. 즉 일연은 역사를 기술함에서 신이를 수용하여 역사적 사건을 해석하는 태도로 서술하고 있다. 일연의 역사인식의 특징으로 볼 수 있는 이러한 서술태도는 그의 신이관(神異

觀)의 반영이라고 할 수 있다. 그의 신이에 대한 이해는 근대 인식론 영향으로 신화와 역사는 상반되는 범주인 양 취급되는 경향과 달리 삶의 현실 속에서 양자는 긴밀한 관계임을 천명하는 태도와 일맥상통한다.

둘째, 외래용어인 신화라는 말을 『삼국유사』 이야기에 적용시키는 문제이다. 다시 말해서 한 집단의 동일한 텍스트 내에 있는 이야기들이 어느 시점에서 특별히 선택되어 신화로 범주화되는 것이다. 가령 이 책 기이편중에서 나라의 기원이나 시조에 기원에 관한 이야기는 건국신화 혹은 시조신화라고 하고, 그 밖의 이야기들은 설화라고 함으로써 구분하여 부른다. 사실 이 책의 이야기들의 주역은 대부분 인간이다. 신들의 계보로 구성되어 있는 다른 지역의 신화들에 비교해보면 차이가 있다. 이 책에서 신은 인간이나 동물의 모습으로 잠시 변하여 인간의 역사에 개입하는 정도이다. 인간의 역사와의 연계성의 입장에서 보면 『삼국유사』의 이야기를 신이담이라고 부르든 신화라고 하든 그 인식의 태도는 상통한다.

근대 역사주의의 출현에 의하여 신화는 역사 이전의 허구 또는 사실이 아닌 허구라고 규정되었다. 이와 같은 흐름에서 신화와 역사는 거짓과 사실로서 대조되어 마치 신화는 역사의 반(反)하는 것으로 여겨지기도 했다. 하지만 삶의 현실 속에서 역사적 전승이란 역사가 신화의 범주 안에 전이됨으로써 비로소 인식이 가능해진다. 신화는 역사이전도 아니고 그렇다고 역사적 사실에 대조되는 비역사적 허구도 아니다. 신화는 실증적인 이야기가 담아낼 수 없는 삶의 현상을 담아 내는 이야기라고 할 수 있는데 이러한 신화-역사의 이해가 『삼국유사』에 나타나는 신이 인식의 태도에서도 확인할 수 있다.

민족 기원신화와 신화적 지형학

이창익

1. 사원을 상실한 신화

신화와 역사의 상관성을 다시 문제 삼는 것은 일견 무의미해 보인다. 하지만 신화와 역사의 이분법이 여전히 맹위를 떨치고 있더라도, 우리는 흔히 신화의 역사성과 역사의 신화성을 별다른 혼동 없이 이야기하곤 한다. 이 말은 역사적인 신화가 있듯 신화적인 역사가 있다는 것을 전제한다. 신화가 역사적일수록, 역사가 신화적일수록 신화와 역사는 만남의 점근선을 타게 된다. 논문에서 이야기하고자 하는 것은 위의 두 표현이 만나는 접점에 관한 것이다. 신화는 그저 역사의 잉여물로 존재하지 않는다. 근대화의 강박증 속에서 신화는 저급하고 열등한 역사적 표현물로 간주되었으며, 이로 인해 신화는 '역사 이전(pre-history)'의 비합리성의 단계에 상응하는 전(前)논리적 표현물로 치부되곤 했다. 마치 유물이나 유적처럼 신화는 고고학적 잔존물로 취급되었으며, 그래서 신화는 항상 이해의 대상이기보다 축어적 번역의 대상이기 십상이었다. 이때의 번역은 신화를 역사화하는 작업이었으며, 고로 신화 속에 숨어 있는 역사적 실재를 회복하는 작업이었다.

그러나 문자의 속임수에 기만당하지 않으려면, 신화를 지나치게 믿어서는 안 된다. 왜냐하면 신화는 리얼리즘 소설이 아니며, 나아가 신화는 최소한의 리얼리티(reality)와 최대한의 상상력에 의존하는 것으로 보이기 때문이다. 신화 또한 인간의 실존적 차원과 실용적 차원 양자에 적용 가능해야만 살아남을 수 있으며, 결과적으로 신화라는 것도 신화 고유의 전략과 이데올로기에 의해 구성된다고 말할 수 있는 것이다. 이렇게 볼 때 우리가 강조해야 하는 것은 신화의 역사화보다는 신화가 구성되고 적용되는 역사적 콘텍스트이다.[1] 또한 우리는 신화가 감싸 안아 은폐한 '역사'를 복원하는 것이 아니라, 신화를 감싸 안은 '역사적 콘텍스트'을 상상하기 위해 노력해야만 한다.

『삼국사기』나 『삼국유사』는 말할 것도 없이 『고려사』나 『조선왕조실록』에도 수많은 신화적 수사가 등장한다. 즉 역사와 신화를 이분법적으로 분할하기에는 역사와 신화의 경계선이 너무 희미했던 것이다. 하지만 근대이후의 인간은 신화언어와 역사언어의 교묘한 이분법적 교환 장치를 구성해 냈다. 이처럼 신화언어와 역사언어의 맞교환으로 신화는 탈신화화(demythologization)되고 탈성화(desacralization)되었다. 그러나 정작 우리가 관심을 기울여야 할 문제는 다른 측면에 있는 것이 아닐까? 따라서 본 논문은 신화속에서 역사를 찾는 작업보다는 신화가 역사 속에서 어떤 의미를 갖고 어떤 기능을 수행하는지의 문제에 초점을 맞추고자 한다. 한국과 일본의 민족 기원신화를 통해 신화 서술이 갖는 역사적 위상과 의미를 되짚어 봄으로써, 신화와 역사의 혼효가 낳는 의미 작용의 결과를 살펴보고자 한다. 이를 위해 한국과 일본의 민족 기원신화의 차이와 역사적 인식의 차이가 맞물려 순환하는 구조를 보여주고자 한다. 단적으로 민족 기원신화의 역사적 의미를 드러내는 것이 본 논문의 목표인 셈이다.

2. 이야기 공간의 차이: 신화 지형의 파편화

한국과 일본의 민족 기원신화는 모두 시조의 탄생을 하늘(天)과 연관시킴으로써 왕권의 신성성을 강조한다. 예컨대 한국의 단군신화와 일본의 천손강림 신화는 모두 하늘이라는 비가시적인 공간 세계에서 기원하는 시조의 탄생을 이야기한다. 왜 하늘인가? "하늘은 단지 그곳에 존재함으로써 초월성, 힘, 불변성을 '상징한다(symbolize).' 하늘은 그것이 높고 무한하고 부동하며 강력하기 때문에 존재한다."[2] 하늘은 인간의 신화적 상상력이 발동하는 가장 일차적인 장소인 것이다. 그러므로 대부분의 시조 관련 기원신화에서 하늘을 중심점으로 삼아 이야기를 전개하는 것은 당연해 보인다. 하지만 지상과 하늘을 연결하는 통로는 천신의 강림이 이루어진 장소로 한정된다. 지상의 아무 곳에서나 승천할 수 있는 것도 아니며, 강림도 지상의 특화된 부분에서 이루어진다. 그 강림 장소는 단군신화의 신단수(神檀樹)일 수도 있고, 일본 신화의 고천수(高天穗)일 수도 있고, 경주이씨(慶州李氏) 시조 설화의 박바위(瓢岩)[3]일 수도 있다.

그 이름이 무엇이든지 간에 하늘과 연결된 지상의 장소는 고밀도의 신화적인 의미로 충전된다. 천신의 강림지는 지상의 신화적 지형을 결정짓는 중심(center)이 되며, 이 중심을 통해 지상의 방위설정(orientation)이 이루어진다. 이처럼 히에로파니(hierophany), 즉 성현(聖顯)의 장소는 보통 천상-지상-지하를 연결하는 통로로 인식되며, 온갖 성스러움의 근원으로 간주된다. 엘리아데(M. Eliade)는 『성과 속』에서 히에로파니와 중심의 관계를 다음과 같이 이야기한다.

성스러움의 현현은 존재론적으로 세계를 창건한다. 준거점이 가능하지 않으며 따라서 어떤 방위 설정도 확립될 수 없는 균질적이고 무한한 넓이

안에서, 히에로파니는 절대적인 고정점, 즉 중심을 드러낸다.[4]

선행하는 방위설정 없이는 어떤 것도 시작될 수 없고 어떤 것도 행해질 수 없다 – 그리고 모든 방위설정은 고정점을 획득하는 것을 함의한다. 종교적인 인간이 '세계의 중심'에 자신의 거처를 고정시키려 하는 것은 이 때문이다. 만약 세계가 거주 가능해지려면 세계는 창건되어야만 한다– 그리고 세속적인 공간이 지닌 균질성(homogeneity)과 상대성의 카오스에서는 어떤 세계도 생겨날 수 없다. 고정점–중심–의 발견 혹은 투영은 세계창조와 등가적인 것이다.[5]

위의 인용문은 제의적 방위설정(ritual orientation)과 성스러운 공간의 우주창조적(cosmogonic) 가치를 설명하고 있다. 특히 신화적인 공간 속에서 이러한 중심 상징의 역할은 매우 중요하다. 왜냐하면 신화는 보통 천상–지상–지하를 연결하는 중심축을 이야기 공간의 통로로 활용하기 때문이다. 신화적 주인공이 수평적인 공간 이동을 할 때조차 수직의 중심축은 매우 중요하게 작용한다.

예컨대 이규보의 「동명왕편」에서 해모수는 오룡거(五龍車)를 타고 수직축을 따라 지상으로 강림한다. 하지만 주몽이 남쪽으로 수평 이동을 한 후에 다시 골령(鶻嶺)에 천인(天人)이 내려와 궁궐을 지어 준다. 천인 강림으로 골령이 다시금 성화(sacralization)되는 것이다. 즉 골령이 신화적 지형의 새로운 중심이 되는 것이라 말할 수 있다. 이처럼 신화적 주인공의 수평적인 공간 이동은 대개 수직적인 중심축의 모티프와 병행한다. 『고사기』에서 이자나기와 이자나미의 국토 낳기 또한 '신성한 기둥(天之御柱)'을 축으로 여신과 남신이 반대 방향으로 회전하면서 이루어진다. 또한 니니기노 미코토(邇邇藝命)의 천손 강림 또한 하늘의 성스러운 바위(天之石位)–천부교(天浮橋)–고천

수(高天穗)라는 일련의 수직적 중심축을 설정함으로써 이루어진다. 이처럼 천신 강림의 중심축은 신화의 이야기 공간을 형성하는 데 지형학적 핵심을 구성한다. 그리고 대개 이러한 신화적 중심지에는 사찰이나 신사(神社), 혹은 궁궐이 건축된다. 그리하여 이러한 중심 구성과 중심을 통한 방위설정으로 중심 바깥의 주변 영토가 신화적 코스모스로 조직되는 것이다.

중심축을 타고 내려온 천신에 의해 지상적 신통기가 구성되고, 이러한 신통기(神統記)의 신화가 지상의 지형 곳곳에 산포(散布)된다. 그리고 신화의 산포와 동시에 지상의 영토 곳곳에 신화를 담지한 사원(temple)이 배치된다. 이러한 사원 배치는, 일본의 신사가 그러하듯, 기존의 현실 영토를 신화적 영토로 탈바꿈하는 작용을 한다. 즉 신화와 사원의 산포로 영토의 신화화가 가능해지며, 이로 인해 신화적 지형이 구성되는 것이다. 이처럼 신화적 영토는 항상 '신의 집'으로 지칭되는 사원으로 그 지형학을 완성하며, 영토 곳곳에 배치된 사원은 영토 안을 움직이는 사람들의 동선(動線)을 조절한다.

이러한 측면에서 한국 신화와 일본 신화를 살펴볼 때 우리는 두드러진 차이점 하나를 발견할 수 있다. 한국 신화에서는 신화적 지형의 중심으로서의 천신강림지가 여러 곳에 분산되어 있는 반면, 일본 신화에서는 천손 강림지가 한 곳으로 통일된다. 한국 신화에서는, 수로 신화에 나타나는 구지(龜旨), 주몽 신화의 골령, 알지신화의 시림(始林), 혁거세 신화의 계정(鷄井), 해모수 신화의 흘승골성(訖升骨城) 등으로 강림지의 다양성이 드러난다. 그러므로 이처럼 중심이 파편화된 한국 신화는 일관되고 통일된 신화적 지형을 구성할 수 없었을 것이다. 즉 하나의 일관된 신통기가 구성해 내는 하나의 중심 정립과 지상 영토 위에 사원들을 조직적으로 배치하는 일관된 신화적 지형의 형성이 불가능하였을 것이다.

이러한 논의의 연장선상에서 한국과 일본의 신화적 지형을 이야기해 보

자. 한국과 일본의 신화는 하늘을 이야기하는 방식에서 차이를 보인다. 또한 한국과 일본의 민족 기원신화는 이야기 공간의 상이한 구조를 보여준다. 먼저 신화적 공간은 크게 천상계, 지상계, 지하계(수중계)의 세 영역으로 구분된다. 하지만 한국 신화는 역사적 재편의 과정을 거치면서 천상계와 지하계의 이야기를 점차 배제했던 것으로 추론된다. 예컨대 주몽 신화는 햇빛이나 오룡거(五龍車)의 화소(話素)를 통해 하늘을 시사하는 반면, 일본 『고사기(古事記)』는 '고천원(高天原)'으로 표상되는 하늘을 직접적인 이야기 공간으로 그려 낸다. 적어도 양국의 문헌 신화를 대비할 때 한국 신화에는 하늘의 직접적 서술이 거의 없다.[6] 물론 단군신화에 보이는 환웅의 이야기는 천상의 세계를 짤막하게 언급한다. 그러나 이 역시 직접적인 이야기 공간이 되기에는 부족하다. 다음 인용문을 보면 이러한 차이가 분명히 드러난다.

> 고기에 이르기를, 옛날에 환인[제석(帝釋)을 이름]의 서자 환웅이 있어, 항상 천하에 뜻을 두고 인간세를 탐내거늘, 아버지가 아들의 뜻을 알고 삼위태백을 내려다보니 인간을 널리 이롭게 할 만한지라, 이에 천부인(天符印) 3개를 주어, 가서 [세상 사람을] 다스리게 하였다.[7]

> 그리하여 아마테라스오미카미(天照大御神)가 이를 보고 두려워하여, '아메노이와야토(天石屋戶)'라는 석굴의 문을 열고 들어가 숨었다. 그러자 천상계(高天原)는 모두 어두워졌고, '아시하라노나카츠쿠니(葦原中國)'도 완전히 암흑의 세계가 되었다. 이로 말미암아 항상 밤만 계속 되었다. 그리하여 많은 신들의 소리는 파리가 들끓듯이 가득 찼고, 갖가지 재앙 또한 일제히 생겨났다.[8]

한국의 민족 기원신화는 고려 이전에 존재한 다양한 신화 층위를 하나의 일관된 신화로 통일·재편집하려는 노력을 기울이기보다는, 고려왕조 고유의 독자적인 건국신화를 구성하는 방향으로 선회한다. 삼국통일이라는 국가의 통일은 신화의 통일로까지 나아가지는 못했던 듯하다. 이런 맥락에서 한국의 창세신화나 기원신화는 국가적인 차원으로 흡수되기보다는 지역적인 차원으로 응축된 것으로 보인다. 따라서 기원신화와 관련된 한국의 신화적 지형이, 거시적인 차원보다는 미시적인 차원에서, 문헌적인 차원보다는 구비적인 차원에서 형성된 것이 아닌가 하는 추론을 전개해 보고자 한다.

3. 신통기의 유무에 따른 차이

신화 서술의 측면에서 볼 때 하늘을 천제(天帝)로 의인화하여 여타의 하위 신격들을 지배하는 지고신(至高神)을 창조하는 작업은 신통기 구성에 필수적이다. 신들의 계보를 작성하기 위해서는 지상에 강림하여 현현하는 다수의 신격들을 발생론적으로 성화시켜 주는 기원적인 지고신의 상정이 요청되는 것이다. 특히 천제라 불리는 지고신이 다수의 하위 신격과 맺는 혈연적 관계의 총체를 드러냄으로써 한 민족의 일관된 신통기가 완성된다. 그러나 파편적인 신화들을 계보학적으로 재구성하는 신화의 대집성에서, 신통기는 하위신에 관한 신화들을 단편적으로 꿰어 맞춤으로써 구성되는 것이 아니다. 상상적인 절대공간이 단편적 하위신 신화들을 연결하는 직접적인 이야기 공간으로 등장할 때, 신화의 단편들이 가장 효과적인 신통기를 구성하게 된다. 바로 이 지점에서 '하늘'이라는 이야기 공간의 중요성이 부각된다. 상상적인 하늘의 지형학을 통해 파편화된 신화들을 가교하고 접목시킴으로써 하나의 완결된 신통기가 구성되는 것이다. 하지만 한국 신화는 일본 신화와 비교해 볼 때 신통기 구성에 거의 관심이 없었던 듯하다.

이러한 논의의 맥락에서 한국 문헌신화의 신통기 부재의 의미를 드러내기 위해,『고사기(古事記)』와『일본서기(日本書紀)』에 등장하는 일본 신화의 신통기적 문헌신화와 대비해 보고자 한다. 일본의 기원신화는 천황의 혈연에 대한 완고한 집착을 통해 일계(日繼)[9]의 전역사적 연속성을 강조한다. 즉 국토신(國土神)을 제압한 후 강림한 천신(天神)의 후손으로서 천황은 현재까지도 절대적인 혈통의 소유자가 된다.『고사기』에서 일본 천황의 계보는 천지창조 시기까지 거슬러 올라간다. 즉 창세부터 현재까지 이르는 일관된 신화–역사적 내러티브(narrative)가 존재하는 셈이다. 반면 한국사에서는 하늘의 혈통을 강조하기보다는 하늘의 뜻, 즉 천명(天命)을 부여받은 왕이 하늘과 땅을 잇는 중개자가 되는 쪽으로 방향을 선회한다. 유교적인 천명사상에 입각하여 왕조 교체의 타당성을 강조하고 그러한 천명을 신화화하는 작업이, 왕조의 혈통을 단군에까지 소급시키는 것보다는 쉬운 일이었을 것이다. 아니 어쩌면 하늘의 뜻에 의해 새로운 신성 왕권이 세상을 개벽한다고 하는 사상이 더 설득력을 지닌 것이었을 수도 있다. 새로움의 추구와 개벽의 욕구, 이런 것들이 신화적 사유에 결합되면서, 차후 고려왕조나 조선왕조의 시조 신화화 작업은 혈연적 연속성의 미련을 완전히 버릴 수 있었을 것이다.

전승 과정에서 한국 신화는 문자를 장악한 유학자들에 의해 문헌에서 배제되어 겨우 민간설화나 서사무가를 통해 잔존한 반면, 일본 신화는 역사 편찬 과정에서 일본 황실의 신화로서 문자화되어 오늘날까지 전승되었다.[10] 이로 인해 문헌에서 탈락한 한국의 기원신화를 재발견하기 위한 자료로서, 서사무가의 창세신화가 중요하게 언급되곤 한다. 서사무가의 창세신화는 태초의 혼돈 상태뿐만 아니라, 인간 · 동물 · 귀신이 뒤섞여 대화하는 세계를 그려 보인다. 그러므로 신화적 시간으로 말하자면, 서사무가의 창세신화는 단군신화에 비해 상대적으로 앞선 연대기를 구성하는 셈이다. 이처럼 서사무가에 보이는 창세신화와 문헌신화를 접목함으로써, 우리는 한국 문헌신화가 지닌 신통기의 부재와 신화적 내러티브의 단절성을 수정·보완하고, 아울러 신화적 연속성을 추론해 볼 수도 있다. 하지만 문자성과 구술성은 각기 독특한 역사적 변형 과정을 겪게 된다. 문헌신화는 그 문자적 경화로 인해 필연적으로 문헌학적 고증이라는 일관성의 강요를 겪는 반면, 구전신화는 인간의 기억이라는 능동적이면서도 수동적인 현장을 토대로 한다는 점에서 역사적 변형과 적용에 훨씬 민감하다. 즉 서사무가가 구연되는 굿의 현장의 문화적·지역적 특수성에 따라 창세신화의 구술 내용이나 구술 방식 등에 많은 차이와 변이가 발생할 수 있다. 문헌신화에서는 문자적 기록과 해석에 일정 정도의 통시적 객관성과 일관성이 보유되는 반면, 구전신화에서는 인간 기억에 의한 내러티브 재생이라는 측면에서 일정 정도의 공시적 주관성이 개입한다. 그러므로 구전과 문헌의 이러한 색다른 힘을 하나의 일관된 내러티브적 플롯 속에 재배열하는 것은 지난하기만 하다.

『광개토왕비문』이 발견되기 이전만 해도 주몽 신화의 초기 기록은 주로 『위서』(554년), 『주서』(636년) 등으로 소급된다.[11] 『삼국사기』와 『삼국유사』 또한 『법원주림』(668년) 등의 중국 문헌을 참조하여 주몽 신화를 재구성했다는 사실로 미루어볼 때, 고려 영토 안에서 주몽 신화는 『구삼국사』 이외에는 거의 구비의 형태로만 머물러 있었음을 알 수 있다. 즉 주몽 신화 재구성을 위해 참조할 만한 문헌 자료가 거의 전무하였던 것이다. 이후에 주몽 관련 구전신화가 중국 문헌 자료나 『구삼국사』 등과 결합하면서 문자로 정착하였던 것이다. 그러나 『삼국유사』나 『삼국사기』는 구전을 문헌으로 정착시켜 일관된 신통기를 구성하고자 하는 의도적인 노력을 기울이지는 않는다.

다시 말해 이런 문헌에 나타나는 민족 기원신화는 창세에서 당대에까지 이르는 장대한 내러티브 구성에 별반 관심이 없었던 것이다. 권력이 주도한 신화이든 권력 저항적인 신화이든 간에, 창세의 성스러운 시간과 결부된 성스러운 공간의 탄생을 신화 서술에 전혀 포함시키지 않은 것이다. 즉 한국 문헌신화 속에는 신들의 행적 기록이 거의 전무하다. 신이 아니라 신격화된 인간의 이야기가 지배적이다. 이러한 신통기의 부재를 야기한 이유를 어디에서 찾을 수 있을까? 물론 신통기의 부재는 한국 신화에서 천상계와 지하계가 서사 공간으로부터 배제되고, 그 대신 지상계가 서사 공간의 중추를 차지하는 데서 그 원인을 찾을 수 있을 것이다. 이렇게 볼 때 문헌으로 남아 있는 한국 신화는 신화에서 역사로 넘어가는 과도기적 성격을 보여주는 것으로 생각되며, '사(史)'의 관념이 강화될수록 '신화(神話)'의 서사 공간은 그만큼 축소되었던 것으로 볼 수 있다.

4. 한국 신화의 파편성

물론 부여, 고구려, 백제의 건국신화는 어느 정도 일관된 계보적인 해석을 가능하게 한다. 즉 백제의 동명 신화나 동명묘의 예에서 보듯 '동명(東明)'이란 이름을 보통명사로 해석할 경우, 세 나라의 신화적 계보 짜기는 일정 정도 가능해진다.[12] 그러나 역시 이들 나라의 신화조차도 단군신화나 박혁거세 신화 혹은 김수로왕 신화를 포괄할 만큼의 서사적 넓이를 지니지는 못한다. 한국 신화는 이처럼 북방 계열 신화와 남방 계열 신화가 철저히 분리되며, 나아가 각 계열 내에서조차 신화적 일관성은 확보되지 않는다. 단군신화와 여타의 건국신화 사이의 관계가 깊이 천착된 적도 없고, 천제의 모티프와 밀접히 연관된 해모수 같은 인물도 신화 속에서 상세히 서술되지 않는다. 다시 말해 한국 문헌신화는 대체로 신통기 구성에 그만큼 소극적이었던 셈이다. 이와 연관시켜 말하자면 한국 신화의 유기적인 내러티브가 파괴된 근본 원인 중의 하나는 기원신화의 파편화에서 찾아볼 수 있다. 단군신화, 주몽 신화, 혁거세 신화, 석탈해 신화 등이 각기 파편화된 기원을 추구하는 이상, 우리는 내러티브의 통일을 기대할 수 없다. 물론 주몽 신화의 경우 단군 혈통과의 연속성을 찾으려는 시도를 찾아볼 수는 있다.

> 이때에 금와가 태백산(太白山) 남쪽 우발수에서 한 여자를 만나 물으니 대답하기를, 나는 본시 하백(河伯)의 딸로 이름은 유화(柳花)인데, 여러 아우들과 더불어 놀고 있을 때, 한 남자가 있어 자기는 천제의 아들 해모수라 하고, 나를 웅신산(熊神山) 아래 압록강 가의 집 속으로 꾀어 사통하고 가서 돌아오지 않으므로[단군기(檀君記)에는 '단군이 하백의 딸과 친하여 아들을 낳아 부루(夫婁)라 이름하였다.' 하였는데, 지금 이 기사(記事)에는 해모수가 하백의 딸과 사통하여 뒤에 주몽을 낳았다 한다. 단군기에 '아들을 낳아 부루라 이름하였다' 하니, 부루와 주몽은 이복형제일 것이다] 부모가 나의 중매 없이 혼인한 것을 꾸짖어 이곳으로 귀양 보낸 것이라 하였다.

이처럼 『삼국유사』의 「고구려조(條)」에서는 단군과 주몽의 혈연적 친연 관계를 탐색한다. 웅신산이라는 지명도 웅녀와 관련된 이야기를 상기시킴으로써 단군기(檀君記)의 기사에 신빙성을 준다. 적어도 『삼국유사』의 작자는 기존에 남아 있던 파편적인 내러티브에 신화적 일관성을 주고자 노력한다. 그리고 이러한 탐색은 그대로 『세종실록지리지』(1454)로 이어진다.

> 단군이 비서갑 하백의 딸에게 장가들어 아들을 낳으니 부루이다. 이를 동부여왕이라고도 한다. 단군이 요임금과 같은 날 임금이 되고, 우임금이

도산의 모임을 가지자, 태자 부루를 보내어 조회하게 하였다. … 천제가
태자를 보내어 부여 옛 도읍지에 내리어 놀게 하니, 이름이 해모수이다.
… 성 북쪽 청하의 하백에게 세 딸이 있으니, 큰딸이 유화, 둘째 딸이 훤
화, 막내딸이 위화인데, 자태가 곱고 아름다웠다.[13]

하지만 이 또한 「고구려조」에 국한된 내용일 뿐이다. 김수로왕, 박혁거
세, 석탈해, 김알지의 신화에 이르면, 우리는 북방 계열과 남방 계열의 분리
를 그저 실감할 수밖에 없다. 이러한 신화들에서 우리는 단군신화에 대한
어떤 언급도 찾아볼 수 없다. 다만 석탈해를 제외한 나머지 김수로왕, 박혁
거세, 김알지가 직접적으로 하늘, 즉 천제와 연관된다는 사실만을 알 수 있
을 뿐이다. 석탈해 신화는 외래자(外來者)가 왕이 된다는 점에서 다른 신화와
는 차이를 보인다. 그리고 이 신화들은 단군과의 혈연관계를 찾기보다는
하늘에서 각기 새로 부여받은 신성 탄생이나 외래자/이방인이 주는 난생
(卵生)의 신성함에 의존한다. 물론 이들 네 신화는 교묘하게 서로 얽히면서
하나의 이야기로 통합될 가능성을 보여주기도 한다. 하지만 그런 가능성은
그저 잠재적인 것으로 머물러 있을 뿐, 결코 현실화되지는 않는다.

고구려의 멸망과 신라의 통일, 그리고 고려 건국이라는 역사적 사실의
진행은, 신화적 족보의 연속성을 단절하는 엄연한 현실이 되었을 것이다.
즉 일본과는 달리 한국은 왕조의 병립, 교체, 단절이라는 역사적 현실에 의
해 신화적 통합과 일관성에 장애를 받을 수밖에 없었을 것이다. 이로 인해
부여-고구려-백제 계열, 신라-가야 계열의 신화가 각각 나름의 잠재적 유
기성을 가지는 데 반해, 이들 두 계열의 분리는 엄연해지는 듯하다. 이러한
이유들로 한국 민족 기원신화의 신통기 구성은 초기부터 삐거덕거리게 되
며, 유교의 영향하에서 신통기 구성은 중심으로부터 계속 밀려난다. 한국
신화는 하나의 플롯으로 서술될 수 없는 복잡다기함을 그 생명력으로 한

다. 신화적 지형 또한 여러 개의 플롯이 중층적으로 얽힐 때라야 그 모습을 드러내게 된다.

5. 일본 신화의 신통기

일본 신화는 신사를 지역 곳곳에 배치함으로써 영토를 성화시킨다. 『고사기』의 경우를 보더라도 신들 각각은 대부분 신사에 봉안되는 것으로 신화적 지형 안에 자리매김된다. 신화적 서사 공간에서 사라지더라도 신들은 신사에 들어앉음으로써 이제 제의 활동의 대상이 되는 것이다. 그리고 각각의 신사에는 그에 상응하는 신화적 서사가 대응된다. 그러므로 하나의 플롯 속에 전체 신화가 담겨질 뿐만 아니라, 하나의 플롯으로 신화적 지형 전체가 그려진다. 시간적으로 진행되는 플롯을 통해 각각의 신사가 영토 곳곳에 배치될 뿐만 아니라, 신사에 의해 구조화된 영토는 그 자체로 신화의 공간적 번역물이 된다.

하지만 한국의 경우 서낭신 등으로 대변되는 민속적 · 무속적 토착신은 영토 안에서 자꾸 주변화된다. 불교가 국가 종교로 공인되었을 때는 사찰 한 구석을 차지함으로써 그 존재를 보전했고, 유교가 국가 종교가 되었을 때에는 주변화되고 지역화됨으로써 그 존재를 보전했다. 어찌 보면 한국 신화의 신통기는 민속적 차원 안에 밀폐된 듯하며, 가신(家神)이나 당신(堂神) 등의 형태로 집과 마을로 응축해 들어간 듯하다. 일본 신화의 신통기가 신사라는 형태로 영토 곳곳에 펼쳐진 데 반해, 한국 신화의 신통기는 성황당이나 조왕, 성주, 우물신, 측신 등의 형태로 국부화되고 소공간 속으로 말려 들어간 것으로 보인다.

일본의 국가신도는 일본 국토를 성화시키는 주요 동인이 된다. 일본 신화에서 이자나기와 이자나미는 결혼을 통해 차례로 일본 국토를 생식한다. 그리고 이렇게 이자나미와 이자나기가 낳은 국토 곳곳에 신사들이 배치된다. 하지만 신사의 배치는 억지로 이루어지지 않는다. 신통기 내의 각각의 신화가 신사의 존재를 정당화하는 것이다. 이런 맥락에서 일본의 국가신도는 영토를 그만큼 용이하게 민족주의적으로 통치하는 것을 가능하게 했다. 일본의 주요한 지형 곳곳에 신사가 들어서고 신사 안에는 신사를 정당화하는 신화들이 이식되어 있는 셈이다. 일본의 군국주의적 기반도 이러한 국가신도의 토대가 없었던들 가능하지 않았을 것이다.

물론 일본 신화의 대다수 모티프는 중국 신화의 조잡한 번안 작품이라 평가받기도 하고, 일본 신화에 나타난 대(對) 한국 의식을 강조하는 학자들도 있다.[14] 일본 신화에 나타난 한국관은 크게 한국을 근원의 땅이자 모국으로 인식하는 관점과, 약탈과 정복의 대상으로 보는 관점으로 요약된다. 일본 신화의 한국 인식은 그만큼 이중적인 셈이다. 일본 황제의 시조인 천손(天孫)이 강림한 봉우리인 고천수(高天穗)는 한국을 바라보고 있기에 길지(吉地)라는 서술이 『고사기』에 나타나고 있는 데 반해, 『일본서기』의 한국관은 한반도는 신이 살기를 원하지 않는 땅이라는 식으로 극히 부정적이다. 어찌 됐건 한국의 천신 신화가 일본 신화에 영향을 주었다는 사실은 분명해 보인다.[15]

일본 신화의 중심 텍스트가 되는 『고사기(古事記)』를 살펴보자. 우리는 『고사기』 안에서 천지 창조에서 신무천황(神武天皇)에까지 이르는 일관된 내러티브적 흐름을 경험한다. 하나의 일관된 문헌신화가 창세, 국토 생성, 신들의 출생, 천황의 계보에 이르는 장대한 이야기를 펼쳐 낸다. 이런 점에서 일본 신화는 매우 드라마틱한 전개를 보인다. 온갖 신화소가 골고루 등장하며, 어찌 보면 심하다 싶을 만큼 난립한다. 천황권의 확립이라는 일본 역사의 시급한 정치 상황이 이런 식의 문헌 기록을 요청했던 것일까?[16] 하여

간 일본 신화는 굳이 한국 신화에서처럼 구전과 문헌의 조립이라는 절차를 거칠 필요가 없다. 다만 필요한 것은 『일본서기』나 기타 전승과 비교하는 작업이며, 문헌신화의 기본 구조 속에서 비교 작업을 수행하는 것이다. 이렇게 볼 때 한국 신화는 얼마나 파편적인가?

6. 한국 신화의 탈문자화

적어도 『삼국유사』나 『삼국사기』에 나타나는 기사는 우리에게 한국 기원신화의 파편성을 입증해 주는 듯하다. 문헌 신화의 경우 한국 기원신화는 신통기를 구성하기에 충분한 지면을 '신들의 이야기'에 할애하지 않는다. 물론 이러한 사실은 한국 신화가 일본 신화보다는 훨씬 역사성이 강하다는 사실을 반증해 주기도 한다. 하지만 근대 서사무가 연구가 보여주고 있듯이, 한국에도 창세신화가 존재한다. 그리고 서사무가의 창세신화의 발견은 한국 신화 연구에 획기적인 전환점을 구성한다. 왜냐하면 서사무가의 창세신화를 통해, 그동안 누락되거나 소멸된 것으로 간주된 한국 신화의 창세관이 본격적인 논의의 장으로 부상하기 시작했기 때문이다.[17] 초기에 서사무가는 한국 신화 연구자들에게 문헌신화에 결여된 차원을 보족해 줄 수 있는 충전재 구실을 할 수 있을 듯했던 것이다. 하지만 창세신화는 제주도나 함경도 지역을 중심으로 구전되었다는 점에서, 지역적으로 이미 주변화되어 있었다. 그러나 서사무가와 관련된 후속 논의들은 무가의 창세신화가 문헌신화와 연결되는 측면들을 조명하기 위해 부단한 노력을 기울였다.

따라서 일본 신화와 달리 한국 신화에서 창세신화는 문자화되지 못한 채 구전으로 전승되다 20세기에 들어와서야 문자로 정착한다. 제주도 심방이 부르던 무가(巫歌)인 「초감제」의 경우를 보면, 여기에서는 천지개벽에 관련된 신화가 상세히 구술된다.[18] 그리고 하늘과 땅, 저승, 이승, 산, 물, 인간 등을 저마다의 신들이 맡아 다스린다. 서사무가의 창세신화에서는 신통기가 분명히 등장할 뿐만 아니라, 문헌신화가 결여한 신화적 차원이 상세히 구전된다. 이 창세신화에는 창조 신화에 보편적인 천지의 분리와 인간의 출현, 그리고 방위설정 등의 모티프가 고스란히 등장한다.

> 태초 이전에 천지가 혼합하여 하늘과 땅의 구별이 없는 채 어둠의 혼돈 상태였다. 이런 혼돈에서 하늘과 땅이 갈라져 천지가 개벽하게 되었는데 하늘에서 아침 이슬이 내리고 땅에서는 물 이슬이 솟아나서 음양이 상통하여 개벽이 시작되었다. … 이때 세상에는 해도 없고 달도 없어 낮과 밤 모두 캄캄한 어둠뿐이므로 인간은 동서남북을 구별 못하고 있었다. 그러던 중 남방국 일월궁에서 앞이마와 뒷이마에 눈이 둘씩 달린 청의동자가 솟아났다. 이에 하늘 옥황으로부터 두 수문장이 내려와서 청의동자 앞이마의 눈을 둘 취하여 동방섭제 땅에서 하늘에 축수하니 해가 둘이 돋게 되고, 뒷이마의 눈을 둘 취하여 서방섭제 땅에서 하늘에 축수하니 달이 둘 돋게 되어 세상이 비로소 밝게 되었다.[19]

이처럼 서사무가 형식의 구전신화는 성스러운 시간과 성스러운 공간의 탄생을 통해 카오스가 코스모스로 전이해 가는 과정을 상세히 전한다. 그렇다면 왜 일본 신화와는 달리 한국 신화에서는 창세신화가 문헌신화로 정착될 수 없었던 것일까? 이 문제의 의문이 풀릴 때라야 우리는 한국 신화와 일본 신화가 갖는 역사적인 위상과 의미를 상론할 수 있지 않을까?

한국에서는 신화-역사적 내러티브의 일관성을 확보하려는 문헌상의 시도가 존재하지 않았던 것일까? 물론 그렇지만은 않았다. 『규원사화(揆園史話)』의 예에서 보듯, 한국에서도 창세에서 현재에까지 이르는 민족적 단일

신화–역사를 재구성하려는 시도가 존재했다.[20] 다만 그러한 시도가 국가에 의해 주도되지 못하고 주변화되었던 것이 일본과는 다른점이었을 것이다. 그러므로 한국에서는 창세에서 현재에까지 이르는 일관된 단일 역사 서술이 자꾸 주변화되고 탈문자화되었다는 가정을 세울 수가 있다. 양란(兩亂) 후에 『규원사화』를 집필한 것으로 알려진 북애노인(北崖老人)은 이 책의 서문에서 다음과 같은 이야기를 언급한다.

> 내가 말하거니와 조선은 국사가 없다는 것이 무엇보다도 큰 걱정이다. 춘추(春秋)를 지으니 명분이 바르고, 강목(綱目)을 이루매 정윤(正閏) 정통(正統)과 윤통(閏統)이 나뉘었다. 춘추와 강목은 중국 선비의 힘을 입어 되었다. 우리나라의 옛 경사(經史)가 여러 번 병화를 입어 흩어지고 없어진 바 되었다. 그러다가 후세에 고루한 이들이 중국 책에 빠져 주(周)나라를 높이는 사대주의만이 옳은 것이라 하고 먼저 그 근본을 세워 내 나라를 빛낼 줄을 몰랐다. 이는 등이나 칡 덩굴이 곧게 뻗어갈 줄은 모르고 얽히고 맺히기만 하는 것과 같으니 어찌 천하지 아니한가?[21]

『규원사화』는 「서문(序文)」, 「조판기(肇判記)」, 「태시기(太始記)」, 「단군기(檀君記)」, 「만설(漫說)」의 다섯 부분으로 이루어져 있으며, 특히 「조판기」와 「태시기」를 통해 천지창조 과정과 더불어 환웅천왕(桓雄天王)과 신시씨(神市氏)의 치적을 이야기한다. 『규원사화』의 이러한 이야기는 기존 문헌신화가 누락하던 창세의 차원을 역사 서술 체계에 포함시켰다는 측면에서 매우 중요하다할 수 있다. 특히 북애노인이 서문에서 말하기를 "다행히도 산골짜기에서 청평(淸平)이 저술한 『진역유기(震域遺記)』 중 삼국 이전의 고사(故史)가 있는 것을 얻으니 비록 그것이 간략하고 자세하지는 못하나 항간의 선비들이 구구하게 떠드는 데 비하면 오히려 씩씩한 기운이 더 높으니…"[22]라고 운운한 대목은 『규원사화』류의 주변적인 사서가 문헌으로 정착하여 보존되고 있었음을 보여주는 것이라 할 수 있다.

한국과 일본이 보여주는 이러한 신화·역사적 차이를 어떻게 설명할 수 있을까? 이 점이 우리가 다루고자 하는 요점이다. 『규원사화』의 예에서 보듯 한국에서 창세신화는 끝내 역사에 편입되지 못하고 괴력난신의 소산으로 간주되고 만다. 이규보는 「동명왕편」에서 처음에는 동명왕의 이야기를 귀신과 환상의 것으로 생각했으나 세 번 반복하여 읽은 후에 환(幻)이 아니고 성(聖)을, 귀(鬼)가 아니고 신(神)을 느낄 수 있었다는 고백을 한다. 아마 북애노인도 이규보와 비슷한 경험을 했던 것으로 보인다. 하지만 대부분의 유학자들과 관료들은 정반대의 경험, 즉 환(幻)과 귀(鬼)만을 느꼈을 것이다. 이리하여 한국에서 창세신화는 국가에서 공인된 종교인 불교나 유교에 밀려 자꾸 주변화되었을 것으로 추론할 수 있다. 서사무가의 예에서 보듯 창세신화는 역사학적 지층에 부조되지 못한 채 민속학적 차원에 암장되었을 것이라 생각해 볼 수 있는 것이다.

7. 문자화, 탈문자화, 재문자화

몇 가지 가설을 설정해 볼 수 있다. 일본에서처럼 기원신화가 주변화되지 않고 국가에 의해 문자화된다는 사실은 어떤 의미를 지니는 것일까? 단일 신화-역사적 내러티브가 요청되는 정치-사회적 요인은 무엇인가? 일본의 단일 기원신화는 여타의 기원신화들을 억압하고 제거한 폭력적 결과물이라고 볼 수 있지는 않을까? 국가 주도의 단일 기원신화가 정치적으로 이용된 결과, 여타의 기원신화와 천황 중심적인 단일 기원신화 사이의 '상징투쟁(symbolic struggle)'이 벌어진 것은 아닐까?

문자화와 탈문자화가 지니는 역사적 의미를 한번 고려해 보자. 이전에는 문자화되지 못한 채 구전으로 회자되던 상상적 담론들이 '책(冊)'이라는 형태로 기록될 수 있기 위해서는, 그만한 문화·역사적 조건들이 조성되어야만 할 것이다. 이규보는 「동명왕편 병서(東明王篇 幷序)」(1193)에서 자신이 주몽 신화를 시(詩)로 지어 기록하는 것을 백낙천이 당 현종과 양귀비에 관한 신비스러운 이야기를 「장한가」로 남긴 것에 비유한다.[23] 또한 이규보는 같은 글에서 『구삼국사』의 「동명왕본기」를 다음과 같이 이야기한다. "하물며 나라의 역사는 사실 그대로 쓴 글이니, 어찌 허망한 것을 전하겠는가(況國史直筆之書 豈妄傳之哉)."[24] 여기에서 우리는 다음과 같은 의심을 품어 볼 수 있다. 이규보는 『구삼국사』의 주몽 신화를 '사(史)'라고 표현하는데, 왜 '사(史)'를 굳이 '시(詩)'로 윤색하였겠는가? 주몽 신화는 더 이상 '사(史)'라는 장르적 틀에 담겨질 수 없었던 것이 아니었을까? 이미 주몽 신화는 역사적 기록으로서의 '사(史)'의 형식보다는 문학적 창작으로서의 '시(詩)'의 형식에 의해 더욱 명료하게 표현되는 것으로 간주되었음에 틀림없다.

이규보 자신의 말에 따르면 김부식은 『삼국사기』(1145)에서 해모수와 하백의 변신 대결 장면 등을 '사(史)'에 적합하지 않은 것으로 생각하여 누락시킨다. 나라의 역사를 담은 기록으로 승인되지 못한 것이라 할 수 있다. 그리고 이렇게 누락된 신화적 내용을 이규보가 다시 '시(詩)'로 문자화한다. 김부식이 '사(史)'로부터 탈(脫)문자화했던 내용을 이규보가 시(詩)로 재(再)문자화하는 것이다. 문자화와 탈문자화, 그리고 재문자화의 이러한 과정 속에서 재문자화되지 못한 많은 신화들은 어떻게 된 것일까? 해모수와 하백의 변신 대결 신화는 주몽 신화보다 더욱 선행적이고 더욱 기원적인 신화라고 할 수 있다. 신화는 기원적일수록 신비스럽고 상상적이며 구비적이다. 설령 후대에 문자화되더라도 기원신화는 대개 구비적인 흔적을 강하게 드러낸다. 그러므로 문헌적이고 유교적인 '사(史)'의 관념이 정착될수록

'괴력난신'의 신화는 사(史)로부터 지속적인 배제의 대상이 되었을 것이다. 또한 이렇게 문자로부터 축출된 신화는 다른 장르로 수용되어 명맥을 유지하거나, 아니면 그 본래적 전승 양식인 구비의 힘에 의존하였을 것이다. 이런 이유로 인해 당대로부터 역사적으로 거리가 먼 기원신화일수록 사(史)보다는 시(詩)의 형식을 취하며, 그런 점에서 사(史)로부터 일차적으로 탈문자화되어야 할 대상이 되었을 것이다. 이렇게 탈문자화된 신화들 중 상당량은 재문자화되지 못한 채 구전으로 전승되어 윤색되고 침윤되고 소멸했을 것이다.

8. 결론과 남은 문제들

'구비문학(口碑文學)'이라는 표현은 근대적 장르 분류의 한 범주이다. 그러나 문학은 말 그대로 문자 중심적인 범주이다. 그러므로 구비를 문학이라는 문자 중심적인 범주에 귀속시킨다는 것도 하나의 역설이다. 적어도 우리가 기원신화의 중요성을 인정한다면, 한국 신화는 다분히 구비 중심적이라 할 수 있다. 그리고 유교적 역사 서술이 등장한 이후 한국 신화는 탈중심화되고 주변화되는 성격이 짙어졌다. 이렇게 주변화되고 구비 의존적이 됨으로써, 한국 신화는 설화나 서사무가 속으로 침전되어 명맥을 유지하거나, 역사 서술의 귀퉁이에 파편적으로 잔존해 왔던 것이다. 그러나 기원신화나 창조신화는 제의(ritual)와 분리되어 논의될 수 없다. 설령 한국의 기원신화가 민속적 차원으로 축소되었을지라도, 그 신화는 민속적 제의에 결합되어 명맥을 보존해 왔을 것이다. 그리고 일본 신화의 신통기가 영토 전체의 성화와 관련된다면, 서사무가의 기원신화는 민속적 공간의 성화와 관련된다. 여기에서 우리는 한국의 구비 신화가 지닌 미시적 차원을 헤아려 볼 수 있다. 이렇게 볼 때 한국 신화는 구비와 문헌의 풍부한 상징 투쟁이 역동적으로 이루어진 현장이라 말할 수 있을 것이다. 아울러 한국의 신화적 영토 자체도 구비적 신화 지형과 문헌적 신화 지형이 중층적으로 공존하거나 상호 갈등을 겪어 온 현장이라 말할 수 있을 것이다. 또한 한국의 신화적 지형을 제대로 읽기 위해서는 민속적 공간과 그 안에 배치된 민속적 사원들을 세밀히 살펴볼 필요가 있을 것이다.

본 논문에서 우리가 이야기하고자 하는 것은 대략 이상과 같다. 한국 신화와 일본 신화를 비교함으로써, 특히 유사와 차이의 변증법적 흔들림이 주는 의미의 골을 한번 깊이 파고 들어갈 필요가 있다. 신화는 단독으로 존재하지 않는다. 신화가 살아 있는 곳에는 그에 합당한 제의가 있고, 제의가 있는 곳에는 제의가 펼쳐질 공간으로서의 사원이 요구된다. 그러므로 국토에 사원들이 배치된 결과로서 이루어지는 독특한 국가 지형을 고찰할 때, 우리는 한 국가의 종교 지형까지도 읽어낼 수 있다. 한국 신화와 일본 신화의 본격적인 비교를 위해서는 이러한 종합적인 접근법을 취해야 할 것이지만, 본 논문은 여러 가지 한계로 인해 두 신화의 대략적인 성격만을 지적하였다. 한국 신화의 파편성과 일본 신화의 유기적인 신통기가 제기하는 의미는 더 많은 상론을 필요로 할 것이다.

중국 전통 시기 『산해경』의 비교학적 맥락과 위상

임현수

1. 문제의식

근대 초기 중국 사회에 서구의 '신화' 개념이 도입되면서 근대 신화학이 성립된 이후 지금까지 중국 신화의 광범위한 연구가 진행되었다. 오늘날 중국 신화의 관심은 비단 중국인 학자의 전유물이 아니다. 초창기 중국 신화학이 출발하면서부터 나타난 현상이었지만, 이미 중국 신화학은 세계적인 차원에서 중국학의 핵심적인 주제로 자리 잡았다. 주로 중국 문학 전공자를 중심으로 진행된 국내의 중국 신화학도 그동안 많은 업적을 축적했으며, 이제는 개별적인 중국 신화 하나하나의 해석을 넘어서 중국 신화학 자체의 메타적 성찰까지도 시도하는 성숙한 모습을 보여준다.[1]

근대 신화학의 성립 이후 이 분야에서 연구를 위한 기초 작업으로 선행했던 것이 전통 문헌의 재해석이었다. '신화' 개념이 부재한 상황에서 신화 인식도 전무했던 중국의 전통 문헌 가운데 어떤 것을 신화 텍스트로 볼 것이냐의 문제는 신화학의 성립을 위해서는 필수적으로 정리하고 넘어갈 사안이었기 때문이다. 이렇게 해서 대표적인 신화 텍스트로서 부각되기 시작했던 것이 『산해경(山海經)』이었다. 이 텍스트가 지닌 비의적이면서도 그로테스크한 측면은 다른 중국 문헌에 비하여 '신화' 개념에 매우 어울리는 것으로 비추어졌을 뿐만 아니라, 무엇보다도 이 텍스트에 게재된 내용이 중국 신화 연구자들이 취급하던 여러 중국 신화의 원형을 잘 보존한 것으로 여겨졌다. 물론 『산해경』은 근대 지리학이나 역사학 방면에서 전통적인 중국의 지리와 역사를 연구하는 데 참고할 만한 자료로 취급되기도 하였으나, 역시 신화학의 핵심 자료로 더욱 각광을 받았던 것이 사실이다.

신화적 텍스트로서 『산해경』의 등장은 하나의 자료가 시대의 변천에 따라서 어떻게 성격을 달리하는지를 잘 보여주는 사례이다. 특히 중국 사회에서 '근대'의 시작이 지닌 각별한 의미를 고려할 때, 『산해경』이 신화적 텍스트로서 이해되었다는 것은 중국의 전체 역사에서 결코 찾아볼 수 없었던 현상의 등장이라고 할 만한 것이다. 왜냐하면 오랜 기간 동안 이 텍스트는 전통적인 지식인 사회에서 그다지 큰 관심을 받지는 못했고, 선호의 측면에서도 지식인 사이에서 논쟁을 불러일으키기는 했어도, 그 성격만큼은 어느 정도 주어진 울타리 안에서 동일한 반복적 진동을 거듭할 뿐 획기적인 관점의 전환은 없었기 때문이다. 중국 전통 사회가 근대사회로 전환됨에 따라서 전통과 과거 재해석의 일환으로 문헌 자료 재평가 작업이 동반되었다. 『산해경』은 이러한 맥락에서 중국 신화학자에게 주목을 받았다.

근대적인 제반 시스템 가운데 '신화'가 차지하는 위상과 의미는 다른 요소와 상대적인 관계를 통해서 결정된다는 점을 고려하면, '신화'라는 개념 자체는 이미 그 안에 비교론적인 함의를 지니는 것이라고 할 수 있다. 단적으로 말해서 근대적인 시스템 안에서 '신화'는 '사실'과 '허구'의 이분법이라는 연장선 위에서 '사실'에 해당하는 '역사'와 상대적인 거리를 유지하는 한에서만 그 의미가 있다. 중국에서 1920년대 이후 근대 역사학이 본격적으로 자리 잡기 시작했던 시기에 고사변(古史辨) 학파를 중심으로 이루어진 전통 문헌의 비판적 평가 작업은 결국 특정 문헌이 실제 일어났던 사실을 기록한 것이냐 아니냐를 두고 이루어진 솎아 내기 과정이었다. 중국 전통 문헌 가운데 신화의 범주로 새로 등록되었던 자료들은 이러한 종류의 작업과 매우 긴밀하게 관련되었던 것이다. 노신(魯迅)과 현주(玄珠)로 대표되는 초창기 신화 연구자들이 문학 연구의 일환으로 신화에 관심을 가졌던 것도 이러한 분류 작업과 무관할 수 없다. 근대문학이 '사실'에 대비된 '허구'의 새로운 인식과 더불어 거기에 내재한 가치의 발견에서 성립된 것이라면, 중국의 경우에도 근대문학의 성립 과정에서 '허구'에 진지한 관심이 생겨나는 것은 어찌 보면 당연한 일이었다. 문제는 이렇게 정립된 '허구'의 기원을 어디서 찾느냐는 것인데, 초창기 중국의 문학 연구자들은 전통적인 문헌 가운데서 '신화'라고 할 만한 자료를 찾아서 그것을 중국 문학의 기원으로 채택하는 데 일치된 관심을 보여주었던 것이다.

그렇다면 『산해경』은 정작 중국 전통 사회에서는 어떤 텍스트로 이해되었던 것일까. 사실 이의 분명한 인식없이는 근대 이후 변화된 『산해경』의 성격에 대한 어떠한 발언도 설득력을 발휘하지 못할 것이다. 전통 시기 『산해경』을 바라보았던 시각은 어떤 것이었기에 우리는 근대 이후에 이루어졌던 『산해경』 판단을 특수하다고 말하는 것일까? 『산해경』을 신화적인 텍스트로 규정한 근대 이후의 판단은 우연인가 아니면 이 텍스트 자체에 내재된 신화적 연속성 때문인가? 경위를 불문하고 오늘날 우리는 사마천(司馬遷)의 『사기(史記)』를 비롯한 25사(史)를 역사로 보고, 『산해경』이나 『목천자전(穆天子傳)』 등과 같은 문헌을 신화 텍스트로 보는 데 익숙해 있다. 미리 그려 놓은 밑그림 위에 속이 비치는 얇은 종이를 위에 올려놓고 동일한 그림을 판박이로 찍어내는 작업은 매우 쉽다. 하지만 그 얇은 종이에도 잘 보이지는 않지만 누군가 그려 놓은 그림이 남아 있었다면 감상법을 달리할 수밖에 없을 것이다. 이 글이 전통 시기 지식인들이 『산해경』을 어떤 방식으로 이해했는지에 관심을 가지는 것도 이렇게 달라질 수밖에 없는 감상법의 일환이라고 생각하기 때문이다.

이 글은 전통 시기에 『산해경』은 다른 어떤 문헌보다도 논쟁적인 저술이었으며, 이와 같은 논쟁이 발생되기 위해서는 이 책을 둘러싼 전통 시기 나름의 비교론적 구도가 있었음에 틀림없다는 전제를 가지고 있다. 어떤 일정한 기준에 입각하여 무엇과 무엇을 비교하지 않는다면 논쟁은 불가능할 것이다. 이 글의 목적은 바로 이와 같은 비교론적 구도의 실상을 밝히는 데 있다. 이러한 작업을 수행하기 위해서 이 글은 전통 시기에 이루어졌던 일종의 도서분류법이라고 할 수 있는 사부(四部) 분류 체계에 주목하고, 이 체계 내에서 『산해경』은 어떤 위치를 차지하고 있었는지를 살펴볼 것이다.

2. 『산해경』에 대한 전통 지식인들의 관심

『산해경』에 대한 전통 지식인들의 관심을 엿볼 수 있는 각종 자료의 검토는 이미 수 년 전에 국내에서도 매우 자세하게 이루어진 상황이다.[2] 우리는 누가 언제 이 책에 대하여 어떤 발언을 했는지를 손쉽게 확인할 수 있게 되었다. 이를테면 전통 시기에 이루어졌던 『산해경』 연구사라고도 할 수 있을 이와 같은 자료의 정보는 비단 현대 학자의 노력을 통해서만 확보될 수 있었던 것은 아니다. 관심의 내용은 달랐어도 이미 전통 시기 내부에서도 이러한 작업이 선행되었다. 그 가장 대표적인 예가 청대(淸代)에 저술된 『사고전서총목(四庫全書總目)』으로 『산해경』의 해제 작업을 통해서 그동안 이 텍스트에 보여주었던 전통 지식인들의 시각을 개략적으로 정리했다.[3]

여기서는 이와 같은 선구적인 작업의 도움을 받아서 우선 전통 지식인들이 『산해경』에 보여주었던 관심을 정리해 보고, 그로부터 이 책이 어떤 구도 안에서 어떻게 평가받았는지를 살펴보기로 한다.

　『산해경』의 저작 연대는 현대 연구자에 따라서 의견이 엇갈리는데, 상주(商周) 시기부터 위진(魏晉) 시기에 이르기까지 주장이 크게 갈리기 때문에 이 책이 언제 지어진 것인지를 정확하게 말하기는 어려운 실정이다. 『산해경』의 각 편목들 사이에도 작성된 시기의 차이가 인정되는 형편이기 때문에, 이 책이 동일한 시점에서 동일한 저자에 의하여 한 번에 만들어진 것이 아니라고 하는 점도 고려할 필요가 있을 것이다.

　『산해경』은 크게 「산경(山經)」과 「해경(海經)」 둘로 나누어진다. 「산경」에는 「남산경(南山經)」, 「서산경(西山經)」, 「북산경(北山經)」, 「동산경(東山經)」, 「중산경(中山經)」 등 다섯 개의 편목이 포함된다. 「해경」에는 「해외남경(海外南經)」, 「해외서경」, 「해외북경」, 「해외동경」 등 해외경 네 개의 편목, 「해내남경(海內南經)」, 「해내서경」, 「해내북경」, 「해내동경」 등 해내경 네 개의 편목, 「대황동경(大荒東經)」, 「대황남경」, 「대황서경」, 「대황북경」 등 대황경 네 개의 편목, 마지막으로 「해내경」이라는 이름의 한 개의 편목으로 구성되었다. 그리하여 오늘날 우리가 볼 수 있는 『산해경』은 총 18개의 편목으로 이루어져 있다.

　이러한 편목들 사이에 시기적인 차이가 있다면, 『산해경』의 저작 연대를 거론하는 일은 매우 어려운 일로 느껴진다. 그럼에도 불구하고 오늘날의 학자들은 대체적으로 『산해경』의 내용은 선진 시기 이전부터 내려오던 어떤 문화적 흐름을 반영한 것으로 여긴다. 따라서 비록 『산해경』의 일부 편목이 한참 후대의 문자로 기록되었다는 점을 인정하더라도 그 기원의 유구성만큼은 선진 시기 이전으로 상정하는 것으로 판단된다.[4]

　그런데 흥미로운 사실은 『산해경』의 저작 시기와 관련하여 전통 시기에도 의견의 엇갈림이 있었다는 점이다. 저작 시기 문제와 관련하여 현대 『산해경』 연구자들의 관심과 차이점이 있다면, 전통 시기의 연구자들은 이 문제를 텍스트 자체의 신빙성 여부와 결부시켰다는 점이다. 앞으로 논의될 내용이지만, 『산해경』의 권위와 신빙성에 의구심을 갖지 않았던 사람들이 가장 핵심적인 근거로 내세웠던 점은, 이 책이 순(舜)이 다스리던 상고시대에 저술된 것이며, 그 누구보다도 우(禹)에 의해 기술되었다는 사실을 강조한다는 것이다. 반대로 『산해경』의 신빙성을 의심하는 쪽에서는 이 책이 후대에 저술된 것으로서 단지 우의 이름을 가탁한 것에 지나지 않다는 점을 입증하고자 하였다. 저술 연대의 유구성과 저술한 주체의 권위를 빌려 이 텍스트의 신빙성을 입증하려는 태도는 전통적인 사유 방식의 일단을 드러내는 것으로 보이며, 또한 이 문제는 『산해경』이 놓인 전통 시기 비교론의 구도, 다시 말해 이 당시 '진실' 여부를 가리는 기준이 무엇인지를 해명하는 데 핵심적인 요소로 작용할 것으로 추측된다. 우의 권위를 빌려 『산해경』의 신빙성을 옹호한 자료를 열거하면 다음과 같다.

(1) 우(禹)는 구주(九州)를 나누어 토지에 따라 공물을 정하고 익(益) 등은 사물의 좋고 나쁨을 유별하여 『산해경』을 지었습니다. 모두가 성현이 남기신 일이며 옛글이 뚜렷이 밝히고 있는 것이니 그 사실들에는 명백한 신빙성이 있습니다.[5]

(2) 우(禹)와 익(益)은 함께 홍수를 다스렸는데, 우는 치수를 담당하였고, 익은 신기한 사물들을 기록하는 일을 맡았다. 사해 밖의 먼 곳이라도 가서 보고 들은 바를 가지고 『산해경』을 작성하였다. 우와 익이 먼 곳을 갈 수 없었기 때문에 『산해경』을 짓지 않았다고 하는 것은 옳지 않다. 그러므로 『산해경』은 사물을 두루 살펴서 작성된 것이다.[6]

(3) 우가 마침내 사독을 순수하고, 익과 기와 더불어 명산과 대택을 방문하여 그 지역의 신들을 불러 산천의 맥, 금과 옥, 조수 곤충의 종류, 팔방의 민속, 낯선 나라와 지역의 토지 면적 등에 대해 물어보고 이를 익으로

하여금 기록하게 하였으니 『산해경』이라 하였다.[7]

(4) 『좌전』에는 우(禹)가 솥을 주조하고 사물의 형상을 새겨 그것들에 대한 방비를 하였는데 백성들에게 귀신과 괴물을 식별할 수 있도록 하니 백성들이 산림과 천택에 들어가도 요괴나 산도깨비 같은 것들을 막아 내고 아무도 해를 입지 않았다는 기록이 있다. 『주관(周官)』과 『좌전』의 서술은 『산해경』의 의의와 바로 부합된다. 우는 사공(司空)이 되어 홍수의 물길을 터서 수재를 막았는데 불이 나도 끌 겨를이 없고 물에 젖어도 닦을 여유가 없이 몸소 삼태기를 손에 들고 백성들의 앞장을 섰다. 이런 과정 속에서 「우공(禹貢)」이 생겨나고 다시 이 경(經)을 짓게 된 것이다. 산과 내의 줄기를 탐색하여 가없는 경지를 두루 살피고 그 가운데에 괴변을 서술하여 백성들이 현혹되지 않도록 하였으니, 아름답도다! 우의 공덕이여! 그 밝은 덕 무궁하리로다. 본래 신성한 존재가 아니고서야 누가 이 책을 지을 수 있단 말인가?[8]

위에서 제시한 예문들은 모두 『산해경』이 우(禹)와 그의 신하인 백익(伯益) 등에 의해서 찬술된 것이며, 이 책에서 언급된 내용은 충분히 신빙성이 있다는 점을 강변하는 인상이 짙다. 특히 (4)는 청대의 글로서 『좌전』에 나오는 우에 얽힌 예화를 소개함으로써 『산해경』의 신빙성을 간접적으로 입증한다. 학의행(郝懿行)은 『좌전』이라고 하는 유교 경전에서 언급된 우의 행적을 고려하면, 우가 『산해경』을 지었다는 점이 충분히 인정될 뿐만 아니라, 그 책에서 언급된 내용이 결코 이상할 것이 없다는 사실을 강조한다. 『산해경』의 가치를 텍스트 자체로부터 직접 찾는 대신 누구나가 인정하는 정통적인 경전을 동원하여 구하려는 태도가 인상적이다. 이 인용문들은 시기적으로 한대(漢代)에 기록된 (1)의 글부터 청대(淸代)에 기록된 (4)의 글에 이르는 긴 시간적 간격에도 불구하고, 『산해경』의 신빙성을 우의 권위를 빌려 입증하고자 한다는 데서 별다른 차별성을 보여주지 않는다.

　『산해경』이 우임금의 시대에 저술된 책이 아님을 입증하는 방식을 통해서 이 책의 신빙성과 권위를 부정한 대표적인 사람은 남송(南宋)의 주희(朱熹)였다.[9] 주희는 『초사(楚辭)』와 『산해경』을 비교하는 과정에서, 후자에 게재된 내용 가운데는 결코 우의 시대에 일어난 것으로는 볼 수 없는 사건의 언급이 있음을 분석하였다.[10] 주희가 했던 것과 유사한 방식으로 『산해경』을 부정한 사례로는 다음의 인용문이 있다.

　『산해경』에 하후 계, 주 문왕에 대한 언급이 있고, 진나라와 한나라 때 정해진 장사, 상군, 여기, 하휴 등과 같은 지명이 있는 것으로 보아 이 책이 쓰인 시기는 삼대 이상으로 거슬러 올라가지는 않는다. 주나라에서 진나라 사이에 처음 저술된 이후로 기이한 것을 좋아하는 사람들이 백익을 끌어들인 것이다. 『초사』 「천문」을 보면 이 책과 서로 부합하는 부분이 많다. 고서를 보면 이에 대해 언급한 것은 없다. 굴원은 무슨 연유로 이렇게 오류가 많은 책에 의지하여 저술하였을까. 주자는 『초사변증』에서 그 반대로 『산해경』이 「천문」에 의지하여 저술되었다고 말한 바 있는데, 그런 것 같지는 않다.… 예로부터 이와 같은 분야에 종사하는 학문이 있었는데, 『초사』의 「구가」, 「천문」 등이 모두 이와 같은 분야에 해당한다. 만약 그렇다면 그 점에 『산해경』이 지닌 실제적인 의미가 있는 것이리라.… 하지만 이 책에 나타난 각종 산천에 대한 정확한 위치를 현재의 지역과 비정하는 것은 어렵다. 실제적인 관찰에 입각하여 따져 보면 이 책에서 언급한 내용 중 100분의 1도 진실한 것이 없다. 제가가 이 책을 지리서로 보았지만, 옳은 지적이 아니다. 바르게 그 이름을 정한다면 실제로 이 『산해경』은 소설 중에서 가장 오래된 것일 따름이다.[11]

위의 인용문은 청대에 저술된 문헌에 실려 있지만, 주희가 채택했던 방식과 동일한 수법을 통해서 『산해경』의 권위를 부정한다. 한 가지 특기할 만한 것은 주희와 달리 『초사』의 신빙성마저도 부정한다는 점인데, 『초사』가 전통적으로 정통 유가 지식인으로부터 우국충정의 지사적 품격을 배우는 데 매우 소중한 문헌으로 취급되었다는 사실을 감안한다면 의외의 관점을 표출한 것으로 보인다. 더 나아가 이 인용문은 『산해경』과 『초사』가 어떤 특정한 관심을 공유한 집단에서 생산된 저술일 가능성을 제기한다. 앞으로 언급할 기회가 있겠지만, 이 인용문은 '소설가(小說家)'를 두 책을 저술한 집단으로 염두에 두고 있음이 분명하다.

『산해경』이 전통 시기에 그 신빙성 입증에 많은 노력을 요했다는 사실은 이 책이 지식인 사회에서 쉽사리 수용되지 않았다는 것을 뜻한다. 그럼에도 불구하고 일군의 지식인들이 오랜 세월 동안 이 책의 가치를 포기하지 않으려 했다는 점도 주목하지 않으면 안 될 것이다. 오늘날 우리는 '허구'라 할지라도 그 안에 포함된 '진실'을 인정하기 때문에 허구를 허구로 인정하는 데 주저하지 않는다. 예를 들어 현대의 소설가는 자신이 쓴 소설을 허구라고 인정하는 데 머뭇거리지 않는다. 이러한 태도와 달리 『산해경』의 옹호자들은 이 책의 허구성을 결코 인정하려 들지 않았으며, 오히려 왜 이 책이 신빙성을 지닌 것인지를 입증하고자 노력하였다.

『산해경』의 옹호자들이 이 책의 가치를 입증하기 위해서 채택한 또 하나의 방법은 이 책이 현실에서 발생하는 난제를 매우 효과적으로 해결해 주는 효용성이 있다는 점을 강조하는 일이었다.

(1) 일찍이 효무황제(孝武皇帝) 때에 기이한 새가 헌상된 적이 있었는데 온갖 먹이를 먹여도 먹으려 들지 않았습니다. 동방삭(東方朔)이 그것을 보고 그 새의 이름과 먹여야 할 먹이를 아뢰었는데 그의 말과 꼭 같았습니다.

동방삭에게 어떻게 알았는가를 물었더니 바로 『산해경』에서 나왔다는 것이었습니다.[12]

(2) 동중서는 중상이라는 새를 알아보았고, 유향이 이부의 시체를 곧바로 알아본 사실은 모두 『산해경』에 근거하여 그렇게 말할 수 있었던 것이다.[13]

(3) 장자(莊子)는 이런 말을 한 적이 있었다. "사람이 아는 것은 그가 알지 못하는 것에 미치지 못한다."고. 나는 『산해경』에서 그 실례를 발견할 수 있다. 생각건대 우주는 광활하고 뭇 생명체는 도처에 산재해 있으며 음양의 기운이 왕성히 일어나면 온갖 종류가 나뉘어 생기는데 정(精)과 기(氣)가 뒤섞여 서로 요동할 때, 떠도는 혼(魂), 신령스런 괴물이 물체에 닿아 얽혀 산천에 모양을 드러내거나 목석에 형상을 붙인 것들을 어찌 이루 다 말할 수 있겠는가? 그러므로 서로 다른 소리들을 아울러 한 가지 음향으로 연주하고 이룰 대로 이룬 변화의 모든 양상을 한 가지 형상으로 합쳐 본다면 세상의 이른바 이상하다는 것도 그것을 이상하다고 단언할 수 없고 세상의 이른바 이상하지 않다는 것도 그것을 이상하지 않다고 단언할 수 없다. 왜냐하면 사물은 그 자체가 이상한 것이 아니고 나의 생각을 거쳐서야 이상해지는 것이기에 이상함은 결국 나에게 있는 것이지 사물이 이상한 것은 아니기 때문이다. 대개 익히 보아 온 것을 미더워하고, 드물게 들어온 사실을 기이하게 여기는 것은 인간 심리의 통폐이다.[14]

(1)과 (2)는 『산해경』의 도움을 빌려 현실의 난제를 해명했던 사례를 제시함으로써 이 책의 신빙성을 입증하는 논리를 구사한다. (3)은 동진(東晉)의 곽박(郭璞)이 쓴 글로서 『산해경』에서 언급하는 내용을 기이하다고 생각하는 것은 사물 자체에서 기인하는 것이 아니라, 그것을 이상하다고 여기는 사람들의 인식의 한계에서 비롯되는 것임을 강조한다. 여기서 우리의

주목을 끄는 부분은 『산해경』의 신빙성을 입증하기 위한 근거로서 실증 가능성 여부는 전혀 문제가 되지 않았다는 점이다. 다시 말해서 『산해경』에서 제시된 제반 사실이 실제 감각 능력으로 확인될 수 있는지는 이 책의 신빙성을 주장하는 기준으로 채택되지 않았다. 오히려 (3)의 경우와 같이 『산해경』 자체의 실증 가능성 여부는 고려하지 않은 상황에서 이 책이 현실 속에 등장한 특정 현상과 얼마나 부합되며, 또한 그것을 얼마나 잘 설명할 수 있는지가 중시된다.

하나의 텍스트가 얼마나 믿을 수 있는지를 따지기 위해서 『산해경』의 옹호자들이 채택했던 방법은 흥미롭게도 이 책의 가치를 인정하지 않았던 반대쪽 인물들에게도 공유된다. 현존하는 문헌 가운데 『산해경』을 최초 언급한 것이 『사기』「대완열전(大宛列傳)」이다. 사마천(司馬遷)은 이 글을 통해서 『산해경』에 대한 자신의 부정적 인식의 일단을 드러냈다.

> 태사공은 말하였다. "『우본기(禹本紀)』에는 '하수(河水)는 곤륜산(崑崙山)에서 나온다. 곤륜산은 그 높이가 2,500여 리이며, 해와 달이 서로 피해 숨으며 그 빛을 밝힌다. 그 위에는 예천(醴泉)과 요지(瑤池)가 있다.'라고 되어 있다. 그런데 이제 장건(張騫)이 대하(大夏)의 사신으로 간 후에야 하수의 원류를 밝혀내게 되었는데, 어떻게 『우본기』에서 말한 바의 곤륜산을 본 사람이 있겠는가! 그러므로 구주(九州)의 산천에 관한 기록은 『상서(尚書)』에 있는 것이 사실에 가깝다. 『우본기』나 『산해경』에서 말한 괴상한 사물에 대해서는 나는 감히 말하지 않겠다(至禹本紀山海經所有怪物余不敢言之也)." [15]

여기서 사마천은 서역을 경영하고 돌아온 장건의 보고에 주목하면서, 황하의 발원지가 곤륜산에서 시작된다고 가르치는 『우본기』와 『산해경』의 언급을 평가절하하는 태도를 보여준다. "감히 말하지 않겠다."라는 말의 정확한 의미가 『산해경』의 전면적인 부정인지 아니면 자기로서는 감당할 수 없는 내용을 담고 있는 텍스트라서 함부로 평가하기 곤란하다는 점을 인정하는 차원에서 하는 말인지는 모르겠지만, 적어도 이 부분에서만큼은 사마천이 장건의 말에 더 주목한 것은 틀림없다. 그런데 사마천은 『산해경』의 신빙성을 장건의 원정 보고에 의존하여 평가하는 과정에서 『상서』의 가치에 주목한다. 이 두 책을 비교했다는 말인데, 후자의 신빙성과 가치는 그대로 인정하는 태도를 보여준다. 위 인용문의 주목적이 『산해경』의 신빙성 여부를 따지는 데 있다기보다는 『상서』의 가치를 부각시키기 위하여 『산해경』을 비교의 열등한 사례로 활용했다는 느낌이다.

사마천이 거론한 『상서』의 내용은 「우공(禹貢)」편을 가리키는 것으로 보인다. 이 글은 우가 구주(九州)를 정비하고 각 지역에 따라 공물을 어떤 것으로 납부해야 할지를 지정한 것을 묘사한다. 더불어 우가 어떻게 산천을 잘 다스려 천하의 안정을 도모했는지도 언급한다. 사실 현대의 실증적인 관점에서 생각해 볼 때 이와 같은 우의 치적도 신빙성이 없기는 마찬가지이다. 그렇기 때문에 오늘날 중국 신화 연구자들 사이에서는 우와 관련된 대부분의 고사를 신화로 처리하는 경향이 있다. 사마천은 『상서』 「우공」편에 기록된 내용에서는 절대적인 신뢰를 보여준다. 현대적인 관점에서 볼 때 실증성 없는 데는 별 차이가 없는 『산해경』과 『상서』 「우공」이 사마천의 관점 안에서 서로 다르게 평가된다는 사실은 매우 흥미롭다. 적어도 우리는 사마천의 사유 안에서 특정 텍스트의 신빙성 여부를 따지기 위하여 작동되는 진리 판단의 기준이 현대적 의미의 실증성과는 매우 달랐을 것으로 추측할 수 있다.

지금까지의 언급을 통해서 『산해경』은 중국 전통 시기에 유통된 수많은 문헌들 가운데서 그 신빙성을 인정받지 못한 처지에 있었음을 확인할 수 있었다. 전통적인 지식인 사회에서 『산해경』은 읽을 만한 가치가 없는 저술로 평가되었으며, 이 책의 가치를 나름의 관점에서 주목한 몇몇 인물들에게만 주목받았던 저술이었음을 추론할 수 있다. 이 책의 신빙성 입증에 주력한 옹호자들의 발언을 보면, 매우 방어적인 자세를 취했다. 이 책이 지닌 고유한 가치를 드러냄으로써 전통사회 내부에서 그 권위와 가치를 보편적으로 인정받던 다른 문헌, 예컨대 육예 경전이나 사서 등과 같은 문헌들과 차별화시키는 전략을 구사하는 대신, 이 책 역시 이러한 정통 문헌들이 지닌 진리 기준을 결코 결여하지 않았다는 점을 강변하는 모습을 쉽게 확인할 수 있다. 우의 권위를 빌려 이 책의 진가를 변호하는 모습은 바로 이러한 태도를 단적으로 드러낸다.

현대 『산해경』 연구자들 가운데는 이 책이 상대(商代) 문화의 무속(巫俗) 전통을 온존했다고 보고, 상주 교체기 이후 주변부로 밀려난 이 전통의 대변자들의 저술 작품으로 보는 경향이 있다.[16] 이러한 주장은 매우 설득력이 있는 것으로 판단된다. 그러나 이러한 입장은 어디까지나 현대적인 맥락에서 중국 문화 전체의 흐름을 조망했을 때 『산해경』이 지닌 문화지리적 위상을 판단하는 과정에서 나온 결론이다. 이 텍스트에 호감을 지니고 있었던 전통 시기 지식인들이 『산해경』을 오늘날과 같이 무속 전통의 잔여물로 이해했었는지는 불분명하다. 그러나 그들은 『산해경』의 비주류성을 충분히 의식했으며, 주류 문화의 기준에 견주어 평가함으로써 이와 같은 『산해경』의 위상을 제고시키기 위한 노력을 꾸준히 전개했던 것이다.

그렇다면 우리는 무엇보다도 전통적인 중국 사회의 주류 문화가 진리의 기준으로 제시한 것이 무엇인지를 좀 더 자세하게 천착해 볼 필요가 있을 것이다. 이를 위해서 이 글은 전통적인 도서분류법인 사부(四部) 분류 체계 내에서 『산해경』이 어떤 위치를 차지했는지를 살펴볼 것이다.

3. 사부(四部) 분류 체계 내의 『산해경』의 위상

중국에서 경(經), 사(史), 자(子), 집(集)의 사부(四部) 분류법으로 각종 도서를 분류한 것은 『수서(隋書)』 「경적지(經籍志)」에 처음 보인다. 여기서 『산해경』은 사부(史部) 지리류(地理類)로 분류되어 있다. 차후 『구당서(舊唐書)』 「경적지」, 『신당서(新唐書)』 「예문지(藝文志)」에서도 이 책은 사부 지리지로 분류된다. 『송사(宋史)』 「예문지」에는 『산해경』이 자부(子部) 오행류(五行類)로 분류되는데, 『곽박산해경찬이권(郭璞山海經讚二卷)』이란 제목의 책은 사부 지리류로 분류된다. 『송사』에는 『산해경』과 관련된 책이 자부 오행류와 사부 지리류로 나뉘어 분류되었다고 볼 수 있다. 청대에 저술된 『사고전서총목』에는 『산해경』이 자부 소설가류(小說家類)에 속해 있는데, 이는 종전까지 이 책을 분류한 방식과 성격을 달리하는 것으로 주목을 요한다.[17]

주지하는 바와 같이 사부 분류법이 성립하기 전 그 전신이라 할 수 있는 분류법이 『한서(漢書)』 「예문지」에 나타난 육략(六略) 분류법이다. 각종 도서를 육예략(六藝略), 제자략(諸子略), 시부략(詩賦略), 병서략(兵書略), 수술략(數術略), 방기략(方技略)의 여섯 가지 항목으로 분류하는 이 육분 분류법에서 『산해경』은 수술략에 속해 있으며, 수술략 중에서도 형법(刑法)이란 소항목 안에 분류되었다.[18] 『산해경』이 포함된 형법이란 항목과 형법이 속한 대항목인 수술의 의미를 『한서』 「예문지」는 다음과 같이 설명한다.

형법이란 것은 구주의 형세를 참고하여 성곽과 가옥의 형태를 결정하고, 사람과 육축의 골격에 나타난 도수와 기물의 형태를 고려하여 그 기운의 흐름에 내재한 귀천과 길흉 여부를 따지는 것이다. 마치 음율에 장단이 있지만 각각의 음율은 그에 해당하는 소리를 가지고 있는 것과 같다. 이 러한 현상은 귀신의 작용이 아니라면 자연적으로 그렇게 되어 있는 것이다. 이처럼 형태와 기운은 서로 앞과 뒤의 관계처럼 밀접한 관계를 지니고 있다. 또한 형태는 나타나 있으나 그 기운은 알아볼 수 없고, 그 기운은 확인할 수 있지만, 그 형태는 없는 것도 있다. 이러한 것은 사물이 지닌 매우 정미하고 독특한 현상이다.[19]

수술은 모두 명당, 희화, 사복이 담당한 일이다. 사관의 일이 붕괴된 지 오래되었고 그것과 관련된 서적은 이미 온전하게 남아 있지 못한 상황이니, 비록 서적이 있더라도 그것을 관리할 사람이 없다. 역에서 말하길 "참으로 그 사람이 아니면 도는 행해지지 않는다."라고 했다. 춘추 시대에는 노나라에 재신이 있었고, 정나라에는 비조, 진나라에는 복언, 송나라에는 자위가 그 일을 담당했다. 육국 시대에는 초나라의 감공, 위나라의 석신부가 그 일을 맡았다. 한나라에는 당도가 있어서 많은 것을 얻었지만 거칠고 소략한 것에 불과했다. 일반적으로 근본을 알면 쉽게 일이 이루어지지만, 근본을 모르면 일이 성사되기 어렵다. 때문에 옛 서적을 근본으로 삼아서 수술의 순서를 정했는데 여섯 가지이다.[20]

수술의 범주에 속하는 소항목들은 나중에 사부 분류법이 정립된 후에는 자부에 속하게 되지만, 『한서』「예문지」에서는 따로 독립되어 있다. 수술의 범주에 속한 여섯 가지 항목이 대체로 점복적인 성격이 강하게 나타나지만, 이에 대해 특별한 의미를 부여할 필요는 없다고 본다. 오히려 '학(學)'에 비해 '술(術)'이 지닌 실생활적 응용주의에 주목한다면, 점복은 단연 국가적인 대사를 비롯한 각 방면에 걸쳐 인간의 활동을 뒷받침했던 핵심적 응용 지식이었던 것이다. 게다가 수술의 직분이 사관에서 비롯되었다는 지적에서 이 분야의 지식이 얼마나 중요한 비중을 차지했는지를 짐작할 수 있다. 위의 인용문에서 언급된 것처럼 형법이란 것이 사물의 형태에 따라 그 기운의 길흉을 판단하고 그 결과에 따라서 행할 사업 여부를 결정하고 추진하는 것을 목적으로 하는 분야라면, 『산해경』이 형법 항목으로 분류된 것은 나름의 타당성이 있는 것으로 보인다. 왜냐하면 『산해경』은 천하 각 지역의 지형과 지세 정보는 물론 그 지역 특성의 자세한 내용을 포함한 텍스트이기 때문이다. 이렇게 보면 「예문지」의 작자는 『산해경』을 실제 생활에 도움을 줄 수 있는 실용서로 취급했음이 분명하다.

사부 분류 체계가 정립된 이후 각종 사서의 경적지나 예문지에서 『산해경』이 지리류로 분류되었다는 것은 앞서 언급한 바 있다. 이는 『산해경』의 성격상 당연한 일로 보이지만, 지리류 자체가 사부(史部)의 한 소항목으로 포함된다는 점은 주목을 요한다. 다시 말해서 『산해경』을 사서의 일종으로 취급했다는 점인데, 적어도 사부 분류 체계 안에서 이 책은 일단 그 신빙성을 인정받는 형식을 취했다. 하지만 『산해경』이 사부 분류 체계 안의 사부 지리류로 귀속되었다고 해서 다른 정사류(正史類)에 속한 사서와 동격의 수준으로 취급되었느냐는 것과는 별개의 문제라고 생각한다. 앞서 언급한 육분법적 분류와 사부 분류 체계 내부에는 위계질서가 형성된 것으로 보이기 때문에, 만일 동일한 항목에 속했다고 해서 해당 도서들을 동일한 가치로 취급했다고 판단하는 것은 오류라고 본다.

예를 들어 『한서』「예문지」나 다른 사서의 분류법을 보면 예외 없이 경부(經部)에 유가 경전을 올려놓았다. 세부적인 부분에서 약간의 차이가 보이기도 하지만 육예(易, 書, 詩, 禮, 樂, 春秋)는 경부의 핵심적인 자리를 결코 양보하는 일 없이 모든 저술 가운데 독보적인 위치를 차지했다. 사서에 따라서 논어나 효경 등과 같은 경전을 추가함으로써 경부에 포함된 경전에 약간의 변화를 주기도 하지만, 유교 경전이 모든 저술의 모범으로서 도서 분류의 기준으로 설정되었음을 부인하기 어렵다.

또한 전통적인 도서 분류체계는 현존하는 모든 도서를 포함할 정도로 상당한 포용력을 발휘한다. 단적인 예로 신선(神仙)이나 불가(佛家)의 경우 처음에는 부록(附錄)으로 처리하거나, 아예 언급을 피함으로써 사부 분류 체계에 속할 수 없음을 간접적으로 표명하다가 나중에는 자부에 귀속시키는 포용성을 보여주기도 한다.[21] 사부(史部)에 속한 도서 중에서도 기전체(紀傳體) 정사류와 비교할 때 그 품격과 수준이 현격하게 떨어지는 것도 포함되어 있다. 사부(史部)에 속한 소항목 가운데는 잡사(雜史), 잡전(雜傳) 등과 같이 황당무계한 내용을 포함한 것들도 있는데, 이 항목들은 자부 소설가에 속한 잡사(雜事), 이문(異聞) 등과 매우 구별하기 힘들다고 말할 정도로 정통 사서와는 상당히 다른 특성이 있다.[22] 그 정도로 사부 분류법은 상당히 포용적이다.

하지만 이러한 포용성 뒤에는 체계 내에 포함된 저술들 사이의 위계를 가르는 보이지 않는 배타성도 분명히 존재한다는 점을 간과해서는 안 된다. 일반적으로 경부에 속한 육예는 유가 경전에 속한 것으로 알지만, 육분법과 사분법 분류체계에서는 굳이 유가 경전으로 묘사하지 않으며, 오히려 모든 제가(諸家)들의 원천으로서 묘사되고, 제가들은 각각의 지류로 언급된다. 즉 유가를 포함하여 자부에 속한 여러 제가들은 각기 장단점이 있지만, 모두 육예의 지류이자 후예(亦六經之支與流裔)[23]임을 강조함으로써 육예야말로 모든 진리의 원천임을 은연중 드러낸다. 그 결과 당연히 여러 제가 중에서도 유가의 우위성을 확인해 주는 효과가 창출되리라는 것은 자명하다.

수많은 도서들을 체계 내에 모두 포용한 후 위계화시키는 이와 같은 도서 분류 체계의 속성상 전통 지식인들 사이에서 수많은 저술들의 권위와 가치를 재검토하고 평가하는 작업은 매우 중요한 일이었으리라 생각한다. 『산해경』을 둘러싼 논쟁은 바로 이러한 위계화 과정에서 발생한 결과였을 것이다. 『산해경』의 가치를 부정한 저술보다는 긍정적으로 옹호한 저술이 더 많다는 사실로부터 이 책이 얼마나 정통을 지향하는 지식인들로부터 외면받았는지를 짐작할 수 있지만,[24] 얼마 안 되는 옹호자들은 이 책의 가치를 강조하기 위하여 상당한 노력을 기울였던 것으로 보인다.

　이런 맥락에서 청대 『사고전서총목』에서 『산해경』을 자부 소설가류(小說家類)에 배당한 것은 매우 주목할 만한 일이다.[25] 존재했던 사건의 기록을 목적으로 하는 사부(史部)의 범주에서 말하는 사람의 주장이나 담론을 의미하는 자부(子部)의 범주로 자리를 이동시켰다는 것은 『산해경』 자체의 성격을 종전과 다르게 이해했다는 것을 의미한다. 게다가 소설가류는 전통적으로 자부에 속하는 제가 가운데 그 가치상 최하급의 범주에 속하는 것으로 취급되었던 것이 사실이다. 『한서』 「예문지」에서 "제자 십가 중에서 볼만한 것은 구가에 한정된다.(諸子十家, 其可觀者九家而已)"고 언급한 부분은 바로 십가 중 하나인 소설가의 가치를 상대적으로 폄하하는 지적이었으며, 이러한 소설가 관점은 중국 전통 시기 전반에 걸쳐 적용되었던 것으로 보인다. 그러므로 『산해경』이 사부 지리류에서 자부 소설가류로 편입되었다는 사실은 이 책의 가치와 위계를 이전보다 훨씬 아래 수준으로 떨어뜨렸다는 의미로 해석된다.

　『산해경』이 자부 소설가류로 분류됨으로써 예전에 비해 가치 없는 책으로 취급되었던 이유를 우리가 알고 있는 소설(novel)이란 말에 담긴 함의에서 찾아야 할 까닭은 없는 것 같다.[26] 전통 시기 '소설(小說)'의 의미는 다음과 같다.

　　(1) 소설가 무리는 일반적으로 패관(稗官)의 직에서 유래한 것으로 보인다. 소설이란 길거리에서 떠도는 담론이나 마을 사람들끼리 서로 지껄이는 이야기를 지나가다 듣고 이를 토대로 재구성한 것이다. 공자는 "비록 소도(小道)라 하더라도 거기에는 반드시 참고할 만한 것이 있다. 너무 여기에 빠져서 진흙탕 속에서 허우적거리는 것과 같은 일이 없도록 주의해야 한다. 그러므로 군자가 취할 바는 아니다."라고 한 바 있다. 그러나 소설이

사라지지 않았던 것은 소설가가 마을에서 소도를 알고 있는 사람이 언급한 것을 엮어서 잊지 않도록 보존했기 때문이다. 만약 그 중에서 한마디라도 취할 바가 있다면 그것은 추요와 광부가 한 말과 같은 의의를 지닌 것이다.[27]

(2) 여순은 다음과 같이 말하였다. 『구장』을 보면 자질구레한 쌀을 일컬어 패(稗)라고 했다. 가담항설(街談巷說)이란 이처럼 자질구레한 이야기를 의미한다. 왕이 마을 길거리의 풍속을 알고자 하여 패관의 직을 만들어 그로 하여금 이를 수집하여 말하도록 한 데서 기원한 것이다.[28]

위의 두 인용문 중 (1)은 원문이고, (2)는 이 원문에 안사고(顏師古)가 여순(如淳)의 말을 인용하여 주를 붙인 글이다. 위의 두 글을 종합하면 소설은 패관의 직에서 유래한 소설가 집단이 민간에서 떠도는 시시한 이야기를 수집하여 재구성한 담론을 의미한다. 아마도 왕은 시정에 참고하고자 민간의 풍속을 알려고 했으며, 이를 담당할 관료로 패관이란 직책을 설치했을 것이다. 비록 민간에서 떠도는 이야기라서 그 신빙성 여부를 확인할 수는 없으나, 거기에도 참고할 만한 부분이 있을 것이기 때문에 관심을 가질 필요는 있다. 하지만 군자라면 모름지기 이러한 이야기에 깊이 빠져서는 안 된다는 점을 공자의 말을 빌려 역설하기도 한다. 소설에는 정식 사서에는 빠진 야사류(野史類)의 이야기도 포함될 수 있고, 민간인들의 조정에 대한 견해나 요구 사항 등도 반영될 수 있을 것이다. 이러한 소설가를 제자략이나 자부에 귀속시킨 것은, 소설은 이를테면 민간 담론의 지위를 지닌 것으로 다른 제자류에 비해 그 가치는 떨어지지만 특정 계층의 입장과 주장을 반영하는 것이라는 견해가 있었기 때문일 것이다. 또한 여기에는 다른 제가들처럼 소설가도 육예의 지류라는 포용성도 발휘되었을 것으로 보인다.

따라서 전통적으로 소설이 다른 제가들의 학설에 비하여 격이 떨어지는 것으로 본 가장 커다란 이유는, 그것이 '허구'이기 때문이 아니라, 소도(小道)에 안주해 살아가는 민간의 자료에 기초하여 재구성된 담론이기 때문이다. 소도라도 대도(大道)의 범주를 넘어서지 않는 한 군자가 배울 만한 부분이 없을 수는 없겠지만, 그것은 어디까지나 참고 사항일 뿐 군자로서 의지할 만한 것은 못 된다는 인식이다. 이러한 사실은 역대 소설 옹호론을 펼친 논자들의 반론을 살펴보아도 확인된다. 이들은 대부분 유가적 지식인의 범주에 속했던 사람들로서 당대 통용되던 소설의 가치를 옹호하는 데 주력했는데, 이들의 논리는 대체로 비록 소설이라 하더라도 대도(大道)의 가르침을 전하는 데 정통 유가 경전이나 사서 등의 저술과 하등의 차별성이 없다는 점을 역설하는 방향으로 전개된다.[29]

물론 소설 옹호론의 내용을 살펴보면 오늘날 통용되는 사실(fact)과 허구(fiction)의 이분법과 유사한 분류가 관류함을 어렵지 않게 확인할 수 있다. 진(眞)과 환(幻), 정(正)과 기(奇), 실(實)과 허(虛) 등의 이분법이 그것인데, 이러한 분류는 소설 옹호론자들의 서발문을 통하여 지속적으로 표출된다.[30] 이들이 서발문을 통하여 표출하고자 했던 주장은 다름이 아니라 환(幻), 기(奇), 허(虛)의 영역에 배당되어 배척되던 소설의 가치를 옹호하는 것이었다. 우리는 여기서 전통 시기 중국에서 정/기, 실/허, 진/환의 이분법이 세계를 이해하는 일반 범주였으며, 이는 결국 진리 판단을 위한 위계적 기준으로 작용했다는 점을 이해할 필요가 있다. 그렇다면 소설 옹호론자들이 소설의 가치를 옹호하기 위하여 끊임없이 의식하지 않을 수 없었던 정(正), 실(實), 진(眞)의 영역에는 무엇이 배당되어 있었을까? 그것은 다름이 아니라 정사(正史)라고 부르는 정통 역사 서술이었다.

정사는 실제 있었던 사실을 가감 없이 있는 그대로 서술함으로써, 세계를 지배하는 도(道)와 이(理)가 어떻게 작용하는지를 여실히 보여주는 기록이며, 이를 통하여 읽는 이에게 선악(善惡)에 대한 교훈을 전달하는 것을 목적으로 하는 텍스트이다. 중국 전통 사회에서 정사가 서사(敍事)의 제일 원칙으로 자리 잡은 것은 『춘추』의 춘추필법과 『사기』의 실록직서(實錄直書)의 원칙에서 비롯된 것이며, 당대(唐代) 이후 훨씬 더 엄격한 방식으로 확립되었다고 보는 것이 일반적이다.[31] 이러한 입장에서 볼 때 정통 정사의 서사 원칙에 위배된다고 판단되는 기타 서술들은 무가치한 것으로 배척될 수밖에 없었으며, 도학에 관심을 지닌 유가 지식인이라면 당연히 가까이 하지 말아야 할 대상으로 취급되기 마련이었다. 하지만 앞서 언급한 바와 같이 유가 지식인 가운데는 이처럼 정통 서사의 범주에 속하지 않는 텍스트의 가치를 옹호한 사람들도 분명히 존재하였다. 이러한 텍스트는 일반적으로 '소설'로 지칭되었지만, 실제로 소설이라는 개념이 사용되는 용법을 살펴보면, 여기에는 유사(遺史), 야사(野史), 잡사(雜史) 등과 같이 사부(史部)에 속하는 서사물들도 포함된 매우 광의의 의미로 사용되었음을 확인할 수 있다.

소설 옹호론자들의 주장을 단적으로 말하면 비록 소설이 정통 정사체 서사의 관점에서 보면 환(幻), 기(奇), 허(虛)의 혐의를 받지만, 실제로는 정사와 하등 차이가 없다는 것이다. 오히려 소설은 정사의 지루함이나 접근이 용이하지 못한 단점을 극복하고 통속(通俗)을 위한 활용도를 높여주는 장점이 있기도 하다.[32] 이와 같은 주장을 뒷받침하는 이들의 논리는 겉으로 역설적인 것으로 보이지만, 이러한 역설은 정사의 정의를 원용하여 소설의 진리성을 입증하는 정교함으로 이어지고 있다.

이에 대해서는 약간의 부연 설명이 필요하다. 정사가 정사인 까닭, 정사가 정(正)·실(實)·진(眞)의 영역을 대표하는 서사로 인정되는 근본적인 이유는 두 가지이다. 하나는 실제 있었던 사건을 있는 그대로 직서한다는 점이고, 둘째는 이러한 서술을 통하여 우주와 세계의 기본 이치가 드러난다는 점이다. 이 두 가지 조건은 사실 병렬적인 것이라기보다는 하나를 둘로 구분한 것에 불과하다. 왜냐하면 실제 있었던 일을 제대로 서술한다면 우주의 이치는 저절로 드러나게 마련이며, 우주의 이치는 실제 있었던 일을 통해서만 드러나기 때문이다. 유가의 관점에서 볼 때 이 우주와 세계는 천도(天道), 천리(天理) 등으로 일컬어지는 어떤 원리에 의하여 지배되는데, 우주 안에서 일어나는 모든 사건은 이러한 원리에 의거하여 귀추가 정해지는 것이다. 그러므로 실제 발생한 사건을 있는 그대로 기술할 수 있다면 서술 주체가 의도하지 않더라도 우주를 지배하는 도와 이치가 저절로 드러나는 것은 당연한 일이다.

그런데 우리는 여기서 다음과 같은 가정을 던져 볼 수 있을 것이다. 만약 실제 일어난 사건을 기술하였음에도 불구하고, 천도와 천리를 드러내지 못한 서사도 가능하지 않을까? 또는 실제 일어난 사건을 서술한 것이 아님에도 불구하고, 천도와 천리를 드러낸 서사도 가능하지 않을까?[33] 정사 서술의 원칙에 의거할 때, 천도와 천리는 실제 일어난 사건을 통해서만 드러나기 때문에, 첫 번째 경우라면 실제 일어난 사건을 기술했다고 하는 것도 실은 근거 없는 사건의 서사일 가능성이 있다. 두 번째 경우처럼 실제 일어난 사건을 서술한 것이 아니라고 판단된 것도 실은 도와 이치를 드러내고 있다면 오히려 근거 있는 사건의 서사일 가능성이 있다. 소설 옹호론자들이 소설을 옹호하는 방식은 대체로 소설이 환(幻), 기(奇), 허(虛)의 영역에 속하는 것으로 비판받고 있음을 인정하는데서 출발한다. 하지만 소설은 꾸며낸 일을 기술한 것처럼 보이더라도 천도와 천리에 위배되지 않는 서사인 한, 실은 정사만큼 실제 일어난 사건을 서술한 것임을 강조한다. 그리하여 이들의 논리는 정(正), 실(實), 진(眞)과 환(幻), 기(奇), 허(虛)가 분명하게 구분될 수 없다는 결론으로 귀착되기에 이른다.[34]

우리는 이런 사태를 두고 전통 시기 중국에서 정/기, 실/허, 진/환의 이분법에 대한 인식이 있었음에도 불구하고, 실제로는 양자의 구분이 느슨하였으며, 심지어는 미분화의 상태에 있었다고 판단할 수도 있을 것이다. 이러한 논리를 좀 더 발전시켜 현대적인 어법을 빌려 사실과 허구의 미분화 상태를 떠올려 볼 수도 있을 것이다.[35] 그러나 소설 옹호론자들의 발언을 통해서 감지되는 미분화 상황은 좀 더 정확한 판단이 필요하다고 본다. 왜냐하면 오히려 중국 전통 시기에 정/기, 실/허, 진/환 사이의 구분은 명백하게 존재했던 것으로 보이기 때문이다. 실제 일어난 일을 정확하게 서술함으로써 우주의 이치를 드러낼 수 있는 서사를 정사라고 일컫는 인식의 지평 안에는 그것과 반대로 꾸며낸 것으로서 우주의 이치를 전혀 드러낼 수 없는 서사에 대한 비판적 대립 관계가 설정되어 있다. 환(幻), 기(奇), 허(虛)로 인식되었던 것은 다름이 아니라 이처럼 우주의 이치도 말하지 못할 뿐 아니라, 있지도 않은 사실을 꾸며낸 서사였던 것이다. 좀 더 정확하게 표현하면 이러한 서사는 우주의 이치를 드러내지 못하기 때문에 꾸며낸 서사일 수밖에 없는 것이다.

문제는 정통적인 정사의 가치만을 인정하는 입장으로부터 소설의 범주에 속하는 서사들이 환(幻), 기(奇), 허(虛)의 영역에 속하는 것들 가운데 대표적인 것으로 끊임없이 비판받았다는 점이다. 이에 대해 소설 옹호론자들은 소설의 가치를 강조하고자 했으며, 이 과정에서 정/기, 실/허, 진/환의 이분법을 절묘하게 뒤집음으로써, 결국에는 소설이 환(幻), 기(奇), 허(虛)가 아니라 정(正), 실(實), 진(眞)의 영역에 속한 것임을 밝히려고 했던 것이다. 소설에 대한 지금까지의 논의를 고려하면, 청대 『사고전서총목』에서 『산해경』을 자부 소설가류(小說家類)로 분류한 후 "이 책에서 언급한 내용 중 100분의 1도 진실한 것이 없다."고 비판한 배경이 드러난다. 『산해경』의 이와 같은 평가는 소설을 비판적으로 바라보는 입장에서는 당연히 도출될 수밖에 없는 결론이었을 것이다. 이에 대하여 청대에 『산해경』의 가치를 인정한 학의행(郝懿行)이 펼친 옹호론은 소설 옹호론자들의 입장에서 전개된 것은 아니었다. 학의행은 소설의 범주 안으로 편입됨으로써 예전보다 더 평가 절하된 『산해경』의 위상을 적극적인 소설 옹호론이 아닌 방식을 통해서 격상 시키고자 노력한 것으로 보인다. 학의행은 『산해경』이 유가의 성인 가운데 하나인 우(禹)의 작품임을 강조한다는 점에서, 이 텍스트가 소설가류에 속 한 것이 아니라 사부(史部)에 속한 것임을 입증하려 했던 것으로 판단된다.

4. 결론

이 글은 지금까지 전통 시기 중국 사회에서 『산해경』이라는 텍스트가 어 떤 비교론적 구도 속에서 평가되었는지를 고찰하였다. 『산해경』의 신빙성 여부를 둘러싸고 일련의 양론이 존재했었다는 사실은 신빙성을 결정하는 어떤 기준이 전통 시기에 작동했다는 것을 암시한다. 이는 이 책이 모종의 비교론적 구도 안에서 읽혔다는 것을 의미한다. 그렇다면 이러한 비교론적 구도란 무엇인가. 사부 분류 체계에 내재된 유교 경전의 독보적 위상을 감 안하면, 중국 전통사회에서 모든 저술들의 평가가 유교적 가치 기준에 의 거하여 이루어졌으리라 추론된다. 현존하는 모든 저서를 사부(四部) 체계 내 에 포용하고자 했던 이면에는 유교적 가치 기준의 절대성에 입각하여 저서 들 사이의 위계 관계를 설정하려 했던 의도도 포착된다. 특히 우리는 소설 의 위상 검토를 통해서 중국 전통 시기에는 오늘날의 허구/사실과 유사한 정(正)/기(奇), 실(實)/허(虛), 진(眞)/환(幻)의 이분법이 통용되었음을 확인할 수 있었다. 『산해경』의 신빙성 여부를 둘러싼 논쟁은 결국 이와 같은 이분법 적 비교론의 구도 안에서 전개된 것이었음이 분명하다. 정, 실, 진의 영역에 속한 육예 경전과 정통 사서 이외의 서적들은 이와 같은 이분법의 구도하 에서는 기, 허, 환의 영역으로 귀속되어 비판받을 소지를 늘 안고 있을 수밖 에 없다. 특히 『산해경』처럼 그 신빙성과 관련하여 다른 어떤 것들보다도 더 많은 의심을 받을 소지를 남긴 서적일수록 이러한 비판은 피하기 어려웠던 것으로 보인다. 『산해경』의 옹호자들은 정, 실, 진의 영역에 속하기 위해서 필요한 전제 조건들이 이 텍스트 안에 구비되어 있음을 강조하는 논리를 전개함으로써 이 책에 쏟아지는 비판에 대응하였던 것이다.

중국 전통 시기 정(正)/기(奇), 실(實)/허(虛), 진(眞)/환(幻)을 구분하는 기준은 앞서 밝힌 바와 같이 실제 일어난 일을 있는 그대로 서술한 것인가, 그러한 서술을 통하여 우주의 이치가 드러났는가 하는 점이었다. 이 두 가지 조건은 실은 분리될 수 있는 것이 아니다. 실록직서의 원칙에 충실했다면 우주의 이치는 당연한 결과로 나타날 수밖에 없으며, 또한 그렇기 때문에 우주의 이치가 드러난 서사는 실제적인 사건을 기록한 것으로 여겨질 수 있다. 그러므로 실제 일어난 일과 우주의 이치는 동전의 양면과도 같은 관계이다. 그렇다면 정, 실, 진으로 일컬어지는 실재의 영역은 오늘날 '사실(fact)'이란 용어가 지칭하고 있는 실재의 범위보다 훨씬 더 포괄적이라는 판단이 가능하다. 현대인에게 매우 익숙한 '사실'과 '허구(fiction)'의 이분법이 한마디로 실증 가능성을 잣대로 하여 형성된 구도라면, 전통 시기 중국의 이분법은 도나 이로 일컬어지는 우주론적 실재의 확인 가능성에 따라서 형성된 것이기 때문에 정, 실, 진의 영역 안에는 실증 가능성을 넘어서는 사태마저도 포함될 수 있는 여지가 마련된다. 여기에는 오늘날 '허구'의 일종으로서 '신화(myth)'라 부르는 사태도 얼마든지 포함될 수 있으며, 그 반대로 '사실'의 일종으로서 '역사(history)'라 부르는 사태는 오히려 제외될 수도 있다. 이러한 점을 염두에 둔다면, 예컨대 『산해경』을 '신화'로, 정사(正史)를 '역사'로 범주화시켜 이해하는 태도가 얼마나 시대적 한계에서 자유롭지 못한 것인지를 파악할 수 있다. 근대 이전과 이후의 진실 게임은 이렇듯 각각의 시대가 부여한 서로 다른 범주와 규칙을 이용하여 전혀 상이한 방식으로 펼쳐졌던 것이다.

일본의 신화와 역사

박규태

1. 들어가는 말 : 신화·역사·아이덴티티

모든 개개인의 삶은 하나의 역사를 구성하고 그 개인이 모인 집단 또한 끊임없이 하나의 역사를 구성해 나간다. 그래서 우리는 그 누구도 역사를 무시하지 않는다. 역사는 삶 자체이고, 단순히 과거의 기억 속에만 유폐되어 있는 침전물이 아니라 그 자체가 미래의 새로운 역사를 위한 자양분이 된다고 생각하기 때문이다. 그러나 역사를 한없이 거슬러 올라가 본다면 어떨까? '나'라는 존재의 원천을 묻고 '우리'라는 집단의 기원을 찾아 올라가는 길고 긴 여행 끝에 우리가 만나는 것은 무엇일까? 그것이 바로 신화일 것이다. 역사를 찾아가는 여행 끝에서 우리를 기다리는 것은 틀림없이 신화와 다름이 없다. 그런데도 불구하고 우리는 종종 "그것은 신화일 뿐이야."라고 말한다. 하지만 우리는 결코 "그것은 역사일 뿐이야."라고는 말하지 않는다. 우리에게는 분명 역사와 신화는 대립적인 어떤 것으로 각인되어 있다. 그것이 원래 우리의 에토스였는지는 분명치 않다. 우리가 지금 확인할 수 있는 것은 역사와 신화를 상충적인 가치로 이해하는 관점이 서구 근대성의 도입과 상당 부분 관계가 있을 거라는 추측뿐이다. 그 때문에 역사를 사실과 이성의 영역에 그리고 신화를 허구와 상상의 영역에 할당한 서구 근대성에 익숙해진 우리는 신화의 세계 앞에서 늘 당혹스러움을 감추지 못한다.[1]

그러나 일본이 근대성을 수용한 회로는 우리와는 상당히 달랐다. 그래서인가 현대 일본인이 관념하는 역사와 신화는 우리와는 색깔이 다르다고 하는 느낌을 지울 수 없다. 물론 패전 이후 현대 일본인은 대체로 신화를 부정적인 태도로 보며, 신화에서 역사를 읽어내려는 입장은 그리 지지받지 못하고 있다. 그러나 그것은 엄밀한 의미에서 역사에 반대되는 것으로서의 신화에 대한 부정은 아니었다. 그 부정은 과거 국가신도적 천황제 이데올로기로 이용되고 왜곡된 신화의 부정, 다시 말해 신화를 그대로 역사라고 가르쳤던 과거의 비판일 따름이다. 이런 의미에서 일본 신화는 전과 있는 신화라 아니할 수 없다.

하지만 좀 더 심층을 들여다 본다면, 일본인에게 신화와 역사는 대체로 상반적인 것으로 받아들여진 적이 없었던 듯싶다. 일본인에게 신화는 곧 '일본이라는 신화' 혹은 '일본인이라는 신화' 그 자체였기 때문이다. 다시 말해 일본인은 신화를 통해 자신의 아이덴티티를 찾고자 했고 그로부터 역사 혹은 또 다른 신화를 만들어 내고 싶어 했다. 따라서 그들에게 신화와 역사의 문제는 우리처럼 "역사냐 아니면 신화냐?"라는 양자택일의 문제가 아니었다. 그보다 그들은 항상 역사와 신화의 경계에서 불안하게 흔들려 왔다고 말하는 편이 더 적확할 것이다. 그러면서 그들은 때로는 현실 속에서 경험하는 여러 파편적인 사건을 하나의 신화적인 이야기로 묶어 질서화 시킴으로써 자기 아이덴티티를 '발견' 혹은 '창출'하고자 노력했고, 때로는 신화 자체를 하나의 실체적인 역사로 간주함으로써 그 속에서 자기 아이덴티티를 '유지' 혹은 '보장' 받고자 시도하기도 했던 것이다.

이와 더불어 우리는 일본 신화를 말할 때 그 이면에서 신화가 일정 부분 역사적 사실을 반영하고 있다는 점을 무시할 수 없다. 이런 측면을 '신화의 역사성'이라고 하자. 한편 "일본 역사는 신화 재현의 역사"(황패강, 1996 : 203쪽)라고 말할 때 그것은 '역사의 신화성'을 함의한다. 이때 신화와 역사는 별개의 것이라기보다는 서로 맞물려 있는 톱니바퀴 같은 것으로 이해할 만하다. 양자는 일본의 역사에서 서로 자리를 교대해 가며 아이덴티티의 발견과 창출, 유지와 보장이라는 역할을 분담해 왔다. 크게 볼 때 일본은 위기 때마다 기기신화(『고사기』 및 『일본서기』에 나오는 신화)에서 원천을 구하면서 그 재신화화 혹은 재역사화를 통해 새로운 전기를 마련해 왔다. 중세 『신황정통기』의 신국사관, 근세 국학에서의 『고사기』의 부활, 근대 천황제 신화의 재구성 등이 그 대표적인 사례라 할 수 있을 것이다.

이와 같은 관점에 따라 이하에서는 기기신화의 내용, 중세 신국사관, 근세 유학과 국학, 기기신화의 근대적 이해, 현대의 일본인론 등에 신화와 역사가 어떻게 얽혀 있으며, 또한 일본인이 신화와 역사의 경계선 위에서 어떻게 흔들려 왔는지를 살펴보기로 하겠다. 그럼으로써 본고가 최종적으로 확인하고 싶은 주제는 일본인의 자기 아이덴티티 확인 방식의 독특성이다. 그 독특성을 본고에서는 '신화의 역사화'와 '역사의 신화화'가 쌍방향적으로 움직이는 상호 운동성으로서 결론짓고자 한다.

2. 『고사기』·『일본서기』에서의 신화와 역사

주지하다시피 일본 최고(最古)의 사서라 말해지는 『고사기(古事記)』[2]와 『일본서기(日本書紀)』[3]는 역사서이면서도 가공의 신화시대를 설정한다. 즉 인간의 역사를 기술하기 이전에 먼저 신의 역사부터 서술하는 것이다. 이는 통상 신화라기보다는 신대사(神代史)라고 주장되어 왔다. 이때의 '신대'라는 관념에는 정치적 의미가 내포되어 있다. 다시 말해 '신대'는 곧 황조신의 시대를 의미하며 그것은 인간의 역사(人代) 즉 천황가의 신성함을 주장하기 위해 설정된 것이다. 이 양서에 기술된 신화(기기신화)의 중점은 말할 것도 없이 왕권의 기원신화이다. 그와 같은 기기신화가 일본의 '신화와 역사'를 고찰하고자 할 때 무엇보다 중요한 자료임은 말할 것도 없다. 기기신화는 고대 왕권의 확립기뿐만 아니라 현대에 이르기까지도 일본인의 자기 정체성 형성에 가장 지속적이고 강렬한 영향력을 행사해 왔기 때문이다.[4] 이해를 돕기 위해 다음에는 먼저 매우 조직화된 신화 체계를 구성한 『고사기』를 중심으로 일본 신화의 중요한 장면들을 여섯 가지로 나누어 요약해 보기로 하자.(노성환 역주, 1987)

먼저 태초에 아메노미나카누시노가미(天御中主神) 이하 다섯 천신(고토아마츠가미, 別天神)과, 구니도코다치노가미(國常立神) 이하 일곱 쌍의 천신(가미요나나요, 神世七代) 등의 천지창조신이 출현한다. 이 가미요나나요 중의 한 쌍인 남신 이자나기와 여신 이자나미 양신이 결혼하여 국토와 신들을 낳는다(國生신화). 이때 불의 신을 출산하다가 죽고 만 이자나미를 잊지 못하여 이자나기는 황천을 방문하지만, 그곳에서 이자나미의 분노를 산 탓에 쫓기는 신세가 된다. 간신히 지상으로 탈출하는 데 성공한 이자나기는 물로 부정을 씻어내는 미소기(祓) 의례를 통해 아마테라스(天照大神), 츠쿠요미(月讀命), 스사노오(須佐之男命)의 삼신(三貴子)을 낳는다(이자나기 · 이자나미 신화). 이 삼신은 각각 신들이 사는 다카마노하라(高天原) 즉 하늘의 세계(아마테라스)와 밤의 세계(츠쿠요미) 그리고 바다의 세계(스사노오)를 통치하도록 위임받는다. 그러나 스사노오는 이런 결정에 불만을 품고 아마테라스의 통치 영역에 들어가 난폭한 행동을 일삼았는데, 이에 견디지 못한 태양의 여신 아마테라스는 아마노이와토(天岩戶)라는 굴에 숨어 버린다. 그러자 세상이

어두워졌고, 이에 당황한 신들이 의논 끝에 제사와 춤을 통해 여신을 다시 굴에서 나오게 하는 한편, 스사노오를 다카마노하라에서 추방한다(→ 아마테라스·스사노오 신화). 이후의 이야기는 이즈모(出雲)라는 곳을 중심 무대로 전개된다. 지상으로 추방된 스사노오는 머리가 여덟 개인 거대한 뱀 야마타노오로치를 퇴치한 후 산신의 딸과 결혼하고, 그 후손인 오쿠니누시(大國主神)가 아시하라노나카츠구니(葦原中國) 즉 일본 땅을 통치하는 지배자로 군림하게 된다. 그러나 다카마노하라의 신들은 아마테라스의 직계 자손이 지상을 다스려야 한다고 생각, 수 차례 사자를 파견하여 결국 오쿠니누시를 설득함으로써 국토 이양의 동의를 받아 낸다(오쿠니누시·국토 이양 신화). 이에 새로운 통치자로서 아마테라스의 후손인 니니기(邇邇芸命)가 삼종의 신기(구슬, 거울, 칼)를 가지고 5부족과 함께 히무카(日向) 다카치호(高千穂)의 구지후루타케(久士布流多氣) 봉우리로 내려온다(천손강림 신화). 이리하여 무대는 다시 히무카로 바뀌고 니니기는 그곳에서 지상의 여인과 결혼한다. 한편 아들 가운데 호데리(火照命)와 호오리(火遠理命) 형제는 어느 날 서로 도구를 바꾸어 사냥을 하기로 했다가 동생 호오리가 형의 낚싯바늘을 잃어버린다. 이에 상심하여 울고 있던 호오리는 해궁으로 가서 해신의 딸과 결혼하며 거기서 잃어버린 낚싯바늘을 되찾아 나오고 해신의 도움으로 형 호데리를 굴복시킨다(호데리·호오리 신화).

　이상이 『고사기』 신대권의 주된 줄거리인데, 위 신화의 주제가 압축되어 나오는 장면은 바로 천손강림 신화이다. 천손강림 신화를 중심으로 하여 다른 다섯 가지 장면에는 당시 일본 사회가 자신의 존재 이유 및 아이덴티티를 어떻게 이해했는가가 명백하게 표현되어 있다. 다시 말해서 기기신화는 태양신앙(아마테라스 신앙)을 배경으로 하는 초월적 권력에 의한 국가 통일 과정에 신화적 표현을 부여한 것이다.(大澤眞幸, 1992 : 127쪽)

여기서 우리가 무엇보다 주목하지 않으면 안 될 인물은 말할 것도 없이 아마테라스이다. 일본 천황가의 시조신으로 간주되는 아마테라스는 위 이야기에서 다카마노하라라는 천상의 세계로부터 니니기를 내려보내 지상적 왕권의 근원으로 삼은 주체로서 묘사된다. 이와 같은 아마테라스 이해는 실은 근대 천황제 신화에서 결정적으로 굳어진 것이며 이후 일본에서 하나의 상식으로 통하고 있다. 그러나 엄밀히 살펴보면 『일본서기』는 이와는 다소 상이한 관점에 서 있음을 알 수 있다. 즉 『일본서기』의 신대권 신화에서 아마테라스는 지상적 왕권의 확립과 관련하여 아무런 역할도 하지 않으며 다카마노하라의 세계도 언급이 없다. 오히려 『일본서기』에서는 최초의 다섯 천신 가운데 하나인 다카미무스비(高御産日神) 및 이자나기와 이자나미 양신이 더 부각되어 나온다. 거기서 이자나미는 죽지 않으며 황천에도 가지 않는다.

많은 연구자들은 고대 일본 각 지역의 다양하고 개별적인 신화가 6세기경에 정치적 목적하에 체계화되고 그것이 더 발전되어 기기신화로 집약되었다고 본다. 이때 『고사기』의 편자는 다카마노하라와 그곳의 통치자인 아마테라스를 신화의 중심에 놓았다. 그러나 『일본서기』의 편자는 어떤 이유에서인지 그와 같은 『고사기』의 입장에서 한발 뒤로 물러나섰다. 아마도 이는 『일본서기』가 중국풍의 각색을 하는 과정에서 생겨난 결과인 듯싶다. 가령 『일본서기』가 『고사기』와는 달리 중국식 한문체로 쓰여진 것은 당시 중국을 중심으로 한 동아시아 세계에서 일본인의 아이덴티티 주장을 위해 필요 불가결한 것이었는지도 모른다. 『일본서기』가 이자나기와 이자나미의 결합을 음양론의 관점에서 묘사하고 있는 것도 동일한 맥락에서 이해될 수 있을 것이다. 바꾸어 말하자면 『일본서기』는 중국이라는 타자를 염두에 두고 일본인의 아이덴티티를 찾고자 한 시도였으며, 그 결과 원래 한 지방의 토속 농경신이었을 성싶은 아마테라스에 대한 관심은 『일본서기』에서

『고사기』에 비해 약화될 수밖에 없었을 것이다. 그러나 정작 일본인의 아이덴티티 확립에 근세의 국학이 등장하기 이전까지 지배적인 영향력을 행사했던 것은 『일본서기』였으며, 오랜 세월 동안 『고사기』는 문자 그대로 땅에 묻혀 있었다.[5] 후술하겠지만,『고사기』의 재발견은 천여 년 뒤에 모토오리 노리나가라는 국학자에 의해 전격적으로 이루어진다.

그렇다면 기기신화란 무엇인가? 이를 세 가지 측면으로 나누어 그 특징을 정리해 보자. 첫째, 적어도 노리나가 이전까지의 기기신화란 『일본서기』의 신화를 기축으로 하고 거기에 『고사기』의 신화가 습합된 형태를 가리킨다고 본다. 둘째, 예컨대 『일본서기』는 신화를 기술하면서 "일서왈(一書曰)"이라 하여 의심스럽기는 하지만 이런저런 이설도 있다는 식의 기법을 구사하고 있으며, 한편『고사기』의 편자는 특별히 서문을 붙여 구전 전승에 임의로 수정을 가했음을 밝히고 있는데, 기기신화에는 이런 『일본서기』적인 역사 서술의 문체와 『고사기』적인 신화 서술의 문체가 섞여 있다. 셋째, 기기신화에는 내용적으로 당시 왕권의 재편성을 둘러싸고 천황가와 각 씨족(및 호족) 사이의 관계, 일본과 외국(한국 및 중국)의 역사적 관계가 반영되어 있다. 가령 다카마노하라(高天原), 이즈모(出雲), 히무카(日向) 등은 단순한 지명일 수도 있지만 그 이상의 역사적 관계가 내포된 신화적 표상일 수도 있다. 이런 의미에서 기기신화는 '신화의 역사성'을 풍부하게 구현한다고 말할 수 있다.

3. 중세 신국사관에서의 신화와 역사

남북조 내란기에 남조 고다이고(後醍醐)천황의 충신 기타바타케 치카후사(北畠親房, 1293-1354)가 전쟁터에서 기술했다고 하는 사서로『신황정통기(神皇正

統記)』라는 책이 있다. 이 책은 통상 가마쿠라(鎌倉) 초기의 천태종 승려 지엔 (慈圓, 1155-1225)이 지은『우관초(愚菅抄)』 및 에도 중기의 주자학자 아라이 하쿠세키(新井白石, 1657-1725)가 쓴『독사여론(讀史余論)』과 더불어 일본의 3대 사서 가운데 하나로 손꼽힌다.『우관초』는 일본 역사 사상을 자각적으로 전개한 최초의 중요한 사서로 말해지며 불교적 사관을 대표하는 것으로서 널리 알려져 있다. 한편『독사여론』은 막번 체제를 역사적으로 기초를 세우려는 의도에서 쓰인 것으로 유교적 사관을 대표한다고 말할 수 있다. 이에 비해『신황정통기』는 신도적 사관을 표상한다.

『우관초』가 성립한 1219년에서『신황정통기』가 나온 1339년 사이의 약 1세기 동안에 일본인은 두 가지 결정적인 역사적 사건을 경험했다. 하나는 가마쿠라 신불교의 개화이고 또 하나는 몽고의 내습이다. 막스 베버가 일찍이 '일본의 종교개혁' 이라고 평가한 바 있는 가마쿠라 신불교는 호넨(法然, 1133-1212, 淨土宗의 개조), 신란(親鸞, 1173-1262, 淨土眞宗의 개조), 도겐(道元, 1200-53, 曹洞宗의 개조), 니치렌(日蓮, 1222-82, 日蓮宗의 개조), 잇펜(一遍, 1239-89, 時宗의 개조) 등에 의해 전개되었는데, 이는 무엇보다 당대의 신도사상에 큰 자극을 부여했다는 데 의의가 있다. 이와 더불어 때마침 조정에는 송학(宋學)이 수입되어 학문적으로 새로운 기운이 일어났다. 고다이고 천황의 건무중흥(建武中興)의 대업도 이런 사상적 기운의 한 표출이었다. 이 건무중흥의 근본 뜻은 무사 정권을 견제하는 천황 정치의 부활 즉 왕정복고의 정신이며, 그것은 황조신 아마테라스 및 일본 건국신화의 신앙 그리고 이른바 신국(神國)의 자각에 토대를 둔 것이었다.(村岡典嗣, 박규태 옮김, 1998 : 94-5쪽) 또한 몽고 침입이라는 국가적 대사건은 일본인 사이에 신국이라는 역사적 자각을 각인시키는 데에 결정적인 계기가 되었다.[6]

그리하여『신도오부서(神道五部書)』[7]로 대표되는 중세 시대정신의 발전이 이루어진다.『신도오부서』에는 당시의 시대정신인 신국사상 및 삼종의 신기 숭배로 대표되는 국가주의적 황조신 신앙이 현저하게 나타나 있다. 『신도오부서』 중의 하나인 『왜회명세기』는 신탁의 말을 빌려 "대일본국은 신국이다. 신명에 의지하면 국가 안전을 얻을 것이고 동시에 국가의 존숭에 의지하여 신명 또한 영위가 증가될 것이다. (중략) 그리하면 하늘과 땅이 무궁하리라."고 적었다. 여기서 '하늘과 땅이 무궁하다.(天壤無窮)'는 표현은 『일본서기』에서도 수없이 인용되는 말이다. 이와 더불어 『신도오부서』는 삼종의 신기를 곳곳에서 언급했다. 그중 특히 이세신궁의 신체인 거울은 만물 정명(精明)의 덕을 상징한다 하여 신성시했다. 『신황정통기』의 신국사상은 바로 이와 같은 시대정신 및 신도사상의 발전을 배경으로 하여 나온 것이다. 치카후사는 다음과 같은 말로 『신황정통기』를 시작한다.(丸山眞男 編, 1972 : 155쪽)

> 대일본은 신국이다. 천신의 조상 구니도코다치노미코토가 최초에 나라의 기초를 놓았으며 태양신 아마테라스 오미카미의 후손들이 대대로 황통을 이었다. 이는 우리나라에만 있는 일이며 다른 나라에는 그 유래를 찾을 수 없다. 이런 이유로 일본을 신국이라 칭하는 것이다.(『신황정통기』, 序論)

게치카후사는 여기서 더 나아가 일본의 천지개벽 신화와 다른 나라의 천지개벽 신화를 비교함으로써 신국의 근거로 주장한다. 물론 이런 비교의 목적이 일본이 타국보다 뛰어난 신국임을 논증하려는 데에 있었음은 말할 것도 없다. 이와 같은 발상은 전술한 두 가지 요소, 즉 몽고 내습이라는 외부적 자극과 가마쿠라 신불교 및 신도사상의 발전이라는 내부적 성숙에 의해 그 자신감을 얻을 수 있었다. 그런데 이처럼 신국사상의 전개에서부터 시작되는 『신황정통기』는 국내 정치적 측면으로 보면, 천황제 특히 남조의 정통성에 근거를 부여하려는 의도에서 쓴 것이었다.

이때 게치카후사는 남조의 정통성을 주장하는 근거로서 혈통의 연속성과 군주의 덕이라는 두 요소를 제시한다. 즉 게치카후사는 구니도코다치노가미를 아메노미나카누시노가미와 동일시하여 전면에 내세운 다음 이어 황조신 아마테라스로부터 천황가 족보를 직선적으로 연결했다. 그런 다음 거울과 구슬과 검을 각각 정직, 자비, 결단력(혹은 지혜)의 덕과 상응시키면서 이 삼종의 신기를 전승받은 남조의 천황이야말로 정통성이 있음을 주장한다.(丸山眞男 編, 1972 : 188-9쪽)

이처럼 혈통의 원리와 덕의 원리를 정통성의 근거로 내세운 게치카후사는 궁극적으로 당시의 역사를 낙관적으로 이해했다. 다시 말해 그는 "난세도 언젠가는 올바른 세상으로 될 것"(丸山眞男 編, 1972 : 208쪽)이라 하여, 아마테라스의 계획에 따라 일단 역사가 쇠퇴했다가 결국에는 정도로 들어설 것이라고 보았던 것이다. 이는 역사는 전체적으로 쇠퇴한다고 본 승려 지엔과는 상반된 역사관이었다. 이와 같은 낙관적인 신국사관은 불교의 말법사상과는 달리 기본적으로 현재(中今)를 가장 중시하는 고신도적인 시간 관념 위에 세워진 것이었다.

요컨대 중세 일본의 지배적인 에토스였던 신국사관은 기기신화의 체계화를 수반했다. 대표적으로 『신황정통기』의 경우 그것은 『일본서기』의 권위에 입각하여 주재신 구니도코다치노가미 이하 아마테라스 및 천황가의 정통 계보를 규정하는 신화의 역사화로 나타났다. 뒤집어 말하자면 이는 역사의 신화성 인식이 고조되었음을 말해 준다. 이때 남조의 정통성을 근거 지으려는 목적에서 씌어진 『신황정통기』의 신국사관은 그 정통성의 토대로 혈통의 원리와 덕의 원리라는 이중적 기준을 내세운다. 그러나 근세로 들어서면 이런 이중적 기준은 점차 통용되지 않는다. 가령 근세 일본의 이데올로기 시스템은 덕의 원리보다는 종(種, 혈통)의 원리가 더 우위를 점유했는데(黑住眞, 1994 : 296쪽), 이때 '종의 원리'란 다음에 살펴볼 노리나가에게

서 비롯된 것으로 보인다.[8]

4. 근세 유학과 국학에서의 신화와 역사

일본의 지식인이 『일본서기』의 규제력으로부터 벗어난 것은 근세에 들어와서이다. 기기신화의 해석에 합리주의를 표방한 유학자 아라이 하쿠세키(1657~1725)와 비합리주의를 표방한 국학자 모토오리 노리나가(1730~1801)는 전혀 상반된 결론에 도달하면서도, 『일본서기』의 규제력을 벗어난 전형적인 지식인이었다는 공통점이 있다. 물론 『일본서기』를 정통으로 보는 입장은 근세에도 완전히 사라진 것이 아니었다. 가령 도쿠가와 막부에 의해 주자학 사상에 입각해서 편찬된 사서인 『본조통감(本朝通鑑, 1670년 성립)』과 『대일본사(大日本史, 1657년 시작)』는 여전히 중국식 한문체를 높이 평가하면서 『일본서기』에 나오는 내용을 답습했다. 그러나 『본조통감』과 『대일본사』는 『일본서기』라든가 『신황정통기』와는 달리 신대 기사는 나오지 않으며 초대 진무천황 이후만 기록했다. 다시 말하자면 기기신화의 신대는 사실(史實)로서 인정하지 않았다는 말이다.(磯前順一, 1991 : 8쪽) 이것은 근세에 본격화된 기기신화의 합리적인 해석과 관련하여 매우 특기할 만한 점이다.

아라이 하쿠세키는 기기신화에 나오는 신들의 존재 및 구전 전승에 회의적이었다. 그는 기기신화의 해석에 합리주의적 태도에 입각하여 사료 비판적인 비교 방법론을 구사했다. 다시 말해 그는 『고사기』와 『일본서기』를 비롯한 고대 문헌을 비교 연구함으로써 사실(史實)을 규명하려는 입장을 취했다. 이때 하쿠세키는 기존의 통념과는 달리 『일본서기』의 권위를 인정하지 않았으며 오히려 중국의 사서를 널리 참조하는 경향을 보였다. 가령 1716년에 완성한 『고사통(古史通)』에서 하쿠세키는 기기신화에 나오는 신대는 실은 주나라 말 진나라 초에 해당되는 시대에 다름 아니라고 지적한다. 나아가 "신이란 곧 인간"(丸山眞男 編, 1972 : 258쪽)이며, 신화는 현실 인간 역사의 투영이라는 식의 일종의 에우혜메리즘적 해석을 가했다. 다시 말하자면 하쿠세키는 기기신화를 문자적으로 믿는 대신 비유적으로 해석한 것이다. 이와 아울러 그는 백제의 아직기가 문자를 전래해 준 16대 오진(応神) 천황의 시대 이후와 그 이전의 구전 전승 시대를 구별하면서, 구전 전승에 입각해서 쓰여진 기기신화는 결국 신빙성이 없다고 결론 내린다.

이처럼 합리주의적 관점에서 기기신화를 비판한 유학자로서 아라이 하쿠세키 외에도 야마가타 반토(山片蟠桃, 1748-1821)와 이치카와 가쿠메이(市川鶴鳴, 1740-1795)를 들 수 있다. 먼저 반토는 『꿈의 시대(夢の代, 1820년)』에서 당시 일본 지식인 사이에 널리 읽혔던 서양의 자연과학적 지식을 구사하여 기기신화의 모순을 지적하면서, 기기신화는 결국 허황된 이야기임을 시사한다. 가쿠메이 또한 이와 유사한 어조로 기기신화는 문자가 전래된 오오진 천황조부터 기기 편찬이 계획된 덴무(天武) 천황기 사이의 3백여 년 동안에 작위된 것이며 따라서 사실(史實)이 아니라고 주장한다. (磯前順一, 1991 : 5-11쪽) 이와 같은 하쿠세키, 반토, 가쿠메이 등의 태도는 결국 유교적 합리주의에서 나온 것이라 할 수 있다.

이런 합리주의적 태도의 반동으로 나타난 것이 바로 국학의 비합리적인 기기신화 이해이다. 국학의 대성자 모토오리 노리나가는 중국의 압도적인 영향하에서 쓰여진 『일본서기』를 비판하는 입장에 서서, 중국의 영향을 받기 이전의 순수한 일본 정신을 파악해야 한다고 외쳤다. 이를테면 그는 일체의 외래 사상 및 제도(특히 중국 사상과 윤리 및 제도, 유교적 이성 혹은 유교적 합리주의)를 가라고코로(漢心, 漢意)라 하여 강력하게 비난하는 한편, 이에 반해 순수한 일본 정신을 야마토고코로(大和心) 혹은 마고코로(眞心)라 하여 찬미했다. 그는 이런 마고코로를 태어나면서부터 가지고 나온 것, '모노노아하레'(物哀)[9]

를 아는 마음, 선과 악을 넘어선 것, 있는 그대로의 본성이라고 보았다. 노리나가는 가라고코로에 의해 왜곡되기 이전의 야마토고코로 혹은 마고코로가 기록된 책이 바로 다름 아닌 『고사기』라고 한다. 이런 『고사기』의 세계는 이성적 판단으로는 알 수 없으며 따라서 문자적으로 있는 그대로 받아들여야 한다는 것이다.

이런 태도는 역사를 신화의 지배하에 놓는 입장이라 할 수 있다. 노리나가는 통상 국학의 역사 사상을 대표하는 전형적인 인물로 알려져 있다. 현재까지의 연구사는, 국학의 역사 사상을 실증주의적 문헌학의 확립, 고대주의 혹은 복고주의적 성향, 유교적(도학적) 역사관의 부정, 조닌(町人, 상인 계층) 정신을 기반으로 하는 현실주의 등으로 특징 짓는다.(高橋美由紀, 1981 : 27쪽) 노리나가는 역사를 고대, 중세, 근세의 세 시대로 나눈다. 이중 고대는 천황을 중심으로 하는 조정의 통치하에 세상이 태평을 구가하던 시대이며 참된 도가 실현되던 시대로 간주한다. 이에 비해 중세는 유교, 불교 등의 가라고코로가 도입되어 정치, 제도, 풍속, 인심이 중국화되고 그 결과 세상이 어지러워진 난세를 가리킨다. 이런 난세의 출발점을 노리나가는 오진 천황기의 문자 전래로부터 본다. 그러나 이런 중세(전국시대)의 혼란이 평정되고 새롭게 열린 도쿠가와 막부 시대를 노리나가는 근세라 칭하면서 이를 "고대에도 유례없을 만큼 태평성대이며 참된 도가 회복된 시대"(『玉くしげ』)라고 찬미한다.

이와 같은 역사관의 피력에 노리나가는 신대의 절대적 구속력 및 마가츠비노가미(禍津日神)라는 악신의 활동을 언급한다. 예컨대 노리나가는 중세에서 근세로의 전환을 "마가츠비노가미가 날뛰더라도 결국에는 선신에게 이기지 못한다는 증거"(『くず花』下)라고 생각했다. 그리고 현실 역사의 폭력적인 사건들을 이처럼 악신의 일시적 날뜀으로, 평화의 회복을 선신의 승리로 보면서 노리나가는 이 모든 역사의 진행이 신대의 도에 이미 정해진 것

이라고 이해한다. 이때의 도란 기기신화에 나오는 아마테라스의 도를 말한다. 다시 말해서 노리나가에게 신대는 결코 황당무계한 픽션의 세계가 아니었다. 그 반대로 신대는 인간의 역사 및 현재와 밀접하게 연결된 참된 자기실현의 장에 다름 아니다.(高橋美由紀, 1981 : 38쪽) 단적으로 말해 역사는 본질적으로 신의 무대이며 인간은 그 꼭두각시에 불과하다. 이런 의미에서 노리나가는 비합리주의적인 '역사의 신화화'를 추구했다고 말할 수 있다.

요컨대 하쿠세키의 합리주의적 태도든 노리나가의 비합리주의적 태도든 양자 모두 기기신화의 해석에 깊은 관심을 표명했다는 점, 그리고 그때 『일본서기』의 권위를 부정했다는 점, 그리고 각기 다른 방식으로 '역사의 신화화'를 추구했다는 점에서 공통적이다. 근세 일본에는 위 두 가지 상반된 태도가 동시에 존재하면서 각기 특이한 방식으로 일본의 아이덴티티를 발견 혹은 유지하고자 했다. 가령 하쿠세키는 신대 자체를 부정한 것이 아니었다. 그는 기기신화의 비유적 해석을 통해 신대를 포기하거나 부정하지 않은 채 그것을 역사의 범주 안에 포섭함으로써 거기서 이전보다 합리적인 자기 아이덴티티를 찾아내고자 했던 것이다. 이에 비해 노리나가는 당대 일본 지식인 사이에 널리 유포되었던 외국풍(가라고코로)에서 주체성의 상실을 강하게 느낀 듯싶다. 그래서 그는 외국풍을 철저하게 배제하면서 순수한 일본 정신(야마토고코로, 마고코로)을 상정하고 거기서 일본인으로서의 아이덴티티를 찾고자 했다.

5. 근대 천황제하에서의 신화와 역사

주지하다시피 근대 천황제 시대에서 기기신화는 절대 권력의 상징으로 화한다. 그리하여 메이지 20년대를 넘어서면 근대 일본의 역사·국어·수신

교과서 등에 기기신화는 엄연한 역사로서 기술되기에 이른다. 한마디로 이는 '신화의 역사화' 과정이라 할 수 있는데, 이런 '신화의 역사화'는 『제국헌법』(1889년), 『교육칙어』(1890년), 『국체의 본의』(1937년), 『신민의 도』(1941년) 등을 거치면서 하나의 고형으로 굳어졌다. 그 결과 기기신화는 역사의 실체로서 교육되고 강제되었으며 천황은 살아 있는 신(現人神)으로 신앙되기에 이르렀다. 그러나 이에 대해 저항이 전혀 없었던 것은 아니다. 우리는 그 사례를 지식인과 민중이라는 두 측면에서 확인할 수 있다.

지식인의 기기신화 비판으로서는 쓰다 소오키치(津田左右吉, 1873-1961)의 경우를 대표적으로 들 수 있다. 쓰다는 『신대사의 새로운 연구』(1913년), 『문학에 나타난 일본 국민사상의 연구』(1916년), 『고사기 및 일본서기의 새로운 연구』(1919년) 등의 저술을 통해 기기신화의 역사성을 부정하면서 그 작위적 성격을 규명했다. 이런 쓰다의 비판은 물론 근세 이래 축적된 기기 비교론 및 사료 비판적 방법론의 발달에 힘입어 나올 수 있었던 것이다. 그러면서도 쓰다가 기기신화의 가치 자체를 부정한 것은 아니었다는 점에 주목해야 한다. 그는 "기기신화는 실제상의 사실은 아니지만, 사상적인 사실 혹은 심리적인 사실"(津田左右吉, 1919 : 201쪽)이라고 한다. 그러니까 쓰다의 기기 비판의 목적이 단순히 기기의 비사실성(非史實性)을 폭로하는 데 있었다고 보는 통념적인 평가는 일면적인 이해에 불과한 것이다. 실은 쓰다는 기기신화의 비역사성을 규명하는 데에서 끝난 것이 아니라 그것을 토대로 기기신화를 사상적·심리적 차원에서 이해하려 했던 것이다. 다시 말해 쓰다의 기기 비판의 목적은 정확히 말해서 천황제의 타도에 있었던 것이 아니다. 그의 목적은 근대에 국가권력의 상징이 된 기기신화를 사상적·심리적으로 이해하여 다이쇼(大正천황) 데모크라시적으로 받아들이는 데에 있었던 것이다.[10] 결국 쓰다 또한 일본인의 자기 아이덴티티 확인에 기기신화의 가치와 의의를 전면적으로 부정할 수 없었던 것이리라.

그렇다면 일반 민중의 경우는 어떠했을까? 근대 민중의 사상은 신종교 운동[11]에서 가장 전형적으로 드러난다. 우리는 일본 민중이 독자적인 방식으로 기기신화를 받아들인 대표적인 사례를 다음과 같은 천리교 창생 신화(일명 '고후기' 신화)에서 확인해 볼 수 있다.[12]

　태초에는 진흙 바다뿐이었고 그 속에 월신(구티도코다치노미코토)과 일신(오모타리노미코토)이 살고 있었다. 둘은 인간을 만들기 위해 여덟 가지 수중 동물을 선택했다. 그중 인어(이자나기)는 종자로, 백사(이자나미)는 모판으로 삼았다. 이리하여 총 십주(十柱)의 신이 인간 신체의 제 기능의 수호를 분담하도록 했으며, 그렇게 생겨난 인류는 야마토를 중심으로 일본 각지에 퍼졌다. 이 최초의 인류는 크기가 아주 작았으며 여러 차례 죽고 다시 태어나기를 반복하면서 점차 크기가 커졌다. 그 과정에서 인류는 999,999명의 숫자로 불어났으며 이윽고 하늘과 땅, 물과 흙이 분리되면서 인류가 뭍으로 올라와 일본, 중국, 인도 등에 나뉘어 살게 되었다. 여기까지 99만 년이 경과했다. 그 후 이자나미의 혼이 교조 나카야마 미키로 재생하여 1838년 천리교의 창교를 이루었다. 장래에 미키는 인류를 구원하여 본래의 태어난 곳(천리시)으로 데리고 돌아올 것이다.

　이상의 천리교 창생 신화에서 우리가 주목할 것은 거기에 아마테라스는 아예 언급되지 않으며 다만 천신 칠대의 명칭(구니도코다치, 이자나기, 이자나미 등)만이 나타나고, 독자적인 구제사 이야기를 전개한다는 점이다. 다시 말해 천리교의 창생 신화는 일본을 세계의 중심에 놓는다는 점에서는 천황제 국가 신화와 공통점이 있지만, 천황가의 신적 계보를 인정하지 않는다는 점에서 기기신화의 핵심적 지향성과는 전혀 무관했다. 천리교는 새로운 방식으로 자기 아이덴티티를 추구했으며, 그 결과 근대 천황제 국가로부터 탄압을 받지 않을 수 없었던 것이다.

　그럼에도 불구하고 천리교 또한 '신화의 역사화'라는 틀 안에 있었다.

선형적 시간의 흐름 위에다 인류의 탄생 및 구원에 이르는 과정을 신적 의지로 묘사한 천리교의 창생 신화는 그 뚜렷한 증거를 내포한다. 한편 쓰다의 기기 비판 또한 다른 맥락에서 '신화의 역사화'를 보여준다. 말하자면 쓰다는 그 자신이 의도했든 아니든 간에 기기신화의 탈신화화를 통해 '신화의 역사화'를 초래했던 것이다.

6. '일본인론'에서의 신화와 역사

오늘날 일본인론은 하나의 대중 소비재로서 일본인에게 널리 읽힌다. 여기서 일본인론 혹은 일본 문화론은 일본 사회·문화와 국민성의 특징을 주제로 하는 언설을 가리킨다. 그것은 일본 사회 통합의 이데올로기로서뿐만 아니라 좀 더 근본적으로 일본인의 자기 아이덴티티 확인을 위한 중요한 기제로 작용한다.(島薗進, 1995 : 2-4쪽)

전술한 국학의 담론은 크게 볼 때 일본인론의 원형이라 할 수 있으며 국가신도 또한 일본인론의 요소를 넘칠 만큼 내포하고 있다. 일면 일본인론이 역사상 가장 성행했던 시기는 1930년부터 패전 전까지의 기간이라 볼 수 있다. 그때의 일본인론은 물론 기기신화에 입각하여 일본인의 우월성을 극도로 강조한 국수주의적인 긍정적 일본인론이었다. 그러나 패전 이후에는 부정적인 일본인론이 등장한다. 마루야마 마사오(丸山眞男)의 『일본의 사상』(1961년)이라든가 나카무라 하지메(中村元)의 『일본인의 사유방식』(1947년)은 그 전형적인 서책이라 할 수 있다. 이 시기에 일본인은 과거 군국주의 일본의 실패를 뼈아프게 돌이켜 보고 무엇이 문제였는지를 반추하는 듯싶었다. 그러나 70년대를 통과하면서 일본이 다시금 경제 대국으로서 국제 무대에 발돋움하자, 자신감을 되찾은 일본인들 사이에는 다시금 긍정적인 일본인론이 퍼지기 시작했다. 그리하여 80년대 이후가 되면 네오 내셔널리 즘[13]의 등장, 뉴에이지적 신영성 운동(정신세계, 신신종교, 하이퍼종교)[14]의 확대 등과 맞물리면서 긍정적인 일본인론이 널리 대중 사이에 파고든다. 그 가운데 가장 영향력이 큰 우메하라 다케시(梅原猛)의 주장을 생각해 보자.

지금까지 일본의 많은 학자들은 전형적인 일본인을 야요이 시대 이후의 도작 농경민이라고 간주해 왔다. 이런 이해는 특히 야나기다 구니오(柳田國男, 1875-1962)나 오리구치 시노부(折口信夫, 1887-1953) 등의 일본 민속학 혹은 신국학에서 비롯된 것이었다. 민속학에서는 일본 문화의 핵심을 일본 고유 종교(원신도)에 있다고 보았으며 그 원형을 농민의 조상(氏神) 신앙에서 찾았다. 여기서의 고유종교는 기기신화와는 전혀 구별되는 것이다. 야나기다는 기기신화를 오래전에 죽은 신화로 간주했다. 다시 말해 기기신화는 근세 지식인의 자의식에 불과한 것 혹은 근대에 정치적 이데올로기로 전환된 것에 지나지 않으며 따라서 참된 신화는 아니라는 것이다. 진정한 신화는 바로 지금 살아서 구전되고 이야기되는 민담 속에서 찾아야 한다는 것이 야나기다의 입장이었다.(村井紀, 1992 : 74쪽)

이에 비해 우메하라는 야요이 시대보다 더 이전으로 거슬러 올라가 조몬 시대(수렵, 채취문화)까지 거슬러 올라가서 본래적인 일본 문화의 원형을 찾고자 한다. 그는 조몬인의 애니미즘(살아 있는 모든 존재에서 영적인 것을 인정)을 '숲의 사상'이라 부르면서 그것이 인류의 미래를 구원해 줄 것이라고 내다보았다.(梅原猛, 1995) 이런 관점에서 우메하라는 아이누, 오키나와 등 주변 문화에도 강한 관심을 보였다. 이와 같은 본래의 일본 고유 신앙에서는 저세상과 이 세상이 크게 다르지 않은 것으로 관념된다. 거기서는 이 세상에서의 행위의 선악에 의해 심판받고 그 상벌로써 사후 세계가 정해진다고 하는 식의 신앙은 없다. 또한 거기에는 기독교나 불교처럼 어떤 특정 신앙을 가진 자만이 구원받는다는 배타주의도 끼어들 여지가 없다. 이 점에서 우메하라의 일본인론은 신도적 색채를 드러내지만, 기기신화와의 직접적인 관련성은 나타나지 않는다.

그러나 긍정적인 일본인론의 담론 구조는 국학의 담론 구조와 유사하다는 점도 간과될 수 없다. 근래의 긍정적인 일본인론은 외래종교 및 기타 세계종교(특히 기독교) 비판을 전제로 깔면서 서양적인 것에 대한 일본적인 것의 우위성을 강조한다. 그 우위성은 우메하라의 주장처럼 '숲의 사상'이라든가 문화적 관용성이라는 신도적 미덕으로 포장되어 나오지만, 알맹이를 들여다보면 노리나가의 담론(가라고코로와 마고코로)에서 크게 벗어나지 않음을 알 수 있다. 하지만 노리나가의 낙관적 역사관과는 달리 이 새로운 일본인론의 담지자들에게는 "역사는 끝났다"는 감각이 배어 있는 듯싶다. 역사에서 더 이상 배울 것은 없다는 것, 그래서 (새로운 역사가 아니라) 새로운 신화를 찾아내야 하는데 그것이 아직은 선명하게 눈에 보이지 않는다는 것, 이것이 현대 일본인의 고민이다. 일본인론이 인스턴트 식품처럼 날개 돋친 듯 팔려 나가는 까닭이 바로 여기에 있다.

7. 나오는 말

결론을 가미하여 이상의 논의를 종합적으로 재정리해 보자.

(1) 일본의 신화와 역사 문제는 "신화냐 역사냐"의 양자택일 문제가 아니다. 그보다는 아이덴티티 발견 및 유지와 관련하여 신화와 역사의 상호 관련성 혹은 삼투성이 더 문제가 된다.

(2) 기기신화와 그 해석사는 일본의 신화와 역사의 불분명한 경계를 극명하게 보여 주는 전형적인 사례이다. 거기에서 우리는 신화의 역사성(혹은 역사의 신화화) 및 역사의 신화성(혹은 신화의 역사화)이 상호 중첩을 발견할 수 있

다.

(3) 이때 근세 이전까지는 『일본서기』의 압도적인 규제력 하에 『고사기』의 내용이 부가되는 방식으로 기기신화의 해석이 이루어져 왔으나, 노리나가에 이르러 『고사기』의 재발견이 이루어진다. 기기신화 자체의 이와 같은 중층구조는 실은 조정(천황가)과 막부(장군가)의 공존이라는 역사적인 중층 구조와 일치한다. 거의 잊혀졌던 천황의 권력 또한 근세 말에 복권되었다.

(4) 마찬가지로 일본 정신사에서 신화와 역사의 상관관계 또한 복합적인 중층 구조를 보여준다. 이때 크게 보면 고대국가의 기기신화 형성 단계에서 중세의 신국사관을 거쳐 근세 국학, 근대 천황제, 신종교 운동의 대두에 이르기까지, 신화와 역사의 경계를 넘나드는 신대사(神代史) 관념의 지배력은 지속적이었다고 볼 수 있다. 거기서 우리는 강조점이 점차로 역사보다는 신화 쪽으로 넘어가는 경향을 확인할 수 있다. 그러나 그것은 다만 역할 중심의 이동일 뿐이며 역사의 부정을 의미하는 것은 아니다.

(5) 요컨대 일본의 신화와 역사는 모두가 자기 아이덴티티의 발견 및 유지를 위한 메커니즘이었다. 이런 의미에서 일본인론의 원형은 국학에서 훨씬 더 거슬러 올라가 고대 기기신화에서부터 찾을 수도 있을 것이다.

패전 후 일본은 기기신화의 압도적인 영향력에서 벗어난 듯이 보인다. 그래서인가 오늘날 일본의 지식인들은 신화 말하기를 즐거워하지 않는다. 마찬가지로 그들은 역사도 특별히 언급하지 않는다. 그 대신 그들은 '숲의 사상'을 말하고 '애니미즘'을 들먹이며 막연한 향수에 젖은 채 미래를 전망한다. 그 미래의 한가운데에는 어김없이 일본이라는 기호가 똬리 틀고 있다. 한편 우리는 오늘날 일본 대중문화의 현장 곳곳에서 자기 아이덴티티 부재에 대한 일본인들의 고뇌를 읽어낼 수 있다. 예컨대 젊은이들은 '신세기 에반겔리온'[15]을 보면서 정신적 구원을 찾고, 중년들은 『실락원』[16]을 읽으면서 부재의 아이덴티티에 공감한다. 혹 정치적으로 보수 우익을 향해 치닫는 현 상황은 이런 일본인에게 또 하나의 새로운 신화를 꿈꾸도록 자극할지도 모른다. 하지만 그들에게는 더 이상 모방할 만한 모델로서의 역사가 없다. 더 이상 역사는 없고 현란한 신화만이 유일한 가능성으로 남아 있는 듯한 지금, 그들은 신화마저 내던지든가 아니면 제3의 길을 찾지 않으면 안 된다는 기로에 서 있다. 그런데 그들이 과연 '일본이라는 신화'를 포기할 수 있을까?

스사노오 신화 해석의 문제

– 한반도와의 연관성을 중심으로

박규태

1. 들어가는 말 : 조선신궁 제신 논쟁과 스사노오=단군설

1925년 10월 15일 경성 남산에 아마테라스 오미카미(天照大神, 이하 아마테라스)와 메이지(明治) 천황을 제신으로 하는 관폐대사 조선신궁(朝鮮神宮) 진좌제가 열렸다. 이에 앞서 신직을 포함한 일본인 민간운동가들이 조선신궁에는 조선 국토의 신을 모셔야 한다면서 일선동조론에 편승하여 하야스사노오노미코토(速須佐之男命, 이하 스사노오)=단군설을 내세우는 이색적인 주장들을 심심치 않게 했다. 가령 1906년 〈관서신직연합회(關西神職連合會)〉 제1차 대회의 연설에서 당시 규슈일보 사장 겸 주필이었던 언론인 후쿠모토 니치난(福本 日南, 1857~1921)은 『일본서기』 일서에 나오는 스사노오의 한국 강림 신화 즉 소시모리(曾尸茂利) 전승을 들면서 '간나가라노미치'(惟神の道) 즉 신도로써 한국보호정책에 임해야 한다고 주장했다. 나아가 그는 1907년 전국신직회의 '사할린 및 한국 만주의 신사 또는 요배소 설치에 관한 건' 심의에서 단군=스사노오 설을 내세우면서 "일본의 스사노오와 이케타루를 한국에서는 단군이라고 칭한다든지 호공(瓠公)이라고 칭한 것에 다름 아니"라고 해석하기도 했다. 또한 1906년 6월 「전국신직회회보(全國神職會會報)」 85호에는 아쓰타 신궁(熱田神宮) 궁사(宮司) 쓰노다 타다유키(角田忠行, 1834-1918)가 '한국의 진수(鎭守)'라는 제목의 글에서 한국에 창건될 신사에는 스사노오를 모셔야 한다고 설했다. 그는 여기서 『일본서기』 긴메이(欽明) 천황 16년조의 기사 중 백제에서 일본에 파견된 왕자에게 소가노이나메(蘇我稻目, ?-570)가 언급한 '건국신'(建邦神)[1]을 일본이 아니라 백제의 건국신으로 보고, 또한 스사노오의 '소시모리' 전승 등의 신화를 인용하면서 그 신을 스사노오라고 해석했다. 나아가 스사노오와 단군을 동일시하면서 조선신궁의 제신으로 스사노오를 모셔야 한다고 주창했다(昔浩二, 2004: 54-59쪽 참조).

조선신궁의 제신 선정에 실제적인 영향을 미치지는 못했지만, 이처럼 스사노오=단군을 모시자는 주장의 이면에는 『고사기』(古事記, 고지키)와 『일본서기』(日本書紀, 니혼쇼키) 신대권(神代卷) 신화를 끌어와 '아마테라스=일본'을 형, '스사노오=한국'을 동생으로 보는 일선동조론적 관점[2]이 깔려 있었다는 점에 유의할 필요가 있다. 신화의 기억이 전혀 생뚱맞은 역사를 만들어 낸 것이다. 이하에서는 스사노오 신화의 내용은 무엇이고 어떻게 이해되는지를, 특히 그 신화 해석의 문제를 둘러싸고 스사노오가 일제 강점기를 전후하여 한국과 관련된 신으로 말해지게 된 맥락을 생각해 보고자 한다.

2. 스사노오 신화의 원경

『고사기』와 『일본서기』(이하 기기) 신대권에서 아마테라스와 스사노오는 누이와 동생의 관계로 묘사된다. 즉 이자나기와 이자나미의 일본 국토 창생 신화 및 이자나기의 황천국 방문 이야기에 이어 미소기하라에(禊祓) 정화 의식을 통해 이른바 삼귀자(三貴子) 탄생 신화가 나오는데, 거기서 이자나기

가 왼쪽 눈을 닦자 일본신도 판테온의 최정점이자 황실의 조상신으로 말해
지는 태양의 여신 아마테라스가, 오른쪽 눈을 닦자 달의 신 쓰쿠요미가, 그
리고 코를 씻었을 때 스사노오가 태어난다. 이자나기는 아마테라스에게 다
카마노하라(高天原)를, 쓰쿠요미에게 밤의 세계를 그리고 스사노오에게는
바다의 세계를 다스리도록 각각 위임했다. 그러나 스사노오는 이런 결정에
불만을 품고 아마테라스의 통치 영역에 들어가 난동을 피웠는데, 이를 견
디다 못한 아마테라스는 결국 아마노이와토(天石戶)라는 동굴에 숨어 버린
다. 그러자 세상에는 짙은 어둠만이 깔리게 되었고 이에 당황한 신들이 궁
리 끝에 제사와 춤을 통해 여신을 다시 굴에서 나오게 했더니 세상이 다시
밝아졌고 신들은 스사노오를 다카마노하라에서 영구히 추방시킨다.

『고사기』에 따르면 이렇게 다카마노하라에서 추방당한 스사노오는 이
즈모(出雲)[3] 지방의 히(肥)강 상류 도리카미(鳥上)라는 곳에 강림한다. 스사노
오는 거기서 아시나즈치(足名椎)와 데나즈치(手名椎)라는 노부부가 딸 구시나
다히메(櫛名田比賣)를 사이에 두고 우는 모습을 보았다. 그 이유를 물으니 머
리가 여덟 개, 꼬리가 여덟 개 달린 야마타노오로치(八俣大蛇)라는 큰 뱀이 매
년 와서 딸을 잡아먹었는데 이제 이 딸 하나만 남았다고 하면서, 괴물이 올
때가 되었다고 대답했다. 이에 스사노오는 자기 신분을 밝히고는 딸을 아
내로 준다면 괴물을 물리쳐 주겠다고 했다. 그러고는 구시나다히메를 빗으
로 변신시켜 머리카락 사이에 꽂고 여덟 개의 통에 술을 가득 채우게 하고
괴물이 오기를 기다렸다. 이윽고 야마타노오로치가 나타나 여덟 개의 머리
를 여덟 개의 통에 넣고 술을 퍼마시고는 마침내 취해서 잠이 들었다. 이때
를 노린 스사노오가 칼로 괴물을 조각조각 내자, 그 피로 히강이 붉게 물들
었다. 마지막으로 꼬리를 베어 냈을 때 그 속에서 영검이 나타났다. 스사노
오는 이 칼을 누나인 아마테라스에게 바쳤다. 이것이 바로 구사나기노쓰루
기(草薙劒)라는 검으로 삼종의 신기 가운데 하나이다. 스사노오는 구시나다

히메와 결혼하여 신혼살림을 차릴 궁 자리를 정하고자 이즈모의 스가(須賀) 마을에 이르러 거기에 머물렀다. 이 스사노오의 6대손이 이즈모를 본거지로 하여 아시하라노나카쓰쿠니(葦原中國) 전체의 통치자가 된 오쿠니누시(大國主命)이다.

한편 『일본서기』 일서에 따르면, 스사노오는 다카마노하라에서 추방 당했을 때 아들 이타케루(五十猛神)를 데리고 신라의 소시모리(曾尸茂梨)라는 곳으로 강림하여 그곳에서 살았다. 그러다가 "이 나라에는 살고 싶지 않다."고 말하면서 흙으로 배를 만들어 거기에 타고 동쪽으로 건너가 이즈모 지방의 히강 상류 도리카미 봉우리에 이르렀다. 이때 사람을 삼켜 먹는 큰 뱀을 베어 죽였다. 한편 이타케루는 많은 나무 종자를 가지고 천강했는데, 그것을 한국 땅에는 심지 않고 일본에 가지고 돌아가 규슈를 비롯하여 일본 전국에 뿌려 푸른 산으로 만들었다. 그래서 이 신은 '공적이 많은 신'으로 높이 받들어졌다. 기이(紀伊)⁴ 지방에 진좌한 대신이 바로 이 이타케루이다. 또한 스사노오는 "한국은 금은이 풍부하다. 만일 내 자식이 다스리는 땅에 배가 없다면 좋지 않은 일이다."라고 말하면서 머리털을 뽑아 뿌리자 삼(杉)나무가 되었다. 가슴 털을 뽑아 뿌리니까 회(檜)나무가 되었고 엉덩이 털은 피(柀)나무가 되었으며 눈썹은 녹나무가 되었다. 그런 후 스사노오는 "삼나무와 녹나무로는 배를 만들자. 회나무로는 궁전을 짓고 피나무는 관을 짜는 데 쓰자."면서 각각 용도를 정하는 한편, 과실나무 종자도 많이 심었다. 한편 스사노오는 아들 이타케루와 두 딸 오야쓰히메(大屋津姫命) 및 쓰마쓰히메(栂津姫命)의 삼신을 기이 지방에 보내 수목의 종자를 널리 뿌리게 했다. 그런 후 스사노오는 구마나리(熊成) 봉우리에 거하다가 네노쿠니(根國)로 들어갔다.

기기에 기록된 위 신화는 그 주무대에 따라 다카마노하라계=천신(天津神, 아마쓰가미=天神)계와 이즈모계=국신(國津神, 구니쓰가미=地祇)계로 대별할 수 있다.[5] 기기 신대권은 기본적으로 다카마노하라계 판테온의 최고신 아마테라스와 그 손자 니니기의 천손강림 신화를 중심으로 하여 그 후손으로서의 천황가 통치권을 정당화하는 지극히 체계적인 정치신화라 할 수 있다. 앞의 스사노오 신화 원경에서 잘 확인할 수 있듯이, 통상 다카마노하라계 신화와 대립적인 관계로 설정되는 스사노오(및 오쿠니누시)의 이즈모계 신화는 바로 그 다카마노하라계 신화의 정합성을 보증하기 위해 작위적으로 만들어진 일종의 삽화라는 것이 일반적인 통설이다.

한편 스사노오 신화는 기기에만 나오는 것이 아니다. 『이즈모국 풍토기』(出雲國風土記, 이즈모노쿠니노후도키)에도 13개소에 걸쳐 스사노오 관련 기사가 풍부하게 등장한다.[6] 그런데 『이즈모국 풍토기』의 스사노오는 기기의 폭력적인 스사노오상과는 달리 스사(須佐)라는 지역에 5남 2녀의 아버지로서 이즈모 전토에 걸쳐 위세를 떨친 평화롭고 소박하며 향토적인 왕으로 묘사된다. 거기에는 전술한 야마타노오로치 퇴치 전승을 비롯하여 아마테라스와 스사노오의 우케히(誓約) 전승[7]이라든가 혹은 유명한 이나바(稻羽)의 흰토끼 이야기[8]는 전혀 나오지 않는다. 오쿠니누시와 그 권속신들 또한 가래를 들고 국토를 개간하는 농경신적인 개척신으로 그려진다. 다시 후술하겠지만, 많은 연구자들은 기기보다 이 『이즈모국 풍토기』의 스사노오(및 오쿠니누시) 신화가 더 생생하고 원형적인 실상에 가까운 신화라고 지적한다.(가령 松前健, 1976: 3쪽 / 上田正昭, 1970: 107쪽 참조) 이런 의미에서 『이즈모국 풍토기』의 스사노오(및 오쿠니누시) 신화를 '원(原)이즈모계 신화'라 칭할 만하다.[9]

3. 스사노오 신화 해석의 다양성

기기의 이즈모계 신화 해석은 기본적으로 이상에서 기술한 다카마노하라계 신화 및 원이즈모계 신화와 밀접한 연관성이 있다. 이 점을 염두에 두면서 이즈모계 신화의 기존의 다양한 해석들을 검토해 보기로 하자. 이때 특히 양 신화군의 관계 규명에 주목하는 마쓰마에 다케시는 원이즈모계 신화에서 이즈모계 신화로 변용된 과정 및 그 배경을 이루는 정치적·사회적·역사적 사정을 해명하는 것이 스사노오 신화 해석에 있어 가장 중요한 관건이라고 본다.(松前健, 1976: 3쪽 이하.) 본고는 이런 관점의 타당성을 상당 부분 수용함과 아울러 동시에 비정치적·비역사적 해석의 가능성도 열어 놓는 입장에서, 크게 스사노오 신화가 특정한 역사적 사실을 반영한다는 역사 내적 해석 관점과 역사 외적 혹은 공시적인 해석 관점의 두 측면으로 나누어 종래의 주요 연구 성과를 정리하고자 한다.[10]

1) 스사노오 신화의 역사 외적 해석

(1) 작위설 : 대표적으로 쓰다 소오키치를 들 수 있다. 그는 이즈모계 신화를 천손강림 신화의 전제로서 그 이전에 국토를 소유했던 오쿠니누시를 상정하고 이를 복속시킴으로써 황실의 권위를 보여주려는 정치적 의도하에 만들어진 가공의 설화라고 보았다. 스사노오와 오쿠니누시는 그런 황실 질서에 반대하는 적대자로서 이념적으로 만들어진 신화적인 가공인물이라는 것이다.(津田左右吉, 1963) 이 설은 이즈모계 신화의 허구성이나 이데올로기성을 잘 지적한다는 장점 때문에 특히 문헌 중심의 역사학자 및 유물사관을 지지하는 학자들의 폭넓은 지지를 받는다.

이와 관련된 대부분의 학설은 "이즈모 지방의 풍토적 전승을 중앙에서 변용시켰다."고 보는 입장에 서 있다. 가령 유물사관의 입장에서 이즈모계 신화를 취급한 이시모다 마사(石母田正, 1973)라든가 민속학자 히고 가즈오(肥後和男, 1938) 등을 들 수 있겠다. 히고에 따르면, 다카마노하라계 대 이즈모계의 이원성은 지배 귀족 대 농민의 이원성, 즉 야마토 조정의 통일 정책에 대해 피지배층인 농민층의 존재를 이념적으로 보여준다. 우에야마 슌페이(上山春平, 1975)는 이런 이원성을 율령제 원리의 수용자와 고래 씨성제 원리의 대표자 사이의 대립을 반영한 것으로 보면서 이는 7~8세기 무렵 중앙 귀족의 정치적 이념에 입각한 것이라고 해석했다. 한편 도리고에 겐자부로(鳥越憲三, 1966) 또한 기기를 편찬한 중앙 귀족들이 약간의 이즈모 풍토 전승을 기초로 하면서 이를 국가 신화의 틀 속에 편입시켜 벽지의 일개 지방신에 불과했던 스사노오와 오쿠니누시를 적대자로 조작했다고 보았다.

(2) 종교적 세계관의 반영설 : 이는 원래 고대 일본인들의 이원적인 종교적 세계관이 다카마노하라계와 이즈모계의 신화적 대립에 반영되었다는 설이다. 가령 하라다 도시아키(原田敏明, 1948) 및 니시다 나가오(西田長男, 1956) 등은 신화상의 이즈모적 세계는 명암, 선악, 미추, 생사, 건설과 파괴, 선신과 악신, 성(聖)과 부정 등의 이원적 세계관으로 볼 때 광명·선·미·생명을 표상하는 다카마노하라에 대해 암흑·악·죽음의 세계를 표상하는 종교적 이념의 산물이라고 한다.

한편 사이고 노부쓰나(西郷信綱, 1967)라든가 미타니 에이이치(三谷榮一, 1975)는 이런 이원적 세계관과 관련하여 왜 이즈모가 선택되었는가 하는 이유를 구체적으로 밝힌다. 즉 이즈모는 타계의 방각에 위치했기 때문이라는 것이다. 야마토에서 볼 때 이즈모는 해가 지는 곳, 조상령이 진좌하는 서쪽 지역으로 민속학적인 관점에서 사자의 영이 가는 네노쿠니(根國)의 방각이 바로 이에 해당된다고 믿어졌기 때문에 이즈모=네노쿠니라는 동일시가 이루어졌다는 말이다. 또한 민속학자 오리구치 시노부(折口信夫)를 비롯하여 마쓰마에 다케시(松前健, 1970)는 이즈모 땅이 원래 사자 및 타계와 결부된 신앙의 영지였으므로 야마토 조정의 특별 취급을 받았을 것이라고 추정한다. 『이즈모국 풍토기』에 나오는 '요미노사카'(黃泉坂) 혹은 '요미노아나'(黃泉穴)[11] 라든가 '요미노시마'(夜見島)[12] 또는 『고사기』에 나오는 '이후야사카'[13] 등처럼 실제로 타계의 입구로 믿어진 곳이 이즈모에는 많았던 것이 사실이다.

(3) 무격(巫覡)설 : 다사카시 마사히데(高崎正秀), 아오키(青木紀元), 모리야 도시히코(守屋俊彦) 등과 마찬가지로 마쓰마에 다케시(松前健, 1970)는 이즈모 지방은 특별한 정치적 세력이나 무력을 가졌다기보다는 샤머니즘 및 그에 입각한 주의(呪醫)적 기술을 지닌 특수한 신앙 문화의 중심이었다고 본다. 이는 종래의 우지가미(氏神) 신앙과는 이질적인 것이었는데, 그것이 무당들에 의해 전국적으로 퍼지면서 야마토 조정에 무시 못할 종교 세력으로 비쳐졌다는 것이다. 그러니까 야마토의 미와신과 가모신 및 스와의 스와신(諏訪神) 등이 오쿠니누시의 권속신이 된 것은 단순히 조정 측이 책상머리에서 만들어 낸 허구가 아니라 이즈모 무당들의 활동의 산물이며, 이즈모 국조(出雲國造)[14]야말로 이와 같은 새로운 '이즈모교'의 최고 사제 혹은 무당 왕이라 할 수 있다.

이와 같은 무격설은 기기에서 오쿠니누시와 관련하여 많이 등장하는 샤머니즘적 신들의 의료신적 성격을 명쾌히 설명해 준다. 예컨대 『고사기』에 이나바의 흰토끼 상처를 치료하는 의료법의 제시라든가 화상으로 죽은 오쿠니누시를 기사가이히메와 우무기히메가 소생시키는 이야기, 그리고 『일본서기』에 오쿠니누시와 스쿠나히코나 두 신이 천하에 의료와 주술법을 가르쳐 주었다는 이야기 등은 모두 이 신들과 무격의 관계를 잘 보여준다. 또한 네노쿠니의 스사노오가 오쿠니누시에게 부과하는 시련 이야기, 스세리비메에 의한 뱀과 벌의 히레와 무카데 등의 수여 및 이것으로써 해충을 격퇴하는 이야기 등은 일종의 샤머니즘적 입문식의 시련 및 그에 수반되는

'죽음과 재생의 의례'를 시사한다. 뿐만 아니라 스사노오의 주술적 검(이쿠타치)과 활(이쿠유미야) 및 거문고(아메노리고토)의 수여와 그것들을 가지고 지상세계로 돌아오는 오쿠니누시의 이야기, 그리고 이를 통해 오쿠니누시가 나라를 세우는 이야기 등은 문자 그대로 신에게서 주술적 성물을 받아 신성한 무당 왕이 되는 과정을 시사한다(松前健, 1976: 29-30쪽 / 김후련, 2006: 281-293쪽).

(4) 심리학적 해석 : 가령 오다 다카오, 유아사 야스오, 가와이 하야오(河合隼雄) 등은 융 및 노이만이 말하는 우로보로스 원형 상징[15]을 스사노오 신화에 적용하여, 지극히 미성숙하고 유치하며 난폭한 행동을 보이던 스사노오가, 다카마노하라에서 추방당한 후 지상에 내려온 후에 벌어지는 오곡의 기원담, 야마타노오로치 퇴치담, 산림 조영담 등에서 엿볼 수 있듯이 문화영웅으로 성숙하는 과정을 통해 마침내 노현자로 변모하는 과정을 혼돈으로부터의 질서 창조 혹은 개성화 및 자기실현이라는 융 심리학적 측면에서 해석한다(織田尙生, 1990: 269-273쪽 ; 湯淺泰雄, 1972). 사이고 노부쓰나 또한 스사노오의 야마타노오로치 퇴치 신화를 그리스 신화의 페르세우스에 비견하면서 "수중에 사는 원초적 괴물인 오로치와 스사노오의 싸움은 혼돈과 질서, 자연과 문화의 싸움이었다. … 오로치 퇴치로 혼돈을 표상하는 원초적 뱀신이 새로운 왕권을 수호하는 영검으로 질적인 전환을 이룬다."(西鄕信綱, 1975: 381-382쪽)고 지적한다.

이 밖에 스사노오 신화의 주제를 아마에[16]로 해석한다든지(林道義, 2003: 16쪽), 혹은 스사노오가 어머니를 그리워하면서 울기만 했다는 이야기, 아마테라스가 지배하는 다카마노하라에서의 난동 이야기, 오로치 꼬리에서 나온 검을 아마테라스에게 바치는 이야기, 아마테라스의 분신과도 같은 하타오리(機織) 여성을 살해한 이야기, 아마테라스와의 근친상간적인 우케히를 통해 자식을 낳았다는 이야기, 오쿠니누시에게 딸을 주고 싶지 않아 죽이

려 했던 이야기 등에서 오이디푸스 콤플렉스와 유사한 심리적 정동이 지적
된다든지(吉田敦彦), 또는 스사노오의 난동에서 간질형 병리를 읽는(老松克博)
등 다양한 심리학적 해석이 말해지기도 한다.(林道義, 2003: 16쪽)

(5) 구조주의적 해석 : 대표적으로 요시다 아쓰히코는 일본 신화와 그리
스신화 및 스키타이 신화와의 현저한 유사성에 근거하여, 이란계 유목민
신화가 알타이계 민족을 매개로 한반도를 경유하여 일본에 유입된 결과 일
본 신화 속에 인도유럽어족 신화와 공통된 요소를 가지게 되었다는 고바야
시 타료의 주장을 더욱 발전시켜 뒤메질의 삼기능 이데올로기설[17]에 입각
한 일본 신화 해석을 시도한다. 요시다는, 일본 신화의 중핵을 구성하는 것
은 다카마노하라계와 이즈모계 신화이며 그 주인공은 아마테라스, 스사노
오, 오쿠니누시인데, 이 삼신은 아마테라스 대 스사노오, 스사노오 대 오쿠
니누시, 오쿠니누시 대 아마테라스의 순서로 상호 극적으로 대결하면서 주
역으로 활약한다고 본다. 이때 다음의 〈표〉에서 보듯이 아마테라스가 다
카마노하라의 주권자이자 제사장으로서 오쿠니누시를 굴복시키고 천황가
를 통해 지상을 지배하는 신격인데 비해, 스사노오는 폭력적·격정적 성격
의 무신이고, 오쿠니누시는 토지의 주관자로서 농업의 수호신이자 생산 기

	지배자		피지배자
	제1기능 : 주권=제사	제2기능 : 전투	제3기능 : 생산
천손강림신화에 표현된 사회구성	주권자(천황)=천손의자손 + 제사 및 제구제작자(中臣, 忌部, 猿女, 鏡作, 玉作)=아메노이와토 제사에서 활약한 오부신의 자손[18]	전사(大伴, 久米)=니니기 강림을 선도한 무신들의 자손[19]	서민=천신에게 국토의 지배권을 이양한 국신들의 자손
삼대신	아마테라스	스사노오	오쿠니누시
삼종의 신기	거울	검	구슬
기타	아메노미나카누시, 다카미무스비, 가미무스비	다케미카즈치	스쿠나히코나

능을 관장하는 풍양신으로서 각각 삼기능을 담당하는 신격으로 표상된다
는 것이다.(吉田敦彦, 1976: 178-206쪽 / 上同, 1992: 87-96쪽)

2) 스사노오 신화의 역사적 해석

이상은 대체로 다카마노하라계 신화와 이즈모계 신화의 대립상을 구체
적인 역사적 사실과 직접적인 관계가 없는 것으로 보는 입장인데 반해, 이
하의 여러 관점은 그것이 실제로 과거 특정 시기에 야마토 귀족 세력 대 이
즈모 귀족 세력 간 대립 투쟁의 기억을 반영한다는 주장한다.

(1) 민족 투쟁설 : 대표적으로 다카기 도시오(高木敏雄, 1970) 및 마쓰무라 다
케오(松村武雄, 1958) 등은 이즈모계 판테온의 신들이 이즈모뿐만 아니라 전국
에 널리 분포된 선주 농경민족의 신앙이었는데, 후에 천신을 모시는 외래
의 천손 민족에게 정복·동화되었다고 보았다. 에가미 나미오의 기마민족
설(江上波夫, 1967)도 이런 입장에 속한다. 이는 다카마노하라계와 이즈모계 신
들의 대립상을 실제 역사적 사실이었던 민족 투쟁의 반영이라고 보는 입장
이다.

(2) 이즈모 씨족 연합설 : 이는 민족 간 투쟁이 아닌 씨족끼리의 알력과
대립을 말한다. 즉 천손계 씨족군(야마토 조정 측에 선 씨족들)과 이즈모를 본거지
로 하여 전국적인 규모로 제휴한 씨족 연합체(스사노오, 오쿠니누시, 오모노누시를
모시는 이즈모계 씨족) 간의 대립을 말한다. 오쿠니누시의 권속신 중에 야마토의
신들도 들어가 있다는 점, 그리고 이를 야마토의 오미와씨(大神氏=大三輪氏)
및 가모씨(鴨氏) 등의 유력 씨족들이 받아들였다는 점은 이 설의 개연성을
높여준다.

(3) 이즈모 씨족 이주설 : 이는 이즈모계 신들이 야마토에서 많이 모셔진 것은 이즈모로부터 기나이(畿內)로 이동한 것이 아니라 역으로 기나이에 거주했던 이즈모 씨족이 후에 이즈모로 본관을 옮겼고, 최종적으로 이즈모가 야마토 조정에 귀속될 때까지의 역사적 사정을 반영한 것이 이즈모 신화라고 보는 입장이다.

(4) 이즈모 씨족 교체설 : 이노우에 미쓰사다(井上光貞)에 따르면, 이즈모 신화에는 그 원형으로서 이즈모만을 무대로 한 국지적 사실이 반영되었다. 즉 동부 오우군의 수장이 서부 이즈모군에서 가무토군(神門郡)에 걸친 수장들을 멸망시키고 이즈모 국조로 취임했다는 역사적 사실이야말로 이즈모 신화의 중핵적인 내용이라는 것이다. 이는 주로 이즈모 동부와 서부의 고분 문화를 대조하여 유추한 설이라는 점에서 (3)의 입장보다 역사적으로 개연성이 훨씬 더 높다고 평가받는다. 한편 하라지마(原島禮二)는 동부의 호족들이 서부에 진출한 것이 아니라 역으로 서부 가무토군의 세력이 조정 및 기비(吉備)[20]의 지원을 등에 업고 동부 세력을 진압한 것이라 한다.

(5) 신들의 유배설 : 우메하라 다케시(梅原猛)는 텐무(天武)조 이후 조정의 정치적 권위 확립을 위해 아마테라스 숭배를 추진했는데, 이에 대립적인 오쿠니누시로 표상되는 국신 세력을 이즈모로 유배시킨 후 그들을 달래기 위해 이즈모대사를 세워 주었다고 본다. 실제로 조정의 권위에 굴복하지 않는 신들을 유배한 사례가 『속일본기(續日本紀)』에도 나온다. 하지만 이즈모대사에서 야요이 시대의 유적이 발굴됨에 따라 그 기원을 율령 시대로 잡는 입장은 신빙성이 떨어진다. 또한 『이즈모국 풍토기』의 오쿠니누시와 그 권속신은 유배된 신이 아니라 가래를 들고 국토를 개척하는 개척신의 이미지로 나온다는 점에서도 이 설은 설득력이 없다.

(6) 제사권 장악설 : 마쓰마에 다케시는 오쿠니누시가 특정 호족의 신이라기보다는 서부 평야의 농민, 어민, 무당 및 기타 소공동체의 수호신이었는데, 후에 야마토 조정의 지휘하에 있던 이즈모 국조 일족이 동부에서 서부로 진출하여 그 제사권을 장악하게 되면서 그 유래가 국토 이양 신화의 형태로 말해지게 되었다고 한다.(松前健, 1970)

3) 천(千)의 얼굴의 스사노오

이와 같은 해석의 다양성에서 짐작할 수 있듯이 스사노오는 "일본 신화 중에서 가장 복잡하고 특이한 성격을 지닌 신"(松前健, 1970: 108쪽)으로 "지금까지도 스사노오의 공통 이해는 형성되어 있지 않다."(矢嶋泉, 1997: 38쪽) 그런 만큼 스사노오는 흔히 일본 신화의 신들 가운데 가장 흥미진진하고 수수께끼 같은 신으로 말해진다. 때문에 이런 스사노오가 지극히 모순된 양면적 이미지를 보여준다 해도 전혀 이상할 것이 없다. 이런 양면적 이미지를 크게 부정적 이미지와 긍정적 이미지로 대별해 볼 수 있겠다.

먼저 부정적 이미지로 스사노오를 악신 혹은 죄의 화신(西鄕信綱, 1967: 65쪽 이하 / 林道義, 2003: 11쪽 이하)으로 보는 관점을 들 수 있겠다. 나아가 스사노오는 그런 모든 죄악을 한몸에 지고 추방당한 일종의 희생양으로 묘사되기도 한다.[21] 또한 스사노오는 종종 죽음의 세계=네노쿠니(根國)의 주인으로서 모든 것을 말려 죽이는 죽음의 신으로 말해지기도 한다. 무엇보다 스사노오라는 신명 자체가 날뛴다는 뜻을 가진 '스사부'의 '스사'에 '~의 남자'를 뜻하는 '노오'(の男)가 붙어 '미친 듯이 날뛰는 남자'를 가리킨다 하여, 다카마노하라에서 거침없는 폭력을 휘두르는 난동자, 파괴자, 살육자, 폭풍의 신이라는 이미지가 스사노오에게 항상 따라다닌다.(松前健, 1970: 109-112쪽) 그리하여 스사노오는 반질서적이고 반항적이며 반체제적인 트릭스터적 신격(林道義, 2003: 33쪽)으로 규정되기 십상이다.

한편 스사노오에게는 이런 부정적 이미지와 극명하게 대립되는 정반대의 긍정적 이미지가 수반되기도 한다. 가령 스사노오를 '스스무'(앞으로 나아가다)라는 어원과 관련시켜 '용맹하게 나아가는 남자'로 보면서 야마타노오로치로 표상되는 혼돈을 퇴치하고 질서를 세우는 영웅신으로 묘사하는가 하면, 풍요를 가져다주는 농경신, 생산신, 풍요신, 수목의 생성을 관장하는 신, 사람들에게 필요한 것들을 가져다주기 위해 주기적으로 내방하는 마레비토, 부뚜막신, 길을 수호하는 도조신(道祖神), 민중의 행복을 지켜 주는 수호신, 성년식을 베풀어 주는 신, 자애로운 부신(父神), 조상신, 소박하고 평화로운 향토신,[22] 무당신, 문명의 기호로서의 제철신 등으로 표상되기도 한다. (林道義, 2003: 11-15쪽 / 松本信廣, 1971: 120-124쪽 / 松前健, 1970: 109-118쪽 / 松前健, 1985: 139쪽 / 澤田洋太郎, 2003: 115쪽 참조)

요컨대 이와 같은 스사노오의 이미지는 '반대의 일치' 혹은 '역의 합일'이라는 종교사적 특징을 보여주는 현저한 사례라 할 수 있다. 기본적으로 스사노오에게는 다카마노하라계의 천신이자 동시에 이즈모계의 국신(上田正昭, 1970: 142쪽 / 松前健, 1970: 119쪽), 선신이자 동시에 악신(松本信廣, 1971: 120쪽), 문화영웅이자 트릭스터적 존재라는 이중적 이미지가 부여되는 것이다. 이처럼 상호 모순된 이미지가 스사노오에게 병존하여 나타나게 된 이유를 정확하게 규명하기란 어렵다. 하지만 최소한 현단계에서 기기의 스사노오는 아마테라스의 동생으로 나오지만 지리상의 이즈모와는 특별한 관계가 없음에도 불구하고 관념상 이중 삼중으로 이즈모와 연관지어져 창작된 신으로 보인다는, 다시 말해 기기의 스사노오 이미지는 여러 요소를 복합적으로 조합하여 창작한 관념상의 신으로서『이즈모국 풍토기』에 나오는 동명의 신을 끌어들여 재구성되면서 복합적이고 모순된 스사노오 이미지가 창출된 것이 아닐까 하는 가설적 수준의 설명은 가능할 듯싶다. (澤田洋太郎, 2003: 118쪽)

4. 스사노오와 한반도의 연관성

그런데 스사노오의 복합적인 이미지는 여기서 끝나지 않는다. 스사노오 신화에는 한반도와의 밀접한 연관성을 시사하는 요소들이 수없이 많이 등장하기 때문이다. 사실 이 점의 고려가 없다면 스사노오 신화의 전체를 이해하는 데 매우 중요한 부분이 누락되는 결과를 낳을 수밖에 없다. 다음에는 스사노오와 한반도의 연관성을 도래신으로서의 스사노오 이미지와 관련된 여러 요소들(소시모리, 가라사비, 야마타노오로치, 구마나리, 네노쿠니, 가라카미, 소호리, 구니히키, 오곡기원 전승 등)의 검토와 아울러 스사노오와 고대 한국 샤머니즘 및 제철과의 관계를 중심으로 살펴보겠다.

1) 스사노오=도래신적 요소

(1) 소시모리 전승 : 『일본서기』 제8단 일서 제4는 다음과 같은 소시모리 전승을 기록했다. "스사노오의 행동이 예의에 벗어났다. 그리하여 여러 신들은 많은 공물을 과하여 벌하고 마침내 (다카마노하라에서) 추방하였다. 이때 스사노오는 아들 이타케루(五十猛神)를 데리고 신라에 강림하여 소시모리(曾尸茂梨)라는 곳에 거하다가 '나는 이 땅에서 살고 싶지 않다.' 고 하면서 이윽고 진흙으로 배를 만들어 타고 동쪽으로 가 이즈모(出雲)의 히강(簸川) 상류에 있는 도리카미봉(鳥上峯)에 닿았다."[23] 본고 서론에서 조선신궁의 제신 논쟁을 둘러싸고 스사노오=단군을 제신으로 모셔야 한다는 일련의 움직임이 있었음을 언급한 바 있는데, 그런 주장을 한 일본인 논자들이 근거로 내세운 것은 바로 이 『일본서기』의 소시모리 전승이었다.

이 '소시모리'라는 말을 두고 종래 일본학계에서 많은 논쟁이 있었는데 (최석영, 2008 참조), 대체로 다음과 같은 여러 논거에 입각하여 그것을 한반도의 지명으로 보는 설이 널리 인정받았으며, 따라서 마쓰마에 다케시를 비롯하여 여러 학자들이 "스사노오는 한반도계 도래인들이 모시던 번신"이었을 가능성이 높다고 지적한다(松前健, 1970: 126-128쪽).[24]

첫째, 『석일본기』(釋日本紀)는 이 소시모리를 "지금의 소시후루(蘇之保留)를 가리키는 것이 아닐까."라고 해석한다. 『일본서기』 주석자는 이 '소시후루'를 『삼국사기』 및 『삼국유사』에 나오는 소후루 혹은 소푸루(徐伐, 徐那伐, 徐羅伐, 徐耶伐)와 동계어로 본다. 여기서 '소'는 금(金)이고 '후루'는 부락을 뜻하는 고대 한국어이므로 소시모리 혹은 소시후루는 '시라기'(신라)와 마찬가지로 '금이 있는 부락' 즉 도성(都城, 서울)을 가리키는 말로 보아야 함을 시사한다.[25]

둘째, 『왜명초』(倭名抄)에 "고려악곡(高麗樂曲)[26] 소시마리(蘇志摩利)"라는 곡명이 나오는데, 기씨(紀氏, 후대에는 大神氏)가 이 곡을 전승했다. 『교훈초』(教訓抄) 및 『악고』(樂考)에는 이 곡은 대한발의 경우 기우를 위해 추었다고 한다(松前健, 1973: 156쪽 / 松前健, 1970: 126-127쪽).

셋째, 『신대구결』(神代口訣)에 "스사노오가 처음 신라국을 열었다."는 기록이 있다. 이와 관련하여 에도시대의 고증학자 후지이 데이칸(藤井貞幹, 1732-1797)은 『충구발』(衝口發)에서 신라 제2대왕 남해차차웅과 스사노오가 동일인물이라고 주장한 바 있다(鷲尾順敬編, 1930: 231쪽).

넷째, 현재 교토 야사카(八坂)신사의 제신인 스사노오는 원래 우두 천왕(牛頭天王, 고즈텐노)이었는데, 한반도에는 '우두(牛頭)' 또는 '우두(牛首)'라 적고 '소머리'라 읽는 지명이 여러 군데 있다. 가령 강원도 춘천, 경남 거창, 경남 합천, 경북 예천 등이 그것이다(澤田洋太郎, 2003: 109쪽).[27]

다섯째, 우두(牛頭)는 대가야에서 일본으로 건너갔다고 나오는 '쓰누가아라시토'(머리에 뿔이 난 자) 신화를 연상시킨다(澤田洋太郎, 2003: 110쪽).

여섯째, 우두라든가 우수라는 명칭은 농경의례로서의 소(牛)공희와 관련된 이름이며 우두 천왕 또한 우신(牛神) 또는 용사신(龍蛇神=水神)[28]과 관계가 있을 것이다. 한반도에서는 지금도 기우제 등에 소, 돼지, 개의 머리를 잘라 용왕이 산다고 여겨지는 못에 던져 비를 내려 달라고 기원하는데, 고대 일본에서 이런 풍속이 도래인들 사이에 많이 행해졌다. 특히 야마시로(山城, 지금의 교토지역)에는 이런 도래계 농민들이 많았는데, 그들이 모신 용신이 바로 우두 천왕이었다. 다시 말해 야사카신사의 제신인 스사노오=우두 천왕은 원래 인도의 신이 아니라 야마시로에 살던 한반도계 도래인들이 섬겼던 우신 또는 용사신이었던 것이 후에 불교 승려의 관리하에 들어가면서 불교와 관련된 우두 천왕과 습합된 것으로 보인다(松前健, 1986: 231-233쪽).

일곱째, 현 야사카신사 인근 지역은 예전에 야사카노미야쓰코(八坂造)가 살던 곳인데, 『신찬성씨록』(新撰姓氏錄)에는 이 씨족은 야마시로노쿠니(山城國) 제번에 속하며 고구려인(狛人) 루쓰마노이리사라는 인물의 후손으로 나온다. 야사카신사의 유래[29]와 관련하여 당 사가(社家)인 다케우치가(建內家)에 전해지는 『야사카향 진좌대신지기』(八坂鄕鎭座大神之記)에는, 656년 한반도에서 내조한 조진사(調進使) 이리시노오미(伊利之使臣)가 신라 우두산 신령을 모시면서 시작되었다고 한다. 한편 근세 말에 성립된 『감신원 우두 천왕고』(感神院牛頭天王考)[30]에는 666년 임나(=가야) 사람이 고구려 조진사로 내조하여 야사카향(八坂鄕)에 우두 천왕의 사당을 세웠다고 나온다(松前健, 1986: 229~231쪽 / 홍윤기, 1995: 279-281쪽 참조).

(2) 가라사비(가라사히)=후쓰노미타마 전승 : 『일본서기』 제8단 일서 제3은 "스사노오가 오로치노가라사비노쓰루기(蛇の韓鋤の劍)로 머리를 베고 배를 갈랐다. 그 꼬리를 베었을 때 칼날이 조금 상했다. 그래서 꼬리를 펼쳐 열어 보니 칼이 들어 있었다. 그 칼을 구사나기노쓰루기(草薙劍)라 하는데, 지

금 오와리노쿠니(尾張國)에 있다. 스사노오가 오로치를 벤 검은 지금 기비 가무토모노오(神部)에 있다. 이즈모 히강 상류의 산이 그곳이다."[31]라고 적었다. 여기서 스사노오가 오로치를 베었던 칼인 가라사비를 『만엽집』(萬葉集)은 '고마검'(狛劍, 한국제 칼을 뜻하는 말)이라 적고, 『일본서기』주석자는 칼의 모양이 '가라스키'(韓鋤)와 같았기 때문이라고 한 옛 사람의 말을 인용한다. 이때 스키(鋤)는 호미인데, 우리 호미와는 달리 오늘날 일본의 '스키'는 자루가 길어 선 채로 김을 맬 수 있다. 현대 일본말에서는 '사비'라고 하지 않는다. 한편 '가라'는 신라(또는 한국)를 가리키고, 사비는 오늘날 우리말의 '삽'과 통하지만 우연한 일치로 보이며 또한 삽처럼 생긴 칼이라 해도 잘 맞지 않는다. 사비(사히)는 '철'을 뜻하는 고대 한국어이고[32] 다음 항목에서 후술하듯이 야마타노오로치의 '오로치'가 '어른'(大人)을 뜻하는 고대 한국어 '어런치'에서 온 말이라고 볼 때, '가라사비'는 대체로 우두머리들이 차고 다니는 한국 칼 정도로 해석할 수 있겠다(김석형, 1988: 150-160쪽 참조).

이 칼이 지금 기비 지방 가무토모노오(神部)에 있다고 한 것을 『일본서기』주석자는 비젠노쿠니(備前國) 아카사카군(赤坂郡) 이소노가미후쓰노타마(石上布都之魂)신사라고 적었다.[33] 이 신사는 현재 덴리시(天理市)에 소재하는 이소노가미신궁(石上神宮)과 동일한 종교 의례가 전승되어 온 지방의 고사이다. 그런데 이소노가미신궁은 후루사(布留社)라는 별칭이 있으며 '후쓰노미타마의 영검'을 신체(神體)로 삼았다. 이 영검이 바로 전술한 가라사비검으로 말해지는데, 이때의 '후쓰'는 후술할 '다마후리'[34]의 '후리'(振)와 같은 말이다. 여기서 '후쓰', '후루', '후리'는 모두 '신령이 깃든다.'는 뜻을 지닌 고대 한국어 '푸루'(pur)에서 온 말이다.[36] 이와 같은 언어적 상응은 가라사비(=후쓰노미타마의 영검) 즉 한반도 전래의 도검을 주술적 도구로 삼는 샤머니즘적인 다마후리의 주술 의례가 일본에 수용된 역사를 시사한다(三品彰英, 1972: 142쪽).

(3) 야마타노오로치 전승 : 야마타노오로치의 '오로치' 는 고대 한국어의 '어런치' (어른)에서 유래한 것이며, 따라서 스사노오의 야마타노오로치 퇴치담은 여덟 명의 어른들을 복종시킨 것, 즉 이즈모 지방의 8개 마을을 통합하여 하나의 소국을 형성한 이야기라는 해석도 가능할 것이다. 한편 나카다 가오루(中田薫)는 야마타노오로치는 넓은 산곡을 차지했던 한국식 산성을 가리킨다고 한다. 즉 산의 능선을 타고 오르내리는 산성벽의 모습이 멀리서 바라보면 뱀과 같아서 야마타노오로치 이야기가 만들어졌다는 것이다. 김석형은 이런 한국식 산성은 오늘날 이즈모에 남아 있지 않지만, 한국 이주민들의 유력한 집단이 이 지방의 히강 유역에 자리 잡고 살면서 산성을 구축하여 원주민들 위에 군림했음을 이즈모 신화로부터 추정해 볼 수 있다고 한다. 더 구체적으로 말하자면, 이곳에 정착하여 산성을 구축한 이주민들은 신라가 기원3, 4세기경에 이르러 패권을 수립하게 된 진한 지역에서 온 가야인이라는 것이다. 그들은 처음에는 신라와 무관했지만 고국이 신라에 통합됨에 따라 신라와 일정한 연관을 가지게 되었고, 그 결과 원래는 신라와 무관했던 기술도 신라와의 관계로 서술되었다는 말이다(김석형, 1988: 156-157쪽).

(4) 용사신 전승 : 야마타노오로치는 기본적으로 용 혹은 뱀의 모습으로 묘사된다. 이와 관련하여 스사노오의 원형이 비를 내려 주는 용사신(龍蛇神=水神)이라는 논의가 있다. 가령 마쓰마에 다케시는 원래 기온사의 제신이 번신인 우두 천왕과 왕비 및 용녀(둘째 부인)의 삼신이었다는 무로마치시대 후기 문헌인 『이십이사주식』(二十二社註式) 및 기온신이 원래 용사신이라고 말하는 『속고사담』과 『석일본기』 등의 기사에 의거하여, 야사카신사의 제신인 스사노오=우두 천왕을 원래 용사신이었다고 해석한다. 현재 야사카신사의 제신은 스사노오, 이나다히메, 팔주어자(八柱御子=八王子)[34]로 되어 있는

데, 이는 용사신 전승과 야마타노오로치 전승이 습합한 결과라는 것이다(松前健, 1986: 225-227쪽 / ガデレワ.エミリア, 2000: 27-29쪽). 또한 그는 기온 어령회(御靈會)[37] 때 단지 사령이나 원령뿐만 아니라 용신에게도 제액)을 기원했을 것으로 추정한다. 즉 헤이안 초기에서 중기 무렵의 어령 신앙은 기온 어령회뿐만 아니라 팔소(八所) 어령회나 기타노(北野) 어령회도 모두 뇌신과 결부되었다. 그에 따라 어령회는 자연히 물과 결부된 행사, 즉 재액을 강에 흘려 보내는 행사와 결부되었다는 것이다. 다시 말해 신천원 기우제 행사 때 이 야사카 신사의 용신이 모셔지고 동시에 어령회에도 역귀를 통어하는 신으로서 용신의 미코시 행차를 받아들였던 것이 후대에 분리되어 기온사 단독으로 행해지게 되었다는 말이다. 요컨대 기온 우두 천왕은 역귀를 통어하는 용신이었다(松前健, 1986: 236쪽).

(5) 구마나리 전승 : 『일본서기』 제8단 일서 제5에는 "스사노오가 구마나리봉(熊成峯)에 있다가 마침내 네노쿠니(根國)로 들어갔다."[38]고 나온다. 스사노오가 네노쿠니에 들어간 입구였다는 이 구마나리는 한반도의 지명, 즉 가야 지역(김해 근방)의 구마나레(熊川) 혹은 백제 지역의 구마나리(熊津)라는 점이 널리 인정된다. 다시 말해 이는 스사노오가 한반도 출신으로서 조국에 돌아가 죽었음을 시사하는 대목이다(松前健, 1970: 126~128쪽 ; 澤田洋太郎, 2003: 108쪽). 또한 『일본서기』 유랴쿠(雄略) 천황 21년기에 보면 "백제가 고구려에 패해서, 천황은 구마나리(久麻那利)를 문주왕에게 주어 백제를 구해 주었다."[39]는 기사가 나온다. 지금도 한국에서는 공주(熊津)를 '고마나루' 라고 부르는데, 스사노오 신화에 나오는 '구마나리' 란 바로 이 '고마나루' 를 가리키는 것이다.

(6) 네노쿠니 전승 : 기기에 언급된 스사노오의 통치 영역은 해원(海原, 우나

하라), 네노쿠니(根國), 지상(天の下) 등 다양한 전승이 있는데 그중 가장 원형적인 형태는 해원이다. 이와 관련하여 『고사기』는 "스사노오는 위임받은 나라(海原)를 다스리지 않고, 수염이 가슴까지 자랄 만큼 오랫동안 울고 있었다. 그의 울음에 나무가 말라 죽어 푸른 산이 메마른 산이 될 정도였고, 강과 바다가 모두 말라 버릴 지경이었다. 그 때문에 악신들이 내는 소리가 모기처럼 온통 들끓었고 모든 재앙이 일제히 생겨났다. 그래서 이자나기가 스사노오에게 묻기를 '너는 도대체 무슨 까닭으로 위임받은 나라를 다스리지 않고 소리 내어 울기만 하느냐?'고 했다. 그러자 스사노오가 대답하기를 '저는 어머니의 나라인 네노가타스쿠니(根之堅洲國)에 가고 싶어 이렇게 울고 있습니다.'라고 했다. 이 말을 들은 이자나기는 크게 화를 내면서 말하기를 '그렇다면 너는 이 나라에 살 필요가 없다.'고 하면서 곧 스사노오를 추방해 버렸다."[40]고 적었다. 『일본서기』는 여기 나오는 '네노가타스쿠니'(한쪽에 구석진 곳을 뜻하는 말)를 '네노쿠니'(根國)로 표기한다.

이 네노쿠니가 무엇이냐는 설이 분분한데, 일반적으로 사자의 세계인 요미노쿠니(黃泉國)로 이해되는 경향이 많고 종종 이즈모와 동일시되며,[41] 스사노오는 이즈모의 지배자이자 네노쿠니의 신으로 이해되곤 한다. 한편 사와다 요타로 및 문정창은 이 네노쿠니가 본국(本國), 즉 한반도를 가리키는 것으로 이해하며(澤田洋太郎, 2003: 117쪽 / 문정창, 1989: 20쪽 각주), 하야시 미치요시는 이를 어머니(풍요의 여신)와 깊은 관계가 있다고 보는가 하면(林道義, 2003: 26쪽), 김석형(1988: 155쪽)은 한반도 이주민들이 일본 열도의 개척지를 네노쿠니라고 불렀을 것으로 추정한다.

오하라에(大祓) 노리토(祝詞)에서는 산천에서 흘러나오는 죄와 오염(케가레)이 해원에 모여 네노쿠니에 있는 하야사스라히메에 의해 처분된다고 나온다(久米博, 1978: 268-343쪽 참조). 여기서 네노쿠니는 명백히 해원 저쪽에 있는 공간으로 이해된다. 하지만 기기 신화에서 네노쿠니는 해원이 아니라 땅 밑의 어떤 장소 및 사후 세계인 황천국과 결부되어 있다. 수평적인 세계관이 수직적인 세계관으로 변모된 것이다. 이와 같은 다카마노하라(천상)-나카쓰쿠니(지상)-네노쿠니(지하)라는 수직적 세계는 북방계 샤머니즘 및 건국신화에 보이는 천손강림 모티브와 관계가 있다. 즉 기기신화의 수직적 우주관 형성은 한반도를 포함한 북방계의 영향을 받은 것이다. 그 결과 스사노오 본래의 통치 영역인 해원이 북방적 요소의 영향으로 황천국 관념과 유착한 것으로 볼 수 있다(上田正昭, 1970: 106-107쪽).

(7) 가라카미 전승 : 『고사기』에 스사노오의 후손인 오토시노카미(大年神) 계보에 가라카미(韓神)와 소호리노카미(曾富理神)가 나오는데, 이들은 한국의 신이다. 이중 먼저 가라카미를 생각해 보자.

예컨대 『연희식』에 보면 궁내성에 진좌한 3좌의 신으로 소노카미사(園神社) 1좌, 가라카미사(韓神社) 2좌가 수록되어 있다. 이중 가라카미는 헤이안 천도(794년) 이후 헤이안경 궁내성에 모셔진 신으로 오토시노카미의 신통기에 나오는 가라카미와 동일한 신일 가능성도 있으며, 『신초격칙부초(新抄格勅符抄)』 기사에 따르면 헤이안 천도 이전인 8세기 중엽에 이미 소노카미와 가라카미가 제사되었음을 알 수 있다.

한편 헤이안 시대 궁중 가구라를 기록한 문서 『신악가(神樂歌)』의 가구라 곡목 중에도 "미시마(三島) 목면(木棉)을 어깨에 두르고, 우리 가라카미는 가라오기세무야, 가라오기, 가라오기세무야(見志万由不, 加太仁止利加介, 和礼可良加見波[乃], 加良乎支世武也, 加良乎支, 加良乎支世牟也)"라 하여 가라카미가 등장한다. 여기서 '가라오기'는 노리나가나 오리구치가 주장하는 '시든 억새'(枯荻)가 아니라 '한국 신의 초혼'(韓招ぎ)으로 해석하는 것이 점차 정설로 되어 가고 있다. 가라카미 가무에서 '가라오기' 하는 춤꾼은 미시마의 목면을 어깨에 두른다고 했는데, 이는 미시마의 신이 백제에서 도래한 신이라는 점을 염두에 둘 때 그 의미가 명백해진다. 즉 『이요국 풍토기(伊予國土記)』에 보면 "오치군(乎知郡) 미시마(御嶋)에 계신 신의 이름은 오야마쓰미노카미(大山積神)인데 일명 와타시노오카미(和多志大神)라 한다."고 하면서 "이 신은 난바 고진(高津)의 궁에 어우(御宇)천황 치세 때 나타나셨다. 이 신은 백제에서 도래한 신이다."라고 나온다. 이 신은 이요국 월지군(越智郡)에 있는 오야마즈미(大山積, 또는 大山祇)신사의 제신이다. 『연희식』에는 '大山積神社名神大'로 나오며 속칭 미시마대명신(三島大明神)이라 한다. 바다를 건너온 신이므로 '和多'(바다)라는 이름이 붙었다는 설도 있다. 그러므로 가라카미를 모시는 제사에서 백제 유래의 미시마 목면이 등장한다 해서 전혀 이상할 것이 없다.(上田正昭, 1994: 177-181쪽) 요컨대 스사노오의 후손으로 자리매김된 가라카미는 한반도(백제 또는 신라)에서 건너온 신이라는 말이다.

(8) 소호리 전승 : 소호리 전승은 크게 지명과 신명 전승으로 나누어 생각해 볼 수 있다. 먼저 지명과 관련된 전승부터 살펴보자. 나라 야마토에는 소호리군이 있었고 지금도 가고시마현에는 소오군(曾於郡)이 있다. 『고사기』의 천손강림 신화를 보면, 니니기가 다카치호(高千穂) 구지후루 봉우리에 강림한 후 "이곳은 한국을 향해 있어…대단히 좋은 곳이다."라고 말한다. 또한 『일본서기』 일서6에는 "휴가 소(日向の襲)의 다카치호 소호리노야마 봉우리(添山峯)"에 천손이 강림했다고 적혀 있다. 이 기사에 나오는 '소호리'는 신라어로 성림(聖林), 왕도(王都)를 뜻하는 '소후루, 소푸루, 소우루'(서울)이다. 『일본서기』의 각주도 "소호리는 신라의 왕도인 서벌(徐伐, 서라벌)을 음역한 것"이라고 풀이한다. 이는 다카치호 봉우리를 '구시후루'(久士布流, 槵觸)로 적거나 '소호리노야마 봉우리'(添山峰)라고 읽은 것과 관계가 있다. 『삼국유사』 가락국기에 수로 강림지로 구지봉(구시후루, 김해에 그 전승지가 있다)이 나오고, 『일본서기』 일서6에도 일부러 "添山을 소호리노야마(曾褒里能耶麻)라

한다."고 적었다. 『삼국사기』에서는 백제 왕조의 마지막 도성인 사비를 '소후리'(所夫里)라고 적었다. 또한 전술했듯이 『일본서기』는 스사노오가 아들 이타케루를 데리고 신라에 천강한 곳을 '소시모리'(曾尸茂利)라 적고, 『석일본기(釋日本紀)』는 이 소시모리를 "지금의 소시호루(蘇之保留)를 가리키는 것이 아닐까"라고 해석한다. 요컨대 한반도계 도래인들은 고국의 성지(소호리, 소오루)를 본떠 강림지를 '소호리노야마'(添山)라고 부른 것이었으리라. (上田正昭, 1994: 159-160쪽) 한편 소(襲)=소호군의 중심지인 고쿠분시(國分市)에 식내사 가라쿠니우즈미네(韓國宇豆峯, '한국의 고귀한 봉우리' 라는 뜻) 신사가 있다. 여기서 '가라쿠니우즈미네'는 신사 북쪽에 보이는 기리시마산을 가리킨다. 아마도 이 신사는 기리시마 산줄기 중 가장 높은 가라쿠니다케(韓國岳, 1700미터)와 관계가 있는 듯하다.

이와 더불어 하치만 신과 가라쿠니노키=소호리노야마 봉우리의 관계도 한반도와의 밀접한 연관성을 시사한다. 『하치만궁우사궁 어탁선집(八幡宮宇佐宮御託宣集, 1313년)』에 "가라쿠니 땅(辛國の城)에 처음으로 수많은 깃발과 함께 천강하여, 나는 일본의 신이 되었다. … 일본의 가라쿠니 땅에 돌아왔노라. 소호 봉우리(蘇於峯)가 그곳이다. 소호는 기리시마 산의 별칭이다."라고 나온다. 그러니까 일본 신이 되기 전의 하치만은 일본 신이 아니었다. 그것은 가라쿠니 즉 한국의 신이었다. 이때의 가라쿠니노키가 소호리 봉우리(천손강림지), 즉 기리시마 산이라는 것이다. 또한 우사·하치만 궁의 제사 씨족인 가라시마씨(辛島氏)는 가야=신라계 이주민 하타씨 계열의 씨족이다. 우사 가라시마씨 가문에 전해지는 『가라시마 계도(辛島系圖)』에는 하치만 신을 처음 모신 '가라시마노스구리노메'(辛島勝之目) 이전의 선조 이름을 "스사노오─이타케루─소호즈히코(曾於津彦)─우즈히코(宇豆彦)─가라시마노스구리노메(辛島勝之目)"라고 적었다.(大和岩雄, 2004: 79-91쪽 참조) 요컨대 하치만 신을 처음 모신 것은 스사노오를 조상으로 하는 신라계 한국인이었다.

이번에는 신명과 관련된 소호리 전승을 생각해 보자. 전술했듯이 스사노오의 후손인 오토시노카미의 계보에 소호리노카미가 들어 있으며, 또한 천황가의 주거지인 황거 안에서는 소노카미(園神)와 가라카미(韓神)를 제사 지낸다. 이때 소노카미는 오모노누시(大物主神)이며 가라카미는 오쿠니누시와 스쿠나비코나(少彦名神)라는 설도 있는데, 이중 오모노누시와 스쿠나비코나는 『고사기』에 따르면 원래 도래신이므로 가라카미뿐만 아니라 '소노카미=소후리노카미' 또한 한반도에서 도래한 신이라고 볼 수 있겠다(澤田洋太郎, 2003: 5장 / 홍윤기, 1995: 282-285쪽 참조).

(9) 구니히키 전승 : 『이즈모국 풍토기』 오우군(意宇郡)조에는 다음과 같은 흥미로운 기사가 나온다. "오우라고 하는 까닭은 나라를 끌어당긴 야쓰카미즈오미노쓰노노미코토(八束水臣津野命)가 말하기를 '이즈모라는 나라는 좁고도 어린 나라로다. 당초부터 나라가 작게 만들어졌도다. 그 때문에 기워 보태 보자.'고 하면서 '다쿠후스마(희다는 뜻의 형용구) 시라기에는 미사키라는 땅의 남음이 있는가 보니 과연 남음이 있도다.'라고 말하고 어린 소녀의 앞가슴처럼 날이 넓은 호미로 꽉 찍어서 뚝 잡아떼어 석 줄로 꼰 튼튼한 밧줄을 걸어 감아 당기는데 슬슬 '땅이 온다, 땅이 온다'고 하면서 끌어다가 기워 붙인 나라가 고즈(去豆)의 움푹 들어간 데로부터 기즈키, 미사키까지이다. 이렇게 단단히 박아 둔 말뚝은 이와미노쿠니(石見國)와 이즈모노쿠니의 경계에 있는 사히메 산이 그것이다." 이른바 '구니히키'(國引) 신화라 불리는 이 이야기가 풍토기 맨 앞에 나온다는 점에 주목할 필요가 있다. 또한 주인공 야쓰카미즈오미노쓰노노미코토는 『고사기』에서 스사노오의 4대손이자 오쿠니누시의 조부로 등장한다. 이 신화를 김석형은 이즈모가 바로 우리나라의 동남 지역 이주민들이 세운 나라이며, 그곳이 일정한 시기에 신라의 한 작은 분국(이즈모는 신라에서 남는 땅을 떼다가 붙여서 만든 나라)이었음을 시

사하는 이야기라고 해석한다(김석형, 1988, 153-162쪽).

(10) 오곡 기원 전승 : 한편 스사노오의 오게쓰히메(大氣津比賣) 살해와 관련된 오곡 기원신화도 흥미롭다. 여신의 사체 각부에서 오곡이 화생했다고 하는데, 이는 한국어의 언어유희와 깊은 관계가 있기 때문이다. 눈썹 혹은 눈(眉)과 누에(蚕), 귀(耳)와 귀리(耳麥), 코(鼻)와 콩(大豆), 머리(頭)와 말(馬), 보지(陰)와 보리(麥) 혹은 팥(小豆), 배(服)와 벼(稻)의 대응이 그것이다. 이와 관련하여 마쓰마에 다케시는 사체 화생 설화가 동남아시아에서 한반도에 전해지고 그것이 다시 도래인을 따라 일본으로 건너온 것으로 추정한다(松前健, 1970: 135쪽).

2) 제철신 스사노오와 한국 샤머니즘

오늘날 시모노세키시(下關市) 도요우라(豊浦)에 있는 나가토(長門)[42] 이치노미야(一の宮)인 이미노미야(忌宮)신사에서는 매년 8월 7일부터 13일까지 일주일간 스호테이(數方庭, 數法庭) 마쓰리를 거행한다. 이때 참석자들은 각자 깃발장대(幟竿)를 세운다. 깃발은 백목면으로 만들고 장대 끝에 새털을 꽂고 적색, 청색, 황색의 작은 깃발과 방울을 단다. 신사 측에서는 이 마쓰리의 유래를 신공 황후의 신라 정벌과 결부시키고 있지만, 이는 말도 안 되는 망설이다. '스호테이'라는 말은 한반도의 '소도'(蘇塗)에서 왔다는 설이 가장 설득력이 있기 때문이다(谷川健一, 1999: 177쪽).

이와 관련하여 천황가를 비롯하여 일본 신도 전통에서 매우 중요한 의례 중의 하나로 전승되어 내려온 '다마후리'를 생각해 볼 필요가 있다. 여기서 '다마후리'란 외부의 다마(靈魂), 즉 외래 혼을 신체에 깃들게 함으로써 생명력을 증강시키는 진혼(鎭魂)의례[43]를 가리키는데, 거기에는 북방 아시아 대륙계의 샤머니즘 요소가 많이 내포되어 있다. 가령 『연중행사비초(年中行事秘抄)』에 나오는 '아지메' 진혼가의 경우, 이소노가미후루노야시로(石上振の社), 미와노야마(三輪の山), 아나시노야마(穴師山)가 등장하는데, 이것들은 모두 한반도 관련 지명이다.[44] 이 아지메 진혼가에는 일신(日神) 도요히루메의 영이 창에 빙의하는 장면이 나오는데, 이는 일신 아마테라스를 불러내기 위해 아메노우즈메가 춘 무당춤을 상기시킨다. 즉 『일본서기』 본문은 아메노우즈메가 손에 창을 쥐고 아메노이와토 동굴 앞에 서서 유방과 음부를 드러내고 신들린 듯이 춤추었다고 묘사하고 있는데, 이런 우즈메의 춤이 대륙계 샤머니즘의 무당춤임은 이미 많은 논자들이 지적한 바 있다. 뿐만 아니라 『고어습유』에는 '방울을 매단 창'이라는 구절이 나오는데, 이는 『위지』(魏志) 한전(韓傳)에 '큰 나무를 세우고 거기에 방울과 북을 걸어 귀신을 섬겼다.'고 하는 소도의 제사 의식을 연상케 한다.[45] 나아가 전술한 시즈가라카미(閑韓神)와 하야가라카미(早韓神)의 가라오기 가구라 또한 한반도 무속 계통의 가무였을 것으로 보인다.[46] 요컨대 아지메 진혼가의 원류는 한반도 계통의 샤머니즘에서 찾을 수 있으며, 이때 '아지메'는 무녀를 뜻하는 말일 가능성이 있다(三品彰英, 1972: 141-153쪽 참조).

어쨌거나 소도는 한국 샤머니즘의 고대적 원형을 보여주는 일례라 할 수 있는데, 이런 한국의 샤머니즘과 스사노오의 연관성이 일찍부터 지적되었다. 『고사기』『일본서기』『풍토기』등에서 스사노오의 표기는 須佐之男, 須佐能衰, 須佐能乎, 須佐能雄 등 분명하게 '노'(の)를 수반하는 표기가 있는가 하면, 素戔嗚, 速須佐雄, 速素戔嗚 등 스사우 혹은 스사오 등으로 읽혀지는 표기가 있다. 이중 후자가 원형인데 이는 조선의 무당을 나타내는 수숭(su-sung)에서 나온 말이다. 에도시대 고증학자인 후지이 데이칸(藤井貞幹)의 『충구발』(衝口發)에 따르면 스사노오는 『삼국사기』에 나오는 신라 제2대왕 차차웅(次次雄, 玆充)에 다름 아닌데(鷲尾順敬編, 1930: 231쪽), 차차웅은 무당(金大問의 주석)이었다. 다시 말해 스사노오는 원래 한반도계의 무당신이었다는 것이다.

이와 관련하여 히고 가즈오(肥後和男) 또한 『빙고국 풍토기』에서 스사노오와 동일시된 무토천신(武塔天神)[47]의 '무토'라는 신명을 한국어 '무당'에서 유래한 것으로 보았다. 또한 고대사가 미즈노 유(水野祐, 1972)도 스사노오를 이즈모 오하라군(大原郡) 스사(須佐)의 지방신이라기보다는 원래 특정 지역을 초월한 도래계 씨족의 무당신이었다고 보았다. 그리하여 미즈노는 스사노오를 조선계 무당들이 모시던 신이라 보고, 도래계의 가라카누치베(韓鍛冶部)와 관련시키면서 스사노오가 제신인 신사의 분포를 도래계 씨족의 이동으로 해석하고자 시도하기도 한다. 한편 마쓰마에 다케시는 좀 더 절충적인 해석을 한다. 즉 마쓰마에에는 스사노오가 원래 기슈(紀州)의 '스사'(須佐) 근방 어민들이 신앙하던 마레비토 신으로서 처음에는 특별히 도래인들과 관계가 없었는데, 이 어민들이 5, 6세기경 기이국조(紀伊國造) 가문이 인솔하는 수군 솔하에 들어가면서 한반도에 도항한다든지 원정을 나감에 따라 도래인 무당과 교류하고 그러면서 스사노오와 한반도 무당신을 동일시하게 된 것으로 추정한다(松前健, 1973: 157쪽 / ガデレワ.エミリア, 2000: 14-16쪽).

그런데 전술했듯이 『일본서기』 일서는 스사노오가 '오로치노가라사히노타치'(蛇の韓鋤劍)라는 한국제 칼을 소지한 것으로 묘사한다. 스사노오는 그 칼로 히강에서 오로치를 퇴치하고 그 꼬리에서 구사나기노쓰루기를 꺼냈다고 하는데, 이는 스사노오가 이즈모 지방의 사철로 도검을 제작하던 단야(鍛冶)공들의 신이었음을 시사한다.[48] 다시 말해 스사노오는 단야술과 무당이 밀접하게 연관된 대륙계 샤머니즘 문화의 산물이라는 말이다.

일설에 의하면 철을 뜻하는 일본어 '데쓰'(鐵)는 힛타이트 민족이 철로 구축한 강대한 왕국 토루코의 이름에서 유래했다고도 한다. 전술했듯이 오로치 퇴치 때 스사노오가 사용한 검은 '가라사히노타치'라 하고 스사노오는 '사히모치노카미'(鋤持神)라 하는데, 여기서 '사히'(사비, 사부, 사무)는 철을 뜻한다. '사히'의 '사'는 원래 모래(砂) 즉 작은 돌을 의미하는 말인데, 사·시·소 한 단어로도 철을 의미하게 되었다. 예컨대 소시모리는 철의 산을 의미하며 다카치호의 소호리노야마는 사철이 나는 산을 의미하고 휴가(日向)의 소(襲) 또한 철산지를 의미한다. 그리고 이 '사히'는 고대 한국어 '소보루'(蘇伐), '소부리'(所夫里), 소하루(卒本), 소호우(忽本), 스우로(首露), 소후라(草羅), 소후루(서울)와 관계가 있다(眞弓常忠, 2006: 130~131쪽 / 이영희, 2009). 다른 한편 오로치를 제철 족속 또는 히강(肥の河=斐伊川)의 사철 자체를 상징한다는 해석도 있다.[49] 이 사철을 채집하여 철을 제련하는 지도자가 스사의 남신 스사노오였다는 것이다.(眞弓常忠, 2006: 101-108쪽 참조) 요컨대 스사노오는 한국 샤머니즘과 밀접한 관계가 있는 무당적 제철신이었다는 말이다.

5. 스사노오 신화의 사실적 근거 : 해류-고분-신사

이상에서 한반도와의 연관성을 포함하여 스사노오 신화의 여러 해석 관점을 살펴보았는데, 거기서 우리는 신화를 역사적 사실의 표현 혹은 최소한 역사적 사실의 반영으로 보는 해석이 큰 부분을 차지한다는 점에 주목하지 않을 수 없다. 그렇다면 이런 해석을 뒷받침해 줄 만한 어떤 사실적 근거를 말할 수 있을까? 예컨대 해류, 고분, 신사의 존재 같은 것 말이다. 이와 관련하여 먼저 한반도와 고대 이즈모의 이동 가능성을 모리는 다음과 같이 추정하고 있다.

타타르(間宮) 해협 부근에서 남하하는 리만 한류는 쓰시마해협에서 북상한 쓰시마 난류와 충돌하면서 일부는 황해로 들어가지만, 그 주류는 쓰시마 난류의 일부와 함께 동해(일본해)로 들어가 산음, 북륙, 동북 해안으로 북상하여 라페르즈(宗谷) 해협 근방에서 사라진다. 시계 반대 방향으로 순환하여 일본해를 도는 것이다. 따라서 이 한류를 타면 자연히 연해주와 한반도 동해안을 남하하여 일본 북쪽 연안에 도달하게 된다. 역사적으로 발해는 727년 멸망할 때까지 33회의 사절이 이 해류를 따라 일본에 왔다. 즉 역사적으로 대륙에서부터 이 해류를 이용하여 일본에 내항하는 경우가 많았다. 따라서 신화시대에 신라에서 이즈모로 건너올 때 이 해류를 이용했다 해서 전혀 이상할 것이 없다. 그러니까 스사노오가 먼저 신라에 천강한 다음 이즈모로 건너왔다는 신화적 이야기가 생겨날 소지가 충분히 있다. 이 신화의 주인공을 스사노오로 하여 이야기를 만들어 낸 장본인은 바로 한반도계 도래인들이었을 것이다(森克己, 1977: 55-56쪽).

사실 일본해(동해)에 접한 시마네현 동부를 점하는 이즈모는 그 지리적 입지조건이 한반도와의 교류가 고대부터 있었을 가능성이 충분하다. 지금도 시마네 반도의 일본해 해안을 걷다 보면 한글이 쓰인 플라스틱 용기라든가 빈병 따위를 흔히 볼 수 있다. 이는 해류를 따라 한반도에서 흘러 내려온 것이다. 또한 어촌에는 밀항자를 주의하라는 게시판이 붙어 있기도 하다. 다수의 고고학적 유물도 한반도와의 교류를 시사한다. 가령 한국식 토기가 마쓰에시(松江市)의 다테쵸 유적 등에서 출토되었는데, 그 루트가 신라와 가야임이 밝혀졌다. 그러니까 고고학적으로 볼 때도 고대 이즈모와 한반도의 교류 관계를 말하기란 비교적 용이했으리라고 볼 수 있다(瀧音能之, 2003: 191-192쪽).[50]

그래서 고대사가 미즈노 유(水野祐)는 오우군(意宇郡)과 이즈모군에 5세기 고분이 집중되어 있다는 점, 특히 오우군의 고분은 대정촌(大庭村)을 중심으로 오우강 하류 지역에 방분이 밀집되어 있고, 가무토(神門), 이즈모, 이이시

(飯石) 방면에는 원분 혹은 전방후원분이 약간 후대에 출현한다는 점, 또한 『이즈모국 풍토기』의 스사노오 신화가 오우군, 오하라군(大原郡), 이이시군 일대에 분포한다는 점 등을 근거로 스사노오 신화의 역사적 사실 여부를 가늠할 만하다고 본다.[51] 이와 같은 근거에 입각하여 마유미 쓰네타다는 스사노오가 신라에서 도래한 한단야 집단이 조상신으로 모신 신이며, 히강, 가무토(神門)강을 따라 이즈모 서부 오지에 이르러 정착했다고 보았다.[52] 이 신의 본거지는 이이시군의 스사향(須佐郷)을 본관으로 하여 거기부터 세력을 확장하여 니타군(仁多郡), 오하라군 및 오우군까지 진출했다는 것이다. 다시 말해 신라계 도래인의 한단야 집단이 스사노오를 공동체의 조상신으로 제사 지내면서 이즈모 서부 산지의 계곡을 따라 선주민 집단과 섞이고 사철을 독점 지배하여, 철기 문화를 배경으로 오우군까지 진출하고 기즈키의 토착 세력을 몰아냈다는 말이다. 한편 오쿠니누시는 재래의 왜단야 집단이 숭경하던 신인데, 도래계 기술자인 한단야 집단이 들어오자, 공동의 조상신으로서 스사노오를 제사 지내 오쿠니누시의 조상신으로 숭경한 것이라고 추정된다. 또한 이즈모 고진다니(荒神谷)에서 대거 출토된 동검·동모·동탁과 가모이와쿠라(加茂岩倉)에서 출토된 동탁도 모두 갈철광의 증식을 기원하여 땅에 묻고 제사 지낸 것이 아닐까 싶다. 이리하여 도래계 기술자들의 사철 정련법을 습득함으로써 야요이 시대는 끝나고 고분 시대로 이행한 것으로 보인다.(眞弓常忠, 2006: 101-108쪽) 고분 시대의 철제품은 5세기 초를 중심으로 한 약 1세기 동안 구축된 기내의 대형 고분에 가장 많이 부장되어 있다. 이 철제품들은 도래계 기술 집단, 즉 한단야가 제작한 것임에 틀림없다. 이들로 인해 고분 시대에 대규모의 토목공사도 가능했을 것이다. 토목공사에는 절대 철제 기구가 필요하기 때문이다(眞弓常忠, 2006: 128쪽).

그러나 마쓰마에 다케시는 고고학적 유물만으로는 세부적인 신화 해석에 큰 도움이 되지 못한다. 가령 호메로스의 『일리어드』에 나오는 트로이와, 슐리만이 발굴한 트로이 제6시(市) 사이에는 유사성보다는 오히려 장례 법이라든가 무기 등에 차이가 더 두드러진다. 즉 호메로스 신화의 해명에는 고고학적 출토물이 거의 별 도움이 되지 않았다. 요컨대 신화의 세부적인 모티브 분석에는 고고학이 거의 쓸모가 없어 보인다. 따라서 히강 유역의 고분(가령 松本 1호 고분)의 내부 구조라든가 부장품을 아무리 정밀하게 조사한다 해도, 스사노오의 오로치 퇴치 신화에 포함된 여러 모티브들을 해명해 내기란 어렵다. 기껏해야 고분 주인이 어떠어떠한 신화의 전승자이지 않았을까 하는 정도를 막연하게 추정할 수 있을 뿐이다(松前健, 1970: 104-106쪽).

이에 비해 신화에 나오는 주인공의 신사 혹은 묘소의 존재를 확인한다든지 그 주인공의 계보라든가 가족 관계 등을 고전 안에서 확인하는 작업이 더 중요하고 필요할지 모른다(松前健, 1970: 107쪽). 예컨대 『이즈모국 풍토기』에는 이 문헌이 성립된 733년 당시의 고대 이즈모 지방에 총 399개소의 신사가 있었다고 나온다. 그중 184개소는 관사로서 국가의 보호를 받았다. 거기서 특히 가라카마사(韓鉹社)와 가야사(加夜社)에 주목할 필요가 있다. 가라카마사는 신기관에 등록된 관사였다. 10세기에 편찬된 『연희식』에는 이 신사가 가라카마신사(韓竈神社)로 표기되어 나오며, 지금도 가라카마신사라는 명칭으로 히라타시(平田市)에 존재한다. 물론 제신은 스사노오이다. 한편 가야사는 가무토군(神門郡)에 있으며, 현재는 다키정(多伎町)의 가야당(加夜堂)으로 되었다. 이 밖에 『이즈모국 풍토기』에는 아타가야사(阿太加夜社)라는 신사도 나온다(瀧音能之, 2003: 195-196쪽).

한편 『왜명초』(倭名抄)에 따르면 예로부터 스사(須佐)라는 이름의 땅은 이즈모와 기이 두 군데인데, 거기에는 모두 스사신사가 있고 스사노오를 모셨다. 즉 『연희식』 신명장에 나오는 이즈모국 이이시군(飯石郡) 스사(須佐)신사 및 기이국(紀伊國) 아리타군(在田郡) 스사(須佐)신사가 그것이다. 특히 전자의 경우는 『이즈모국 풍토기』에서 스사노오와의 관계를 신화 형태로 분명하게 전한다.[53] 또한 『연희식』 신명장 및 『삼대실록(三代實錄)』 등에서 스사노오를 모신 신사는 오키(隱岐), 이즈모 외에 빈고(備後), 하리마(播磨), 기이 등 전국 각지의 히카와(永川)신사, 야사카(八坂)신사, 스사(須佐)신사, 야쿠모(八雲)신사 등의 이름으로 분포한다. 그중 기이의 아리타(在田=有田)군에 있는 스사신사는 명신대사(名神大社)[54]로 높은 사격을 가진 신사이다. 이에 비해 이즈모 이이시군의 스사사(須佐社)는 무격이다. 기이 지방의 구마노 또한 스사노오와 관계가 있다. 가령 스사노오는 구마노산잔(熊野三山)의 제신에 다름 아니다. 이즈모 마쓰에시에서 25km 남쪽의 오우군 야쿠모무라(八雲村)에도 구마노대사가 있다. 이 밖에 이즈모 고쿠소 가문이 조정에 바친 『신하사(神賀詞)』에 '가부로기' 라고 나오는데, 이는 가무로기로서 일반적으로 스사노오 신앙과 관계가 있다. 지금도 이즈모 지방에는 스사노오를 모시는 신사가 많다. 구마노대사의 제신 가무로기구마노오오카미쿠시미케누노미코토(神祖熊野大神櫛御氣野命)도 스사노오를 가리킨다. 야에가키신사도 스사노오와 구시나다히메가 제신이다.

6. 나오는 말 : 신화 · 역사 · 기억

이상에서 살펴본 것처럼 한반도와의 밀접한 연관성을 비롯하여 다양한 해석의 스펙트럼을 보여주는 스사노오 신화는 지리학적, 고고학적, 문헌적 근거뿐만 아니라 스사노오를 제신으로 모시는 신사의 실재성 등에서 역사의 일단면과 중첩되는 측면을 보여준다. 그렇다면 정말 스사노오 신화는 실제 역사였다고 말할 수 있을까? 이와 관련하여 신화학자 마쓰마에 다케시는 "신화는 그 자체 그대로 역사는 아니다. 하지만 신화는 그 이야기를 낳은 시대의 사회 체제를 어느 정도 반영하고 있다. 이런 의미에서 신화는 상당 부분 역사성을 지니고 있다."(松前健, 1970: 98쪽)고 말한다. 일본 고대사 권위자인 미즈노 유 또한 "신화는 어디까지나 신화이며 역사적 사실 그 자체를 전해 주는 것이 아니다. 그렇지만 신화는 역사 연구에 중요한 사료라고 인정할 수 있다. 왜냐하면 신화 또한 우리의 먼 조상들이 남긴 귀중한 문화재의 하나이며 (중략) 고대인의 체험적 사실이었기 때문이다."(水野祐, 1968: 236쪽)라고 지적한다. 요컨대 신화와 역사의 관계를 이들의 견해에 비추어 보자면, 스사노오 신화는 실제 역사 그 자체는 아니지만, 적어도 어떤 역사적 사실 혹은 체험적 사실을 일정 부분 반영하는 측면이 있기 때문에 단순히 가공적인 이야기로만 치부해서는 안 된다는 말이다. 쓰다 소오키치를 비롯하여 일본 연구자들이 흔히 사용해 온 '신대사'(神代史)라는 표현도 바로 이런 맥락에서 이해되어야 할 것이다.

이와 같은 입장은 일반적으로 수용될 만한 여지가 많다고 여겨지지만, 사실 신화와 역사의 경계는 매우 모호하여 그렇게 명확히 구분되기 어렵다는 점이 문제이다. 다시 말해 신화와 역사의 경계는 매우 불안정하고 유동적이고 삼투적이며 심지어 위험해 보이기까지 한다. 이런 난점 앞에서 우리는 신화와 역사의 공통분모를 전제로 양자의 관계를 재설정할 필요가 있다. 그 공통분모란 다름 아닌 '기억'이다. 역사의 모든 단계에 기억의 문제가 존재하며 신화의 경우도 마찬가지이다. 그래서 우리는 기억의 문제를 중심으로 신화와 역사의 재정의를 시도할 수 있다. 예컨대 역사가 "기억할 수 있는 가까운 과거의 내러티브"라면 신화는 "기억할 수 없는 먼 과거의 내러티브"라고 말할 수 있겠다. 이때 가깝다든가 멀다든가 하는 표현은 단순히 공간적·시간적인 거리뿐만 아니라 인지적·감정적 거리까지 포함하는 개념으로 이해되어야 할 것이다.

그런데 이와 같은 거리적 차이에도 불구하고 양자는 동일한 집단적 기능을 수행한다. 즉 신화와 역시는 해당 집단이 자신의 집단적 정체성을 재구성하고 확립하는 데에 결정적인 역할을 한다는 말이다. 이처럼 양자는 정체성의 문제에 직결되기 때문에 종종 신화 말하기와 역사 말하기 혹은 신화 연구와 역사 연구에는 어떤 특정한 감정이 동반되는 경우가 많다. 거기에는 기억의 복원을 통한 기억의 가능성 내지 사실성을 주장하려는 강렬한 욕망이 감추어져 있다. 또한 이와 같이 기억할 수 있는 과거와 기억할 수 없는 과거 모두를 환기하고 소환시키려는 욕망의 이면에는 종종 특정 상황 하에서 기억을 변형시키려는 정치적 욕망이 작동되기 십상이다. 기억의 전복이다. 거기서는 사실 그 자체의 진위보다 어떤 상황에서 진실이 되고 비진실이 되느냐 하는 상황 자체의 문제가 더 중요시되기 마련이다.

가령 1910년 한국 병합에 즈음하여 흑룡회 주간인 우치다 료헤이(內田良平)는 다음과 같은 와카(和歌)를 지었다. "울부짖으면서 날뛰는 신이 추방당하여 건넌 아리나래강 / 이제부터는 아리나래강에 미소기를 하여 아마테라스의 그림자를 우러러보네." 여기서 '아리나래강'이란 『일본서기』 신공황후 삼한 정벌 전승에서 신라를 항복시킬 때 나오는 강 이름인데, 이 강을 무대로 아마테라스와 스사노오의 전승을 교차시켜 노래한 것이다. 이는 우치다가 당시의 한일 관계를 누이 신인 아마테라스와 '울부짖는' 아우 신 스사노오의 관계로 비정한 것으로서, 조선신궁 제신 논쟁에 스사노오=단군설과 마찬가지로 당시 퍼져 있던 일선동조론에서 소재를 구한 것임은 말할 나위 없다. 그리하여 일제강점하에서 스사노오의 신화적 기억은 변형된 형태의 역사적 사실로 전도되어 일본이 형이고 한국이 아우라는 식의 일선동조론으로 흘러 버렸다. 반면에 패전 후 일본의 학자들은 대부분 한반도와 관련된 모든 신화적 기억들을 애써 무시하거나 망각의 강으로 흘려 보내기 일쑤이다.

그렇다면 지금 우리는 특히 한반도와의 밀접한 연관성과 관련하여 스사노오 신화를 어떻게 보아야 할까? 일단 신화적 기억과 역사적 기억 모두가 집단 정체성의 문제와 결부되어 현실적인 권력으로 기능할 수 있다는 점을 염두에 두어야 할 것은 말할 나위 없다. 스사노오 신화 해석에 역사학적인 실증적 연구방법론에 연연한다든지 역사의 기억에 너무 집착하다 보면 폐쇄적이고 배타적인 역(逆)일선동조론으로 빠지기 쉽다. 그렇다고 신화의 기억에만 매달리면 다양한 고고학적 편린들과 문헌상의 역사 기록에서 엿볼 수 있는 모든 가능성들이 사상되어 버릴 수도 있다. 이 시점에서 필자는 향후 과제로서 한반도와 관련된 신사 연구의 중요성에 주목하고자 한다. 일본 신사는 신화적 기억을 고스란히 담은 제신과 아울러 일본사의 핵심적인 실체로서 현재까지 일본인의 생활에 중요한 한 부분으로 존재하기 때문이다. 따라서 스사노오와 관련된 신사들의 현재적 모습과 유래를 비교 추적하는 작업은 '방법으로서의 기억'을 유지한 채 한반도와 밀접하게 연관된 스사노오 신화의 현재적 의미를 조명할 수 있는 하나의 통로가 되어 줄 것으로 기대된다.

주석

신화담론이라는 신화 | 정진홍

1 헬레나 노르베리-호지 지음, 김종철/김태언 옮김, 『오래된 미래: 라다크로부터 배운
  다』, 녹색평론사, 1996, 87쪽. 이 말은 저자의 주장이 아니라 그녀가 만난 스타크나
  승원의 우두머리 라마승이 한 말이다. 저자는 직접적인 언급은 하지 않지만 라마승
  의 이러한 발언에 공감하지 않는다. 그러나 필자의 생각에는 반드시 그녀가 그런 것
  같지는 않다. 그녀도 상당한 정도 라마승의 발언에 공감의 자락을 드리우고 있는
  것 같다. 적어도 '정도'의 차이를 무시할 수는 없기 때문이다.
2 필자는 종교와 관련하여 신화에 대한 일연의 이해의 역사를 짧은 글에 담아본 적이
  있다. 다음 글을 참조할 것. 정진홍 지음, 「신화적 상상력과 종교」, 『경험과 기억: 종
  교문화의 틈 읽기』, 당대, 2003, 290-318쪽.
3 치밀하고 광범위하게 신화담론을 조망하고 있는 도티가 신화를 이야기하는 데서 가
  장 우려하는 것은 신화를 연구자가 자기가 보고 싶은 대로, 또는 보이는 대로, 자기
  탐구 의도에 맞추어 단순화해서 규정하는 'single feature monomythic definition'이
  다. 필자는 이 지적을 조심스럽게 유념하고 있다. 그럼에도 불구하고 역사 개념의
  등장과 신화 개념의 등장이 함께 이루어졌다는 지론에 근거해서 필자는 위에서 언
  급한 그러한 전통에서 벗어나는 신화담론은 실제로 현존하지 않는다고 판단하고 있
  다. Willian G. Doty, *Mythography: The Study of Myths and Rituals.* 2nd Edition,
  The University of Alabama Press, 2000, p.30.
4 '스스로 발언하지 않는 사실의 사실성'이라고 필자가 묘사하고 싶은 내용을 굴드는
  '부재(있지 않음, absence)'로 개념화하여 문학과 신화의 관계를 서술하고 있다. 그
  는 '신화란 개개 징표에 함축되어 있는 부재(不在)의 형이상학'이라고 말한
  다. Stephen. J Gould. *Mythical Intentions in Modern Literature.* Prinnceton
  University Press. 1981. p.195. 매우 공감되는 기술이다.
5 이와 관련하여 필자는 스미드의 다음 논문 'Close Encounters of Diverse Kinds'에
  매우 흥미로운 관심을 가지고 있다. 그는 UFO의 출현과 관련된 이야기로부터 시작
  하여 아메리카의 자기 정체성에 대한 논의를 전개하면서 '다른 문화'와의 만남이
  어떻게 자기인식에 영향을 미치는지를 살피고 있다. 그리고 다음과 같은 주장으로
  자신의 논문을 마감하고 있다. "…언어에서와 마찬가지로 문화에서도, 의미를 낳는
  것은 다름이다." Jonathan Z. Smith, *Relating Religion: Essays in the Study of
  Religion*, The University of Chicago Press, 2004, pp.303-322. 필자는 지금 여기에서

의 사실귀속적인 인식의 논리가 사실귀속적이라고 판단할 수 없는 인식의 객체와 직면하면서 지금 여기의 사실귀속적인 인식의 논리의 정당성을 주장하는 데서부터 일연의 신화(이야기, 의미를 지닌 이야기)가 출현하는(이야기 되는) 것이라고 생각하고 싶다. 이러한 필자의 생각을 이 논문은 상당부분 지지해주고 있다고 판단하는 것이다.

6 Bruce Lincoln, *Discourse and the Construction of Society: Comparative Studies of Myth, Ritual, and Classification*, Oxford University Press, 1989, p.101. 그는 이 자료를 Cohen의 논문에서 인용하고 있다. Alvin P. Cohen, "Coercing the Rain Deities in Ancient China," *History of Religions* 17, 1978, pp.224-65.

7 Lincoln의 주장을 따른다면 이러한 '의례해체의 의례' 들은 결과적으로 이른바 '대량학살(massacre)' 을 '정화제의(purificatory sacrifice)의 한 형식' 으로 승인하는데 이르게 된다. 그러나 여기에서 머물지 않는다. 그는 결국 '의례해체의 의례' 들은 실은 의례의 범주에서도 벗어난다는 사실을 '힘(force)' 과의 관련에서 역설하고 있다. 그의 기본적인 자리는, 비록 그가 비판적으로 넘어섰다고 시사하고 있음에도 불구하고, Barthes의 주장과 함께 하는 자리라고 판단된다. Barthes는 "유일하게 신화적이지 않은 언어가 있다. 그것은 생산자로서의 인간의 언어이다…혁명은 신화를 배제한다."고 주장한다. Lincoln, *op. cit.*, p.7; Roland Barthes, *Mythologies*, London: Jonathan Cape, 1972, p.142. 링컨은 이를 인용하면서 이 주장을 그의 저서의 중요한 논거의 하나(다른 둘은 Bloch와 Marx이다)로 전제한다. 필자는 이러한 일연의 그의 논의에 전적인 공감을 하지 못하고 있다. 필자는 의례의 극적(劇的)인 극(極)이 혁명이라고 이해하고 싶기 때문이다.

8 이와 관련하여 리처드 도킨스의 발언이 생각난다. 그는 언젠가 다음과 같이 말한 바 있다. "…최고의 과학은 시적 감수성이 설 자리를 마련해야 한다 … 과학은 상상력을 자극하는 유익한 비유와 은유를 제공하고 직접적인 이해 이상의 인상과 암시를 불러일으킬 수 있어야 한다. 그러나 좋은 시가 있고 그렇지 못한 시도 있듯이 나쁜 시적 과학은 잘못된 길로 상상력을 인도할 수 있다 … 시적 상징을 발견하는 데 혈안이 된 눈, 우연적이고 무의미한 유사성에 고매한 낭만의 거대하고 흐릿한 상징을 부여하는 것과 같은 나쁜 시정(詩情)은 많은 마술과 종교 의식 뒤에 숨어 있다." 리처드 도킨스 지음, 최재천 · 김산하 옮김, 『무지개를 풀며』, 바다출판사, 2008, 275-6쪽. '좋은' 과 '나쁜' 에 대한 되물음의 여백을 전제하더라도 이 발언은 신화담론을 위해 특별한 경구이기에 적합하다고 판단된다. 신화담론이 가리고 있는 숱한 신화를 직시하는 것만으로도 우리는 성공적인 신화담론을 수행했다고 주장하고 싶은 것이다.

1 Daniel L. Gifford, "Ancestral Worship as Practiced in Korea", *The Korean Repository*, Vol.1, June 1982, p. 169.

2 G. H. Jones, "Studies in Korean: Korean Ethymology", *The Korean Repository*, Vol.1, October 1982, pp. 332-333.

3 *Ibid*, p. 333.

4 "The History of Korea", *The Korea Review*, Vol.1, No.1, 1901, p. 29.

5 "The Sources of Korean History", *The Korea Review*, Vol.5, No.9, 1905, p. 336.

6 H.B. Hulbert, Esq., F. R. G. S., "Korean Folk-Tales", *Transactions of the Korean Branch of the Royal Asiatic Society*, Vol.2, 1902, p. 45.

7 *Ibid.*, p. 46.

8 *Ibid.*, p. 63.

9 *Ibid.*, p. 72.

10 *Ibid.*, p. 73.

11 Cecil H. N. Hodges "A Plea for the Investigation of Korean Myths and Folklore", *Transactions of the Korean Branch of the Royal Asiatic Society*, Vol.V, Part1, 1914, p. 41.

12 *Ibid.*, pp. 31-42.

13 *Ibid.*, pp. 42-43, 53.

14 일웅(一熊), 「단군신화」, 『개벽』 제1호, 大正 9年(1920), 62쪽.

15 위의 글, 63쪽.

16 최남선, 『우리나라 역사』, 동국문화사, 단기 4288(1955), 1쪽.

17 「조선의 신화와 일본의 신화」(1930년 4월 25일~26일 방송. 일문에서 번역), 『육당 최남선전집5: 신화 · 설화 · 시가 · 수필』, 고려대학교 아세아문제연구소 육당전집 편찬위원회 편, 현암사, 1973, 36쪽.

18 「조선의 신화」, 위의 책, 15-16쪽.

19 위의 글.

20 위의 글.

21 위의 글.

22 위의 글, 17쪽.

23 위의 글.

24 위의 글.

25 위의 글, 17-18쪽.

26 「조선의 신화와 일본의 신화」, 45쪽.

1920~30년대 한국사회의 '신화' 개념의 형성과 전개 | 하정현

1 한국 사회에 신화학이 수용된 이래 신화 개념은 크게 두 입장으로 양분된다. 즉 신화
는 초역사적이고 진실된 이야기로서 원형을 간직하고 있는 이야기라는 입장과 신화
는 역사적 사실을 왜곡하거나 은폐하는 허위의식 혹은 이데올로기로 보는 주장이
공존하고 있다. 신화에 대한 이와 같은 긍정 혹은 부정의 상반된 태도는 신화라는
말의 뿌리가 되는 그리스 '미토스'의 경우에서도 확인된다. 고대 그리스에서 철학
자들은 미토스는 참되고 추론적인 언어와 대조되는 거짓된 이야기라고 보았고 반면
에 또 다른 학자들은 근원적인 인간의 본질을 전달하는 이야기라고 보았다. 주목해
야 하는 것은 신화라는 개념은 고정된 것이 아니며 시대의 기준에 따라 상이한 태도
는 지속적으로 이어져 왔다는 점이다. 서구의 근대에 이르러서는 역사를 기준으로
역사적 사실이 아닌 것을 신화를 보려는 경향이 있었다. 최근 한국 사회의 대중적인
신화 용례를 살펴보면, 일반적으로 해내기 어려운 놀라운 업적으로 역사에 길이 남
을 만한 사실에 대해 'OO신화'라는 비유적으로 표현이 있고, 한편에선 역사적 사실
이 아닌 허구라는 의미로 신화라는 말을 사용하기도 한다. 졸고, 「근대 한국 신화학
의 태동」, 『종교연구』, 231-232쪽.

2 이 글에서 1920-30년대라는 시기를 설정한 이유는 3 · 1운동 후 일본이 문화정치를
표방하면서 그에 필요한 학문적인 토대로 한국사 연구를 본격적으로 가동하였고,
이에 대해 국내학자들의 저항과 대응이 다양한 저술 활동을 통해 강도높게 이루어
졌기 때문이다. '東洋史'라는 개념을 처음 사용한 것으로 알려진 나카 미치요(那珂
通世)는 1894년에 단군 전설은 '징험할 전적이 없다'는 이유로 단군을 부정하였고,
그의 제자 시라토리 쿠라키치(白鳥庫吉)는 같은 해에 단군은 고구려의 시조일 뿐이
라 했고, 1924년에 오다 세이코(小田省吾) 역시 단군을 폄하했다. 이에 육당은 1926
년 2월 동아일보에 「단군 부인의 망」이란 글을 시작으로 일본 측 주장을 강하게 반
박했다. 이 과정에서 근대적 용어인 신화라는 말이 수입되어 한국 사회에서 신화 개
념이 형성되었다.

3 졸고, 「근대 단군 담론에서 '신화' 개념의 형성과 파생문제」, 『고조선단군학』제24
호, 고조선단군학회, 2011, 200-208쪽.

4 브루스 링컨, 김윤성 외 옮김, 『신화 이론화하기』, 이학사, 2009, 22-47쪽.

5 텐무(天武) 천황이 천황 중심의 새로운 국가를 건설하려는 정치적 의도에서 편찬하
게 한 일본 최초의 역사서이자 서사문학으로서, 712년 오노야스마로(太安万呂)가
기록했다. 상권은 신대사, 중권은 진무(神武)천황에서 오진(応神)천황까지, 하권은

닌토쿠(仁德)천황에서 스이코(推古)천황까지의 이야기를 담고 있다.

6 중국에 일본의 우수성을 알리려는 취지에서 겐쇼(元正)천황의 명에 따라 도네리신노오(舍人親王)가 편찬한 한문체 역사서이다. 총 30권으로 구성되어 있으며, 권1과 권2는 신대사이고, 권3 이하는 초대 진무천황에서 40대 지토오(持統)천황에 이르는 인간계의 사건들이 편년체로 기술되어 있다. 일본 최초의 正史로 간주되지만, 역사 기술로 보기에는 문제가 많다.

7 永原慶二, 『20世紀日本の歷史學』, 吉川弘文館, 2003, 26쪽; 전성곤, 「근대 일본의 신화담론 형성과 조선 신화인식」, 『일본연구』9집, 2008, 242쪽.

8 平藤喜久子, 「일본신화학과 엘리아데」, 『종교문화비평』, vol.11, 2007, 68-69쪽.

9 高木敏雄, 『比較神話學』, 東京 博文館, 1904.

10 박규태, 「일본인의 신관념-生神관념을 중심으로--」, 『한국종교연구회 회보』 7호, 1996, 59쪽; 「모토오리 노리나가의 기기신화의 해석」, 『기기신화의 성립과 역사인식-고사기 편찬 1300주년을 즈음하여-』, 2012.11.17.

11 1908년 7월 30일 『대한매일신보』에서 "민족이란 것은 같은 조상의 자손에 매인 자며 같은 지방에 사는 자며 같은 역사를 가진 자며 같은 말을 쓰는 자…"라고 개념화하였다.

12 서영대, 「근대 동아시아 3국의 신화적 국조 인식」, 『단군학연구』, 단군학회, 2010, 213쪽.

13 Oguma Eiji, A Genealogy of 'Japanese' Self-images, Translated by David Askew, Trans Pacific Press, 2002, p.64.

14 단군과 스사노오를 동일시하고 조선은 일본의 형제라 하였다. 1925년 조선신궁 제신 선정에 있어 스사노오를 모시자는 주장의 이면에는 '아마테라스=일본', '스사노오=한국'이라 하여 동생으로 보는 일선동조론이 깔려 있는 점에 유의해야 한다. 박규태, 「스사노오 신화 해석의 문제: 한반도와 연관성을 중심으로」, 서울대 종교학과 집담회 발표자료집, 2010. 10.

15 동아시아에서 국민 혹은 민족이라는 단어를 처음 쓴 것은 일본이었다. 1882년 히라타 도스케(平田東助)는 블룬칠리의 Deutsche Staatslehre fur Gebilder라는 책의 일부를 『국가론』이라고 번역하였다. 여기서 그는 Nation을 족민이라는 단어로 번역하고 Volk는 국민이라고 번역하였다. 1887년에 역자 미상의 글이 『독일학협회잡지』에 실렸는데 nation의 번역어로 족민과 민족 모두 사용되었다. 이후 민족이라는 단어가 점점 더 세를 얻기 시작하였고 야마토 민족, 게르만 민족, 로마 민족 등으로 민족이란 단어는 nation의 번역어로서 자리잡게 되었다. 1891년에 나온 「칙어연의(勅語衍義)」에서 이노우에 데쓰지로(井上哲次郎)는 '일본민족'이라는 단어를 사용하였다. 그는 "일본민족은 동일한 고전설에 의하여 그 계통을 잇고 건국 이래 동

일한 국토에서 거주하고 동일한 언어, 습관, 풍속, 역사등을 가지고 일찍이 다른 민족에 의해 정복당한 적이 없이 일대 혈족을 이루어 왔다."고 하였다. 일본의 민족 개념은 단일민족 신화를 만들어 가는 데 이용되었다. 박찬승, 『민족·민족주의』, 도서출판 소화, 2010, 46쪽.

16 전성곤, 앞의 논문, 244-246쪽.

17 나카 미치요, 신종원역, 「朝鮮古史考」, 『일본인들의 단군 연구』, 민속원, 2009, 165쪽.

18 시라토리 쿠라키치, 조경철역, 「단군고」, 『일본인들의 단군 연구』, 12-27쪽.

19 오다 세이코, 윤수희 역, 「단군전설에 대하여」, 『일본인들의 단군 연구』, 36-37쪽.

20 위의 논문, 45-47쪽.

21 조지훈, 『한국문화사서설』, 탐구당, 1964, 238쪽.

22 일본학자들의 단군 연구는 단군 부정론과 단군 긍정론의 두 갈래로 진행되었다. 단군부정론은 일본에서의 근대 역사학의 성립과 함께 시작된 동양사학의 한국사 연구에서 시작되었다. 시라토리(白鳥庫吉)로 대표되는 이들 계열은 문헌고증적 방법으로 단군의 실재를 부정하여 한국사의 출발을 늦추고 외세의존적 역사상을 만들어냈다. 단군 긍정론으로는 먼저 강호시대 국학을 잇는 계열들을 들 수 있다. 이 계열 단군론자들은 고사기와 일본서기에 보이는 스사노오가 단군과 동일인물이라고 하여 일선동조론의 근거로 삼았다. 단군 긍정론의 또 다른 계열로는 村山智順, 鳥居龍藏 등의 민속학자 인류학자들이 있다. 이들은 광범위한 민속지적 조사, 고고학적 발굴, 인류학의 문화보편주의적 입장에서 일선동조론을 주장하였다. 한국과 일본의 문화적 동원성을 주장하는 논거로 단군과 일본신화의 공통성, 조선 무속과 일본신도의 샤머니즘적 유사성 등이 원용되었다. 이영화, 「최남선 단군론의 전개와 그 변화 -檀君에서 壇君으로, 壇君에서 檀君으로-」, 『한국사학사학보』 5, 2002.

23 『신한국보』, 1910년 11월 8일.

24 이영화, 앞의 논문, 35쪽

25 육당은 『조선역사통속강화 개제』(1922)에서 그리스어 '미토스'와 우리말 '이약'을 연결지어 설명하였다. 즉 설화에는 ① 고담(Fairy tale, Mächen) ② 전설(Legend: 반역사 반공상적인 것) ③ 신화(Myth : 어떠한 신 혹은 神人이 어찌어찌 하였다는 것)이 있다고 하였다. 이 세 가지를 통틀어 우리말에는 '이약' 혹은 '옛이약'이라 하는데, '약'은 음성 혹은 언어의 뜻을 가진 것으로, '이'는 連絡 또는 繼承을 의미하는 설명어로 공간상으로 갑과 을의 사이에 사상을 전달한다는 의미, 시간상으로는 전과 후와의 사이에 사실을 전승시킨다는 의미인 듯하다고 하였다. 그는 "이약은 문득 一切 文獻의 모체를 의미하는 동시에 설화와 기록을 通同하는 역사의 義가 되는 것이다. 또 조선어의 '이약'이 희랍어 미토스(mythos=someth

ing spoken)와 비슷하다."고 하였다.

26 〈동아일보〉는 창간 당시부터 단군에 대한 숭배를 강조하였고 이는 1920년대와 1930년대초까지 이어졌다. 송진우는 1910년대부터 단군을 선양하기 위한 삼성사 건립 기성회를 조직한 바 있었다. 송진우는 〈동아일보〉 창간에 참여한 뒤 「단군 영정 현상 모집」 광고를 동아일보에 냈는데 그 내용은 다음과 같다. "단군은 우리 민족의 宗祖이시오 우리 근역에 건국하신 제1인이시오 가장 신성하신 혼령이 엄연하시고 건국하신 사업이 歷然하시고 경국하신 역사가 찬연하시고, 신성하신 혼령이 엄연하시사 금일 오등 자손에 傳케 되신지라. 우리는 존숭을 難禁하는 충심으로써 숭엄하신 단군 尊像을 구하야 諸者와 공히 拜하려고 이에 본사는 현상하야 감히 존상을 모집하오니 강호형제는 응모하시오." 또한 1922년 3월부터 각 지방 청년회와 동아일보 지국, 천도교 등이 연합한 재외동포 위문 사업을 전개하였는데 이 사업에서 민족의식, 민족의 단합을 강조하면서 그 중심에 단군을 설정하였다. 1926년 최남선은 〈동아일보〉 객원으로 활동하면서 「단군 좀認의 망」, 「단군론-조선을 중심으로 한 동방 문화연원」 등 8편의 단군 관련 글을 발표하였다. 박찬승, 앞의 책 참조.

27 「조선의 신화와 일본의 신화」, 『육당최남선전집』2, 36쪽.

28 위의 책, 37쪽.

29 당시 일본의 신화 연구는 곧 일본 神代의 연구였다. 이러한 경향에 따라 육당도 단군을 비롯한 건국시조 이야기들을 한국 신화의 범주에서 다루고자 했다. 「자열서」에서 단군전승을 神代史에 비견하고자 했던 입장을 보여 주었는데, 일부를 인용하면 다음과 같다. "…실로 단군문화로써 일본은 물론이오 전인류 문화의 일반을 포섭하자 한 당돌한 제안에 불외하는 것이었다. 또 하나는 당시의 한일관계를 장시간 계속할 것으로 보고 약간 불순한 경로를 밟고서라도 국조신앙을 우리의 정신적 지주로 확립하기를 기도하여 이러면 될까 저러면 될까 한 끝에 단군 신전을 백악산상에 광대히 건설하여 소위 조선신궁을 압도할 책을 만든 일이 있었다. 이것을 일본인에게 개설할 때에 일본의 신도 원리로 보아도 조선의 국토주신을 모르는 체 할 수 없음을 理由로 하는 것이 당시 나의 주요한 논리였다."

30 김태준은 백남운의 『조선사회경제사』에 영향을 받아 유물변증법적 시각을 견지했다. 김용직, 『김태준평전』, 일지사, 2007, 232-236쪽.

31 1935년 12월 6일-12월 24일〈조선중앙일보〉에 기고하였다. 이 내용은 이기백이 편집한 『단군신화론집』, 새문사, 1990, 195-225쪽에 실려 있다.

32 위의 책, 203쪽.

33 위의 책, 209쪽.

34 위의 책, 209-210쪽.

35 위의 책, 198쪽.

36 위의 책, 200쪽.

37 김용직, 앞의 책, 232-236쪽.

38 인용문들에서 밑줄은 필자가 강조를 위해 사용하였다.

39 대판매일신문 본문에서는 '함북창세기(咸北創世記)'라고 표기하였다. 이 지역의 놀라운 변화를 새로운 신화에 비유하였다.

40 정진홍,『경험과 기억』, 당대, 2003, 296쪽.

2000년 이후 한국의 중국 신화학 | 임현수

1 90년대 이전의 연구 흐름에 대해서는 정재서, 「중국 문헌신화 연구사에 대한 담론 분석: 제3의 시각 확보를 위한 전제 연구」,『東아시아 古代學』제9집, 2004, 93-95쪽에 의존하였다.

2 조현설, 「설화 연구의 새로운 흐름과 전망」,『東岳語文論集』37집, 2001, 242-245쪽.

3 김선자,『중국 소수민족 신화기행』, 안티쿠스, 2009.

4 동아시아고대학회 편,『동아시아 여성신화』, 집문당, 2003; 김선자, 「마녀와 정절녀(貞節女), 그리고 여신」,『중국어문학논집』제38호, 2006, 317-342쪽; 김선자, 「여와 신화와 중국 여성의 이중적 정체성: 여와의 기원과 변천에 관한 탐색」,『종교연구』, 제45집, 2006, 75-103쪽; 송정화,『중국 여신 연구: 중국 신화에 대한 여성학적 탐구』, 민음사, 2007; 김선자, 「여와(女媧), 지상으로 내려오다」,『중국어문학논집』, 제51호, 2008, 521-546쪽; 차옥숭·김선자·박규태·김윤성,『동아시아 여성신화와 여성 정체성』, 이화여자대학교출판부, 2010.

5 중국에서 진행된 중국 신화학에 대한 정재서의 비판적 입장을 파악하기 위해서는 다음의 글을 참조. 정재서, 「서사와 이데올로기: 중국, 그 영원한 제국을 위한 변주」,『중국어문학논집』, 제6호, 1994, 9-18쪽; 정재서,『동양적인 것의 슬픔』, 살림, 1996; 정재서, 「中國神話의 槪念的 範疇에 대한 檢討: 袁珂의 廣義神話論을 중심으로」,『中國學報』제41집, 2000, 3-16쪽; 정재서, 「신화 속의 몸, 몸속의 신화」,『중국소설논총』제12집, 2000, 1-11쪽; 정재서, 「중국 문헌신화 연구사에 대한 담론 분석: 제3의 시각 확보를 위한 전제 연구」,『東아시아 古代學』제9집, 2004, 85-108쪽; 정재서,『사라진 신들과의 교신을 위하여: 동아시아 이미지의 계보학』, 문학동네, 2007; 정재서, 「제3의 중국학은 가능한가?: 그 실현을 위한 예증」,『中國文學』제54집, 2008, 1-18쪽; 정재서, 「禪讓인가? 簒奪인가?: 고대 중국의 왕권신화의 해체론적 접근」,『中國語文學』제54집, 2009a, 5-20쪽; 정재서, 「동아시아로 가는 길: 한중일 문화유전자 지도 제작의 의미와 방안」,『中國語文學誌』제31집, 2009b, 111-124쪽; 정재서,『앙띠 오이디

푸스의 신화학: 중국 신화학의 새로운 정립을 위하여』, 창작과 비평사, 2010.

6 이 밖에도 서구 오리엔탈리즘이 중국 신화에 대한 왜곡된 이해를 초래한 사례로 창 조신화부재론과 설화삼분법이 제시되고 있다. 여기에 대해서는 정재서, 위의 책, 2010, 27-30쪽 참고.

7 수년 전 그가 저술한 중국 신화집이 다음과 같이 국내에 번역되었다. 袁珂, 『中國神 話傳說』, 전인초 · 김선자 옮김, 『중국 신화전설 I 』, 민음사, 1992; 袁珂, 『中國神話 傳說』, 전인초 · 김선자 옮김, 『중국 신화전설 II 』, 민음사, 1998.

8 원가는 이러한 문제의식에서 중국 신화의 역사를 기술할 필요성을 느꼈다. 최근 그 의 중국 신화사가 번역되었다. 袁珂, 『中國神話史』, 김선자 · 이유진 · 홍윤희 옮김, 『중국 신화사 상 · 하』, 웅진지식하우스, 2010.

9 중국의 신화학에 대한 이유진의 입장을 살펴보려면 다음의 글들을 참고. 이유진, 「중 국 신화의 역사화에 관한 시론」, 『中國語文學論集』, 제20호, 2002, 363-384쪽; 이유 진, 「끊임없는 담론: 신화의 역사화, 역사의 신화화」, 『中國語文學論集』 제24호, 2003, 517-545쪽; 이유진, 「중국 신화의 역사화와 大一統의 욕망」, 『中國語文學論 集』, 25호, 2003, 485-507쪽; 이유진, 「中國神話의 歷史化 研究」, 연세대학교 중어중 문학과 박사학위논문, 2004; 이유진, 「중국 신화의 역사화와 윤리화」, 『中國語文學 論集』, 제27호, 2004, 551-572쪽; 이유진, 「현행사물주의와 중국 신화」, 『中國語文學 論集』, 제29호, 2004, 459-480쪽; 이유진, 「중국민족주의 담론으로서의 黃帝 서사에 대한 계보학적 고찰」, 『中國語文學論集』 57호, 2009, 429-455쪽; 이유진, 「원가의 광 의신화론이 탄생하기까지」, 『中國語文學論集』 64호, 2010, 465-486쪽.

10 홍윤희의 입장이 드러난 글로는 다음이 있다. 홍윤희, 「20세기 초, 중국과 신화학의 만남」, 『중국어문학논집』 23호, 2003, 389-411쪽; 홍윤희, 「1920년대 중국, '국가의 신화'를 찾아서: 胡適, 魯迅, 茅盾의 중국 신화 단편성 논의를 중심으로」, 『中國語 文學論集』 제28호, 2004, 491-510쪽; 홍윤희, 「『산해경』과 근대 중국의 동상이몽」, 『중국어문학논집』 32호, 2005a, 243-265쪽; 홍윤희, 「인류학과 茅盾의 신화 연구」, 『중국어문학논집』 31호, 2005b, 357-375쪽; 홍윤희, 「중국근대 신화담론형성 연 구」, 연세대학교 중어중문학과 박사학위논문, 2005c; 홍윤희, 「1930년대 중국의 인 류학과 묘족 신화 연구에 있어서의 '민족' 표상」, 『중국어문학논집』 44호, 2007, 395-416쪽; 홍윤희, 「秦始皇, 신화와 역사의 경계에서: 張藝謀의 「英雄」을 통해 본 중국」, 『중국어문학논집』 53호, 2008, 381-400쪽; 홍윤희, 「聞一多「伏羲考」의 話行 과 抗戰期 신화담론의 민족표상」, 『중국어문학논집』, 55호, 2009, 435-459쪽; 홍윤 희, 「맺지 않은 매듭: 袁珂의 廣義神話論과 1980년대 중국 신화 대토론」, 『中語中文 學』, 제47집 2010, 285-312쪽.

11 김선자의 논의는 다음의 글을 참고. 김선자, 「黃帝神話와 國家主義: 중국 신화 역사

화 작업의 배경 탐색: 何新의 『論政治國家主義』」, 『중국어문학논집』 31호, 2005, 305-332쪽; 김선자, 『만들어진 민족주의 황제신화』, 책세상, 2007.

12 브루스 링컨, 김윤성 · 최화선 · 홍윤희 옮김, 『신화 이론화하기: 서사, 이데올로기, 학문』, 이학사, 2009, 93-138쪽.

13 정재서, 앞의 책, 2007, 6쪽.

14 정재서, 앞의 책, 1996, 84쪽.

15 정재서, 앞의 책, 2010, 238-239쪽.

16 홍윤희, 앞의 논문, 2005c, 184-185쪽.

17 김선자, 앞의 책, 2007, 470-472쪽.

18 정재서, 앞의 책, 1996, 86쪽.

19 이유진, 앞의 논문, 2002, 381-382쪽.

20 홍윤희, 앞의 논문, 2005c, 176쪽.

21 위의 논문, 185쪽.

22 정재서, 앞의 논문, 2004, 105-106쪽.

23 각주 15 인용문 참조.

24 정재서, 앞의 논문, 2009b, 119쪽.

25 정재서, 앞의 논문, 2004, 97쪽

26 정재서, 앞의 책, 2010, 27쪽.

27 정재서, 앞의 책, 2007, 8쪽

28 위의 책, 7쪽.

29 정재서, 앞의 책, 2007은 그 결과물이다.

30 정재서, 「사라진 신들과의 교신을 위하여: 도연명(陶淵明)의 「독산해경(讀山海經)」, 황지우의 「산경(山經)」」, 위의 책.

31 정재서, 「금지된 욕망과 물의 서사: 황순원의 「소나기」, 서머싯 몸의 「비」」, 위의 책.

32 정재서, 앞의 논문, 1994, 12쪽.

33 정재서, 앞의 책, 2010, 243쪽.

34 위의 책, 246-247쪽.

35 정재서, 「금지된 욕망과 물의 서사: 황순원의 「소나기」, 서머싯 몸의 「비」」, 앞의 책, 2007.

36 정재서, 「신화 속의 몸, 몸 속의 신화」, 위의 책.

37 임현수, 「조나단 스미스의 비교이론과 방법: 이해와 비판」, 『종교문화비평』, 통권 10호, 2006, 55-64쪽.

38 정재서, 앞의 책, 2010, 260-261쪽.

39 이 이외에도 정재서가 다원계통발생설에서 언급된 몇 가지 계통을 선험적으로 전
제한 상태에서 비교작업을 전개했을 가능성에 대해서도 검토할 필요가 있다. 여기
서는 논점을 흐릴 염려가 있어서 생략한다.

40 Jonathan Z. Smith, *Drudgery Divine: On the Comparison of Early Christianities and the Religions of Late Antiquity*, Chicago: The University of Chicago Press, 1990, p. 48.

신화와 전통 ㅣ 구형찬

1 이러한 논의를 위해 무속에 주목하는 것이 필연적인 선택은 아니다. 무속이 아니더
라도 선택할 수 있는 사례와 맥락은 많이 있을 것이다. 만약 앞으로 그러한 다양한
자료들에 대한 연구가 실제로 행해져 신화와 전통을 문화적으로 유행시키는 요인들
의 미세한 차이와 변형들을 다룰 수 있게 된다면 더 나은 논의가 가능할 것이다.

2 Marcel Detienne, *The Creation of Mythology*, trans. by Margaret Cook, Chicago: the University of Chicago Press, 1986; Eric Hobsbawm, ed., *The Invention of Tradition*, Cambridge: Cambridge University Press, 1983 참조.

3 『전통의 발명』을 펴낸 역사학자 에릭 홉스봄(Eric Hobsbawm)이 말한 것처럼, 이런
문제에 관한 연구는 학제적인 작업을 요청한다. *Ibid.*, p. 14 참조.

4 Pascal Boyer, *Tradition as Truth and Communication: A Cognitive Description of Traditional Discourse*, Cambridge: Cambridge University Press, 1990, pp. viii-x 참
조. 파스칼 보이어에 따르면, 문화적 상호작용에 관한 이론은 행위자의 마음속에서
어떤 일이 벌어지고 있는지에 관한 강력한 가설 없이 제시될 수 없다.

5 문화에 대한 역학적 연구 방법에 대해서는 프랑스의 인류학자 댄 스퍼버가 주창한
바 있다. Dan Sperber, *Explaining Culture: A Naturalistic Approach*, Oxford: Blackwell Publishing, 1996, p. 2 참조.

6 '신화'와 '전통' 뿐만 아니라 '종교'라는 개념도 이러한 범주화의 틀로 접근해야 한
다. 종교를 존재론적 범주가 아니라 하나의 서술 범주로 보려는 관점은 정진홍에 의
해 오랫동안 개진되어 왔다. 정진홍, 『종교문화의 논리』, 서울대학교출판부, 2000, 21-46쪽 참조.

7 Sperber, *op.cit.*, p. 61.

8 *Ibid.*, p. 24.

9 *Ibid.*, pp. 24-31.

10 Brian Boyd, *On the Origin of Stories: Evolution, Cognition, and Fiction*, Cambridge: The Belknap Press of Harvard University Press, 2009, p. 129.

11 Sperber, *op. cit.*, pp. 71-72.

12 메타표상의 인지적 과정 역시 거대한 설명적 과제를 남겨놓고 있다. 메타표상이라는 인지적 과정이 존재한다는 것을 진술하는 것만으로는 그 과정의 메커니즘이 드러나지 않기 때문이다. 인지과학에서 전개되어 온 사고의 모듈성(modularity of thought)에 대한 다양한 논쟁은 메타표상의 메커니즘을 밝히기 위해서도 참조 될 수 있다. *Ibid.*, pp. 119-150; Dan Sperber, ed., *Metarepresentations: a Multidisciplinary Perspective*, Oxford: Oxford University Press, 2000; Jerry A. Fodor, *Modularity of Mind*, Massachusetts: The MIT Press, 1983 참고.

13 여기서 '자명성'은 어떤 범주의 개념들은 그 자체의 논리가 의심되지 않고 그것이 옳다는 이차적인 믿음에 의해 수용되어 처리되는 메타표상적 측면을 묘사하기 위해 선택된 용어다.

14 Russell T. McCutcheon, *Religion and the Domestication of Dissent: Or, How to Live in a Less than Perfect Nation*, London: Equinox, 2008, p. 52.

15 이러한 표현들은 정진홍, 『한국종교문화의 전개』, 집문당, 1986, 80-81쪽을 참조했다.

16 실제로 문화재청에는 무속과 관련된 다양한 유산들이 '중요무형문화재', '중요민속문화재', '시도무형문화재', '시도민속문화재' 등의 항목에 등록되어 있다.

17 역사학적 관심에서 제국주의 시대와 근대 민족국가 탄생기의 민감한 용어들에 더 세심하게 주목한다면 여기서 사용한 '한국', '한국인', '일본인', '서양인' 등은 다른 용어들로 대체되는 것이 바람직할 것이다. 그러나 여기서는 신화담론의 형성에 관련된 대체적이고 포괄적인 사항을 지적하는 것이 목적이므로 그대로 사용해도 무방할 것이다.

18 서양인들의 신화학적 관심은 일본과 한국에 근대 학문적 대상으로서 신화에 대한 관심을 불러일으키는 데에도 일조한 것 같다. 일본과 한국에 일본과 한국에서는 서양의 '미쏠로지'가 신들의 시대와 국가 설립에 관한 이야기를 가리킬 때에는 '신화'로, 그러한 이야기들에 대한 연구를 가리킬 때에는 '신화학'으로 번역되어 사용되어 온 것으로 보인다.

19 H. B. Hulbert, "Korean Folk Tales", *Transactions of the Korean Branch of the Royal Asiatic Society*, Vol. 2, 1902, pp. 45-46, 63, 72-73 참조. 장석만, 「한국 신화 담론의 등장」, 『종교문화비평』5, 2004에서는 헐버트 선교사의 이러한 입장을 보여주는 문구들을 인용하고 정리해서 제시하고 있다.

20 김영남, 「한국 신화학의 '자기 식민지화' 과정 - 공동환상의 창출과 일원적 고대상의 형성」, 육당연구학회, 『최남선 다시 읽기』, 현실문화, 2009, 283-284쪽 참조.

21 김영남, 같은 글. 김영남은 나카 미치요(那珂通世)가 「朝鮮古史考」(1894)에서 단군 이야기는 승도(불교)에 의해 날조된 것으로서 조선의 고전이 아니라고 주장했던 내

용을 인용하고 있다.

22 최남선, 육당기념사업회편, 「조선의 신화」, 『조선의 신화와 설화』, 弘盛社, 1983, 7-19쪽 참조.

23 전성곤, 『근대 '조선'의 아이덴티티와 최남선』, 제이앤씨, 2008 참조. 한편 최남선의 이러한 신화론은 일본 학자들의 신화론의 체계를 그대로 따르는 것이어서, 그가 아무리 단군신화 문화권을 동아시아로 확장하여 일본을 거기에 종속시키려 했다고 하더라도 결과적으로는 '내선일체'의 논리에 봉사하게 되었으리라는 비판적인 주장도 있을 수 있다. 그러나 여기서는 그것을 최남선의 친일 행적인 것처럼 해석해야 할 이유가 없다.

24 서영대는 '무속'이라는 말이 중국이나 일본에서도 사용되고 있지만 이능화의 이전에 무속이라는 용어를 사용한 예를 본 적이 없다고 하면서, 이능화가 무속이라는 용어를 사용한 최초의 인물일 것이라고 주장한다. 서영대, 「해제」, 이능화, 『조선무속고』, 서영대 역주, 창비, 2008, 58쪽.

25 무속신화가 처음으로 채록되어 출간된 시기는 1930년이라고 말해진다. 서대석, 『한국의 신화』, 집문당, 1997, 9쪽 참조. 이 1930년은 아카마쓰 지죠와 아키바 다카시가 제국학사원의 연구지원비를 받아 한국의 요지를 답사하며 조사하기 시작한 해이기도 하지만, 그들과 함께 작업했던 손진태의 『조선신가유편(朝鮮神歌遺編)』이 나온 해이기도 하다. 구송되는 무가를 조사하고 채록하는 일은 일본인 학자들보다는 손진태와 같은 한국인 연구인력의 손에 맡겨졌을 가능성이 크다. 손진태는 '무가'나 '무속신화'라는 용어를 사용하지 않고 '신가'라는 용어를 사용하여 무당의 서사들을 체계적으로 수집하고 범주화하고 있다. 한편 '무가'라는 용어를 처음으로 사용한 것은 일본인 학자들인 아카마쓰 지죠와 아키바 다카시라고 여겨진다. Boudewijn Walraven, *Songs of the Shaman*, London: Kegan Paul International, 1994, p. 15 참조.

26 김태곤의 『한국의 무속신화』, 서대석의 『한국의 신화』 등은 무속신화를 하나의 정착한 범주로서 사용하고 있는 대표적인 저작들이다. 한편 무가 연구가 본격화된 것은 1960년대 이후라고 여겨진다. 무가의 비교, 무가권의 구획, 무가의 신화적 의미 등이 현장조사와 이론적 작업과 더불어 이루어져 무가 연구의 지평이 넓어진 것도 이때의 일이다. 홍태한, 「굿판의 변화와 무가 연구의 방향 설정」, 『구비문학연구』 15집, 한국구비문학회, 2002; 안상경, 『앉은굿 무경』, 민속원, 2009, 16-17쪽 참조.

27 이능화, 『조선무속고: 역사로 본 한국 무속』, 서영대 역주, 창비, 2008, 58쪽 참조.

28 최남선, 「원시문화연구와 고문헌고전설의 가치」, 〈동아일보〉, 1927. 5. 23 참조. "어떠한 국민의 역사든지 그 시초는 신화로부터 출발합니다. 그런데 신화는 종종의 계기로부터 출생한 것이지만 다분히 원시신앙 내지 민족적 고종교에 인록을 가

지는 것이니…(중략)… 일변으로는 종교 그것을 파 보는 것이 이 모든 것의 연원을 밝히는 첩경도 됩니다…(중략)…조선고교의 연원을 알기 위하여 조선사상과 관계가 특히 깊은 동북아시아 제민족의 공통신앙을 관찰하기로 하니…(중략)…살만교 차기는 이를 위해 기초한 중의 일편입니다…(중략)… 조선고교는 물론 살만설뿐만이 아니지만 무속은 분명히 그 심원한 일 부면이요 또 고대에 있어서만 그런 것이 아니라 현재까지도…(중략)…강대성을 가졌습니다."(원문의 옛 표현을 이해하기 쉬운 표현으로 필자가 수정함)

29 손진태, 최광식 역, 『조선상고문화의 연구: 조선고대의 종교학적 · 토속학적 연구』 (남창 손진태선생 유고집 I), 고려대학교박물관, 2002. 여기서 손진태는 조선의 고유종교를 '샤머니즘'과 동일시하는 시각에 반대하면서 조선의 무격신앙이 악정숭배와 다신숭배적 요소를 가지고 있다는 사실을 강조한다.

30 김성례, 「무속전통의 담론 분석」, 『한국문화인류학』 22집, 1990 참조.

31 김성례의 「무속전통의 담론 분석」에서는 세 명의 학자들이 마치 동일한 성격의 민족주의자인 것처럼 거론되지만 이들의 학문적 지향성이나 특성은 서로 구별될 필요가 있다고 생각한다. 특히 최근에는 이들의 학문사적 특성과 가치를 재고하려는 연구서들도 출판되고 있다. 전경수, 『손진태의 문화인류학: 제국과 식민지의 사이에서』, 민속원, 2010; 전성곤, 앞의 책 참조. 하지만 여기서는 김성례의 논문에서 대체적인 논의의 흐름만을 수용하면서 정리하고 있음을 밝힌다.

32 최남선 이래로 무당의 직능에 대한 이해도 낭만적인 경향 아래 놓이게 된 것으로 생각된다. "무당은 개인 혹은 국가 차원의 각종 의례를 담당하는 의례 담당자이며, 인간의 몸을 돌보는 치병자이고, 길흉화복을 판단하는 점복자로서 인간의 풍요, 복지, 안녕 등을 책임지는 밝은 면의 종교전문가로 이해되었다." 최종성, 「어둠 속의 무속: 저주와 역모의 무속」, 『동아시아 종교문화학회 제1회 국제학술대회 Proceedings』, 2009, 257쪽.

33 과거를 지시하지 않는 것들이 신화와 전통으로 범주화되는 경우는 '신화와 전통을 창출하자'는 식의 수사적 선언을 통해서이다. 현재의 이 순간을 먼 미래에서도 기억되게 하자는 것인데 이런 경우에도 미래의 회상 시점에서 본다면 신화와 전통은 과거를 지시하는 표상이 된다.

34 Marcel Mauss, *Manuel d'ethnographie*, Paris, 1947, 98; Detienne, *op. cit.*, p. 37에서 재인용.

35 신화와 신화 연구의 관계에 관한 이러한 인식에 관해서는 *Ibid.* pp. 1-21 참조.

36 Hobsbawm, *op. cit.*, pp. 1-2 참조. 홉스봄이 공동편집자이자 대표저자로서 서론과 제6장을 쓴 책인 『전통의 발명』은 19세기 말, 20세기 초 급변하던 유럽사회에서 의례, 수사학, 상징물 등을 이용하여 스스로를 대중과 연결시켜 스스로의 정당성을

유지하려 했던 엘리트들에 의해 수많은 '전통' 이 발명되었음을 성공적으로 예증했다.

37 *Ibid.*, pp. 4-7 참조.

38 Sperber, *op. cit.*, pp. 27-29.

39 Boyer, *op. cit.*, pp. 108, 110-114 참조.

40 *Ibid.*, p. 111.

41 기억은 회상과 망각으로 표현되는 현재적 표상의 인지적 과정이다. 따라서 실제로는 변형과 왜곡에서 자유로울 수 없으면서도 과거의 사건을 지시하고 그것과의 연속성을 주장한다는 점에서 신화와 전통은 기억과 닮았다. 또 신화와 전통은 기억되지 않으면 전승될 수도 없고 존속할 수도 없다는 점에서도 이를 기억과 함께 다룰 필요가 있다.

42 Gerald M. Edelman, *Bright Air, Brilliant Fire: On the Matter of the Mind*, Basic Books, 1992, p. 102. '신경학적' 이라는 표현은 이해를 돕기 위해 맥락을 고려하여 필자가 첨가한 것임.

43 Detienne, *op. cit.*, pp. 35-36.

44 Hobsbawm, ed., *op. cit.*, p. 2.

45 최종성, 「어둠 속의 무속」, 앞의 자료집 참조. 이러한 인식을 지닌 연구자들은 조선 시대 민간에서 이루어진 무당들의 행적 중에 그들의 신앙이 바탕이 되어 사회에 영향력을 행사한 사건들도 있었다는 사실에 특별히 주목하는 경향이 있는 것으로 보인다. 새로운 시대를 대망하다가 붙잡혀 심문을 받고 처결을 당한 무당들에 대해서는 『조선왕조실록』이나 『일성록』 외에도, 조선후기의 추국자료인 『推案及鞫案』(서울대학교 규장각한국학연구원 소장자료, 奎15149)에 보다 자세한 기록이 남아 있다. 예컨대 『추안급국안』의 일부인 『逆賊呂還等推案』과 『車忠傑推案』에서는 숙종대의 사건으로서 기존 사회질서의 전복을 꿈꿨던 민간의 무당들의 행적에 관한 기록을 접할 수 있다. 이 두 기록은 공통적으로 특정한 신화적 믿음과 무당에 의해 이루어진 의례와 신앙이 큰 영향력을 지닌 채 사건 형성의 주요한 동기를 차지하고 있었음을 보여준다. 그러나 이러한 사건들은 소설이나 드라마의 소재로 간혹 등장하기도 하지만 무속의 신화와 전통의 담론에 의해 포착되어 언급되는 경우는 드물다. 단정할 수는 없지만 무당과 그 신도들의 이러한 행적은 민족주의적 관점에서 논의되던 무속 전통의 범주에는 해당하지 않았으며, 민속학과 국문학 진영에서 이루어진 무가 수집을 통해서도 포착되지 않았기 때문이라고 짐작된다. 그러나 이 사건들은 심리학적 자극의 강도가 크기 때문에 시간이 지난 뒤에도 되읽혀질 가능성이 열려 있으며, 연구자들의 현실 인식에 의해 새롭게 포착되어 더 확장된 무속 담론 속에서 지속적으로 언급될 가능성이 없지 않다. 이 짧은 언급 역시 무속 담론을

변화시킬지도 모른다.

46 이러한 담론들과 무속의 사회문화적 지위의 관계, 그리고 전통으로 포착되는 의례 형식과의 관계 등에 대해서는 각각 별도의 서술이 필요할 만큼 많은 논의가 가능할 것으로 보인다. 예컨대, '대한승공경신연합회' 등 무속인 단체의 역사, 사물놀이나 민속놀이의 부흥과 경연화 과정, 무속전통에 관한 담론에서 경객이 주도하는 '앉은굿'의 지위 변화 등의 주제는 중요한 분석의 대상이 된다. 이 문제에 관해서는 다음의 과제로 남겨둔다.

47 조흥윤, 『한국의 샤머니즘』, 서울대학교출판부, 1999, xix쪽 참조. 이러한 언급은 일찍이 손진태의 『조선상고문화의 연구』에서도 확인된다. 한편, Avvakum Petrovich의 "The Shaman: A Villain of a Magician Calls Demons"(1672)을 소개하고 있는 Jeremy Narby, ed., *Shamans Through Time*, New York: Penguin, 2001, p. 18에 따르면, 샤먼(shaman)이라는 말을 출판된 텍스트에서 처음 사용한 사람은 1661년에 시베리아에 보내졌던 페트로비치라고 한다.

48 Mircea Eliade, *Shamanism: Archaic Techniques of Ecstasy*, Princeton: Princeton University Press, 1964, pp. xvii-xxvii 참조.

49 이러한 주장이 무속과 샤머니즘의 관계에 대한 연구 성과들과 그 가치를 전면적으로 부정하는 것은 아니다. 본고의 관심은 외부의 학문적 성과들과 그 성과를 전유하여 종교적 전통이 자신의 교의적 주장을 형성하는 것이 완전히 분리된 과정이 아니라는 점을 숙고하려는 데 있다.

50 무속을 동시대의 종교 전통의 하나로 보자는 주장들은 이미 없지 않았다. 하지만 그러한 입장들의 대부분은 무속의 고대성에 대한 주장을 분석의 대상으로 삼기보다는 '유구한 전통이면서 과거만이 아니라 현재까지도 큰 영향력을 지속적으로 행사하고 있는 종교'로서의 무속을 서술하고자 하는 것들이었다. 이러한 입장은 과거의 민속이나 습속이라는 함의를 지닌 '무속'이라는 용어 대신에 '무'나 '무교' 등의 용어를 사용하자는 주장들과도 연결되어 있다. 그러한 입장들에 대해서는 조흥윤, 앞의 책; 유동식, 『한국무교의 역사와 구조』, 연세대학교출판부, 1975 참조. 그들과 달리 본고는 그 종교의 고대성에 대한 주장을 재고하자는 입장에 서 있다.

51 본고의 이러한 인식은 단지 무속에 대해서만 적용될 수 있는 것이 아니라 연구의 대상이 되는 어떤 종교전통에 대해서도 마찬가지로 유효하다.

신화를 생산하는 신화학자 | 홍윤희

1 이반 스트렌스키, 『20세기 신화 연구』, 이학사, 2008. 12쪽.

2 胡遠鵬, 「縱觀海內外 『山海經』 硏究五十年」, 『福建師範大學福淸分校學報』, 總第62

期, 2003年 增刊, 46-47쪽.

3 唐啓翠, 胡滔雄, 「葉舒憲『山海經』研究綜述」, 『長江大學學報(社會科學版)』第29卷 第2期, 2006.4, 21쪽.

4 金榮權, 「『山海經』研究兩千年述評」, 『信陽師範學院學報(哲學社會科學版)』第20卷 第4期, 2000.10, 101-102쪽.

5 鈴木健之 著, 張桂權 譯, 「袁珂的神話研究」, 張家釗, 任昭坤, 蘇寧 編著, 『塡海追日』, 四川大學出版社, 1998, 221쪽.

6 자신의 연구 성과를 袁珂는 다음의 여섯 가지 방면으로 정리하였다. 1)『中國古代神話』에서『中國神話傳說』까지: 단편적이고 흩어져 있는 중국 신화를 이어붙이기 2)『山海經』校注와 연구 3)『古神話選釋』집필 4) 神話詞典 편찬 :『中國神話傳說詞典』, 『中國民族神話詞典』, 『中國神話大詞典』5)『中國神話史』집필 6)『神話論文集』과『袁珂神話論集』(袁珂, 「我在神話研究方面做的工作」, 『中華文化論壇』, 1996. 제4기)

7 이 책들은 중국과 대만에서 오래도록 여러 차례 출판되었는데 그 구체적인 상황은 다음과 같다. 『山海經校注』는 1980년 7월 上海古籍出版社에서 초판이 나왔고, 1981년 7월 臺灣里仁書局에서 출판되었다. 1983년 7월 上海古籍出版社에서 重印하였고, 1986년 10월 上海古籍出版社에서 3차, 1991년 4월 4차 인쇄하였다. 1993년 4월에는 증보수정본이 巴蜀書社에서 나왔고, 1995년 4월에는 臺灣里仁書局에서도 나왔다. 그 이후에도 계속 重印되고 있다. 『山海經校譯』은 上海辭書出版社에서 1985년 9월에 초판이 나오고, 1995년 1월에 上海古籍出版社에서 重印하였다. 사실상 같은 책이라고 할 수 있는『山海經全譯』은 1991년 12월 貴州人民出版社에서 출판되었고, 이후에도 여러 차례 인쇄되었다. 1997년 1월에는 臺灣古籍出版社에서도 출판되었다.

8 袁珂, 「我只是盡到了努力」, 張家釗, 任昭坤, 蘇寧 編著, 『塡海追日』, 四川大學出版社, 1998.

9 袁珂, 「中國神話研究和『山海經』」, 『袁珂神話論集』, 四川大學出版社, 1996. 9, 25쪽.

10 그는 가장 훌륭한 번역으로 Rémi Mathieu의 *Étude sur la mythologie et l'ethnologie de la Chine ancienne* (1983)를 꼽는다.(*The Classic of Mountains and Seas*, Translated with an Introduction and notes by Anne Birrell, Penguin Classics, 1999. 중 Introduction, xlv.)

11 倪泰一 · 錢發平 편저, 서경호 · 김영지 역, 『산해경』, 안티쿠스, 2008. 역자 해설 참고.

12 呂微, 葉舒憲, 蕭兵 等, 「對想像力和理性的考驗-中國社會科學院文學研究所座談『山海經』研究」, 『淮陰師範學院學報』第28卷, 2006.2, 234쪽.

13 袁珂, 『中國神話史』, 102쪽.

14 위안커는 여기에서 帝를 黃帝라고 해석한다. 즉 산신들 간의 다툼이 일어나 무고한 자를 모살하자 "신의 나라 최고 통치자인 황제"가 엄격한 징벌을 내렸다는 것이다. 주의할 점은 『산해경』에는 帝와 黃帝, 帝俊이 모두 나타나고 있다는 점이다. 帝는 때에 따라 上帝, 黃帝, 帝俊 등으로 해석되곤 하는데 이 점에 대해서는 별도의 논의가 필요할 것이나 본고의 논지에서는 벗어나므로 차후의 과제로 남기도록 한다.

15 이것을 과연 토템으로 볼 수 있을 지에 대해서는 의심의 여지가 많지만, 위안커는 '의심의 여지가 없다'고 단정한다. 근거가 충분치 않은데다 토테미즘을 어떻게 규정할 것인지에 대한 논의도 필요한 문제라고 판단된다.

16 신화의 발생 시기에 대한 위안커의 논의에 대해서는 홍윤희, 「맺지 않은 매듭: 袁珂의 廣義神話論과 1980년대 중국 신화 대토론」, 『中語中文學』第47輯, 2010. 12, 韓國中語中文學會, 294-299쪽 참고.

17 참고로 모건이나 마르크스, 엥겔스의 주장과 달리, 역사상 모계제는 존재했으되 모권제는 존재하지 않았을 것이라는 것이 최근 학계의 공통된 인식이다.

18 형천이 이곳에 이르러 제와 신의 지위를 다투었는데, 제가 그의 머리를 잘라 상양산에 묻었다. 그러자 젖을 눈으로 삼고 배꼽을 입으로 삼아 방패와 도끼를 들고 춤을 추었다.(形(刑)天與帝[至此]爭神, 帝斷其首, 葬之常羊之山. 乃以乳爲目, 以臍爲口, 操干戚以舞).

19 대황의 가운데 일월산이라는 산이 있는데 하늘의 지도리이다. 오거천문은 해와 달이 지는 곳이다. 신이 있는데 사람의 얼굴에 팔이 없고 두 다리는 거꾸로 머리 위에 붙어 있다. 이름을 열이라고 한다. 전욱이 노동을 낳고 노동이 중과 려를 낳았는데 천제가 명하여 중으로 하여금 위로 하늘을 떠받치게 하고, 려로 하여금 아래로 땅을 누르게 하였다. 땅이 열을 낳았는데 그는 서쪽 끝에 살면서 해와 달과 별의 운행 순서를 주관한다.(大荒之中, 有山名日月山, 天樞也. 吳姖天門, 日月所入. 有神, 人面無臂, 兩足反屬于頭山(上). 名曰噓(噎). 顓頊生老童, 老童生重及黎, 帝令重獻上天, 令黎邛(卬)下地. 下地是生噎, 處於西極, 以行日月星辰之行次.)

20 "삼위산에는 삼청조가 산다. 이 산은 넓이가 100리이다(三危之山, 三青鳥居之. 是山也, 廣員百里)."(「西次三經」) "서쪽에 왕모의 산에, …삼청조가 있는데 붉은 머리에 검은 눈을 하고, 한 마리는 대려, 한 마리는 소려, 한 마리는 청조라고 한다.(西有王母之山,…有三青鳥, 赤首黑目, 一名曰大鵹, 一名少鵹, 一名曰青鳥)"(「大荒西經」)

21 『중국 신화사』, 164-165쪽.

22 '海經'의 이런 기록들에 대해 앤 비렐은 위안커와 다음과 같이 다른 견해를 표명하였다. "비-중국인이나 외국은 상징적으로, 그리고 문자 그대로 네 바다로 둘러 싸여 있는 신성한 중심부로부터 분리되어 있으며, 내·외로 나누어 문명과 야만 사이에

일종의 완충지대를 형성하였다.…이런 우주관 모델은 자민족 중심적 세계관(ethnocentric world view)을 내포한다." (Anne Birrell, *op. cit.*, xvii.)

23 "대행백이라는 사람이 있는데 창을 들고 있다. 그 동쪽에 견봉국이 있다.…견봉국은 견융국이라고도 하는데 그곳 사람들의 생김새가 개를 닮았다. 여자가 하나 있는데 바야흐로 꿇어앉아 술과 음식을 바치고 있다.(有人曰大行伯, 把戈. 其東有犬封國.…犬封國日犬戎國, 狀如犬. 有一女子, 方跪進杯食.)"(「海內北經」) "대황의 가운데에 융보산이라는 산이 있다. 순수가 그 안으로 흘러 들어간다. 견융이라는 사람이 있다. 황제가 묘룡을 낳고, 묘룡이 융오를 낳았으며 융오가 농명을, 농명이 백견을 낳았다. 백견에는 암수가 있는데 바로 견융이다. 고기를 먹는다.(大荒之中, 有山名曰融父山, 順水入焉. 有人名曰犬戎. 黃帝生苗龍, 苗龍生融吾, 融吾生弄明, 弄明生白犬, 白犬有牝牡, 是爲犬戎, 肉食.)"(「大荒北經」)

24 "남방……묘민이 있다. 사람의 얼굴에 뱀의 몸을 한 신이 있는데 수레의 끌채처럼 길다. 좌우에 머리가 있고 자주색 옷을 입었으며 붉은 모자를 썼다. 이름은 연유라 한다. 왕이 이 신을 만나 잘 대접하면 천하의 우두머리가 된다.(南方……有人曰苗民. 有神焉, 人面蛇身, 長如轅, 左右有首, 衣紫衣, 冠旃冠, 名曰延維. 人主得而饗食之, 伯天下.)"

25 위안커 신화론의 단원주의적 경향에 대해서는 일찍이 정재서가 『동양적인 것의 슬픔』(1996, 살림), 「중국 신화의 개념적 범주에 대한 토론 - 袁珂의 廣義神話論을 중심으로」(『中國學報』 제41집, 2000) 등을 통해 제시한 바 있다.

26 袁珂, 「『山海經』"蓋古之巫書"試探」, 『袁珂神話論集』, 四川大學出版社, 1996.9, 9쪽.

27 위의 글, 10쪽.

28 위의 글, 10쪽.

29 袁珂, 『中國古代神話』, 華夏出版社, 2004, 1쪽.

30 「『論山海經』的神話性質—兼與羅永麟敎授商権」, 26-42쪽.

31 "현재 전해지는 『산해경』은 18권으로 해내와 해외의 산천과 신지, 기이한 사물 및 각각에 상응하는 제사를 기록하고 있다. 우나 익이 지었다고 하는 것은 옳지 않고, 『초사』에 의해 지어진 것이라는 설 역시 타당하지 않다. 이 책에 기록되어 있기로는 신에 제사지내는 공물로 멥쌀(糈精米)이 많이 사용되고 있는데, 이는 무술(巫術)과 부합되는 것으로, 이 책은 아마도 옛날의 무서(巫書)였을 것이다. 그러나 진·한의 사람들이 보탠 것도 있다."(魯迅, 「神話與傳說」, 『中國神話學文論選萃』)

32 魯迅, 「中國小說的歷史的變遷」, 『中國小說史略』, 350쪽, 齊魯書社, 1997.

33 魯迅, 「神話與傳說」, 『中國小說史略』.

34 茅盾, 『中國神話研究初探』 序.

35 富泉,「『山海經』硏究的新成果」,『西安敎育學院學報』, 1998, 第2期.

36 최근에 발표된 陳宣紅의「中華悠久的文明史與『山海經』硏究的意義」(『福建師範大學福淸分校學報』總第90期, 2009年 第1期.)에서도 "중화문명의 역사가 결코 漢代 司馬遷의『史記』의 기록처럼 3천여 년만 된 것이 아니라 거의 1만년에 가까우며, 그래야만『산해경』연구가 의의를 가진다."고 주장하고 "『산해경』연구의 의의는 중화민족의 우수한 전통문화를 드높이고, 서양 몇몇 역사학자들의 잘못된 관점을 반박하고, 전체 중화민족의 부흥을 실현하는 것"이라고 말했다.『산해경』연구가 극도의 자민족 중심주의 및 민족우월주의와 결합한 단적인 예라고 할 수 있다.

37 胡遠鵬,「縱觀海內外『山海經』硏究五十年」,『福建師範大學福淸分校學報』, 總第62期, 2003年 增刊, 51쪽.

38 주목할 만한 저작들로는 葉舒憲, 蕭兵, 鄭在書(韓)의『山海經的文化尋踪』(湖北人民出版社, 2004.), 馬昌儀의『古本山海經圖說』(山東畵報出版社, 1998.)과『全相山海經圖比較』全10卷(文苑出版社, 2002.), 劉宗迪의『山海經探源』, 張岩의『山海經與古代社會』, 李豊懋의『山海經的鬼神世界』등이 있다.

39 馬昌儀,『古本山海經圖說』, 山東畵報出版社, 2001, 16쪽.

40 呂微, 葉舒憲, 蕭兵 等,「對想像力和理性的考략-中國社會科學院文學硏究所座談『山海經』硏究」(『淮陰師範學院學報』第28卷, 2006. 2.)에서 陳連山의 평가이다.

41 唐啓翠, 胡滔雄,「葉舒憲『山海經』硏究綜述」,『長江大學學報(社會科學版)』第29卷第2期, 2006. 4, 21-22쪽. 본고에서는 필자가 요약하여 인용하였다.

42 Anne Birrell, *op. cit.*, xvi.

신화의 변형과 재창조 | 최화선

1 피에르 파올로 파졸리니 감독, 〈오이디푸스 왕(Edipo Re)〉, 1967년, 110분.

2 Wendy Doniger O'Flaherty, *Other Peoples' Myths: The Cave of Echoes*, Chicago: The University of Chicago Press, 1995, p.37. 도니거의 견해에 따라 신화는 고전이라는 더 일반적인 장르 속에 포함된다고 말할 수 있다. 그러나 고전의 경우는 신화와 달리 '형식의 패러다임'이라는 것이 문제가 된다. 즉 형식에 있어서 일정 수준의 미적 기준에 도달해야만 고전이라 불릴 수 있는 것이다. 한편 신화에서는 미적 기준이 문제시되지 되지 않는 반면 그것이 반드시 종교적인 주제(죽음 이후의 삶, 인간사에 대한 신들의 개입, 변신/변화, 세계 창조 인간과 자연, 문화의 시작 등)와 연관된 내러티브(narrative)여야만 한다는 제한이 있다고 도니거는 주장한다(*Ibid.*, pp.27-33, 37 참고). 여기서 다루고자 하는 오이디푸스의 이야기는 고전이자 신화라고 할 수 있다. 오이디푸스 이야기의 신화적 측면에 대해서는 '2. 오이디푸스 신화

의 이본들'에서 자세히 다룰 것이다.

3 *Ibid*, pp.37, 47-48.

4 옥스퍼드 대학 입문총서 시리즈 중 『고전학』(Classics)에서 케임브리지 대학 고전학 교수 메리 비어드(Mary Beard)와 존 헨더슨(John Henderson)은 "고전은 우리와 그리스 로마인들의 세계 사이의 간격에 존재하는 주제"라고 쓰고 있다. 결국 고전은 '그들의' 세계와 '우리의' 세계 사이의 거리에 의해 제기되는 문제이며 이는 동시에 '그들'과 '우리'의 차이와 유사점에 의해 제기되는 문제라는 것이다. 메리 비어드, 존 헨더슨, 박범수 역, 『클래식』, 동문선, 1999, 27쪽.

5 M. L. West, "Epic Cycle," *OCD* 2nd ed., 1970, pp.388-389; 천병희, 「호메로스의 작품과 세계」, 『호메로스의 일리아스』, 종로서적, 1982, 481-482쪽.

6 호메로스, 천병희 역, 『오뒤세이아』, 단국대학교출판부, 1996, 171쪽.

7 Pausanias 9.5. 1-13, from W. H. S. Jones, trans., *Pausanias: Description of Greece*, *vol. 4*. Loeb Classical Library, 1935, pp.195-197.

8 Lowell Edmunds, *Oedipus: The Ancient Legend and Its Later Analogues*, Baltimore: The Johns Hopkins University Press, 1985, pp.7-17.

9 라이오스의 크리십푸스 납치 강간에 대해서는, Apollodorus 3.5.5와 Hygius Fabulae 85, 에우리피데스의 『페니키아 여인들』1760의 고대주석 (Scholium) (Peisander의 단편) 참고. 한편 라이오스의 운명에 대한 펠롭스의 저주에 대해서는 소포클레스의 『오이디푸스 왕』, 아이스퀼로스의 「테베를 공격한 7인」, 에우리피데스의 『페니키아 여인들』 각각의 Hypothesis(비극의 앞에 첨가된 짤막한 극 해설)에 나타나 있다. Lowell Edmunds, *op.cit.*, pp.7, 51-53, 56-57.

10 Nicolaus of Damascus, *Excerpta de Insidiiis*, p.7, 1 = *FGreH* 90f8; Lowell Edmunds, *op.cit.*, p.55에서 재인용.

11 Lowell Edmunds, "The Sphinx in the Oedipus Legend", in *Oedipus: A Folklore Casebook*, Lowell Edmunds & Allan Dundes eds, Wisconsin: The University of Wisconsin Press, 1983/1995, pp. 156-157. 한편 도자기 그림으로 미루어볼 때 기원전 525년 이전에는 오이디푸스와 스핑크스를 연결시켜 생각하지 않았던 것 같다. 헤시오도스의 『신통기』 326-32행에도 스핑크스가 등장하나 여기서 테베를 공격한 괴물로 묘사되며 수수께끼도 등장하지 않고 이를 무찌른 자는 헤라클레스로 나온다. Charles Segal, *Oedipus Tyrannus: Tragic Heroism and the Limits of Knowledge*, New York: Twayne Publishers, 1993, p.52.

12 Edmunds, *op.cit.*, 1983/1995, p.155.

13 G. Hanfmann & T. Pollard, "Sphinx" in *OCD*, p.1009.

14 Edumunds, *op.cit.*, 1985, p. 12. 그러나 Theodectes의 단편에서는 또 다른 형태도

나타난다. "자매가 있는데, 첫째는 둘째를 낳고 둘째는 첫째를 낳는다. 이는 무엇인가? 답, 밤과 낮." Edumunds, *op.cit.*, 1983/1995, p.151, 154.

15 *Ibid*, pp.154-155.

16 Edmunds, *op.cit.*, 1985, pp.14-16.

17 천병희, 「소포클레스 비극의 이해」, 『소포클레스 비극』, 단국대학교출판부, 1998, 455쪽.

18 역병과 유사한 패턴의 설명은 Hyginus의 Fabulae 67에 나온다. 여기서는 오이디푸스의 죄 때문에 곡식의 기근이 닥쳤다고 설명되어 있다. 그러나 좀 더 구체적으로 역병의 테마는 펠로폰네소스 전쟁 초기인 기원전 429년에 아테네에 창궐했던 흑사병과 연결되어 있다고도 보인다.

19 이 3부작 중 기원전 467년경 만들어졌으며 이중에서 현존하는 것은 『테베를 공격한 7인』뿐이다. 그러나 앞의 두 작품의 내용은 후대의 다른 문헌 속에 남아 있는 언급을 통해 짐작할 수 있다.

20 천병희, 「소포클레스 비극의 이해」, 461쪽.

21 E. R. Dodds, "On Misunderstanding the Oedipus Rex", in *Oedipus Tyrannus*, L. Berkowitz & T. F. Brunner eds., New York: W. W. Norton & Company, Inc. 1970, p.223. 이 논문은 원래 1966년 *Greece & Rome* Vol. XIII pp.37-49에 실린 것이다.

22 B. Knox, "Sophocles' Oedipus", in *Sophocles' Oedipus Rex*, H. Bloom ed., New York: Chelsea House Publishers, 1988, p.7.

23 아리스토텔레스, 천병희 역, 『시학』, 문예출판사, 1990, 79쪽.

24 연극을 통해 신화와 현실이 연결된다는 논의에 대해서는 W. Doniger, *op.cit.*, pp.121-125 참고

25 Anne and Henry Paolucci eds., *Hegel on Tragedy*, Garden City, N.Y.: Anchor Books, 1962, pp.279-280, 325-326.

26 프리드리히 니체, 김태경 역, 「제9장」, 『비극의 탄생』, 청하출판사, 1982, 73쪽.

27 지그문트 프로이트, 김인순 역, 『꿈의 해석』(상), 열린책들, 1997, 344-349쪽. 『꿈의 해석』 초판은 1900년에 나왔으며 1929년에 제8판이 나왔다.

28 위의 책, 346-347쪽.

29 위의 책, 348쪽.

30 지그문트 프로이트, 이윤기 역, 「토템과 타부」, 『종교의 기원』, 열린책들, 1997, 424쪽.

31 지그문트 프로이트, 앞의 책, 346쪽.

32 Segal, *op.cit.*, p.61.

33 지그문트 프로이트, 앞의 책, 347쪽.

34 Segal, *op. cit.*, p.62.

35 조예진, 전양준 엮음, 「피에르 파올로 파졸리니」, 『세계영화작가론(I)』, 이론과 실천, 1992, 302쪽.

36 URL: http://cs.art.rmit.edu.au/projects/media/cteq/vl/OedipusRex.html. (2000년 5월 접속).

37 이러한 현재와 과거, 현실과 비현실의 오버랩은 이미 그의 세 번째 영화 〈치즈〉(*La ricotta*, 1962)에서부터 나타나기 시작하며 〈마태복음〉(*Il Vangelo Secondo Matteo*, 1964)을 거쳐 이후의 모든 영화들을 특징 지운다. 〈마태복음〉은 그가 현실과 과거, 역사와 신화를 결합하려는 최초의 시도였다. 이 영화에서 파졸리니의 관심은 단순히 신화 속 예수의 삶을 현대 이탈리아의 민중들 속에서 재현해 보려는 것이 아니었다. 남부 이탈리아의 최하층 빈민가에서 실제의 농부들과 프롤레타리아를 직접 출현시켜 찍은 이 영화는 적나라한 현실을 최대한 신화적으로, 반대로 신화적 인물인 예수는 최대한 사실적으로 묘사하는 데 주력한 작품이다.

38 R. Gordon, *Pasolini: Forms of Subjectivity*, New York: Oxford University Press, 1996, pp. 1-9, 200-210.

39 오토 슈바이처, 안미현 역, 『파졸리니』, 한길사, 2000, 98-99쪽.

40 Wendy Doniger, *Implied Spider: Politics & Theology in Myth*, New York: Columbia University Press, 1998, p.41.

41 도니거는 신화 자체가 원래 이와 같은 다양한 의미 구성들을 가능케 해 주는 투명한 이야기라고 말한다. 즉 신화는 주어진 변화 속에서 서로 다른 의미들이 새롭게 담겨지는 것을 허용하는 중립적 구조를 갖고 있다는 것이다. 그녀는 이와 같은 신화의 투명성이 다양한 목소리를 결합시켜주며 각기 고유한 목소리를 갖는 여러 가지 이본을 만들어 내고 다양한 해석의 가능성을 열어 준다고 말한다. *Ibid.*, p.80. 그러나 신화 자체에 그러한 retelling을 가능케 하는 구조가 내재해 있다는 주장은 본 논문과는 다른 접근 방식을 통해 설명되어야 할 것이다.

신이, 신화 그리고 역사 | 하정현

1 신이(神異)라는 말이 『삼국유사』의 서술 준거라는 사실은 이 책의 서문에서 알 수 있다. 즉 그 서문의 첫 구절을 보면 "대체로 옛날 성인이 바야흐로 예악으로써 나라를 일으키고 인의로써 가르침을 베푸는 데 있어 괴력난신을 말하지 않았다. 그러나 제왕이 일어나려고 할때에는 부명을 받고 도록을 얻게 된다고 하여 반드시 여느 사람과 다름이 있었다.(敍日 大抵古之聖人 方其禮樂興邦 仁義設敎 則怪力亂神 在所不

語 然而帝王之將興也 膺符命 受圖籙 必有以異於人者 然後能乘大變 握大器 成大業 也)"라고 하였다. 여기서 필자가 강조를 위해 밑줄친 '괴력난신'과 '다름'이라는 표현은 이 책의 핵심어 '신이(神異)'를 이해하는 관건이 된다. 즉 인간의 삶은 일상 으로 설명되지 않는 '다른' 일이 경험되는 현상이 있기 마련이고, 제왕의 탄생과 관 련된 중대한 일인 경우 반드시 남다른 현상이 있다는 것이다. 그런 '다름'에 대한 저자 일연의 태도는 단호하다. 즉 일상적으로 설명이 안 된다고 해서 괴이한 힘이나 어지러운 귀신으로 싸잡아 배척해 버릴 수는 없다는 견해를 역설하고 있다.

2 O.Cullman, *Christ and Time :The Primitive Christian Conception of Time and History*, The Westminster Press, 1962.

3 忽滑谷快天,『朝鮮禪敎史』, 大東佛敎硏究院, 1970, 238-239쪽.

4 최병헌,「고려중기 이자현의 선과 거사불교의 성격」,『고려중후기 불교사론』, 1992.

5 허흥식,「13세기 고려불교계의 새로운 방향」,『고려중후기 불교사론』, 92-95쪽.

6 구체적인 내용을 살펴보면 다음과 같다. "원효가 이미 失戒하여 설총을 낳은 이후로 속인의 옷으로 바꾸어 입고 스스로 소성거사라고 하였다. 우연히 광대들이 놀리는 큰 박을 얻었는데 그 모양이 괴이하였다. 그 모양대로 도구를 만들어『화엄경』의 '일체무애인은 한 길로 생사를 벗어난다'는 (문구에서 따서) 이름을 무애라고 하고 이에 노래를 지어 세상에 퍼뜨렸다. 일찍이 이것을 가지고 천촌만락에서 노래하고 춤추며 교화하고 음영하여 돌아오니 가난하고 무지몽매한 무리들까지도 모두 부처 의 호를 알게 되었고 모두 나무(南無)를 칭하게 되었으니 원효의 법화가 컸던 것이 다." 강인구 외 역주,「의해 원효불기조」,『삼국유사』, 이회문화사, 2003, 125쪽.

7 『三國遺事』卷第一 紀異 第二「敍」. 敍曰 大抵古之聖人 方其禮樂興邦 仁義設敎 則怪 力亂神 在所不語 然而帝王之將興也 膺符命 受圖籙 必有以異於人者 然後能乘大變 握大器 成大業也.

8 『三國遺事』卷 第一 紀異 第二「敍」. 서문에서 괴력난신에 대하여 공자가 말하지 않 았다는 구절은『論語』「述而」편에 나온다. 然則三國之始祖 皆發平神異 何足怪哉.

9 『三國遺事』卷 第一 紀異 第二「金庾信」. 稟精七曜 故背有又七星文 又多神異.

10 年至十八壬申 修劍得術爲國仙 時有白石者 不知其所自來 屬於徒中有年 郎以伐麗濟 之事 日夜深謀 白石知其謀 告於郎曰 僕請與公密先探於彼 然後圖之何如 郎喜 親率 白石夜出行 方憩於峴上 有二女隨郎而行 至骨火川留宿 又有一女忽然而至 公與三 娘子喜話之時 娘等以美菓饋之 郎受而啖之 心諾相許 乃說其情 娘等告云 公之所信 其聞命矣 願公謝白石而共入林中 更陳情實乃與俱入 娘等便現神形曰 我等奈林 穴 禮 骨火等三所護國之神 今敵國之人誘郎引之 郎不知而進途 我欲留郎而至此矣 言 訖而隱 公聞之驚仆 再拜而出 宿於骨火舘 謂白石曰 今歸他國 忘其要文 請與爾還家 取來 遂與還之家 拷縛白石而問其情 曰我本高麗人 我國群臣曰 新羅庾信是我 國卜?

之士楸南也 國界有逆流之水 使其卜之 秦曰 大王夫人逆行陰陽之道 其瑞如此 大王驚怪 而王妃大怒 謂是妖狐之語 告於王 更以他事驗問之 失言則加重刑 乃以一鼠藏於合中 問是何物 其人秦曰 是必鼠 其命有八 乃以謂失言 將加斬罪 其人誓曰 吾死之後 願爲大將必滅高麗矣卽斬之 剖鼠腹而視之 其命有七 於是知前言有中 其日夜大王夢楸南入于新羅舒玄公夫人之懷 以告於群臣 皆曰 楸南誓心而死 是其果然 故遺我至此謀之爾 公乃刑白石 備百味祀三神 皆現身受尊『三國遺事』卷第一 紀異 第二「金庾信條」.

11 『三國遺事』卷 第四 義解 第五「良志使錫條」. 其神異莫測皆類此.

12 『三國遺事』卷 第四 義解 第五「心地繼祖條」. 衆見其神異 許引入堂地 (經七日 天大雨雪 所立地方十尺許 雪飄不下).

13 『三國遺事』卷 第四 避隱 第八「惠現求靜條」. 又高麗釋波若 入中國天台山 受智者教觀 以神異間(聞)山中而滅.

14 여기서 신통은 범정(凡情)으로는 헤아릴 수 없는 무의자재한 불보살의 힘을 말한다. 여기서는 그와 같은 힘을 지닌 불보살의 형상을 말하는 것으로 추측된다. 강인구 외, 앞의 책, 2003, 286쪽, 각주43.

15 『삼국유사』, 민족문화추진화본에는 '尙神', 三品彰英본에는 '神'으로 되어 있다.

16 『三國遺事』卷第三 興法 第三「阿道基羅條」.

17 『三國遺事』卷第四 義解 第五「圓光西學條」.

18 『三國遺事』卷第四 義解 第五「圓光西學條」.

19 『대동운부군옥』권12. 김현양 외,『수이전일문』, 도서출판박이정, 66쪽.

20 위의 책, 65쪽.

21 『韓國佛敎全書』六冊, 568-9쪽.

22 위의 책, 556쪽.

23 조희웅,「한국신이담논고」,『어문학논총』11, 국민대학교 어문학 연구소, 1992, 64쪽.

24 『三國遺事』卷第二「惠恭王條」.

25 『三國遺事』卷第一 紀異 第二「眞興王條」.

26 『三國遺事』卷第一 紀異 第二「天賜玉帶條」.

민족기원신화와 신화적 지형학 | 이창익

1 Jonathan Z. Smith, "The Unknown God: Myth in History," *Imagining Religion: From Babylon to Jonestown*, Chicago: The University of Chicago Press, 1982, p.66.

2 M. Eliade, *Patterns in Comparative Religion*, trans. Rosemary Sheed, Cleveland and

New York: The World Publishing Company, 1963, p.39.

3 許慶會, 『韓國氏族說話研究』, 전남대출판부, 1990, 155-157쪽.

4 Mircea Eliade, "Sacred Space and Making the World Sacred", *The Sacred and the Profane: The Nature of Religion*, Orlando: Harcourt, Inc., 1959, p.21.

5 *Ibid.*, p.22.

6 김열규, 「한국 신화와 일본신화」, 『한국 신화와 무속연구』, 일조각, 1977, 79쪽.

7 『三國遺事』, 「古朝鮮」條; 이병도 譯, 『한국의 민속 · 종교사상』, 삼성출판사, 1990, 45-46쪽.

8 『古事記』 上, 魯成煥 譯註, 예전, 1987, 85쪽.

9 「帝皇日繼」 혹은 「先紀」라고도 하며, 역대천황의 이름, 황거(皇居), 후비(后妃), 자녀 및 중요한 사적, 사망연월일, 능의 소재지에 관한 기록, 신화 및 전설이 다소 포함된 천황의 계보를 의미한다.

10 장주근, 「한일창조신화의 비교」, 『동북아시아 민족설화의 비교연구』; 노성환, 「한국의 일본신화 연구」, 『古事記』 中, 예전, 1990, 246-247쪽.

11 이복규, 『부여 · 고구려 건국신화』, 집문당, 1998 참조.

12 조동일, 「다시 쓰는 한국문학사④」, 『마당』 1981년 12월호, 마당사; 이복규, 앞의 책에서 재인용.

13 『세종실록지리지』154, 「평양」條; 이복규, 앞의 책, 133-134쪽.

14 김열규, 「한국 신화와 일본신화」, 『한국 신화와 무속연구』, 일조각, 1977. 이 논문에서 김열규는 일본신화의 대한국의식(對韓國意識)을 강조한다.

15 위의 책, 59쪽.

16 『古事記』, 魯成煥 譯註, 예전, 1987, 15-31쪽.

17 서사무가의 창세신화를 한국 신화 연구에 본격적으로 끌어들인 학자로는 서대석을 꼽을 수 있다.

18 金泰坤 編著, 『韓國의 巫俗神話』, 集文堂, 1985, 13-15쪽.

19 위의 책, 13쪽.

20 『규원사화』는 조선 숙종 원년(1675)에 원명을 확인할 수 없는 北崖老人에 의해 집필된 것으로 알려져 있다. 『揆園史話』, 申學均 譯, 明知大學出版部, 1975를 참조.

21 위의 책, 11쪽.

22 위의 책, 12쪽.

23 이복규, 앞의 책, 107쪽.

24 위의 책, 102쪽.

1 洪允姬, 「중국 근대 신화담론 형성 연구」, 연세대학교 대학원 중어중문학과 박사학
 위논문, 2005 참조.

2 徐敬浩, 『山海經 硏究』, 서울대학교 출판부, 1996, 19-53쪽.

3 『四庫全書總目』 「卷一百四十二 子部五十二 小說家類三 山海經十八卷」. 이 밖에 시
 기는 다르지만 서구에서 『산해경』에 대한 연구사를 간략하게 정리한 책으로는
 Anne Birrell, *The Classic of Mountains and Seas*, New York: Penguin Books, 1999,
 pp. xiii-xiv 참고.

4 국내에서 『산해경』의 저작 연대 및 저자에 대하여 토론한 글로는 서경호, 앞의 책,
 65-77쪽; 정재서 역주, 『산해경』, 민음사, 1994, 19-20쪽 등이 있다.

5 劉秀, 「上山海經表」. 번역문은 정재서 역주, 『산해경』, 민음사, 1985, 30쪽에서 취함.

6 王充, 『論衡』 「別通」 "禹益竝治洪水, 禹主治水, 益主記異物, 海外山表無遠不至, 以所
 聞見作山海經. 非禹益不能行遠, 山海不造. 然則山海之造, 見博物也." 서경호, 위의
 책, 25쪽에서 재인용.

7 趙曄, 『吳越春秋』 卷六, "(禹)遂巡行四瀆, 與益夔共謀, 行到名山大澤, 召其神而問之,
 山川脈理金玉, 所有鳥獸昆蟲之類, 及八方之民俗, 殊國異域土地里數, 使益疏而記之,
 故名之曰山海經." 서경호, 앞의 책, 25쪽에서 재인용.

8 郝懿行, 「山海經箋疏敍」. 번역문은 정재서 역주, 앞의 책, 42-43쪽.

9 서경호, 앞의 책, 45쪽.

10 주희는 그동안 지식인들이 『초사』를 해석하는 과정에서 『회남자(淮南子)』와 『산해
 경』을 신빙성 있는 자료로서 자주 인용하였다는 점을 비판한다. 예컨대 『초사』 「천
 문(天問)」을 해석하기 위하여 『산해경』 「해내경」에 기록된 곤우치수(鯀禹治水) 고
 사가 인용되고 있는 것에 대해서 다음과 같이 비판한다. 「해내경」에는 곤이 천제의
 식양(息壤)을 훔쳐 홍수를 막았는데, 상제의 노여움을 사서, 상제의 명을 받은 축융
 (祝融)에 의해 죽임을 당한다는 내용이 나온다. 주희가 「해내경」의 이 구절이 신빙
 성이 없다고 본 이유는 축융이라고 하는 인물은 전욱(顓頊)의 시대에 활동했던 사
 람인데, 어떻게 해서 홍수 사건이 발생한 요순시대의 인물로 묘사될 수 있는가 하
 는 점 때문이었다. 또한 『회남자』에는 곤의 아들인 우가 상제로부터 식양을 받아서
 홍수를 다스린 내용이 언급되고 있다. 주희는 이러한 언급이 이치에 맞지 않는다고
 판단한다. 아버지가 식양을 훔쳐 죽었는데, 어떻게 그의 아들에게 식양을 주어 홍
 수를 다스리게 할 수 있겠느냐는 것이다. 주희는 이러한 예를 통하여 『산해경』과
 『회남자』가 신빙성이 없다는 사실을 알 수 있다고 말하고, 이 두 책에 대해서 종래
 까지 견지되어 왔던 잘못된 태도를 교정해야 한다고 역설한다. 즉 지금까지는 『초

사』가 『산해경』과 『회남자』를 저본으로 하여 작성되었다고 여겨졌는데, 사실은 그 반대로 뒤의 두 책이 『초사』를 근거로 만들어진 것이라는 것이다. 朱熹, 「楚辭辯證·天問」, 『楚辭集注』, 臺北: 中央圖書館, 1991, 250-251쪽.

11 『四庫全書總目』 「卷一百四十二 子部五十二 小說家類三 山海經十八卷」 "觀書中載夏后啓, 周文王及秦漢長沙, 象郡, 餘暨, 下雟諸地名, 斷不作於三代以上. 殆周秦間人所述, 而後來好異者又附益之歟. 觀楚詞天問, 多與相符, 使古無是言, 屈原何由杜撰. 朱子楚詞辨證謂其反因天問而作, 似乎不然…古有此學, 如九歌天問皆其類云云. 則得其實矣…然道里山川, 率難考據, 案以耳目所及, 百不一眞. 諸家並以爲地理書之冠, 亦爲未允. 核實定名, 實則小說之最古者爾."

12 劉秀, 「上山海經表」.

13 王充 『論衡』 「別通」 "董仲舒睹重常之鳥, 劉子政曉貳負之尸, 皆見山海經, 故能立二事之說."

14 郭璞, 「注山海經敍」. 번역문은 정재서 역주, 앞의 책, 33-34쪽.

15 『史記』 「大宛列傳」. 번역문은 정범진 외 옮김, 『사기·열전 하』, 까치, 1995, 1080-1쪽에서 취함. 번역문의 일부 수정.

16 徐敬浩, 『山海經 硏究』, 서울대학교 출판부, 1996; K. C. Chang, *Art, Myth, and Ritual: The Path to Political Authority in Ancient China*, Cambridge: Harvard University Press, 1983; Mark Edward Lewis, *Writing and Authority in Early China*, Albany: State University of New York Press, 1999, p. 205; Ping-Ti Ho, *The Cradle of The East*, Chicago: The University of Chicago Press, 1975, pp. 317-320 등 참조.

17 서경호, 앞의 책, 36-37쪽.

18 참고로 『한서』 「예문지」의 도서 분류 체계를 대소 항목별로 구분하면 다음과 같다.
① 六藝: 易, 書, 詩, 禮, 樂, 春秋, 論語, 孝經, 小學
② 諸子: 儒, 道, 陰陽, 法, 名, 墨, 縱橫, 雜, 農, 小說
③ 詩賦: 屈賦, 陸賦, 孫賦, 雜賦, 歌詩
④ 兵書: 權謀, 形勢, 陰陽, 技巧
⑤ 數術: 天文, 曆譜, 五行, 蓍龜, 雜占, 形法
⑥ 方技: 醫經, 經方, 房中, 神仙

19 『漢書 卷三十』 「藝文志 第十」 "形法者, 大擧九州之勢以立城郭室舍形, 人及六畜骨法之度數, 器物之形容以求其聲氣貴賤吉凶. 猶律有長短, 而各徵其聲, 非有鬼神, 數自然也. 然形與氣相首尾, 亦有其形而無其氣, 有其氣而無其形, 此精微之獨異也."

20 『漢書 卷三十』 「藝文志 第十」 "數術者, 皆明堂羲和史卜之職也. 史官之廢久矣, 其書旣不能具, 雖有其書而無其人. 易曰 苟非其人, 道不虛行. 春秋時魯有梓愼, 鄭有裨竈, 晉有卜偃, 宋有子韋. 六國時楚有甘公, 魏有石申夫. 漢有唐都, 庶得麤觕. 蓋有因

而成易, 無因而成難, 故因舊書以序數術爲六種."

21 신선과 불가는 『수서』「경적지」에서 부록으로 처리되고 있으며, 『구당서』「경적지」와 『신당서』「예문지」에서는 아예 언급조차 되지 않고 있다. 『송사』「예문지」부터 자부 안에 자리하기 시작한다.

22 千惠鳳, 「史部分類의 諸問題: 주로 관련된 諸類屬間의 분류한계에 치중하여」, 『한국비블리오』 제1집, 1972, 38-42쪽.

23 『漢書 卷三十』「藝文志 第十」.

24 서경호, 앞의 책, 30쪽.

25 『四庫全書總目』「卷一百四十二 子部五十二 小說家類三 山海經十八卷」 "제가가 이 책을 지리서로 보았지만, 옳은 지적이 아니다. 바르게 그 이름을 정한다면 실제로 이 산해경은 小說 중에서 가장 오래된 것일 따름이다.(諸家竝以爲地理書之冠, 亦爲未允. 核實定名, 實則小說之最古者爾)"

26 'novel'의 번역어 '소설'로 인하여 발생하는 난점은 문학 연구자 중에서도 특히 중국문학 연구자들이 가장 첨예하게 느끼고 있는 것 같다. 전통 시기 '소설(小說)' 개념이 현재 통용되는 소설 개념과 전혀 다르다는 것을 인식했을 때 당장 부딪치는 문제가 중국소설의 기원을 어디에서 찾느냐 하는 것이다. '허구'로서 근대적 소설 개념을 전통적인 맥락 안으로 확장시키지 않으면 중국소설사가 기술될 수 없다는 점, 그러나 정작 전통적인 맥락에서 이러한 근대적 소설 개념에 부합하는 것을 찾을 수 없다는 딜레마는 중국소설사를 연구하는 학자들을 매우 곤란하게 만드는 것 같다. 이러한 문제의식을 안고 연구된 결과물을 소개하면 다음과 같다.

서경호, 『중국 문학의 발생과 그 변화의 궤적』, 문학과 지성사, 2003.

서경호, 『중국 소설사』, 서울대학교 출판부, 2004.

서경호, 「'漢書 · 藝文志 · 諸子略 · 小說家' 小考」, 『중국인문과학』 제2집, 1983.

안정훈, 「古代 中國의 小說 槪念과 起源에 대한 硏究: 고대의 目錄書에 보이는 歷史와의 關聯性을 찾아서」, 서울대학교 대학원 석사학위논문, 1997.

홍상훈, 「명말청초의 小說觀에 대한 시론」, 서울대학교 대학원 석사학위논문, 1991.

홍상훈, 「전통 시기 중국의 서사론에 관한 연구」, 서울대학교 대학원 박사학위논문, 1999.

27 『漢書 卷三十』「藝文志 第十」 "小說家者流, 蓋出於稗官. 街談巷語, 道聽塗說者之所造也. 孔子曰 雖小道, 必有可觀者焉, 致遠恐泥, 是以君子弗爲也. 然亦弗滅也. 閭里小知者之所及, 亦使綴而不忘. 如或一言可采, 此亦芻蕘狂夫之議也."

28 『漢書 卷三十』「藝文志 第十」 "如淳曰『九章』 '細米爲稗'. 街談巷說, 其細碎之言也. 王者欲知閭巷風俗, 故立稗官使稱說之."

29 소설에 대한 구체적인 옹호론을 보기 위해서는 崔奉源 外, 『中國歷代小說序跋譯

註』, 을유문화사, 1998에 실린 각종 서발문을 참조.

30 이러한 대구를 확인할 수 있는 사례를 몇 가지 들면 다음과 같다. 아래 예문들은 각각 위의 책, 127쪽, 147쪽, 185쪽에서 발췌한 것이다. 진(眞)과 환(幻), 실(實)과 허(虛)를 어떻게 번역하느냐 하는 문제는 매우 어려운 것으로 보인다. 현대어로 '사실(fact)'과 '허구(fiction)'에 가깝다고 생각하지만, 이들 용어와 정확하게 일치하지는 않는다. 하지만 불가피하게 이들 용어를 사용하기로 한다. 앞으로 소개할 번역문 가운데 참고문헌의 원문과 다른 부분은 필자가 수정한 것이다.

張無咎,「北宋三遂平妖傳序」"小說家以眞爲正, 以幻爲奇.(소설가는 진실한 것을 올바르다고 여기고, 허구적인 것을 기이하다고 여긴다)."

袁于令,「隋史遺文序」"史以遺名者何. 所以輔正史也. 正史以紀事. 紀事者何. 傳信也. 遺史以蒐逸. 蒐逸者何, 傳奇也. 傳信者貴眞 … 傳奇者貴幻.(史의 명칭에 遺라는 이름을 붙인 이유가 무엇인가. 遺란 정사를 보충하는 것이기 때문이다. 정사는 일어난 일을 기록하는 것인데, 일어난 일을 기록한다는 것은 어떤 의미인가. 믿을 수 있는 일을 전한다는 것이다. 유사는 잊혀진 일을 모은다는 것인데, 잊혀진 일을 수집한다는 것은 무슨 의미인가. 기이한 일을 전하는 것이다. 믿을 수 있는 일을 전하는 것은 진실을 귀하게 여기는 것이다. … 기이한 것을 전하는 것은 허구적인 것을 귀하게 여기는 것이다.)"

金豊,「說岳全傳序」"實者虛之, 虛者實之(사실적인 것은 허구화하고, 허구적인 것은 사실적으로 만든다.)"

31 홍상훈, 앞의 논문, 1999, 96쪽.

32 甄偉,「西漢通俗演義序」"西漢有馬遷史, 辭簡義古, 爲千載良史, 天下古今誦之, 予又何以通俗爲耶? 俗不可通, 則義不必演矣. 義不必演, 則此書亦不必作矣.(서한에는 사마천의『사기』가 있는데 문장은 간단하나 그 속의 의미는 깊이가 있어, 오랜 세월 동안 훌륭한 역사서가 되었다. 세상 사람들이 예부터 지금까지 그것을 암송하고 있는데, 나는 또 무슨 까닭으로 통속연의를 지었는가? 세속에 통할 수 없다면 그 뜻도 반드시 통한다고 볼 수 없을 것이다. 뜻이 통할 수 없다면 이 책 역시 쓸 필요가 없었을 것이다.)" 崔奉源 外, 앞의 책, 105쪽.

無碍居士,「警世通言序」"經書著其理, 史傳述其事, 其揆一也. 理著而世不皆切磋之彥, 事述而世不皆博雅之儒, 於是乎村夫稚子里婦估兒, 以甲是乙非爲喜怒, 以前因後果爲勸懲, 以道聽途說爲學問, 而通俗演義一種, 遂足以佐經書史傳之窮.(경서는 그러한 이치를 적고, 史傳文은 그러한 사실을 기술했는데, 그 규칙은 한 가지다. 이치를 적는다고 해서 세상 사람 모두가 학문을 토론하고 연구하는 선비는 아니며, 사실을 기술한다고 해서 세상사람 모두가 학식이 깊고 성품이 고아한 학자는 아니다. 따라서 시골 아낙네나 어린 아이, 마을 아낙네나 장사꾼들은 이것이 옳고 저것이 그르다는 것으로 서로 성내거나 기뻐하며, 처음과 나중 일의 원인과 결과로써 권선 징악의 도덕률로 삼으며, 길거리에서 얻어 들은 이야기 등을 학문으로 삼았으니, 통속연의의 일종은 드디어 경서와 사전문의 궁벽함을 도와줄 수 있게 되었다.)" 위의 책, 136쪽.

33 無碍居士,「警世通言序」"事眞而理不贋, 卽事贋而理亦眞, 不害於風化, 不謬於聖賢, 不戾於詩書經史. 若此者, 其可廢乎? (실제 일어난 일에 대한 서술이라도, 그 속의 이치는 거짓일 수도 있으며, 실제 일어나지 않은 일을 서술한 것일지라도, 그 속의 이치는 진실한 것일 수 있는 것이다. 즉 풍속과 교화에 해가 되지 않고, 성현의 말 씀에 거슬림이 없으며, 시경이나 서경과 같은 경전이나 정사에 어긋나지 않는다면, 왜 버리겠는가?)" 위의 책, 137쪽.

34 李日華,「廣諧史序」"且也因記載而可思者, 實也, 而未必一一可按者, 不能不屬之虛. 借形以托者, 虛也, 而反若一一可按者, 不能不屬之實. 古至人之治心, 虛者實之, 實 者虛之. 實者虛之故不係, 虛者實之故不脫, 不脫不係.(또 기록으로 남아 있어서 과 거의 일을 생각할 수 있는 것은 사실적인 것이라고 할 수 있지만, 그중에서도 일일 이 按驗할 수 없는 것이라면 허구에 포함시키지 않을 수 없다. 형상을 빌려서 가탁 할 수 있는 것은 허구적인 것이라고 할 수 있지만, 오히려 일일이 안험할 수 있는 것 이라면 사실에 포함시키지 않을 수 없다. 옛날 지극한 경지에 이른 사람이 마음을 다스리는 방법은 허구적인 것은 사실적인 것으로 만들고, 사실적인 것은 허구화하 는 것이었다. 사실적인 것을 허구화하는 까닭에 얽매이지 않고, 허구적인 것을 사 실적인 것으로 만드는 까닭에 이탈되지 않는다.)" 위의 책, 116쪽.

袁于令,「西遊記題詞」"文不幻不文, 幻不極不幻. 是知天下極幻之事, 乃極眞之事, 極幻之理, 乃極眞之理. 故言眞不如言幻.(문장이 허구적이 아니면 문장이 아니고, 허구는 지극하지 않으면 허구라고 할 수 없다. 그러므로 세상에서 가장 허구적인 사건이야말로 실제로는 가장 진실한 사건이며, 가장 허구적인 이치야말로 가장 진 실한 이치인 것이다. 그리하여 진실한 이야기를 하는 것은 허구적인 이야기를 하는 것만 못하다.)" 위의 책, 162쪽.

35 최근 중국문학 연구자들에 의하여 이루어진 성과는 종교학, 신화학 등의 분야에 깊 은 통찰력을 제공하고 있다. 사실과 허구의 문제에 관심을 가질 수밖에 없는 연구 자라면 중국 전통 시기 소설에 대한 이들의 연구에 한 번쯤 주목할 필요가 있을 것 이다. 이들은 중국의 경우 명청(明淸) 시기를 전후하여 순수한 허구, 상상력의 산물 로서 근대적 의미의 '문학'이 발생할 수 있었던 토양이 마련되었음을 강조한다. 이 른바 사대기서(四大奇書)가 나올 수 있었던 것도 이러한 상황이 전제되어 있었기 때문에 가능한 일이었다. 하지만 사실과 허구가 완전하게 분리되지 못한 상황으로 말미암아 순수예술로서 문학의 탄생은 실현되지 못했다고 한다. 홍상훈, 앞의 논

문, 1999, 136-181쪽.

일본의 신화와 역사 | 박규태

1 그러나 최근에는 근대적 세계관에 대한 반성적 성찰과 더불어 신화에 대한 재평가가
   이루어지고 있고, 그 결과 신화와 역사의 접점이 점점 좁혀져 가고 있다. 그리하여
   신화는 더 이상 '거짓'이 아니라 역사가 드러내지 못하는 또 다른 세계를 보여주는
   요소로 자리 잡고 있다.(임현수, 1998 : 104쪽)

2 고대 일본의 치열한 왕권 경쟁에서 승리한 텐무(天武)천황이 천황 중심의 새로운 국
   가를 건설하려는 정치적 의도에서 편찬하게 한 일본 최초의 역사서이자 서사문학으
   로서, 712년 오노야스마로(太安万呂)가 기록했다. 상권은 神代신화, 중권은 초대 진
   무(神武)천황에서 오진(応神)천황까지, 하권은 닌토쿠(仁德)천황에서 스이코(推古)
   천황까지의 기사를 담고 있으나, 엄밀한 사서라기보다는 전체적으로 신화적 혹은
   설화적 분위기가 지배적이어서 문학적 가치가 더 돋보이는 사료라 할 수 있다.

3 중국에 일본의 우수함을 알리려는 취지에서 겐쇼(元正)천황의 명에 따라 도네리신
   노오(舍人親王)가 편찬한 한문체 역사서(총 30권). 일본에서는 이 사서를 일본 최초
   의 관선 정사로 간주한다. 권1과 권2는 神代신화를 묘사하고 있으며, 권3 이하에서
   는 1대 진무천황에서 40대 지토오(持統)천황에 이르는 인간 세계의 사건들이 편년
   체로 기술되어 있다. 그러나 전체적으로 객관적인 역사 기술로 보기에는 문제가 많
   아, 오늘날 일본학자들조차 『일본서기』의 기술을 문자 그대로 믿는 이는 거의 없다
   고 한다.

4 물론 이 밖에도 『풍토기』(風土記), 『선대구사본기』(先代旧事本紀), 『고어습유』(古語
   拾遺) 등 일본신화를 기술하고 있는 원전들이 있지만 그것들은 기기신화만큼의 중
   요성을 지닌 것은 아니었다.

5 이 점에서 기기신화는 실은 하나가 아니라 두 개의 신화, 즉 『고사기』의 신화와 『일
   본서기』의 신화로 나누어 고찰해야 마땅할 것이지만, 일본의 신화 해석사에서 기기
   신화는 늘 뚜렷한 구분 없이 상호 습합된 형태로 언급되어 왔기 때문에 본고에서도
   논의의 편의상 기기신화를 하나의 단위로 취급하고 있음을 밝힌다.

6 신국사상이 처음으로 일본 정신사에 명확한 모습을 드러낸 것이 바로 이때이다. 물론
   '신국'이란 말은 『일본서기』에도 나온다. 거기에는 삼한 사람이 일본을 무서워하여
   신국이라 칭한다고 나와 있다. 하지만 나라, 헤이안 시대의 중국 숭배기에는 일본인
   의 국가적 의식은 거의 잠들어 있었다. 그것이 몽고 내습이라는 국가적 위기를 맞이
   하여 처음으로 분명하게 눈뜨게 된 것이다.(村岡典嗣, 박규태 옮김, 1998 : 90쪽)

7 이세신궁의 외궁 신관들에 의해 1280년경에 성립된 『보기본기』, 『어진좌전기』, 『어

진좌차제기』, 『어진좌본기』, 『왜희명세기』 5책으로서, 중세 이세신도의 근본 경전
이라 할 수 있다.

8 "군주는 본래부터 고귀하며 그 고귀성은 덕에 의한 것이 아니라 전적으로 종에 의한
다."(『くず花』)

9 "사물의 마음을 헤아려 아는 마음"(『石上私淑言』). 노리나가는 일본의 전통적인 와
카(和歌)의 핵심을 이 모노노아하레에서 찾고 있다.(박규태, 1997a : 255쪽)

10 와츠지 데츠로 또한 기기신화를 "하나의 예술작품"으로 파악하면서 사상적, 심리
적 해석을 시도했다.

11 일본근대의 신종교 운동에 관해서는 박규태(1996) 참조.

12 일본에는 여성 교조에 의해 창시되거나 혹은 여성이 교주인 신종교가 두드러진다.
가령 여래교, 천리교, 대본교 등의 교의는 여성교조의 신내림에 의해 생겨난 신화
를 그 핵심으로 삼고 있다. 요컨대 신화에의 강한 지향성을 지니고 있는 것이다. 이
와는 대조적으로 남성 교조에 의해 창시된 근대 신종교, 가령 흑주교나 금광교 등
의 경우는 신의 실체 혹은 존재 여부보다는 신을 하나의 작용 혹은 활동성으로 이
해하는 탈신화화의 경향이 뚜렷하게 나타난다.

13 선진 자본주의의 풍요로운 사회에서 부와 권력과 정보력 등의 세계적인 우위를 기
반으로 대두된 새로운 내셔널리즘으로서, 민족의식을 강조하면서도 동시에 인류
전체의 일원으로서의 의식도 중시된다.

14 여기서 하이퍼 종교란 모든 잡다한 요소들이 모순없이 수용되는 종교 형태를 가리
킨다. 한편 신영성 운동, 정신세계, 신신종교 등의 개념에 관해서는 島蘭進, 박규태
옮김(1997: 제9장) 참조.

15 1997년에 발표된 안도 히데야키 감독의 애니메이션으로 2015년 지구의 종말을 이
야기의 배경으로 삼고 있는데, 일본 국내외적으로 대단한 인기를 끌었다.

16 와타나베 준이치의 인기소설로, 1997년 모리타 요시미츠 감독에 의해 영화화되어
일본 사회에 실락원 신드롬을 불러일으킬 정도로 공전의 히트를 쳤다.

스사노오 신화 해석의 문제 | 박규태

1 백제왕자 혜(惠, 위덕왕의 동생)가 신라에 의해 성왕이 죽임당한 일을 고하자 소가
씨가 이를 슬퍼하면서 다음과 같이 답했다. "옛적 유랴쿠(雄略)천황 때 그대의 나라
가 고구려의 공격을 받아 위급한 처지에 놓였을 때 천황이 신기백에게 명하여 신에
게 계책을 묻도록 한 적이 있었다. 그때 신직이 신의 말을 빌려 '건국신을 모셔와 백
제의 왕을 구하면 반드시 나라와 백성들의 안녕을 얻게 되리라'고 했다. 이에 천황
이 건국신을 모셔와 백제를 구하셨고 나라의 안녕을 찾게 되었다. 생각건대 건국신

이란 초목도 말을 했던 태초에 하늘에서 강림하여 나라를 세운 신이다. 요즘 듣자니 그대 나라에서는 조상신에게 제사도 안 지낸다고 하는데, 지금이야말로 그런 전과를 뉘우치고 신궁(神宮)을 수리하여 신령을 제사 지낸다면 나라가 번성하게 될 것이다. 그대는 이것을 결코 잊어서는 안 된다." 이 기사에 나오는 '건국신'(建邦神)에 관해 주석자는 항간에는 이를 백제의 건국신으로 보아 스사노오와 동일시하는 견해가 있지만 그보다는 일본의 건국신으로 보아야 한다고 적고 있으나, 실은 문맥상 백제의 건국신을 가리키는 것으로 이해해야 할 것이다. 坂本太郎他 校注,『日本書紀』下, 日本古典文學大系68, 岩波書店, 1965, 114-116쪽, 각주29 참조.

2 일선동조론과 스사노오 신화에 관해서는 保坂祐二(1999), 세키네 히데유키(2006)도 참조할 것.

3 스사노오 신화의 주요 무대인 이즈모는 통상 현재 시마네현의 이즈모를 가리키는 것으로 말해진다. 그러나 이를 큐슈 기리시마산지에 소재한 이즈모로 해석하는 관점도 있다.(문정창, 1989: 23쪽 각주3 / 문정창, 1970: 190쪽)

4 현재 주로 와카야마현(和歌山縣)에 해당하는 옛 지역명.

5 대표적인 천신으로 아마테라스, 다카미무스비, 가미무스비 및 천손강림 시 니니기를 보좌한 오부신, 오모이카네와 아메노타지카라오 등 아메노이와토 신화에서 중요한 역할을 담당한 신들, 다케미카즈치(국토 이양 및 진무 동정신화에 등장), 후쓰누시(국토 이양 신화에서 마지막 사자로 이즈모에 파견된 신) 등 도검을 신격화한 군신들을 들 수 있다. 한편 국신으로는 스사노오, 오쿠니누시, 아시나즈치와 데나즈치(스사노오의 장인장모), 오야마쓰미(니니기의 장인) 등을 들 수 있다. 이와 관련하여 김석형은 천신을 한반도에서 건너간 이주민으로, 그리고 국신을 원주민으로 해석하는가 하면(김석형, 1988: 156쪽), 문정창은 천신을 한반도에서 건너간 고조선인이고 국신 또한 그 이전에 건너가 정착했던 고조선계 세력으로 본다.(문정창, 1989: 23쪽 각주1)

6 『이즈모국 풍토기』 및 거기에 등장하는 스사노오 신화에 관해서는 矢嶋泉(1997), 松前健(1976) 瀧音能之(2003), 김후련(2006: 83-94쪽) 등을 참조할 것. 이보다 분량은 많지 않지만 『이즈모국조 신하사』(出雲國造神賀詞, 이즈모노쿠니노미야쓰코노간 요고토)에도 독특한 스사노오 신화가 존재하며 『빙고국 풍토기』(備後國風土記)에도 스사노오 관련기사가 1개소 등장한다.

7 스사노오가 자신의 무죄를 입증하기 위해 신 앞에 서약하고 아마테라스와의 사이에서 8신을 낳는 이야기.

8 오쿠니누시가 이나바에 이르러 곤경에 처한 흰토끼를 도와주고 이에 흰토끼가 오쿠니누시에게 보답한다는 이야기.

9 이와 관련하여 『이즈모국 풍토기』와 『신하사』 속의 스사노오 신화를 비교검토한 이창수(2007)도 참조할 것.

10 이하의 제설에 대해서는 특히 松前健(1976: 3-29쪽), 松前健(1970: 99-108쪽) 참조.

11 현재 히라타시(平田市) 우가(宇賀) 나즈키노이소(腦磯)의 이노메(猪目) 동굴.

12 현재의 유미가하마(弓ヶ浜).

13 현재 야쓰카군(八束郡) 히가시이즈모정(東出雲町) 이야(揖屋)에 위치.

14 이즈모노쿠니노미야쓰코 또는 이즈모고쿠소. 고대 이즈모의 지방장관을 지칭하는 말.

15 노이만은 우로보로스 상징을 신화적 의식의 변용 과정뿐만 아니라 아이의 심리적 발달의 한 단계를 의미하는 것으로 이해했다. 즉 머리와 꼬리의 구별이 없이 모든 대극적인 것을 포함하는 우로보로스 상징을 자아 발달 단계와 대응시키면서 우로보로스적 원부모의 상징적 살해를 통한 자아성장 과정에 대해 말하고 있다.

16 일본인의 자아의식을 구성하는 의존심리. 일본인은 어머니에게 절대적으로 의존하던 어릴 때의 심리적 구조를 성인이 된 이후에도 극복하지 못한 채 여전히 지니고 있다는 설.

17 뒤메질의 삼기능 이데올로기설에 대해서는 김현자, 「뒤메질, 인도-유럽신화와 3기능 이데올로기」, 『종교학연구』19, 서울대학교 종교학연구회, 2000 참조.

18 기기 천손강림신화에 등장하는 보좌신 가운데 아메노코야네, 후토다마, 아메노우즈메, 이시코리도메, 다마노오야 등의 오부신(五部神)은 특히 아메노이와토 의례에서 각각 중요한 역할을 수행하는 신들로서, 다섯 씨족의 조상신으로 기술되어 있다. 즉 아메노코야네는 나카토미씨(中臣氏), 후토다마는 인베씨(忌部氏), 아메노우즈메는 사루메씨(猿女氏), 이시코리도메는 가가미쓰쿠리씨(鏡作氏), 다마노오야는 다마쓰쿠리씨(玉作氏) 등 제사 및 제사와 관련된 제구 제작을 관장하는 여러 씨족의 조상신이라고 말해진다.

19 기기 천손강림신화에 등장하는 보좌신 가운데 아메노오시히는 오토모씨(大伴氏) 그리고 아마쓰쿠메는 구메씨(久米氏) 등 무사 씨족의 시조로 기술되어 나온다.

20 산인(山陰)지방(일본해 연안의 돗토리현과 시마네현 및 야마구치현에 걸친 지역)의 고대 지명.

21 정화의례인 오오하라에(大祓) 노리토(축문)에 의하면 구니쓰쓰미(國津罪)와 아마쓰쓰미(天津罪)는 해저의 네노쿠니로 흘려보내야 하는 것으로 되어 있는데, 스사노오가 다카마노하라를 추방당할 때에도 구니쓰쓰미와 아마쓰쓰미에 해당하는 처벌을 받는 장면이 나온다.(西鄕信綱, 1967: 65-71쪽)

22 가령 스사노오를 이즈모 이이시군(飯石郡) 스사향(須佐鄕, 현 佐田村)의 수장으로 보는 설을 비롯하여, 『이즈모국 풍토기』에 묘사되어 나오는 스사노오의 이미지가 이에 해당한다.

23 坂本太郎他 校注, 『日本書紀』上, 日本古典文學大系67, 岩波書店, 1967, 126-127쪽.

24 그런데 이 대목과 관련하여 마쓰마에 다케시는 다른 곳에서 "스사노오에게 번신적 요소가 있다 해서 그것을 그대로 스사노오가 외래의 번신이라고 하기보다는, 도래인의 습속이 후대까지 이어져 숭배되고 제사 지내진 결과 번신으로서의 색채가 가미된 것으로 보아야 할 것"이라고 하여 모순된 주장을 하기도 한다.(松前健, 1973: 157쪽)

25 坂本太郎他 校注,『日本書紀』上, 앞의 책, 127쪽 각주7 참조.

26 여기서 '고려'란 고구려 혹은 한국 일반을 가리키는 말이다.

27 이와 관련하여 김석형(1988: 161쪽)은『일본서기』의 소시모리 전승이 소머리라 불리는 한반도 제 지역에서 이즈모 지방으로 이주민들이 건너간 것을 반영하는 기사라고 해석한다.

28 고대한국 및 이즈모의 용사신앙에 관해서는 김후련(2006: 274-300쪽), 이은봉 (1984: 186-209쪽)을 참조할 것.

29 사와다 요타로에 의하면, 야사카신사의 설립 유래와 연대에는 정설이 없고 많은 수수께끼에 덮여 있다. 예컨대『일본략기』(日本紀略)는 설립 연대를 934년이라 하고 『이려파우류초』(伊呂波字類抄)는 876년이라 하는 등 이설이 많다. 또한 신사명의 유래에 관해서도 부근에 여덟 개의 고개(坂)가 있기 때문이라는 속설도 있고, 게이코(景行)천황의 비 야사카노이리히메(八坂入姬)에서 비롯된 것이라고도 하고, 사이메이(齊明)천황 시대에 고구려에서 온 이리지(利利之)와 관계가 있으며 그 자손들이 야사카노미야쓰코(八坂造)가 되었다는 설도 있어 일정치 않다. 한편 이 신사를 기온사(祇園社)라고도 하는데, 기온이란 인도 사위국(舍衛國) 태자가 부처에게 공양한 나무를 의미한다. 이 사위국의 수달(須達)이라는 자가 기원정사(祇園精舍)를 세웠고 그 수호신이 우두(牛頭)라 하여 야사카신사의 유래를 인도 혹은 중국불교와 연관시키는 설도 있다.(澤田洋太郎, 2003: 110쪽)

30 여기서 '감신원'은 야사카신사의 옛 명칭을 가리킨다. 현재의 야사카신사라는 이름은 진좌지인 '야사카'(八坂鄉)라는 지명에서 나온 것인데, 이 명칭은 메이지 이후에 붙여진 것이고 그 이전까지는 기온우두천왕사(祇園牛頭天王社) 또는 기온사(祇園社) 혹은 기온감신원(祇園感神院) 등으로 불렸다.

31 坂本太郎他 校注,『日本書紀』上, 앞의 책, 126쪽 및 각주1 참조.

32 문정창은 '사비'를 '眞美'의 뜻으로 해석한다.(문정창, 1970: 192쪽)

33 坂本太郎他 校注『日本書紀』上, 앞의 책, 각주2 참조.

34 '다마후리'란 외부의 다마(靈魂), 즉 외래혼을 신체에 깃들게 함으로써 생명력을 증강시키는 진혼(鎭魂)의례를 가리킨다.

35 '푸루'(후루, 후리, 후쓰)는 한국의 무녀가 창하는 특정한 무가를 '푸리'(풀이)라고 부르는 것과 통한다. 한편 일본에서 제례시에 춤추고 노래하는 가무 혹은 음곡을 '후류'(風流)라고 부르는데, 이 또한 고대한국어 '푸루'에서 온 것이다.

36 아마테라스와 스사노오의 우케히에 의해 태어난 5남신과 3여신.

37 고료에. 원령 혹은 역신을 위무하기 위한 의례.

38 坂本太郎他 校注『日本書紀』上, 앞의 책, 128쪽 및 각주 6 참조.

39 앞의 책, 496쪽 및 각주 17 참조.

40 青木和夫他 校注, 『古事記』, 日本思想大系1, 岩波書店, 1982, 43쪽.

41 요미노쿠니(黃泉國)로 통하는 통로는 요모쓰히라사카(黃泉比良坂)라고 하는데, 이를『고사기』는 "지금의 이즈모 지방 이후야사카(伊賦夜坂)라 한다."고 적고 있다. 또한 『이즈모국 풍토기』에는 오쿠니누시가 네노쿠니에서 지상(나카쓰쿠니)으로 돌아와 스세리비메를 아내로 삼아 이즈모군 우가향(宇迦鄕)에 궁궐을 지었다고 하는데, 그곳에 황천으로 통하는 구멍(黃泉の穴)이 있다고 적고 있다. 현재 시마네현 히라타시(平田市) 인접 해변에 있는 동굴이 그것이다. 따라서 에도시대 사학자 아라이 하쿠세키(新井白石, 1657-1725)가『고사통』(古史通)에서 "네노다카스쿠니는 이즈모를 가리킨다."고 말한 것도 무리가 아닐 것이다.

42 현재 야마구치현 서부와 북부에 해당하는 옛 지명.

43 특히 천황은 국토와 곡물의 생명력을 한몸에 체현한 존재라고 믿어졌으므로, 매년 겨울에 천황의 다마후리 의례를 거행함으로써 그 생명력의 증강과 일본의 번영 및 곡물의 생장을 기원했다. 그러므로 천황 즉위의례와 관련된 일련의 행사에서도 이와 같은 진혼의례를 중시해 온 것이다.

44 예컨대 '아나시'는 아메노히보코 전승에 나오는 아나토(穴門)의 '아나'(穴) 혹은 '아야'(漢), 즉 도래인과 연고가 있는 지명이다.『일본서기』에 '아나시'(穴磯)라고 나오는데, 이곳은『연희식』신명장에 나오는 바, 한반도계 도래신을 모시는 아나시니마스효즈(穴師坐兵主)신사가 진좌한 곳을 가리킨다.

45 구메 구니타케는 1891년 "神道は祭天の古俗"이라는 글에서 스사노오를 신라신으로 보면서 황실에서 제사 지내는 신들이 동맹, 영고, 무천 등 고조선의 샤머니즘적 천신들임을 주장한 바 있다.

46 아지메 진혼가를 전후하여 가라카미춤, 즉 시즈가라카미(閑韓神)와 하야가라카미(早韓神)가 반복되어 거행된다. 즉 다마후리의 가구라 때 가라카미(韓神) 춤이 연출되는 것이다. 이와 관련하여『백동초』(百錬抄)에 의하면 소노카미(園神=소호리노카미. 신라신)와 가라카미(백제신)의 신체는 각각 검과 창이라고 한다.『연희식』(권9) 신명대사인(神名大舍人)조에 "소노카미와 가라카미(園韓神)를 진혼(鎭魂)한다."고 나오는데, 여기서의 소노카미와 가라카미는『고사기』오토시노카미(大年神)의 자식인 가라카미(韓神)와 소후리노카미(曾富理神)에 해당한다. 소후리는 신라의 왕도(원뜻은 聖林)를 뜻하는 소후루에서 유래한 말이다. 한편 가라카미의 별칭으로 소호리노카미라고도 한다. 그리고 시즈가라카미(閑韓神)와 하야가라카미

(毋韓神)라 불리는 무속춤은 한국 무녀가 칼과 방울을 가지고 처음에는 조용히 춤추다가 이윽고 신이 들리면 무섭게 빨리 춤추는 모습을 연상시킨다.(三品彰英, 1972: 149-150쪽)

47 『석일본기』에 나오는 『빙고국 풍토기』 일문에 의하면, 옛날 북해의 무토천신(武塔天神)이 남해의 신녀를 찾아가던 중 해가 저물어 소민장래(蘇民將來) 집에서 하룻밤 머물렀을 때 후한 대접을 받았다. 그 후 천신은 8명의 자식을 데리고 이 지방을 다시 찾아 소민장래의 집만 빼놓고 다른 집은 모두 역병으로 죽였다. 이때 천신은 자신이 하야스사노오라고 말한다. 『석일본기』는 주석에서 이를 "기온사(祇園社)의 본래 연기"라고 적고 있다. 히고 가즈오(肥後和男)는 이 무토천신이 바로 무당신이라고 본 것이다. 마스마에 다케시 또한 이런 견해를 수용하여 무토천신=스사노오=우두천왕=무당신이라고 해석한다.(松前健, 1970: 117-118쪽)

48 이 점과 관련하여 미시나 아키히데는 "원래 검과 거울은 대륙에서 전래된 것으로 단순히 실용적인 도구만이 아니라 천계의 신령을 불러내는 주술적 도구였다. 이는 한국의 무속 의례를 보면 충분히 이해가 갈 것"(三品彰英, 1972: 138쪽)이라고 지적한다. 아메노히보코가 전했다는 이즈시의 신보 중에 창과 일경(日鏡)이 있는데, 이는 이즈시 일족이 샤머니즘적 일신 강신의례의 담지자였음을 시사한다. 요컨대 한반도에서 전해진 도검문화의 전래는 단순히 무기로서만이 아니라 오히려 종교적 의례용 도구로서 중시된 바 문화현상의 측면이 더 많다.

49 이노우에 마사아키는 오로치를 범람하는 히강의 모습이 상징화된 것으로 본다. 그 꼬리에서 검이 나왔다는 것은 이즈모의 사철문화를 의미하며, 스사노오가 구시나다히메(=영묘한 벼의 히메)를 아내로 삼아 나라를 세우는 모습은 농경신의 측면을 상징한다는 것이다.(上田正昭, 1970: 142쪽 이하)

50 하지만 그렇다고 해서 역사적으로 고대 이즈모에 야마토에 필적하는 세력이 있었다든가, 그 강대한 세력을 야마토가 무시할 수 없어서 기기신화에 반영한 것이라든가 하는 일반적인 해석이 고고학적으로 입증될 수 있는 것은 아니라는 의견도 있다. 고고학적으로 볼 때 이즈모에 고대에 강대한 세력이 있었다는 확실한 증거는 없다는 것이다. 가령 이즈모 최대의 고분은 마쓰에시(松江市)에 있는 야마시로후타고즈카(山代二子塚)인데, 그 규모는 고작 90미터 정도에 지나지 않는다. 이는 닌토쿠(仁德)천황릉으로 알려진 전장 486미터의 다이센료(大山陵)고분이나 오진(應神)천황릉으로 알려진 곤다고뵤야마(譽田御廟山)고분의 418미터와 비교조차 되지 않는다. 한편 큰 주목을 받은 야요이시대 간바코진타니(神庭荒神谷)유적의 경우, 358점의 막대한 분량의 동검과 6점의 동탁, 16점의 동모가 출토되었다. 그 후 이즈모지역에서는 39점의 동탁이 더 발굴되어 현재 이즈모는 전국적으로 최대의 청동기 유물이 출토된 지역이 되었다. 따라서 적어도 야요이시대의 이즈모에는 큰 세력

이 존재했음이 거의 확실하다. 그러나 이 또한 기기신화를 역사적으로 입증하는 근거는 될 수 없다는 말이다.(瀧音能之, 2003: 13-15쪽)

51 이즈모지방의 조몬시대 토기는 전기, 중기, 후기에 걸쳐 존재하고 다른 지역의 것과 거의 동일한 양식이다. 한편 야요이시대 전기 양식은 마쓰에시(松江市) 부근, 사타(佐太)신사 부근, 다이샤정(大社町) 부근 등에서 평원지역에 발달했고, 적어도 중기에는 기나이문화의 파급이 엿보인다. 나아가 고분시대 전기에는 주로 오우군, 시마네군에 많고 동부 평야에 집중해 있으며 서부평야에는 하나도 없고, 고분의 내부 구조 및 부장품은 기나이와 유사하다. 후기 고분은 동부에도 있기는 하지만 특히 서부 가무토군(神門郡)에 현저하다.(山本淸, 1953) 이런 특징에 비추어 이즈모의 고분문화는 원래 기나이 계통을 이어받은 것이라는 의견도 있다. 즉 조몬, 야요이, 고분시대를 통해 이즈모는 특별히 이 계통 종족문화가 있었다고 인정할 수 없으며, 오히려 기나이문화의 지속적인 영향을 확인할 수 있다는 말이다. 하지만 후기 고분은 상당히 지방적 특색을 보여준다. 다시 말해 이즈모 고분 문화에는 기나이문화의 요소와 더불어 북큐슈문화의 흔적 및 대륙적 요소(方墳의 발달)도 존재하며, "북큐슈로부터 유력한 세력을 가진 씨족이 이즈모로 이동해 왔을 가능성도 있다."는 말이다.(松前健, 1970: 104-106쪽)

52 사와다 요타로 또한 한반도에서 이즈모 동부에 도래한 아리마씨(有馬氏)가 스사노오 신앙을 가지고 있었고 그것이 기이지방까지 전해졌으며, 지금도 이즈모 동부지방에는 '有' 자가 붙은 성씨가 많다는 점을 지적하고 있다.(澤田洋太郎, 2003: 160쪽)

53 『이즈모국 풍토기』 이이시군(飯石郡) 스사향(須佐鄕) 조에 "스사노오신이 말하기를, 이 곳은 작은 땅이지만 나라로 삼을 만하다. 그러니 내 이름은 나무나 돌과 관계없다. 이윽고 이곳에 머무르셨다. 그리하여 대스사전(大須佐田)과 소스사전(小須佐田)을 정하셨다. 그래서 스사라 한다. 곧 미야케가 있다."고 적혀 있다. 이 밭은 스사에 있던 대소 전지로, 스사노오를 제사 지내기 위한 전지였을 것이다. 이 신의 아내 쿠시이나다히메의 부친 이름을 이나다노미야누시 스사노야쓰미미(일본서기 일서)라 한 것도 스사(지명)와 스사노오 숭배의 결부를 보여준다. 스사노야쓰미미는 아마도 스사지방의 토호로 스사노오와 이나다히메를 보신 사제(宮主, 미야누시)였을 것이다.(松前健, 1970: 110쪽)

54 관폐, 국폐대사 중에서 특히 고명한 신사로 국가 대사 때에 임시로 봉폐된 신사.

한국 신화 담론의 등장 | 장석만

일웅(一熊), 「단군신화」, 『개벽』, 제1호, 大正 9年, 1920.

최남선, 「조선의 신화와 일본의 신화」(1930년 4월 25일~26일 방송), 『육당 최남선 전집 5: 신화 · 설화 · 시가 · 수필』, 고려대학교 아세아문제연구소 육당전집편찬위원회 편, 현암사, 1973.

최남선, 『우리나라 역사』, 동국문화사, 단기 4288(1955).

Anonymous Writer, "The History of Korea", *The Korea Review*, Vol. 1, No. 1, 1901.

Anonymous Writer, "The Sources of Korean History", *The Korea Review*, Vol. 5, No. 9, 1905.

Gifford, Daniel L., "Ancestral Worship as Practiced in Korea", *The Korean Repository*, Vol. 1, June, 1892.

Hodges, Cecil H. N., "A Plea for the Investigation of Korean Myths and Folklore", *Transactions of the Korean Branch of the Royal Asiatic Society*, Vol. V, Part 1, 1914.

Hulbert, H. B., Esq., F. R. G. S., "Korean Folk-Tales", *Transactions of the Korean Branch of the Royal Asiatic Society*, Vol. 2, 1902.

Jones, G. H., "Studies in Korean: Korean Ethymology", *The Korean Repository*, Vol. 1, October, 1892.

1920년대~30년대 한국사회의 '신화' 개념의 형성과 전개 | 하정현

김지영, 「기괴에서 괴기로, 식민지 대중문화와 환멸의 모더니티」, 『개념과 소통』제5호, 2010.

김태준, 「壇君神話研究」, 〈조선중앙일보〉, 1935.12.6-12.24

김윤식, 『김태준평전』, 일지사, 2007.

단재 신채호선생기념사업회, 『개정판 단재신채호전집』, 형설출판사, 1977.

리상호, 「단군설화의 력사성」, 『력사과학』, 1994-1.

박양신, 「근대 일본에서 국민 민족 개념의 형성과 전개: nation 개념의 수용사」, 『동양사학연구』제104집, 2008.

서영대, 「근대 동아시아 3국의 신화적 국조인식」, 『단군학 연구』23, 2010.

손진태, 「朝鮮 支那민족의 원시신앙연구(1)」, 『如是』제1호, 如是社, 1928.6.

손진태, 「조선민간설화의 연구-민간설화의 문화적 고찰」, 신민사, 1928.

신종원 편, 『일본인들의 신화연구』, 민속원, 2009.

이영식, 「일본서기의 연구사와 연구방법론」, 『한국고대사연구』27, 2002.

이영화, 「최남선 단군론의 전개와 그 변화 -檀君에서 壇君으로, 壇君에서 檀君으로-」, 한국학중앙연구원, 2002.

유광열, 「신화화한 단군」, 『실생활』4-1, 1930.

육당전집편찬위원회, 『육당최남선전집』1-15권, 현암사, 1973.

이기백편, 『단군신화논집』, 1990.

윤이흠 외, 『단군 -그 이해와 자료-』, 서울대학교 출판부, 2001(증보판).

장석만, 「한국 신화 담론의 등장」, 『종교문화비평』, 청년사, 2004.

전성곤, 「근대 일본의 '신화' 담론 형성과 조선 '신화' 인식」, 『일본연구』9집, 2008.

정상우, 「1910년대 일제의 지배논리와 지식인층의 인식」, 『한국사론』46, 서울대 국사학과, 2001.

정진홍, 『경험과 기억』, 당대, 2003.

최재석, 「津田左右吉의 일본고대사론 비판」, 『민족문화연구』23, 고대민족문화연구소, 1990.

조지훈, 「동방개국설화고」, 『한국문화사서설』, 1964.

하정현, 「근대 한국 신화학의 태동 -단군 담론을 중심으로-」, 『종교연구』49집, 2007.

이반 스트렌스키, 이용주 옮김, 『20세기 신화이론』, 이학사, 2008.

롤랑 바르트, 이화여대 기호학연구소 옮김, 『현대의 신화』, 동문선, 1997.

브루스 링컨, 김윤성 외 옮김, 『신화 이론화하기』, 이학사, 2009.

라인하르트 코젤렉, 한철 옮김, 『지나간 미래』, 문학동네, 1998.

Strenski., Ivan, *Four Theories of Myth in Twentieth-Century History*, Iowa City:University of Iowa Press, 1987.

Segal., Robert A., *Theorizing about Myth*, University of Massachusetts Press, 1999.

高木民雄, 『比較神話學』, 동경: 박문관, 1904.

최남선 편, 『怪奇』제1호, 조선중심인문과학 통속잡지, 1929.

한림과학원, 『한국 근대 신어 사전』, 2010.7.

〈독립신문〉   〈조선중앙일보〉   〈동아일보〉

〈중외일보〉   〈신한국보〉   〈경성신문〉

〈매일신보〉   〈대판매일신문 조선판〉   〈대판조일신문〉

〈제국대학신문〉   〈개벽〉

김선자, 「黃帝神話와 國家主義: 중국신화 역사화 작업의 배경 탐색 : 何新의『論政治國家主義』」, 『중국어문학논집』 31호, 2005.

───, 「마녀와 정절녀(貞節女), 그리고 여신」, 『중국어문학논집』 제38호, 2006.

───, 「여와 신화와 중국 여성의 이중적 정체성: 여와의 기원과 변천에 관한 탐색」, 『종교연구』 제45집, 2006.

───, 『만들어진 민족주의 황제신화』, 책세상, 2007.

───, 「여와(女媧), 지상으로 내려오다」, 『중국어문학논집』 제51호, 2008.

───, 『중국 소수민족 신화기행』, 안티쿠스, 2009.

동아시아고대학회 편, 『동아시아 여성신화』, 집문당, 2003.

송정화, 『중국 여신 연구: 중국 신화에 대한 여성학적 탐구』, 민음사, 2007.

이유진, 「중국신화의 역사화에 관한 시론」, 『中國語文學論集』 제20호, 2002.

───, 「끊임없는 담론: 신화의 역사화, 역사의 신화화」, 『中國語文學論集』 제24호, 2003.

───, 「중국신화의 역사화와 大一統의 욕망」, 『中國語文學論集』 제25호, 2003.

───, 「中國神話의 歷史化 硏究」, 연세대학교 중어중문학과 박사학위논문, 2004.

───, 「중국신화의 역사화와 윤리화」, 『中國語文學論集』 제27호, 2004.

───, 「현행사물주의와 중국신화」, 『中國語文學論集』 제29호, 2004.

───, 「중국민족주의 담론으로서의 黃帝 서사에 대한 계보학적 고찰」, 『中國語文學論集』 57호, 2009.

───, 「원가의 광의신화론이 탄생하기까지」, 『中國語文學論集』 64호, 2010.

임현수, 「조나단 스미스의 비교이론과 방법: 이해와 비판」, 『종교문화비평』 통권 10호, 2006.

정재서, 「서사와 이데올로기: 중국, 그 영원한 제국을 위한 변주」, 『중국어문학논집』 제6호, 1994.

───, 『동양적인 것의 슬픔』, 살림, 1996.

───, 「中國神話의 槪念的 範疇에 대한 檢討: 袁珂의 廣義神話論을 중심으로」, 『中國學報』 제41집, 2000.

───, 「신화 속의 몸, 몸속의 신화」, 『중국소설논총』 제12집, 2000.

───, 「중국 문헌신화 연구사에 대한 담론 분석: 제3의 시각 확보를 위한 전제 연구」, 『東아시아 古代學』 제9집, 2004.

───, 『사라진 신들과의 교신을 위하여: 동아시아 이미지의 계보학』, 문학동네, 2007.

───, 「제3의 중국학은 가능한가?: 그 실현을 위한 예증」, 『中國文學』 제54집, 2008.

정재서, 「禪讓인가? 簒奪인가?: 고대 중국의 왕권신화의 해체론적 접근」, 『中國語文學』 제54집, 2009a.

──, 「동아시아로 가는 길: 한중일 문화유전자 지도 제작의 의미와 방안」, 『中國語文學誌』 제31집, 2009b.

──, 『앙띠 오이디푸스의 신화학: 중국신화학의 새로운 정립을 위하여』, 창작과 비평사, 2010.

조현설, 「설화 연구의 새로운 흐름과 전망」, 『東岳語文論集』 37집, 2001.

차옥숭 · 김선자 · 박규태 · 김윤성, 『동아시아 여성신화와 여성 정체성』, 이화여자대학교출판부, 2010.

홍윤희, 「20세기 초, 중국과 신화학의 만남」, 『중국어문학논집』 23호, 2003.

──, 「1920년대 중국, '국가의 신화'를 찾아서: 胡適, 魯迅, 茅盾의 중국신화 단편성 논의를 중심으로」, 『中國語文學論集』 제28호, 2004.

──, 「『산해경』과 근대 중국의 동상이몽」, 『중국어문학논집』 32호, 2005a.

──, 「인류학과 茅盾의 신화연구」, 『중국어문학논집』 31호, 2005b.

──, 「중국근대 신화담론형성 연구」, 연세대학교 중어중문학과 박사학위논문, 2005c.

──, 「1930년대 중국의 인류학과 묘족 신화 연구에 있어서의 '민족' 표상」, 『중국어문학논집』 44호, 2007.

──, 「秦始皇, 신화와 역사의 경계에서: 張藝謀의 「英雄」을 통해 본 중국」, 『중국어문학논집』 53호, 2008.

──, 「聞一多「伏羲考」의 話行과 抗戰期 신화담론의 민족표상」, 『중국어문학논집』 55호, 2009.

──, 「맺지 않은 매듭: 袁珂의 廣義神話論과 1980년대 중국신화 대토론」, 『中語中文學』 제47집, 2010.

袁珂, 전인초 · 김선자 옮김, 『中國神話傳說』, 『중국신화전설 I』, 민음사, 1992.

──, 전인초 · 김선자 옮김, 『中國神話傳說』, 『중국신화전설 II』, 민음사, 1998.

──, 김선자 · 이유진 · 홍윤희 옮김, 『中國神話史』, 『중국신화사 상 · 하』, 웅진지식하우스, 2010.

브루스 링컨, 김윤성 · 최화선 · 홍윤희 옮김, 『신화 이론화하기: 서사, 이데올로기, 학문』, 이학사, 2009.

Smith, Jonathan Z, *Drudgery Divine: On the Comparison of Early Christianities and the Religions of Late Antiquity*, Chicago: The University of Chicago Press, 1990.

김영남, 「한국 신화학의 '자기 식민지화' 과정--공동환상의 창출과 일원적 고대상의 형
　　성」, 육당연구학회, 『최남선 다시 읽기』, 현실문화, 2009.

김태곤, 『한국의 무속신화』, 집문당, 1985.

서대석, 『한국의 신화』, 집문당, 1997.

손진태, 최광식 역, 『조선상고문화의 연구: 조선고대의 종교학적 · 토속학적 연구』(남
　　창 손진태선생 유고집 I), 고려대학교박물관, 2002.

안상경, 『앉은굿 무경』, 민속원, 2009.

유동식, 『한국무교의 역사와 구조』, 연세대학교출판부, 1975.

이능화, 서영대 역주, 『조선무속고: 역사로 본 한국 무속』, 창비, 2008.

전경수, 『손진태의 문화인류학: 제국과 식민지의 사이에서』, 민속원, 2010.

전성곤, 『근대 '조선' 의 아이덴티티와 최남선』, 제이앤씨, 2008.

정진홍, 『한국종교문화의 전개』, 집문당, 1986.

──, 『종교문화의 논리』, 서울대학교출판부, 2000.

조흥윤, 『한국의 샤머니즘』, 서울대학교출판부, 1999.

최남선, 「원시문화연구와 고문헌고전설의 가치」, 『동아일보』, 1927. 5. 23.

─────, 「조선의 신화」, 육당기념사업회편, 『조선의 신화와 설화』, 弘盛社, 1983.

최종성, 「무의 치료와 저주」, 『종교와 문화』 7, 서울대학교 종교문제연구소, 2001.

──, 「어둠 속의 무속: 저주와 역모의 무속」, 『동아시아 종교문화학회 제1회 국제학
　　술대회 Proceedings』, 2009.

최종성 외 역, 『국역 역적여환등추안: 중 · 풍수가 · 무당들이 주모한 반란의 심문 기
　　록』, 민속원, 2010.

──, 『국역 차충걸추안: 도참을 믿고 생불을 대망했던 민중들의 심문 기록』, 민속원,
　　2010.

김성례, 「무속전통의 담론 분석」, 『한국문화인류학』 22집, 1990.

홍태한, 「굿판의 변화와 무가 연구의 방향 설정」, 『구비문학연구』 15집, 한국구비문학
　　회, 2002.

Boyd, Brian, On the Origin of Stories: Evolution, Cognition, and Fiction, Cambridge:
　　The Belknap Press of Harvard University Press, 2009.

Boyer, Pascal, Tradition as Truth and Communication: A Cognitive Description of
　　Traditional Discourse, Cambridge: Cambridge University Press, 1990,

Detienne, Marcel, The Creation of Mythology, trans. by Margaret Cook, Chicago: the
　　University of Chicago Press, 1986.

Edelman, Gerald M., *Bright Air, Brilliant Fire: On the Matter of the Mind*, Basic Books, 1992.

Eliade, Mircea, *Shamanism: Archaic Techniques of Ecstasy*, Princeton: Princeton University Press, 1964.

Fodor, Jerry A., *Modularity of Mind*, Massachusetts: The MIT Press, 1983.

Hobsbawm, Eric, *The Invention of Tradition*, Cambridge: Cambridge University Press, 1983.

Hulbert, H. B., "Korean Folk Tales," *Transactions of the Korean Branch of the Royal Asiatic Society*, Vol. 2, 1902.

Mauss, Marcel, *Manuel d'ethnographie*, Paris, 1947.

McCutcheon, Russell T., *Religion and the Domestication of Dissent: Or, How to Live in a Less than Perfect Nation*, London: Equinox, 2008.

Narby, Jeremy, ed., *Shamans Through Time*, New York: Penguin, 2001.

Sperber, Dan, *Explaining Culture: A Naturalistic Approach*, Oxford: Blackwell Publishing, 1996.

Sperber, Dan, ed., *Metarepresentations: a Multidisciplinary Perspective*, Oxford: Oxford University Press, 2000.

Walraven, Boudewijn, *Songs of the Shaman*, London: Kegan Paul International, 1994.

신화를 생산하는 신화학자 | 홍윤희

袁珂,『山海經校注』, 巴蜀書社, 1996.

袁珂 譯注,『山海經全譯』, 貴州人民出版社, 1991.

袁珂,『中國神話通論』, 巴蜀書社, 1993.

——,『袁珂神話論集』, 四川大學出版社, 1996. 9.

——,「『山海經』"蓋古之巫書"試探」,『社會科學研究』1985. 6期.

——,「中國神話硏究和『山海經』」.

——,「論『山海經』的神話性質—兼與羅永麟敎授商榷」,『思想戰線』1989. 5期.

——,「『山海經』中有關少數民族的神話」,『神與神話』臺灣聯經出版公司, 1988.

袁珂,『神話論文集』, 上海古籍出版社, 1982.

——,「『山海經』的寫作時地及編目考」,『中華文史論叢』第7輯, 1978.

——,「略論『山海經』的神話」,『中華文史論叢』第2輯, 1979.

위안커 지음, 김선자 · 이유진 · 홍윤희 옮김,『중국신화사』上 · 下, 웅진지식하우스, 2010.

張家釗, 任昭坤, 蘇寧 編著,『塡海追日』, 四川大學出版社, 1998.

- 袁珂,「我只是盡到了努力」.

- 文鶴,「袁珂先生主要著作系年」.

- 鈴木健之(日) 著, 張桂權 譯,「袁珂的神話研究」.

倪泰一 · 錢發平 편저, 서경호 김영지 역,『산해경』, 안티쿠스, 2008.

葉舒憲, 蕭兵, 鄭在書(韓),『山海經的文化尋踪』, 湖北人民出版社, 2004.

馬昌儀,『古本山海經圖說』上 · 下, 廣西師範大學出版社, 2007.

———,『山海經圖說』, 山東畫報出版社, 1998.

———,『全相山海經圖比較』, 文苑出版社, 2002.

唐啓翠, 胡滔雄,「葉舒憲『山海經』研究綜述」,『長江大學學報(社會科學版)』第29卷 第2
期, 2006. 4.

陳宣紅,「中華悠久的文明史與『山海經』研究的意義」,『福建師範大學福淸分校學報』總
第90期, 2009年 第1期.

胡遠鵬,「縱觀海內外『山海經』研究五十年」,『福建師範大學福淸分校學報』, 總第62期,
2003年 增刊.

———,「近五十年來的『山海經』研究回眸」,『武鋼職工大學學報』第11卷 第4期, 1999.
12.

———,「論現階段『山海經』研究」,『淮陰師專學報』第19卷, 1997. 第2期.

金榮權,「『山海經』研究兩千年述評」,『信陽師範學院學報(哲學社會科學版)』第20卷 第4
期, 2000. 10.

呂微 · 葉舒憲 · 蕭兵 等,「對想像力和理性的考險-中國社會科學院文學研究所座談『山海
經』研究」,『淮陰師範學院學報』第28卷, 2006. 2.

張步天,「『山海經』研究史初論」,『益陽師專學報』, 1998.

圖謝咏,「"東方之子"守護"中國神話"」, 中國民族文學網(http://iel.cass.cn), 2006.10.
07.

富泉,「『山海經』研究的新成果」,『西安教育學院學報』, 1998. 第2期.

서경호,『山海經 研究』, 서울대학교출판부, 1996.

정재서,『중국신화의 세계』, 돌베개, 2011.

———,「중국신화의 개념적 범주에 대한 토론-袁珂의 廣義神話論을 중심으로」,『中國
學報』, 제41집, 2000.

홍윤희,「맺지 않은 매듭: 袁珂의 廣義神話論과 1980년대 중국신화 대토론」,『中語中文
學』제47집, 2010. 12.

———,「廣義神話論에서 廣義神話學으로: 袁珂의 신화개념 확장과 중국신화학의 현
재」,『中國小說論叢』제33집, 2011.4.

The Classic of Mountains and Seas, Translated with an Introduction and notes by Anne Birrell, Penguin Classics, 1999.

신화의 변형과 재창조 | 최화선

Bloom, H. ed., Sophocles' *Oedipus Rex*, New York: Chelsea House Publishers, 1988.

Berkowitz, L., & T. F. Brunner eds., *Oedipus Tyrannus*, New York: W. W. Norton & Company Inc., 1970.

Doniger O' Flaherty, Wendy, *Other Peoples' Myths: The Cave of Echoes*, Chicago: The University of Chicago Press, 1995.

Doniger, Wendy, *Implied Spider: Politics & Theology in Myth*, New York: Columbia University Press, 1998.

Edmunds, Lowell, *Oedipus: The Ancient Legend and Its Later Analogues*, Baltimore: The Johns Hopkins University Press, 1985.

Edmunds, Lowell and Allan Dundes eds., *Oedipus: A Folklore Casebook*, Wisconsin: The University of Wisconsin Press, 1983/1995.

Gordon, R., *Pasolini: Forms of Subjectivity*, New York: Oxford University Press, 1996.

Hanfmann, G. and T. Pollard, "Sphinx", in *Oxford Classical Dictionary (OCD)* 2nd ed., 1970, Oxford University Press, p.1009-1010.

Pausanias, W. H. S. Jones trans., *Pausanias: Description of Greece, vol. 4*, Loeb Classical Library, 1935.

Segal, Charles, *Oedipus Tyrannus: Tragic Heroism and the Limits of Knowledge,* New York: Twayne Publishers, 1993.

West. M. L. "Epic Cycle," *Oxford Classical Dictionary (OCD)* 2nd ed., 1970, Oxford University Press, pp. 388-389.

니체, 김태경 역, 『비극의 탄생』, 청하출판사, 1982.

아리스토텔레스, 천병희 역, 『시학』, 문예출판사, 1990.

소포클레스, 천병희 역, 『소포클레스 비극』, 단국대학교 출판부, 1998.

전양준 엮음, 『세계영화작가론(I)』, 이론과 실천, 1992.

프로이트, 김인순 역, 『꿈의 해석』, 열린책들, 1997.

─────, 이윤기 역, 『종교의 기원』, 열린책들, 1997.

호메로스, 천병희 역, 『일리아스』, 종로서적, 1982.

호메로스, 천병희 역, 『오뒤세이아』, 단국대학교 출판부, 1996.

〈영상자료〉
피에르 파올로 파졸리니 감독, 「오이디푸스 왕」(Edipo Re), 1967년, 110분

〈URL〉
http://cs.art.rmit.edu.au/projects/media/cteq/v1/OedipusRex.html(2000년 5월 접속)

신이, 신화 그리고 역사 | 하정현

일연, 이동환 교감, 이병도 감수, 『三國遺事』, 민족문화추진회, 1973.

일연, 최남선 편, 『삼국유사』, 민중서관, 1954.

일연, 이재호 역주, 『삼국유사』, 명지대출판부 1975.

일연, 이재호 역주, 『삼국유사』, 솔, 1997.

일연, 강인구 외 역주, 『삼국유사』, 이회문화사, 2003.

김부식, 이재호 역, 『삼국사기』, 광신출판사, 1989.

박성지, 『고려시대 기이담론 연구』, 박이정, 2012.

불교사학회편, 『고려중후기불교사론』, 민족사, 1992.

성백효 역주, 『논어집주』, 전통문화연구회, 1991.

이경재, 『현대문예비평과 신학』, 다산글방, 2001.

정진홍, 『경험과 기억』, 당대, 2003.

조의웅, 「한국신이담논고」, 『어문학논총』11, 국민대학교 어문학연구소, 1992.

채상식, 『고려후기불교사연구』, 일조각, 1996.

허홍식, 『고려불교사연구』, 일조각, 1986.

데이비드 카, 유화수 옮김, 『시간, 서사 그리고 역사』, 한국문화사, 2009.

브루스 링컨, 김윤성 외 옮김, 『신화 이론화하기』, 이학사, 2009.

야나기다 세이잔, 추만호 외 옮김, 『선의 사상과 역사』, 민족사, 1989.

忽滑谷快天, 『朝鮮禪教史』, 大東佛教研究院, 1970.

Cullman, Oscar., Christ and Time: The Primitive Christian Conception of Time and History, The Westminster Press, 1962.

Hinnells, John R.ed., The Routledge Companion to the Study of Religion, Routledge, 2005.

Seagal, Robert A., Theorizing About Myth, the University of Massachusetts, 1999.

『三國遺事』

『古事記』, 魯成煥 譯註, 예전, 1987.

『捄園史話』, 申學均 譯, 明知大學出版部, 1975.

村岡典嗣, 박규태 譯, 『일본신도사』, 예문서원, 1998.

김열규, 「한국신화와 일본신화」, 『한국신화와 무속연구』, 일조각, 1977.

김태곤 編著, 『韓國의 巫俗神話』, 集文堂, 1985.

이복규, 『부여·고구려 건국신화』, 집문당, 1998.

서대석, 「일본신화에 나타난 神婚과 神誕生의 性格--한국의 신화 및 농경의례와의 대비를 중심으로」, 『고전문학 연구』 제14집, 한국고전문학회, 1998.12.

정진홍, 『종교학서설』, 전망사, 1980.

許慶會, 『韓國氏族說話研究』, 전남대출판부, 1990

황패강, 『일본신화의 연구』, 지식산업사, 1996.

Jonathan Z. Smith, *Imagining Religion: From Babylon to Jonestown*, Chicago: The University of Chicago Press, 1982.

Mircea Eliade, *Patterns in Comparative Religion*, trans. Rosemary Sheed, Cleveland and New York: The World Publishing Company, 1963.

중국전통시기 산해경의 비교학적 맥락과 위상 | 임현수

『漢書』「藝文志」

『隋書』「經籍志」

『舊唐書』「經籍志」

『新唐書』「藝文志」

『宋史』「藝文志」

『四庫全書總目』「卷一百四十二 子部五十二 小說家類三 山海經十八卷」

朱熹, 『楚辭集注』, 臺北: 中央圖書館, 1991

鄭在書 譯註, 『山海經』, 民音社, 1985(1994).

丁範鎭 외 옮김, 『史記 列傳 下』, 까치, 1995

崔奉源 外, 『中國歷代小說序跋譯註』, 을유문화사, 1998.

徐敬浩, 『山海經 研究』, 서울대학교 출판부, 1996.

서경호, 『중국 문학의 발생과 그 변화의 궤적』, 문학과 지성사, 2003.

―――, 『중국 소설사』, 서울대학교 출판부, 2004(2006).

서경호,「'漢書·藝文志·諸子略·小說家' 小考」,『중국인문과학』제2집, 1983.

안정훈,「古代 中國의 小說 槪念과 起源에 대한 硏究: 고대의 目錄書에 보이는 歷史와의 關聯性을 찾아서」, 서울대학교 대학원 석사학위논문, 1997.

千惠鳳,「史部分類의 諸問題: 주로 관련된 諸類屬間의 분류한계에 치중하여」,『한국비블리오』제1집, 1972.

홍상훈,「명말청초의 小說觀에 대한 시론」, 서울대학교 대학원 석사학위논문, 1991.

―――,「전통 시기 중국의 서사론에 관한 연구」, 서울대학교 대학원 박사학위논문, 1999.

洪允姬,「중국 근대 신화담론 형성 연구」, 연세대학교 대학원 중어중문학과 박사학위논문, 2005.

Birrell, Anne, *The Classic of Mountains and Seas*, New York: Penguin Books, 1999.

Chang, K. C., *Art, Myth, and Ritual: The Path to Political Authority in Ancient China*, Cambridge: Harvard University Press, 1983.

Lewis, Mark Edward, *Writing and Authority in Early China*, Albany: State University of New York Press, 1999.

Ping-Ti Ho, *The Cradle of The East*, Chicago: The University of Chicago Press, 1975

일본의 신화와 역사 | 박규태

노성환 역주,『고사기』상, 예전사, 1987.

―――――,『고사기』중, 예전사, 1990.

―――――,『고사기』하, 예전사, 1999.

박규태,「일본종교의 현세중심적 에토스: 막말기 신종교를 중심으로」,『종교학연구』15, 서울대 종교학연구회, 1996.

―――,「일본신도에 있어 선악의 문제: 모토오리 노리나가를 중심으로」,『종교와 문화』3, 서울대 종교문제연구소, 1997a.

―――,「理의 일본적 이해: 理부정을 중심으로」,『종교학연구』16, 서울대 종교학연구회, 1997b.

―――,「신종교와 여성: 일본신종교 여성교조의 종교경험과 관련하여」,『한국종교』23, 원광대 종교문제연구소, 1998.

박용구,「일본문화론의 해체」,『일본의 언어와 문학』4, 단국일본연구학회, 1999.

임현수,「신화와 역사의 경계를 넘어서」,『종교학연구』17, 서울대 종교학연구회, 1998.

전용신 옮김,『일본서기』, 일지사, 1989.

황패강, 『일본신화의 연구』, 지식산업사, 1996.

『古事記』(日本思想大系1), 岩波書店, 1982.

『日本書紀 上』(日本古典文學大系67), 岩波書店, 1967.

『日本書紀 下』(日本古典文學大系68), 岩波書店, 1965.

梅原猛, 『森の思想が人類を救う』, 小學館, 1995.

津田左右吉, 『古事記及び日本書紀の新研究』, 東京洛陽堂, 1919.

魯成煥, 「國讓り神話と王權の論理」, 『現代思想』vol. 20-4(特集: 脱神話する『古事記』),
        青士社, 1992.

島薗進, 「日本人論と宗敎」, 『東京大學宗敎學年報』13, 東京大學宗敎學硏究室, 1995.

島薗進, 박규태 옮김, 『현대일본 종교문화의 이해』, 청년사, 1997.

村岡典嗣, 박규태 옮김, 『일본 신도사』, 예문서원, 1998.

丸山眞男 編, 『日本の思想 6 歷史思想集』, 筑摩書房, 1972.

吉川幸次郎 編, 『日本の思想15 本居宣長集』, 筑摩書房, 1969.

村井紀, 「都市の漢意」, 『現代思想』vol. 20-4(特集: 脱神話する『古事記』), 靑士社, 1992.

黑住眞, 「儒學と近世日本」, 『岩波講座 日本通史』13, 岩波書店, 1994.

藤井貞和, 「古事記という歷史敍述」, 『現代思想』vol. 20-4(特集: 脱神話する『古事記』),
        靑士社, 1992.

高橋美由紀, 「本居宣長の歷史思想」, 『季刊 日本思想史』16, ぺリカン社, 1981.

佐藤正英, 「祀りを行なうひとびとの物語：イザナキ・イザナミ神話を讀む」, 『現代思
        想』vol. 20-4(特集: 脱神話する『古事記』), 靑士社, 1992.

大林太良, 「神話論」, 『岩波講座 日本通史』1, 岩波書店, 1993.

大澤眞幸, 「國家形成の二つの層：古事記の分析から」, 『現代思想』vol. 20-4(特集: 脱神
        話する『古事記』), 靑士社, 1992.

磯前順一, 「近世・近代における記紀解釋：神話と合理主義」, 『宗敎硏究』290, 日本宗敎
        學會, 1991.

磯前順一, 「記紀神話における理解の位相：本居宣長と創成神話」, 月本昭男 編, 『創世
        神話の硏究』, リトン出版, 1994.

Holm, Jean, ed., *Myth and History*, London : Pinter Publishers, 1994.

Ricoeur, Paul, "Myth and History", M.Eliade, ed., *The Encyclopedia of Religion*, New
        York : Macmillan, 1987.

스사노오 신화 해석의 문제 | 박규태

『古事記』, 日本思想大系 1, 岩波書店, 1982.

『日本書紀』上下, 日本古典文學大系 67, 岩波書店, 1967/1965.

『風土記』, 日本古典文學大系 2, 岩波書店.

『延喜式』, 新訂增補 國史大系 26, 吉川弘文館, 1965.

石母田正, 『日本古代國家論』第二部, 岩波書店, 1973.

上田正昭, 『日本神話』, 岩波新書, 1970.

―――, 『日本の神話を考える』, 小學館, 1994.

上山春平, 『續神々の體系』, 中央公論社, 1975.

江上波夫, 『騎馬民族國家』, 中公新書, 1967.

大林太良, 『日本神話の起源』, 角川選書, 1973.

―――, 「神話論」, 『岩波講座 日本通史1』, 岩波書店, 1993.

大和岩雄, 『秦氏の研究』, 大和書房, 1993.

―――, 「天孫降臨神話について : 降臨神話の「襲(曾)」と「韓國」について」, 『東アジ
アの古代文化』120, 2004.

大和岩雄, 『日本にあった朝鮮王國』, 白水社, 2009.

織田尚生, 『王權の心理學 : ユング心理學と日本神話』, 第三文明社, 1990.

ガデレワ.エミリア, 「日本神話におけるスサノヲ」, 國際日本文化研究センター紀要『日
本研究』22, 角川書店, 2000.

久米博, 『象徵の解釋學』, 新曜社, 1978.

西鄉信鋼, 『古事記の世界』, 岩波書店, 1967.

―――, 『古事記注釋』1, 平凡社, 1975.

澤田洋太郎, 『出雲神話の謎を解く』, 新泉社(改訂新版), 2003.

菅浩二, 『日本統治下の海外神社』, 弘文堂, 2004.

千田稔, 『高千穗幻想』, PHP新書, 1999.

高木敏雄, 『日本神話傳說の研究』, 平凡社, 1970.

―――, 『增訂 日本神話傳說研究 1』, 東洋文庫241, 平凡社, 1973.

瀧音能之, 「神話の世界 出雲」, 『講座神道1 : 神々の誕生と展開』, 櫻楓社, 1991.

―――, 『出雲からたどる古代日本の謎』, 青春出版社, 2003.

谷川健一, 『日本の神々』, 岩波新書, 1999.

津田左右吉, 『日本古典の研究 上』, 津田左右吉全集 1, 岩波書店, 1963.

鳥越憲三, 『出雲神話の成立』, 創元社, 1966.

西田長男, 『日本宗教思想史の研究』, 理想社, 1956.

原田敏明, 『古代日本の信仰と社會』, 彰考書院, 1948.

保坂祐二, 「日帝の同化政策に利用された神話」, 『日語日文學研究』35, 1999.

林道義, 『日本神話の英雄たち』, 文藝春秋, 2003.

肥後和男,『日本神話研究』, 河出書房, 1938.

松前健,『日本神話の形成』, 塙書房, 1970.

──,「日本神話と朝鮮」, 傳統と現代社編,『日本神話の可能性』, 傳統と現代社, 1973.

──,『出雲神話』, 講談社, 1976.

──,『日本神話の謎』, 大和書房, 1985.

──,『大和國家と神話傳承』, 雄山閣, 1986.

──,「建國神話の類似は征服王朝を證明せず」,『歴史と旅(12)』, 秋田書店, 1994.

松村武雄,『日本神話の研究 1』, 培風館, 1954.

──,『日本神話の研究 2』, 培風館, 1955a.

──,『日本神話の研究 3』, 培風館, 1955b.

──,『日本神話の研究 4』, 培風館, 1958.

松本信廣,『日本神話の研究』, 平凡社, 1971.

眞弓常忠,『古代の鐵と神々』, 學生社, 2006.

三品彰英,『日本神話論』, 平凡社.

──,『建國神話の緒問題』, 平凡社, 1971.

──,『増補 日鮮神話傳説の研究』, 平凡社, 1972.

溝口睦子,「スサノヲの復權」,『東アジアの古代文化』120, 2004.

三谷榮一,『日本神話の基盤』, 有精堂, 1975.

水野祐,『日本國家の成立』, 講談社現代新書, 1968.

──,『出雲神話』, 八雲書房, 1972.

森克己,「歸化人と日本神話」, 講座日本の神話 9,『日本神話と朝鮮』, 有精堂, 1977.

山本清,「遺跡の示す古代出雲の樣相」,『出雲國風土記の研究』, 1953.

矢嶋泉,「風土記におけるスサノヲ」,『東アジアの古代文化』91, 1997.

湯淺泰雄,『神々の誕生:日本神話の思想史的研究』, 以文社, 1972.

吉田敦彦,『日本神話の源流』, 講談社現代新書, 1976.

──,『日本神話のなりたち』, 青土社, 1992.

鷲尾順敬編,『日本思想鬪諍史料』5, 東方書院, 1930.

C.S.リトルトン,「スサノオとヤマタノオロチ」,『歴史公論』11, 雄山閣, 1980.

김석형,『고대한일관계사』, 한마당, 1988.

김택규,『한일문화비교론:닮은 뿌리 다른 문화』, 문덕사, 1933.

김화경,『일본의 신화』, 문학과지성사, 2002.

김후련,『타계관을 통해서 본 고대일본의 종교사상』, 제이앤씨, 2006.

노성환,「한일신화의 비교연구 현황과 전망」,『동아시아 고대학』9, 동아시아고대학회, 2004.

문정창, 『일본상고사』, 백문당, 1970.

문정창, 『일본고대사』, 인간사, 1989.

박규태, 「아마테라스와 일본의 탄생」, 『전통과 현대』 15, 전통과 현대사, 2001.

———, 「신들의 일본: 잊혀진 신과 만들어진 신들」, 『종교연구』 39, 2005.

———, 「일본 여신신화의 중층구조: 아마테라스의 픽션 II」, 『일본사상』 10, 2006a.

———, 「일본 왕권신화와 여신: '외부'로서의 여신」, 『종교연구』 45, 2006b.

———, 「교토와 도래인: 하타씨와 신사를 중심으로」, 『한국학논집』 45, 한양대학교 한국학연구소, 2009.

세키네 히데유키, 「한일합병 전에 제창된 일본인종의 한반도 도래설」, 동아시아일본학회, 『日本文化硏究』 19, 2006.

———, 「쓰다 사학의 신대사 해석과 한일민족의 계통관계」, 『일본사상』 12, 한국일본사상사학회, 2007.

이영희, 『무쇠를 가진 자, 권력을 잡다』, 현암사, 2009.

이은봉, 『한국고대종교사상』, 집문당, 1984.

이창수, 「이즈모신화와 스사노오에 관한 일고찰」, 한국일본학회, 『日本學報』 70, 2007.

임동권, 『한국에서 본 일본의 민속문화』, 민속원, 2004.

최문정, 「도래인의 정체와 일본창세신화의 의미」, 일본어문학회, 『日本語文學』 42, 2008.

최석영, 「일제하 소시모리 비정을 둘러싼 논쟁사에 대한 소고」, 중앙대 한국문화유산연구소, 『중앙민속학』 13호, 2008.

최재석, 『일본고대사연구』, 일지사, 1990.

황패강, 『일본신화의 연구』, 지식산업사, 1996.

홍윤기, 『한국인이 만든 일본국보: 일본문헌의 고증을 중심으로』, 문학세계사, 1995.

찾아보기

[ㄱ]

가라고코로 274,275
가라사비 301,302
가라카미 306,307,309
개국 신화 53
개벽 33
개신교 27
개천절 23
건국신화 54,115
게치카후사 271
견봉국 137,145
견융국 137,145
경 250
경적지 250
경전 191
고대 신교 114
고대성 101,102
고려사 216
고사기 46,112,114,220,222,228,265,266,
        268,269,273,275,282,286,287,292,
        305,307,309,311
고사변학파 74,238
고사통 274
고전 160
고천원 220
고향 37
고힐강 74
곤 139
곤륜 136
곤륜산 142,144
공공 139
공적 표상 106,107
과보 139
과학적 신화관 59
곽박 130,246
관흉국 148
광개토왕비문 223
광명사상 114

광의신화론 141,148,157
광의의 신화 149
교육칙어 277
구니도코다치노가미 266,272
구니타케 46
구당서 250
구마나리 304
구망 136
구사나기노쓰루기 287,301
구시나다히메 287
국가신도 264
국가주의 79
국어 135,148
국체의 본의 277
국학 265,273,279,281,282
규원사화 231
그리스 신화 72
그림 형제 46
근세 유학 273
기 256
기기신화 265,266,267,269,273,274,276,
        277,279,280,281
기독교 34
기억 102
기억작용 103
기원 81
기원신화 215,217,221
기전체 253
김부식 28
김유신 204
김태준 56,59
꿈의 해석 173,175

[ㄴ]

나카 미치요 46,49,112
나카야마 미키 278
낭만주의 112
내러티브 120
내부자의 시선 33
내선일체 49
노신 74,239

니니기 267,268,289
니니기가 다카치호 307
니시무라 신지 114
니체 173

[ㄷ]

다원 일체적 민족주의 79
다원계통성 89
다원적 문명발생론 89
다원주의 86
다카기 도시오 47
다카마가하라 269
다카마노하라계 289,291,295
다카미무스비 268
다카야마 초규 47
단군 25,48,113,299
단군 부정론 52
단군 신앙 24
단군 이야기 43
단군교 23
단군설 285
단군신화 25,33,45,113,115,217,223,224,
225
단일기원론 85,95
대도 256
대일본사 273
대종교 23,48
댄 스퍼버 106,120
도 256
도리이 류조 114
도즈 170
독립신문 60
독사신론 51
독사여론 270
동경조일신문 62
동명왕편 218
동아시아 신화학 85
동아일보 61
동양사 49
동이계 95
동이족 90

동일성 93
동중서 246
동질성 87
뒤르켐 106
뒤메질 294
라이오스 169

[ㄹ]

롤랑 바르트 157
루쉰 129,142,147,148,150,156,158
리얼리티 216
릴리우 45,187

[ㅁ]

마가츠비노가미 275
마고코로 274,275
마루야마 마사오 279
마르셀 데티엔느 122
마르크수즈의 신화론 73
마르크스 137
마쓰마에 다케시 47
마쓰모토 노부히로 47
마쓰무라 다케오 47
마오둔 129,130,150,158
마창이 153
만엽집 302
메타표상 104,108,110
모노노아하레 275
모순 74,96
모토오리 노리나가 47,269,273,274
목천자전 135,239
묘만계 95
무라야마 지쥰 117
무서 146,147,154,158
무속 109,110,115,249
무속신화 115
무의식의 발견 175
문자화 232,233
문화적 표상 106,107,118
문화현상 98

뮈토스 45,67,187,208
뮐러 46
미시나 쇼에이 47
미쏠로지 105
민간전승 28,111
민족 48
민족 기원신화 217,220
민족담론 41
민족주의 111,118
민족주의 담론 81

[ㅂ]

반호 137
반호 신화 145
발명 123
방기략 250
방위설정 218
백남운 41,55,59
백익 243
범주화 105
법화영험전 205
병서략 250
복회고 145
본조통감 273
부사년 95
불교 199
브루스 링컨 18
비교 방법 91
비교신화학 46
비교학적 방법 85

[ㅅ]

사 233,250
사가 187
사고전서총목 240
사기 45,155,239,257
사마천 239
사부 252
사부 분류 체계 240
사원 215

산경 241
산해경 70,130,131,132,134,135,138,144,
          147,148,149,150,155,157,238
산해경 문화의 자취를 찾아서 152, 153
산해경교역 130,132
산해경교주 130,132,153
산해경도 153
산해경전역 133
살만교차기 117
삼국사기 28,29,50,52,56,114,188,190,191,
          207,212,213,216,223,225,229
삼신 33
삼위일체설 33
삼종의 신기 272,287
삼청조 143
상상력 80,216
상서 248
상제 26,140,141
상징 84
상회 137
샤머니즘 114,126
샤오빙 135,152
서사무가 234
서사시권 163
서술 범주 102,105
서왕모 142,143,144,158
석일본기 300,303
석탈해 신화 225
선교사 27,44
설화 234
소노카미 309
소도 256
소설 254
소설가 245
소수민족 신화 70,144
소시모리 285,288,299,300,313
소포클레스 160,168,170,176
소호리 307
속일본기 296
손진태 117
송사 250
수사학 102,109

수서 250
수수께끼를 푸는 자 169
수술략 250
수이전 201
수행 199
순 141
스미스 94
스사노오 267,285,286,288,291,293,294,
　　　297,298,299,300,301,302,303,304,
　　　305,306,307,308,309,310,311,312,
　　　313,316,317,318,319
스사노오 신화 289,290,315,320
스세리비메 292
스즈키 다케유키 132
스쿠나히코나 292
스토리 120
스핑크스 166
시라토리 구라키치 50,112,114
시베리아 샤머니즘 101
시부략 250
식민사학자 44
식민주의 118
신국사관 265,272,282
신당서 250
신대 265,266
신대구결 300
신도오부서 270
신민의 도 277
신이 188,194,199,201,207
신이담 187
신채호 24,51
신통 200
신통기 227
신화 17,19,32,36,43,44,47,67,101,103,
　　　104,115,119,129,160,188,207,208,
　　　209,220,235,237,263,273
신화 비평 88,93
신화담론 15,19,20,41,43,46,77,111,112
신화의 귀환 88
신화의 수사학 115
신화의 역사화 74,76,265,277,279
신화학 111

신황정통기 265,269,270,271,272
실증주의 112
쓰다 소오키치 277,290
쓰쿠요미 287
씨노센트리즘 85

[ㅇ]

아가멤논 169
아네사키 마사하루 47
아다테라스 266
아라이 하쿠세키 273
아마노이와토 266
아마에 293
아마테라스 114,267,268,272,276,278,285,
　　　286,287,289,293,294
아메노미나카누시노가미 266,272
아쓰타신궁 286
아이덴티티 263
아이스킬로스 169
아자나미 266
아카마쓰 지죠 117
아키바 다카시 117
안정복 50
안티고네 170
애니미즘 135
앤 비렐 134,156
야마가타 반토 274
야마타노오로치 293
야사 257
야사류 255
야사카신사 300,301,303,304
양관 96
에드먼즈 165
에드워드 사이드 72
에버하르트 89,95
에픽 45
엘리아데 217
여성신화 70
여와 137
여와지경 158
여왜 138

역사 44,103,207,238,263,273
역사담론 16
역사의 그림자 141
역사의 신화화 74,76,265,276
역학적 접근 104
역학조사 104
연유 145
연회식 316,317
염제 140
예문지 250
예수센 131,152,154,155,156
오게쓰히메 310
오다 세이코 50
오디세이아 163
오리엔탈리즘 71,92,97
오바야시 타료 47
오이디푸스 165,169,173
오이디푸스 신화 163
오이디푸스 왕 159,168,170,177
오이디푸스 콤플렉스 174
오주연문장전산고 117
오카 마사오 47
오쿠니누시 267,288,289,290,291,292,293,
        294,295,296,309
왕해 141,153
왜명초 300,316
외부자의 시선 25
요시다 아쓰히코 47
욕수 136
우 139
우강 136
우관초 270
우메하라 다케시 280,296
우사 139
우주창조적 218
원가 73
원시사회 135
원형 상징 88
위반의 신화학 87
위안커 130,132,148,151,154,156,157
유교 252
유물론자 44

유사 257
유사성 93
육당 44,68
육략 250
육예 252
육예략 250
육통 199
응룡 139
의고파 75,76
의례 14,18
이규경 117
이규보 218
이능화 117
이데스 126
이데올로기 81,264
이반 스트렌스키 129
이세신궁 271
이야기 20,45,187
이유진 74
이율곡 50
이자나기 266,268,286
이자나미 268,286
이즈모국 풍토기 289,296,298,309,315,316
이치카와 가쿠메이 274
이타케루 288,299,308
이하동서설 95
인간 171
인과 사슬 120
인문신화 38
인지 122
인지적 과정 103
인지적 제약 103
일리아스 163
일본 신화 40,219,227,235
일본서기 112,114,222,268,271,272,273,
        274,273,276,282,285,286,292,299,
        300,302,304,305,307,308,311,312
일본인론 279,280,281,282
일연 28
임시정부 24

[ㅈ]

자 250
자기동일성 82
자명성 102,110
자명성의 수사법 110
자명성의 수사학 109
자비로운 여신들 169
자생적 신화학 85
자연신화 38
자연현상 30
잡사 253,257
잡전 253
재문자화 232
전상산해경도비교 153
전욱 141
전통 104,101,103,119
정 256
정사 256
정신적 표상 106,107
정위 137,138
정인보 24
정재서 71,96
정치학 103
제3의 신화학 85,92,97
제국주의 111
제국헌법 277
제럴드 에델만 122
제자락 250
제준 139,140,141
조선무속고 117
조선사회경제사 55
조선상고문화의 연구 117
조선신궁 285,286,299,319
조선왕조실록 216
조선중앙일보 63
조선총독부 24
존스 46
종교 67
좌전 135,243
주몽 신화 225
주희 244

중국 문명 95
중국 신화 70
중국 신화학 69
중국고대신화 143
중국소설사략 142,148,150
중국신화연구초탐 129
중국학 237
중심주의 81
중외일보 61
중원문명론 72
중화문명탐원공정 75,78
중화주의 71,79,97
지엔 270,272
진 256
집 250
집단표상 106

[ㅊ]

차이 87,96
차이의 신화학 87
천 26
천관서 155
천도 258
천독 33
천리 258
천리교 278,279
천손강림 신화 267,289,307
천제 221
천황제 264
초사 70,244
초사변증 244
초어 148
최남선 24,34,50,113,114,117
축융 136
춘추 257
춘추필법 257
충구발 300
치우 139
친연성 93

[ㅋ]

코에포로이 169
콜로노스의 오이디푸스 170

[ㅌ]

탈문자화 232,233
테베 서사시권 163
테베 이야기 163
테베를 공격한 7인 169
트로이 서사시권 163

[ㅍ]

파블라 45,187
파스칼 보이어 121
파졸리니 177
페니키아 여인들 166
표상 103,106
표상작용 103
풍백 139
프로이트 173,176

[ㅎ]

하가다 45,187
하나님 26,32
하날 26
하느님 26,32
하늘 217,220
하늘사다리 146
하상주단대공정 75,78
학의행 243,259
한국 무속 101
한국 신화 29,40,70,219,220,222,224,229,
          234,235
한국 종교 32
한서 250
한족 86
해경 241
허구 238

헐버트 28,111
헤겔 173
헤르더 46
혁거세 신화 225
협의신화론 73
형법 250
형용모순 109
형천 139,140
호몰로지적 94
호시노 히사시 46
호오리 267
호적 74
호지스 31
호테리 267
화이론적 중심주의 77
화하 공동체 78
화하계 95
환 256
황민화 49
황제 139,141
황제 신화 78
황조신 266,272
황화문명중심론 85
회남자 135,137,144
회화 137
후예들 163
후위안펑 130
후지이 데이칸 300
흠비 136

[기타]

20세기 신화 연구 129
myth 25,32,44,46,67

발표지면

다음은 본 단행본의 글들이 원래 발표되었던 지면이다. 어떤 글들은 원 제목을 수정한 것임을 밝혀둔다.

서언 : 「신화담론이라는 신화」 – 『종교문화비평』 20호, 2011.

1) 신화담론의 형성과 전개
「한국 신화담론의 등장」 – 『종교문화비평』 5호, 2004.
「1920~30년대 한국 사회의 '신화' 개념의 형성과 전개」
　　　　　　　　– 『종교문화비평』 20호, 2011.
「2000년 이후 한국의 중국 신화학: 신화연구에 대한 연구를 중심으로」
　　　　　　　　– 『종교문화비평』 20호, 2011.

2) 신화학과 신화 만들기
「신화와 전통: 한국 무속의 맥락에서」 – 『종교문화비평』 20호, 2011.
「신화를 생산하는 신화학자: 교량으로서 袁珂의 『山海經』 연구」
　　　　　　　　– 『중어중문학』 제51, 2012.
「신화의 변형과 재창조: 오이디푸스 신화를 중심으로」 – 『종교연구』 21권, 2000.

3) 신화와 역사
「신이, 신화 그리고 역사: 『삼국유사』에 나타난 신이(神異)인식의 의미를 중심으로」
　　　　　　　　– 『종교문화비평』 4호, 2003.
「민족 기원신화와 신화적 지형학」 – 『종교학연구』 19권, 2000.
「중국 전통 시기 『산해경』의 비교학적 맥락과 위상」 – 『종교문화비평』 12호, 2007.
「일본의 신화와 역사」 – 『정신문화연구』 제23권, 2000.
「스사노오 신화 해석의 문제: 한반도와의 연관성을 중심으로」
　　　　　　　　– 『종교와 문화』 제19권, 2010.

신화, 신화담론, 신화 만들기

등 록 1994.7.1 제1-1071
1쇄 발행 2013년 11월 15일

기 획 한국종교문화연구소
엮은이 임현수
펴낸이 박길수
편집인 소경희
편 집 조영준
관 리 김문선
디자인 이주향
펴낸곳 도서출판 모시는사람들
　　　　110-775 서울시 종로구 경운동 88번지 수운회관 1207호
전 화 02-735-7173, 02-737-7173 / 팩스 02-730-7173

인 쇄 (주)상지사P&B(031-955-3636)
배 본 문화유통북스(031-937-6100)
홈페이지 http://blog.daum.net/donghak21

이 도서의 국립중앙도서관 출판시도서목록(CIP)은 e-CIP 홈페이지
(http://www.nl.go.kr/ecip)에서 이용하실 수 있습니다.
(CIP제어번호: 2013020662)